귀신도 울고가는 신점의 명인들 1

宋俊 著

국학자료원

귀신도 울고가는 신점의 명인들 1

宋俊 著

들어가며

1.

한국의 전통

백남준은 자신이 스스로 "나는 예술무당이다."라고 밝힌 적이 있다. 한국사람이라도 이렇게 세계적인 인물이 되어야지 솔직하고도 바른 말을 할 수가 있는 모양이다. 사실 백남준은 무당이었다. 그가 예술무당이든 진짜무당이던 간에 그는 확실한 무당이다. 이 말은 필자의 말이기도 하고 또한 필자가 존경하는 어느 스님이 한 말이기도 하다. 아니 백남준의 예술을 한번이라도 본 사람들은 모두가 그가 무당이라는 것을 스스로 깨닫는 것에 그리 오랜 시간이 걸리지 않는다. 그것도 우리 한국의 무당이 아니면 그렇게 한국적인 무속을 집요하게 내세워 작품에 구현을 할 리가 없다. 이 말은 뒤집어 보면 한국의 무속은 그 어떤 소재를 갖더라도 세계에서 으뜸이 된다는 말과 상통하기도 한다. 물론 백남준의 등장으로 더욱 빨리 인식이 되어지는 계기가 형성이 되었지만….

사실 필자도 몇 년전부터 모르는 사람이 직업을 물어보면 서슴없이 무당이라고 대답을 하고 다녔다. 그러면 사람들은 나를 이상한 눈초리로 쳐다보았다. 그러나 그 당시에 백남준이라는 사람이 그런 말을 하고 다녔다는 사실은 전혀 모르고 있었다. 아니 백남준과 필자를 놓고 볼 때 누가 먼저 그런 말을 하고 다녔는지는 잘 모르겠다. 하여튼 백남준이 그런 말을 했다는 것은 그의 다큐멘타리에 분명히 영상으로 기록되어 있어 보았을 뿐이다.

전통의 파괴

백남준이 한 말의 속뜻은 이런 뜻도 있었을 것이다. 한국의 오리지널 전통은 무속이라는 것을. 그리고 그 무속(전통)의 중심에는 무당이 있다는 것을. 그러나 한국의 전통인 무속은 그동안 많이 훼손이 되었다. 옛날 독립된 사당과 산신각은 없어지고 또한 성황당이 없어지고 거기다가 장승이 없어지고 마지막으로 무속의 근거지나 다름없는 옛날 굿당도 많이 없어졌다. 물론 굿당은 현대식으로 계속 복원이 되고 있지만 그래도 많이 사라진 셈이다.

거기에 공헌을 한 사람들이 있다. 일부 그릇된 이조왕조의 한심한 왕들과 썩어빠진 관료들 그리고 근대에 들어와서는 일제의 전통파괴였다. 그리고 해방이 되어서는 이승만의 득세와 더불어 전통파괴가 극심해졌다. 기독교 신자를 자처했던 독재정권의 이승만은 강제로 불교를 뜯어고친 것처럼 무속도 강제로 파괴하기 시작했다. 그리고 6.25는 온 마을을 잿더미로 만들었고 전통적인 시골의 분위기를 완전히 파괴하였다. 뒤이어 재건복구 사업은 또다시 마을과 전통인 무속을 파괴하였고 이때 전국의 오랜 굿당이 거의가 다 파괴가 되었다.

아! 박정희.

이후 들어선 박정희 정권은 독실한 불교신자로 이승만처럼 무속을 탄압하지 않았다. 사실 박정희는 무속을 좋아한 인물이었다. 그는 굿을 사랑하기까지 할 정도로 그만큼 비범한 인물이었기 때문이었다. 그것은 그나마 다행한 일이었다. 필자가 처음 무속을 연구할 때는 아무것도 모르고 막연히 새마을 운동등으로 초가집을 없애고 하는 과정에서 행여나 무속의 상징물들이 많이 파괴되지 않았나 하는 막연하고도 순진한 생각을 가지고 있었으나 그것은 큰 착각이었다.

이미 그 이전에 파괴될 것은 전부다 파괴가 된 상태였다. 즉 6.25전쟁과 이승만 정권때 거의 다 사라져버린 것이었다. 새마을 운동때도 일부 몰지각한 진정으로 예수를 제대로 알지도 못하는 엉터리 기독교인들이 광신에 빠져서 새마을 운동을 핑계삼아 마을 사람들을 선동하여 우상타파라는 교묘한 구실을 붙여 떼거지로 몰려가서 시골에 있는 굿당의 일부를 헐었던 것이다. 사실 그 당시에는 헐릴 굿당이 더 이상 없었다. 또한 각종 문헌을 보더라도 결코 새마을 운동이 무속을 타파하는 것이 아님은 명백한 사실이었다.

오히려 박정희 시대에는 무속단체를 정부에서 정식으로 인정을 하였다. 그리고 무속인들의 권익을 보장하였다. 이후 역대 정권들은 박정희 정권의 수준을 퇴보적으로 답습했을 뿐이다. 사이비 종교단체는 종교로 허가를 해주고 진정한 전통종교인 무속은 종교단체로 허가를 내주지 않고 그대로 방임을 했던 것이다.

그러나 지금 그러한 결과들이 우리가 다시끔 되돌아보면 그동안 얼마나 많은 것을 잃었는가를 새삼 느낄수가 있다. 이 땅의 어느 곳을 가더라도 '이 곳이 과연 한국인가' 라는 생각이 들 정도로 정말로 한국이라는 표시가 없다. 그 말은 한국에는 전통이 거의 다 사라진 것이다. 그나마 있다면 무당들의 깃발만이 외롭게도 너무나 눈물이 나게 겨우 우리의 전통을 상징할 뿐이다. 전통파괴가 얼마나 무서운 결과를 초래한 대표적인 케이스인 셈이다.

2.

무신도와 전통

무신도는 참으로 다양하다. 그것은 그리는 사람에 따라서 약간의 차이가 있을뿐만 아니라 그것을 원하는 무당의 주문에 따라서 다르게 그려질수도 있기 때문이다. 그러나 오랜 세월을 두고 그려진 무신도는 후대의 장인들이 이를 수용하고 재해석하여 그려진 정도에 불과하다. 그만큼 오랜 세월을 두고 나름대로의 전통성을 유지하고 있는 것이다.

이남 전역을 살펴보아도 지금은 주로 만물상에서 파는 천편일률적인 인쇄된 탱화가 주류를 이루고 있고 약간 다른 것은 직접 그려진 신중 탱화가 있을 뿐이다. 사신당에 있는 오래된 탱화는 조잡하기 이를데가 없지만 그 나름대로 경기도와 서울에서는 역사성과 당위성을 가지고 있다. 한강 이남의 탱화는 불교와 혼합이 상당히 많이 되어 있는 편이다. 말그대로 불교의 영향을 받은 이름인 탱화라는 말도 그 대표적인 예이다. 그래서 예로부터 탱화를 그리는 사람들은 절에서 공부를 한 스님들이거나 아니면 스님을 하다가 중도에 포기하고 절에서 숙식을 하면서 절에 필요한 그림을 그리는 환쟁이들을 말한다. 이들은 대부분 밥벌이 수단으로 절이나 무당들을 위해서 그림을 그리나 대부분은 절의 영향이 강한 불화들인 것이다. 이들에게 설령 무속에 관한 신을 그려달라고 해도 종합탱화인 경우는 반드시 부처님을 최상위에 놓거나 아니면 정중앙에 놓아 무속의 신들이 전부 부처님을 받드는 그런 형상으로 그려버린다.

그래서 의식이 있는 무당 즉 보살들은 각탱화를 그려서 모시고 있다. 이런 각 탱화에는 부처님이 등장을 할 여지를 없애는 역할을 하는 것이다. 그런 점에서 각탱화는 더욱 무속적이라 할만하다. 현재 각탱화는 전국의 만물상에서 인쇄된 것이 있다. 그러나 각탱화도 따로 주문을 하여 그리는 무당들이 있다. 이런 주문식 각 탱화는 사실 그리는 사람들이 좋아하지 않는다. 그 이유는 수입이 종합탱화보다 못하기 때문이다. 그래서 그림을 그려주는 사람들은 종합탱화를 그리기를 원하지만 일부 의식이 있는 보살들은 각탱화를 더 원한다. 아니면 더욱 값이 저렴한 인쇄된 각탱화를 원하기도 한다.

반면에 절법에 익숙한 보살들은 역시 신중탱화와 같은 수준인 종합탱화를 선호하는 편이다. 그래서 탱화를 보고도 그 보살이 절법이나 절식을 좋아하는 것인지 순수한 무속인으로서 무속을 좋아하는 것인 판별을 할수 있을 정도이다. 현재 절법이나 절식을 좋아하는 무속인들은 대부분 경상도나 충청도 그리고 전라도 쪽의 무당으로 앉은부리라고 여기면 큰 무리가 없을 정도로 보편적이다.

그러나 선거리를 주로하는 한양굿이나 이북굿은 탱화부터가 한국적이다. 그중에서도 가장 한국적이면서도 전통적인 이북굿에서 쓰이는 탱화는 더욱 독특하다. 무신도를 뜻하는 그림의 명칭도 아예 "환"이라고 한다. 환은 그림을 지칭하는 우리의 옛말이다. 그래서 옛날에는 그림을 그리는 사람은 환쟁이라고 했을 정도다. 이렇게 명칭에서조차 오랜 역사성을 갖고 있는 이북굿에서 쓰는 무신도는 남한 전역에 산재하는 그림들중에서 가장 역사성이 깊고 그림자체도 품위가 있다.

즉 가장 예술성이 높은 편이다. 국립민속박물관에 소장되어 있는 구업성수는 무신도로서 그 아름다움과 전통성을 고스란히 간직하고 있는 대표적인 것이다. 한마디로 우리의 조상들의 혼과 예술이 살아숨쉬는 그런 착각이 들 정도로 가장 우리 고대의 전통에 가까워 있는 그림들인 것이다. 마치 고구려의 인물화라는 느낌이 들 정도다.

이런 환들은 이북굿의 전통을 고스란히 물려주고 있는 것이다. 무신도에 그려진 무복이나 무구들은 황해도 굿으로 대표되는 이북굿이 완고히 전통을 고집하게 하는 하나의 장치들인 것이다. 즉 무신도가 제대로 걸려있는 무당집은 그 집의 무당이 오래전부터 내려오는 옛법을 고스란히 간직하고 있는 경우가 허다하다. 특히 한양굿보다도 더 완고히 전통을 고수하는 이북굿의 무당들은 환들을 매우 소중하게 여기고 있다. 성수님 환은 거의 목숨처럼 아끼고 소중히 하는데 이는 바로 우리의 무속이 전통을 온전히 간직할수 있는 비결을 보여준 것이다.

특히 이북굿은 아직도 불교와 습합한 부분이 적다. 반면에 탱화 즉 환에 신경을 덜쓰는 한양굿을 하는 무당들은 거의 절식으로 변해버린 느낌이 많다. 탱화도 조잡하거나 무성의하게 그린 것이 대부분이고 인쇄된 것도 수준미달의 그림이 대부분이다. 한양굿은 탱화뿐만 아니라 굿도 그렇다. 특히 한양굿의 진수라는 진오기굿에서 바리공주도 거의 불교화 해버린 것이 단 적인 예이다. 그래서 한양굿을 하는 무당들은 나이가 들면 대부분 부처님을 모셔버린다. 그러나 오리지널 이북굿을 하는 이들은 아무리 나이가 들어도 여간해서는 부처님을 모시지 않는다. 이는 이북환에서는 부처님이 없는 것을 보아도 쉽게 알수가 있다. 기껏있다는 것이 삼불제석인데 이는 부처가 불가의 부처가 아니라 우리의 전통 신앙인 삼신할머니와 칠성제석님을 결합시켜 놓은 사례에 불과한 것이다.

따라서 이북환을 그린 사람들은 절에서 탱화를 그리는 사람이거나 불교계통에 있는 사람들이 아니라 우리의 전통 환쟁이들임을 알수 있다. 이중에서 유명한 환쟁이도 있었겠으나 그들은 보살들을 위한 탱화를 그린다는 점에서 또한 자신의 이름을 새겨넣을수 없는 상황에서 전통적인 것을 보고 그리는 수준을 벗어나지 못했다. 이런 점은 오히려 그림의 소박성에 더욱 가치를 부여하고 있을 정도다. 사치스럽지 않은 그러면서도 조잡하지도 않은 이북환은 과거의 무신도 전통과 맥을 그대로 이어 왔던 것이다. 따라서 한국의 무신도는 이북환에서 찾는 것이 더욱 바람직할 것이다.

현재 이북환을 그리는 사람들은 몇손가락을 꼽는다. 그만큼 숫자면에서 많지 않다는 것을 의미한다. 그중에서도 순수한 무속인이면서 이북환을 그리는 사람은 부평에 사는 전재복 명인밖에 없다. 강신무이면서 이북환에 조예가 깊은 그는 성수환의 내력을 제대로 알고있는 유일한 인물이다. 그런 점에서 그는 무신도의 깊은 내력과 그 의미를 제대로 알면서 이북환을 그리기 때문에 그의 무신도가 디욱 가치가 있는 것이다. 한마디로 굿의 명인이면서도 현재 이북환을 잘 그리는 문화재급으로는 유일한 분이다.

또한 앞으로 유형문화재이자 인간문화재로 추서가 될 유력한 인물은 최원영(39세)을 꼽을수가 있다. 그는 이북굿에 쓰이는 꽃갓과 감흥꽃의 일종인 수팔연꽃을 만드는 장인이다. 아직 문화재로 지정이 된 바가 없는 꽃갓은 충청도 굿에서 설위설경처럼 중요한 것이다. 종이를 오려만든 설위설경은 그 오묘한 기법이 널리 알려지면서 이미 문화재로 지정이 되었지만 설위설경보다 더 예술성이 뛰어난 꽃갓과 감흥꽃은 아직 문화재로 지정이 된바가 없다. 그래서 만일 문화재로 지정이 된다면 최원영 장인이 만든 꽃갓이 가장 우선 순위가 될 것이고 인간문화재는 바로 그가 될 가능성이 높다.

최원영 장인이 만든 수팔연꽃

꽃갓은 이북굿에는 꼭 쓰이는 모자덮개로 빨간 모자에 꽃갓을 덮어 쓰이는 갓이다. 이 꽃갓은 이북굿에서 제일 중요한 초감응거리에 주로 쓰이는 화려한 보조모자로 꽃갓을 정제한 엄중한 모습으로 모든 신령을 청배하여 불러 들이고 한편으로는 쇠를 열고 신을 내린다. 쇠를 잘 여느냐 못여느냐에 따라 굿의 성패가 좌우되는 중요한 초감응거리에는 반드시 꽃갓이 등장을 하는데 이는 가장 완성된 형태의 신복을 입고 신령님을 맞이하기 때문이다. 이 초감응거리에서는 각종 신복과 무구들을 가지고 놀리는데 바라와 방울을 바닥에 붙이는 신력을 선보이기도 하는데 심지어는 길게 늘어트린 대신발을 가지고 신령에게 재배를 드릴 정도다. 한마디로 꽃갓은 이북굿에서 권위와 아름다움의 상징이다.

　최원영 장인은 수팔연꽃을 만드는데 있어 감응꽃과 동자꽃 그리고 칠성꽃을 한세트로 하고 있다. 이들은 이북굿이나 한양굿에 꼭 필요한 아름다운 종이꽃들이다. 수팔연꽃은 이남굿에서는 수파련(水波蓮)꽃이라고도 하며 이 종이로 만든 조화는 이북굿에서뿐만 아니라 한양굿과 경기도굿에서도 긴히 쓰인다.

　굿당에 가보면 제단에 있는 공양물의 제일 중간에 높이 쌓여 있는 떡 위에 다양한 색깔의 꽃이 있는 것을 볼수가 있다. 서울굿이나 경기도굿에서 재수굿을 할 때 굿당의 제일 큰상위의 정중앙에는 대부분 수파련꽃이 떡위에 놓여있는데 붉은색과 분홍색 그리고 노란색과 흰색의 꽃이 모듬으로 뭉쳐 화려하게 장식되어 있는 것이 특징이다. 특히 지노귀굿에도 흔한데 이것은 산마누라에게 받들어 올리는 상산상(上山床)이고 죽은 망령에게 올리는 영실상에도 아름다운 수파련이 있다. 이 수파련 위에 백지 넋전이 있으면 거의 영실상이라고 보면 된다. 현재 인천을 중심으로 그의 꽃갓과 수팔연꽃은 가장 인기가 있다. 그리고 전국적으로 퍼져나가고 있는 중이다.

　"꽃갓 한 개를 제작하는데는 3일 정도가 걸립니다. 수익성보다는 우리의 전통 공예로 생각하고 만들고 있습니다."

　그의 말이다. 현재 꽃갓은 이북굿이나 한양굿이 아니더라도 그 아름다움에 반해 전국의 무속인들이 많이 찾고 있다. 즉 신당에 꽃갓을 놓음으로써 신당의 분위기를 아름답고 절도있게 바꾸기 때문이라고 한다. 이 꽃갓을 구하는 방법은 개인이 주문(032-545-9201)을 하는 경우도 있고 만물(불교)상회를 통해서 구입을 하는 방법이 있다.

차 례

들어가며

1. 명무와 신점의 명인들

한국 최고의 명무 권은도 고문	17
새로운 이북굿의 명인 전제복	28
충청도의 대모 대령보살	35
동해안 굿의 달인 배무호 선생	41
대전과 충청도의 최고법사 방성구	47
부산 경남의 최고 명무 안길자	53
운맞이 점의 명인 평강도사 정보살	59
업대감의 명인 김해의 장군보살 박수귀	65
불우이웃을 돕는 광명의 청룡암 송윤경	71
전북 정읍의 최고 법사 박성복	77
평택의 동자점 명인 송주연	83
유명한 인천 용현동의 선녀보살 이남옥	89
수원의 계룡산 할아버지 공성구	95
동두천의 신점 명인 용궁선녀	101
신점의 명인 대원암의 진보살	107
거북점의 춘천 산신도사 심경섭	115
조상청배의 명인 정읍의 선녀보살	121
안동의 신점 명인 소망사의 장보살	127
춘천의 스타 소천암의 박정숙	133

대구 경산의 천왕대불 일등선녀 이해숙 ········· 139
연예인의 대부 총각박수 오진우 ················· 145
의정부의 동자신점 아미산약불도사 김진완 ······ 151
용작두의 명인 안동의 명현사 김명현 스님 ······ 157
옥황상제 방울의 신점 명인 이병순 ··············· 163

전화운세의 신점 스타 일월보살 상순옥 ········· 169
치악산신제의 명인 치악정사 이상교 ············· 175
작명과 신점의 명인 만수동의 박명화 ············ 181
서울 명인사의 천신선녀 김명심 ·················· 187
안동의 미인보살 작두장군 허정희 ················ 193
일산의 돌할머니 천지암 박정옥 ·················· 199
부산의 스타 작두장군 정정은 ···················· 205
선몽점의 명인 안산의 천산수 노보살 ············ 212
사주점의 명인 천안의 이일정사 황규철 ········· 218
의정부의 선룡보살 신필 신언 선녀 김명희 ······ 224
수원의 월출산 천황장군당의 영비부인 김보살 ··· 230
울산의 점의 명인 일월정사 영산스님 ············ 236

대감거리의 명인 부평의 유원사 김영숙 ········· 242
제주도의 신점명인 참새 이보살 ·················· 248
선산의 옥황선녀 장군보살 오보살 ················ 254
연예인 출신의 무속인 다비암의 이지연 ········· 260

전주의 처녀보살 청룡암의 김은주 ·············· 266
부평의 정수사 금동보살 배영애 ················ 272
부산의 명인 천상각시선녀 정미경 ·············· 278
의정부의 새로운 스타 천신암 조화자 ············ 284
경남 창원의 스타 옥선보살 추윤지 ·············· 290
수원의 신점 명인 수덕암의 청도보살 김희숙 ······ 296
안동의 오방신장점 용왕장군 송옥순 ············· 302
제천의 제1점 이쁜이 보살 김금숙 ··············· 308

속초의 칠성처녀보살 이은화 ···················· 314
파주의 족집게 도사 김두수 ····················· 320
구미의 태극신당 청년박수 김현규 ··············· 326
용인의 스타 총각도사 문용택 ·················· 332
서울 구의동의 처녀보살 연화암 정보살 ·········· 338

2. 신통과 신기한 명인들

최면술의 여류명인 명강정사 김경화 ············· 347
한국최고의 난치병 치료사 약천사의 운산스님 ···· 353
이 시대의 고언(苦言) 금강스님 인터뷰 ·········· 359

가볼만한 굿당과 기도터 그리고 경문집 ········ 368
후기

1

명무(名巫)와
신점(神占)의 명인(名人)들

한국 최고의 명무

권은도 고문

성주풀이의 고향 안동 제비원

필자가 강원도 동해안을 갔을 때 속초 문화원의 사무국장으로 계신 한정규 선생으로부터 귀한 책을 하나 얻었다. 그 책은 1997년도에 속초문화원에서 나온 "속초시 어로민속지(장정룡 저)"였는데 그 책의 내용에는 속초지역의 배성주굿을 하는 내용이 나온다. 속초 지역의 무속인이 부르는 성주굿 노래에는 다음과 같은 대목이 나온다.

"성주나무 비러가자, 성주나무 비러갈 적에
성주등불이 어디멘고 경상도 안동땅에
제비원을 찾아가야 제비원으로 찾아가서
솔씨를 한 말을 얻어다가 …."

이처럼 안동의 제비원에 대한 이야기는 육지뿐만 아니라 해안가에도 보여지듯이 전국 어디를 가나 무속인들이 하는 성주굿에는 꼭 등장을 한다.

필자가 안동 제비원에 대한 문헌을 처음 본 것은 일제시대에 나온 그 유명한 책인 "한국무속의 연구(赤松智城, 秋葉 隆 공저)"의 책에서였다. 성조신가라는 타이틀의 긴대목중에서 두 번째로 황제풀이라는 곳에서 다음과 같이 소개가 되어 있었다.

"성주대도감본을 풀면 계어디가 본이신가
경상도 안동중촌 제비원이 본이시라
제비원에 들어가서 솔씨 닷말을 받아내어
옥병에 넣어 두리처메고 …."

이 문서는 서울의 경운동에 사는 배경재라는 무녀가 부른 것이었다. 이후 이북굿을 하는 무녀들의 문서에도 나타나 있다. 김매물의 성주거리에서 보면 색다르게 나타나있다.

"경상도 안동땅에 제바위에 자리잡구
제비한쌍이 솔씨를 물어다가
서편 대편에 떨어뜨려 …."

그녀의 성주거리에서는 안동 땅의 제바위에서 제비가 앉아 솔씨를 근처에 떨어트려 그 나무가 큰 나무가 되어 온 나라의 나무의 조상이 된다는 것이다. 전국에 있는 여러 문서들을 살펴보아도 결국은 경상도 안동 주변이 근본이 됨을 알수가 있다.

그럼 안동의 제비원은 어디던가? 이 바위를 어느 본에서는 제비원이라고도 하는데 안동의 무속 단체의 대표를 맞고 있는 조병은 회장의 말에 따르면 아마도 이천동에 있는 "제비원의 근교에 있는 소나무가 우리나라에서 집을 짓는 적송으로서 제일 좋은 재목으로 많이 있지 않았겠느냐."라는 차원에서 그런 문서가 이루어진 것 같다고 한다.

아직은 확실한 근거는 없으나 그 방면에 가장 실력과 권위가 있는 조회장의 말이 가장 설득력이 있다. 그러나 흔들릴 수 없는 사실은 성주풀이의 고향이자 근본은 안동땅이라는 사실이다. 이는 어느 무속에 쓰이는 문서나 설법 그리고 경문에 보더라도 명약관화하게 나와 있다.

안동은 신발이 강한 곳

필자가 만나본 전국의 유명한 무속인들은 안동의 신발이 전국에서 가장 강한 곳이라고 한다. 즉 점을 잘보는 분이 많고 굿을 잘하는 분이 많다는 것인데 이는 무속인들의 잠재의식속에 안동의 제비원이 어떤 한처럼 맺혀있는 것이 아닌가 생각을 한다. 그것은 바로 안동의 제비원이 우리 무속의 고향이고 성주굿의 원조인 안동의 성주풀이를 어느 누구도 능가할수없을 정도로 위대하다는 것을 나타내는 것이다. 무속인이 굿을 하면 어느 거리든지 성주풀이를 큰 소리로 창을 하거나 아니면 조용히 경으로 읊조리게 된다. 또한 성주 안택굿에서는 성주를 지극정성으로 모시면서 굿판을 벌이는 것이다.

그래서 전국의 굿잘하는 무속인치고 안동의 성주굿을 인정하지 않는 이가 없다. 그만큼 안동의 성주굿은 우리 무속에서 가장 중요한 굿이라는 것을 나타내주고 있는 것이다. 문화재로 지정된 서울의 새남굿이나 서해안굿 그리고 동해안굿이라해도 굿중에서 가장 으뜸인 성주굿을 능가하지 못한다는 것이 이때문이다.

물론 성주굿은 모든 굿의 한 거리로 들어가고 있고 성주굿을 단일굿으로 보아도 굿끼리는 우열을 가리지는 못하지만 모든 이들이 성주굿을 높이 받드는 것은 성주굿은 모든 굿의 중심이며 으뜸인 까닭이다. 따라서 안동의 성주굿을 제외하고 문화재를 지정하는 것은 오아시스 없는 사막이며 앙꼬없는 빵에 해당이 될 정도로 공허한 것이다.

필자가 안동을 주목하게 된 것은 또 다른 인간문화재급의 박수가 한 말에서부터 비롯되었다. 그는 안동은 비롯 지역적으로는 작지만 최고의 무당들을 배출한 곳이라고 하였다. 또한 지금도 국내에서 최고의 무당이 있다고 하였다. 그리고 부천의 어느 보살이 안동에 대해서 말하면서 역시 최고의 무당이 있다고 하길래 찾아간 곳이 바로 안동이었다.

무속의 대모

안동에서 성주굿을 가장 잘하고 또한 역사성을 지니면서 그 기능과

문서를 보유하고 있는 문화재급인 무속인이 있다. 한마디로 신명과 기예 그리고 인품과 연륜이 겸비가 되었다고 할 수가 있다. 그분이 바로 풍산읍 막곡1동의 진원사라는 암자를 가지고 있는 권은도 보살이다. 그녀는 바로 안동이 인정을 하는 한국 최고의 명무이자 한국의 최정상의 명인이다.

어머니도 안동의 유명한 무당으로 활동했으며 그녀 또한 안동에서 40년 가까이 무속에서 성주풀이를 계승 발전시키고 있으며 안동에서 큰 행사를 도맡아 하고 있다. 그리하여 안동의 무속인들은 그녀를 안동 무속의 대모(大母)로 여기고 있다.

지금쯤은 몇 번이라도 인간문화재를 받고도 남았어야 할 한국 최고의 명무인 그녀는 현재 무관의 제왕으로 되어있다. 이것이 어떻게 가능한 일인가. 우선 그녀는 로비를 할줄을 몰랐다. 지금까지 무속계에서는 공공연한 비밀이 있다. 그것이 뜬소문이든 진실이던 간에 문화재가 될려면 강력한 로비 즉 돈을 써야 된다는 것이다. 이런 소문은 하도 파다하여 지금은 하나의 이야기거리로 전락이 되었다.

그리하여 문화재로 선정이 되지 못한 전국의 많은 유능하고 출중한 무속인들에게 상대적으로 엄청난 박탈감을 주어 수십년간 그들을 좌절과 절망 그리고 피해의식의 고난으로 몰아넣었다. 그래서 많은 이들은 주장을 하기도 한다. 문화재를 더욱 확대하여 지역의 문화재를 만들자는 것이다. 즉 시나 군으로까지 문화재를 활성화 내지는 임명하여 그런 오해의 소지를 없애야 한다는 말도 상당히 설득력이 있다. 실제로 문화재 무당들이 오히려 각 지역의 행사에 나가서 그 지역의 출중한 무당들 앞에서 비교가 되어 굿을 제대로 하지 못하여 결국 망신만 당하고 돌아간 건수도 있다. 관객들은 실력이 있는 무당에게 박수를 보이고 그런 무대에 관심이 집중되는 것은 오히려 당연하다 하겠다. 권은도 선생도 대표적인 경우다. 그녀가 나라굿판에서 굿을 하면 다른 무당들이 굿거리를 못할 정도로 뜨거운 박수를 받은 적이 많았다.

문화재 무당들을 무시하는 분위기

새남굿의 문화재인 김유감 선생같은 훌륭한 분도 있지만 일부 문화재 무당들의 자질은 입에도 담기 어려울 정도로 형편이 없는 경우가 많다. 적어도 문화재 무당이 되었으면 배우려는 제자들이 줄을 서야함에도 불구하고 따르는 제자는 한명도 없고 오히려 주위에서 욕하는 무당들이 더욱 많다.

성적인 일탈은 말할 것도 없고 무당의 본령인 굿이나 공수에서 형편없이 일반 무당에게 뒤떨어지기 때문이다. 그래서 요즈음은 문화재 무당들을 주위에서 비웃는 경우가 더욱 많다. 이는 그만큼 문화재 무당들의 선정이 잘못되었다는 것을 단적으로 말해주는 것이다. 그리하여 요즈음은 무당들이 문화재 무당들에 대한 무시가 더욱 만연하였다.

이렇게 문화재 무당들을 가장 망신주고 창피함을 안겨주는 많은 분들중에 선두에 서라면 아마도 안동의 제비원 성주풀이의 대가인 권은도 선생이 맨 앞에 올수가 있다. 그분은 우리 무속인들의 한을 성주풀이에 담아서 수십년동안 굿을 한 분이다. 앞서 말했듯이 문화재 무당의 선정이 잘못되었다는 것은 권은도 선생이 지금까지 문화재로 선정이 되지 않았다는 것이 엄연한 증표다.

많은 신제자들을 거느리고 있으며 그들로부터 한결같이 존경을 받고 윗대에서 부리가 있어 뚜렷한 무계도 형성이 되었고 각종 문헌에도 나와 있듯이 누구도 부인할수 없는 안동 성주풀이의 고향에서 역시 또한 제비원 성주풀이의 대가로 당당히 수십년동안 한결같이 활동하는 그녀가 문화재가 안된 것은 그동안 나라의 수치였고 작게는 경북의 수치였고 더 나아가 안동의 수치라는 것이 일반적인 견해다.

한결같은 마음으로

"안동에서 굿을 하려면 권은도의 성주풀이를 사사를 받아야 한다."고

할 정도로 권고문은 자신의 굿 내용에서 일관성을 견지하고 있다. 그런 이면에는 과거부터 오늘날까지 성주풀이 역사가 깊으면 우리 무속의 근본뿌리인 성주풀이가 어느 날인가는 정당한 대우를 받을 것이라는 희망이 있었기 때문이다.

처음 안동에서 성주풀이를 할 때에는 이 정도면 문화재가 되지 않겠느냐고 쉽게 생각을 했다. 그래서 그 옛날 안동시청에서 안동민속축제에 참여를 하라고 하면 모자라지만 지원을 받고 참여를 하였다. 그래서 그 옛날에는 15만원을 가지고 300만원이나 400만원짜리 축제를 했다. 축제할때까지 집집마다 다니면서 5천원이나 만원 심지어는 천원을 시주 받았다. 그렇게 30십여년을 한결같이 굿을 했다.

축제를 위해 꽃과 재물을 멋들어지게 차려놓고 그녀가 돈을 걷으러 가면 "안동에 참으로 빛나는 구경거리를 보여주는게 어떻겠느냐."고 주문을 하는 사람이 많았다. 이런 성원에 힘입어 굿마당은 언제나 축제요 만원사례였다. 그러나 축제에 참여하면 개인적으로는 빚이 늘었다. 아무래도 부족한 돈을 스스로 부담을 해야만 했기 때문이다. 그러나 안동사람들이 좋아하는 것을 보니 저절로 신이 났고 영주를 비롯하여 경북 일원에서 아니 더 멀리서도 축제한마당인 안동의 성주굿을 보러 오는 사람들을 위해서 권보살은 자신의 호주머니에서 돈이 저절로 털려 나오는 것을 모를 지경이었다. 그렇게 해서 축제를 해마다 빛내었다.

축제의 뒤에는 노인잔치도

축제의 결과 집에서는 아이들한테는 빚을 졌다고 말을 못했다. 벙어리 냉가슴을 앓고 돈을 축낸 결과가 해마다 반복이 되었다. 당시 축제를 하려면 우선 오는 구경꾼들을 위해서 수건을 준비해야만 했다. 그래서 평균 수건을 400개내지 500개를 찍었다. 그런 수건은 축제를 하기 전이나 중간에 구경꾼들에게 돈을 걷으러 댕기면서 500원을 주는 사람에게도 수건을 하나 주고 1000원을 주는 집도 수건을 하나 주고 만원을 주는 사람도 수건을 하나씩 주는 그런 차별없는 정겨움이 있었다.

축제가 끝나면 노인잔치도 자주 했다. 노인잔치에도 당시는 수건을 드려야 되고 떡을 해 돌려야 하는 수고가 뒤따랐다. 힘이 벅찼지만 우예 우예 돈을 마련하여 무의탁 노인들을 위해서 옷을 여러번 사줘보았다. 참으로 별짓을 다해보았는데 그런 공로로 안동에서는 여러번 표창을 받았다.

지금도 그녀는 손님을 본다. 손님을 보는 것은 권보살의 오랜 전통이 되었다. 처음에는 신을 받아가지고는 엽전으로 보았다. 엽전으로 볼때에 영에서 나오면 그대로 일러주었다. 요새는 손님을 볼 때 생기(생년월일)를 적어놓고 본다. 특히 오행을 가지고 보는 편이다. 제자들을 만드는 것과 굿을 하는 것도 모두 오행을 통해서 본다.

사실 문화재가 되기 위해서는 훌륭한 제자들을 많이 배출해야만 한다. 그러나 오늘날의 문화재 무당들은 일부를 제외하고는 제자를 배출할 생각은 하지 않고 문화재 무당이라는 간판을 이용하여 사적으로 굿판에서 돈을 벌기에 급급하다. 그런 점에서 권선생은 확실히 차별이 된다. 그녀는 노년에 마지막으로라도 훌륭한 제자를 내기위해 신명을 바친다. 그래서 신굿을 할 때는 매우 엄격하게 한다. 즉 되풀이를 많이 한다.

예를 들면 접신한 애동제자가 "내가 할매다" 또는 "내가 할배다"라고 했을 때 끝내는 것이 대부분인데 할아버지가 왔으면 "어떻게 왔느냐?" 또는 무엇을 "도와줄려고 왔느냐?" 아니면 "해칠려고 왔느냐?"며 날카롭게 질문을 하여 신령을 정확히 받아들이는 것으로 유명하다.

권보살이 이렇게 하는 이유는 신을 어설프게 받아 고생을 하는 많은 애동제자들을 보고나서 느끼고 난 뒤에 작심하고 제자를 이렇게 엄격하게 확실하게 신을 내려주고 강림한 신령을 확인하는 것이다.

최고의 선생과 최고의 굿

그러니 권선생의 제자들은 전부 기라성들이다. 최고의 선생에게 제자들이 몰리는 것은 어쩌면 당연하다. 그래서 그녀에게는 신굿을 해달라는 제자들이 많이 몰려오고 이를 거절하지 못해 신굿중에서도 가리굿이나 내림굿을 많이 하는 편이다. 지금도 굿청에만 들어서면 그 청아한 목소리로 신명을 감동시킬만큼 선소리가 좋고 가락과 염불 그리고 타령이 좋다. 꼭 평가를 하라고 하면 혹자에 따라서는 한국에서 청이 제일 좋다는 대만신인 인간문화재인 "김유감 선생보다도 더 청이 좋을 정도다"라고 할수도 있을 것이다. 또는 다른 혹자에 따라서는 "김유감 선생님은 내어 놓은 화려한 진주라면 권고문은 물에 잠긴 비록 잘 보이지는 않지만 거대한 빙산과 같은 크기의 다이아몬드 산일 정도로 어마어마한 역량을 가지고 있는 국보급이다."라고 평가를 할런지도 모른다. 그만큼 누구라도 한번만 들으면 권고문의 목소리와 설법에 반하지 않는 사람이 없을 정도로 훌륭하다.

그녀가 굿을 하는 순서는 대충 이렇다. 처음에는 상을 차려놓고 부정을 친다. 그리고 산에 가서 산신맞이를 하고 팔도 산신령을 모셔다 놓은 다음 집안 조상에 대한 대갈래를 한다. 어떤 조상은 어떤 공명을 닦으시고 어떤 조상은 어떤 원귀가 되었는 가를 파악한후 한숨 쉬고 선거리로 들어간다. 선거리의 선황문을 열고 대감거리를 한다. 열두대감을 다 모시고 놀린후 칠성 용신 장군 성주 등 각각의 열두거리를 다 끝낸후 그 집에 성주운이 들어오거나 성주운을 맞을 집안이면 따로 성주상을 별도로 차리고 성주거리를 따로 비중있게 논다.

망자라도 해서 오귀를 마는(감는) 조상님의 혼백을 안고하는 대목에서 권선생의 진면목이 나온다. 오구를 말 때 쓰는 종이를 오리는 솜씨는 수십년의 경륜답게 보통 능숙한 것이 아니다. 특히 가위솜씨가 거의 환상적으로 예술적인 경지를 방불케 하고 있다.

가위하나로 종이를 오려 금방 그물이 되고 금방 사자가 나오고 금방 꽃이 된다. 이런 솜씨로 철망을 만들고 지전을 만들고 지화를 만들어 굿판을 화려하게 수놓는다. 가위로 혼백을 오려가지고 쌀을 놓고 감아 망자를 만든다. 요즘도 그런 지화나 설경 그리고 혼백을 스스로 만든다.

그리고 난뒤 애동제자들이 오구에 망자의 혼을 실어 그분이 생전에 못했던 한을 푼다. 즉 생전에 알리고 못간 것을 알려주고 모든 한을 풀고 조상을 완전히 천도를 하고 제자를 놀리는 경우가 있다.

이렇게 조상을 완전히 천도를 다 하고 제자를 놀리는 경우가 있고 오구망자를 풀고나서 바로 다 모신 상태에서 즉 조상상과 신명당상이 있는 상태에서 제자를 놀리는 경우도 있다.

원귀가 많아 조상을 천도를 해야만 신내림이 잘되는 제자에게는 조상을 다 빌어낸 다음에 신내림을 시키고 또 공명이 많은 조상이 있는 분에게는 그냥 다 차려놓고 꽃이고 뭐고 다 그대로 놔두고 오귀망자만 풀어서 천도시키고 조상과 같이 합의를 시켜놓고 제자 신명을 올리기 시작한다. 그 제자 신명이 다 올라가고 난 다음에 공수를 내리고 자기 신명줄을 다 받고 나면 조상님들을 일일이 다 빌어 천도시킨다. 일단 조상님들을 다 퇴송시키면 하룻저녁의 일을 끝이 나고 그 다음날 아침에 여명시간에 어젯밤 받았던 신령을 다 정리를 하는데 신을 청배하고 어제 다 못받은 신령님을 하나하나 찾아서 다 받아주고 정리를 해준다. 결국 일광을 강하게 잘 받는 편이 된다.

굿에서는 제자들에게 붙은 잡신잡귀를 떼어내는 과정이 중요한데 권고문은 이런 절차를 가장 잘하는 분으로 평가를 받고 있다. 귀신이 무서워하는 화전도 치고 소금도 사용하고 오곡도 사용하고 칼도 사용하고 귀신을 쫓아내는데 필요한 모든 절차를 구구절절히 사용할 정도로 모든 노력을 경주한다. 이런 복잡한 여러 절차는 경험많은 노대가들이 잘하는데 그녀 또한 이 분야의 남다른 권위자다.

필자는 그녀의 굿을 나라굿에서 한번 보고 그리고 제가집 굿겸 신굿에서 한번 본적이 있는데 그 청아한 목소리와 훌륭한 사설은 지금도 잊지 못한다. 그 많은 굿을 보았지만 그렇게 기억에 남는 굿은 지금까지 서너개의 굿에 불과하다. 그녀는 당당히 한 기억에 자리를 잡고 있을 정도로 실력이 있는 것이다.

진정한 인간문화재

오늘날 권선생이 한국 무속의 정상에 서게 된 것은 기도덕이라고 할 수 있다. 아침이면 도령석을 치기도 하고 또한 여명에 뒷산인 용두산에 올라가서 기도를 한다. 지난 20년동안 한겨울에는 찬물로 매일 목욕을 해야만 법당에 들어가는 지극 정성을 보였다. 이러한 기도발원이 오늘날의 그녀를 가능하게 했다.

안동의 작두굿도 권보살이 처음으로 하였다. 전통적인 앉은거리의 안동굿에 선거리중에서 이북굿의 진수라 할수 있는 작두거리를 도입함으로써 선거리가 활성화되기도 하였다. 20년이 넘는 전통의 안동 민속축제에 권선생에 의해 등장한 작두거리는 이후 안동을 풍미할 정도로 많은 제자들에 의해서 활성화되었다.

또한 안동의 선거리가 권보살에 의해 독자적으로 개발이 되다시피 했다. 권보살이 가리를 잡기전에는 안동의 굿은 서울굿의 영향으로 뒤죽박죽이었다. 선거리라고 하면서 산신과 선황 그리고 대감과 장군을 마구 섞어 하는 통에 굿판이 매우 혼란스러웠다. 이런 안동의 선거리 굿을 그녀가 가리를 잡아 큰 줄기를 만들었다.

우선 골골이 선황님을 모시고 동서남북의 문을 여는 것을 먼저 시도하였다. 그리고 팔도 산신을 모두 모시고 산신거리를 하였다. 이후 대감거리를 하는데 대감거리는 대감만 놀게 하였다. 그리고는 불사거리와 장군거리를 노는 스타일이 자연스럽게 형성이 되었다. 특히 각 거리마다 특징적으로 특화를 시켜 틀을 잡았다. 이런 노력 덕분에 안동굿은 앉은 거리와 선거리가 멋들어지게 조화를 이루는 격을 갖추게 되었다.

"말이 가장 중요한 것은 무당이다. 자신에게 맞는 굿을 하는 것이 중요하듯이 신의 언어를 찾는 것이 중요하다. 또한 신에게 맹종을 하지 말고 자신에게서 모든 것을 찾아라."

그녀는 신의 언어는 주술적 용어로 보고 있다.

"인간의 마음을 움직일수 있는 주술적 용어를 무당은 가지고 있다. 그러나 어떤 용어가 주술적 용어가 될 수가 있느냐 하는 것이 중요한 문제다. 그 주술적 용어를 뜻있는 분들이 찾는 것이 중요하다. 그러한 것이 바로 우리 무속인의 몫이다."

무속인들에게 당부를 하는 이런 말은 권고문의 높으신 신격과 그 권능의 위상을 나타내는 말이기도 하다. 대가이면서도 우리 무속인을 진정으로 사랑하는 대모로서의 자상한 말인 것이다.

"일월산과 신명"이라는 타이틀로 50분짜리 방송을 위시하여 각종 지역 TV방송에 소개되기도 했다. 안동의 민속축제중 무속에 관한 공연은 그동안 30여년동안 권선생이 주관하여 대성황을 이루었다. 그 결과 무속 공연이 없으면 관객이 없을 정도로 중심적인 행사로 자리를 잡아가고 있다. 칠순이 훨씬 넘는 나이로 사단법인 대한경신연합회 중앙본부의 고문직을 정대복 선생과 함께 유일하게 공동으로 맡고 있을 정도로 명실공히 그리고 객관적으로도 무속단체의 제일 큰 어른이다. 한마디로 안동이 배출한 명실상부한 진짜 인간문화재인 셈이다.

🌲 안동시 풍산읍 막곡 1동 284번지 진원사 054) 852-9563

인천 부평의 스타 이북굿의 부부만신

전제복 명인

해주굿의 명인

전제복, 그는 안동에서 벌어진 월드컵 16강 진출 기원대제의 스타였다. 그는 월드컵의 열기가 한반도를 서서히 달굴 즈음인 2002년 6월 2일에 안동의 문화의 거리에서 열렸던 기원대제에 기라성같은 문화재급의 무속인들을 제치고 당당히 이북굿의 명인으로 초대되었다.

사실 안동의 "문화의 거리"는 아무나 설 수 없는 곳이었다. 특히 무속인들이 그곳에서 서서 굿을 하기는 유사이래 처음이었다. 안동의 무속인들도 처음 밟아보는 그런 자리였다. 그런 곳에서 전제복 명인은 이북굿의 명인으로 당당히 초대가 되어 자신의 고난도 이북굿을 선보인 것이었다. 앞전의 굿판은 한국 최고의 명무인 권은도 선생님의 성주풀이가 끝나고 안동팀의 선비춤이 이어진 굿판이었다.

뒤이어 안동의 관객들에게는 처음으로 소개가 되는 전제복 명인이 자신의 굿솜씨를 선보였던 자리가 벌어졌다. 약간은 느슨하던 분위기를 장단이 빠른 이북굿의 장구소리가 장내를 압도하기 시작했다. 템포가 빠른 무악에 관객들은 갑자기 증가하기 시작했다. 빽빽이 둘러싼 관객들은 신명난 장단을 들으면서 전제복 명인의 빠른 몸놀림을 숨을 죽인 채 바라보아야만 했다. 그러면서 가락이 좋은 만수받이를 읊조리면서

숨을 돌렸다.

뒤이어 신장기를 흔들면서 화려한 춤사위로 주위를 압도한 그는 언월도를 얼르면서 장군거리를 놀았다. 그러면서 공수를 주었다.

"오냐, 다 이번에 먼산의 장군님들이 도와주는데 내가 이렇게 왔다가 내 나라 내 민족을 안도와주고 어떻하랴 …. 반드시 한국이 16강에 진출하게 도와주고 더 좋은 성적이 나오게 밀어주마."

공수를 준 뒤에 전제복 명인은 언월도를 뒤집어 놓고 날카로운 칼날을 하늘로 보게 하였다. 즉석 연출이었다. 원래 장소가 협소하다는 이유로 작두타는 것을 금하였는데 전선생은 언월작두를 타기위해 드럼통 위에 올라간 것이었다.

"16강 진출을 기원하는데 어찌 작두가 없을수 있느냐."

이런 공수를 내리는 그는 바로 언월도의 날카로운 칼날위에 올라갔다. 그는 날카로운 칼날위에서도 한국이 16강에 진출을 할수 있다는 엄한 공수를 주었다. 이렇게 수많은 인파가 운집한 문화의 거리에서 자신의 신력을 과시했다.

떠오르는 이북굿의 새로운 스타

현재 소장파로서 신점의 대가일뿐만 아니라 이북굿을 가장 잘한다는 평가를 받고 있는 그는 혜성처럼 등장한 이북굿의 새로운 스타다. 30대 후반을 바라보는 그는 이북굿의 전거리를 무난하게 소화해내는 걸출한 박수이다. 제자를 잘 가르치는 것으로도 소문난 그는 무속판의 고질적인 병폐인 문서숨기기에 동참을 하지 않는 선생이다. 무속판에 30년이나 40년을 넘게 굴러먹었어도 많은 무당들은 인정머리가 전혀 없어 제자를 내면서도 제자들에게 굿하는 법을 선선히 가르치려고 하지 않느냐. 20년만 넘어도 그렇다. 자신이 제자때 그렇게 어렵게 배우던 시절을 모르는 것이었다.

그러나 전제복 명인은 전혀 그렇지 않다. 제자가 새로 들어오면 제자가 굿을 잘할때까지 밤낮을 가리지 않고 가르친다. 이렇게 하여 전명인의 제자가 되면 1년만에 빠르면 6개월만에 그 어렵다는 이북굿의 전거리를 기본적으로 할수 있을 정도로 뛰어난 제자로 키우고 만다. 그런 그의 노력은 "이북굿청배"라는 무가집(巫歌集)까지 낼 정도였다. 즉 자신이 알고 있는 문서를 제자들에게 알려주다 못해 아예 책까지 내어서 스스로 더욱더 빨리 공부하게끔 하는 것이다. 지금까지 하늘아래에 이런 훌륭한 마음씨를 가진 착하고 훌륭한 선생이 어디 있었겠는가.

또한 일부 남자박수나 법사들의 고질적인 병폐인 복잡한 여자문제를 그는 오로지 신에서 준 사명과 본인의 청렴결백으로 해결하고 있다. 이

런 모습은 전국의 박수들중에서 손꼽히는 경우였다. 그의 이런 인품은 단숨에 소문이 나서 지금은 어엿한 무계가 40년에 준하는 높은 선생으로 대우를 받고 있는 것이다.

거기에다가 그는 이북환의 대가이다. 현재 이북환을 제대로 알고 그리는 사람은 두사람 정도이다. 놀랍게도 그는 그중의 한 사람이다. 그것도 이북 성수환의 의미와 거기에 따르는 굿의 의미를 제대로 하는 무당은 오직 그가 우리나라에서 유일무이한 존재이다. 그래서 이북굿에는 반드시 필요한 성수님 탱화를 그는 손수 그리고 있고 제자들과 이를 꼭 필요로 하는 사람들에게 저렴한 가격 즉 실비에 준해서 나누어 주고 있다.

놀라운 신의 길

고향은 강원도 정선으로 고등학교를 마치고 대학을 다니다가 가정형편상 중퇴를 하고 전기기술자를 했다. 27살이 되는 해는 이미 신이 와 있는 상태였다. 정식으로 내림굿은 인천의 박수에게 하였다. 그때는 신을 좌정만 하였고 신당은 산곡동에 차렸다. 그 해에 구여비를 떠왔다. 구여비란 방울이나 부채등 무구를 산에서 캐오거나 아니면 신령의 계시를 듣고 그곳에 가서 무구를 얻어오는 것을 말하는데 신기가 강한 무당들만이 할수 있는 일종의 통과제의인 것이다.

"나도 무당인데 무당이 신물을 캐야하는 것이 아닙니까?"

이렇게 물었더니 결국 신당에서 답을 주었다.

"너의 물건을 가져와라. 정월이 지나면 못 가져온다."

이런 놀라운 말은 섣달에 신당에서 기도를 하는 도중에 나온 말이었다.

"너희 식구중에 있다."

그래서 그는 친척들에게 연락을 해서 혹시나 집에 무구가 있는가 물어보았다. 그랬더니 이모부가 옛날에 무당생활을 했다는 것을 처음으로 알게 되었다. 차비가 없어 강원도를 가지 못하다가 구정을 3일 앞두고 갔다. 처음에는 이모부가 "그런 물건은 집에 없다"면서 잡아떼었다. 그러나 완강하게 무구를 달라고 하자 나중에는 시인을 하며 울면서 내주었다.

"너는 내 아들이다."

이런 말을 하면서 이모부는 자신이 가지고 있는 오래된 무구 일체를 내놓았다. 이후 그의 길은 순탄했다. 부평구청 뒤에서 소문이 많이 났다.

한번은 야쿠르트 아주머니에게 말을 건냈다.

"점 한번 보세요. 집에 큰일이 있는 것 같은데 …."

그러자 아주머니는 명함을 달라고 했다. 그래서 삐삐번호를 알려주었는데 한달이 지났는데 연락이 왔다. 부부가 와서 점을 보았다.
"이 집이 큰일이 있다."
그러자 부부와 두 아들을 넣었다.
"아니, 왜 내 자식이 아닌데 점을 봐 달라고 합니까. 얘는 길을 갈라 달라고 하는데…."
그러자 부부가 갑자기 울면서 말했다.
"맞아요. 얘는 죽은 지 몇일이 됐어요."
중3에서 고1 올라가는 학생인데 재수없게 불량배에게 맞아 죽었던 것이다. 그래서 날을 잡아 굿을 했다. 자리걷이를 해주고 나서 말했다.
"당신네게는 자식이 하나 더 있어."
그런데 굿을 한 부부는 믿지 않았다. 2년뒤에 또 한번 찾아왔다. 그래서 말했다.
"아줌마 삼신 받으세요."
"저는 아들을 원하지만 병원에서는 가망이 없대요."
"아이를 낳게 해주면 어떻게 할래요."
"신당에서 해달라는대로 다 해줄께요."
"아줌마 오늘이 바로 그날 아니에요."
여자들이 하는 달거리를 말하는 것이었다.
"아니, 어떻게 알아요."
이런 놀라운 공수에 그 아주머니는 마침내 승복을 하였다.
"병원에서는 안된다고 하는데…."
"그럼 제가 10만원에 삼신을 받아 애를 낳게 해드릴께요."
이렇게 하여 삼신을 받고 38살에 거짓말같이 늦둥이를 하나 더 얻었다. 이런 소문이 나서 전제복 명인은 크게 불렸다. 그 와중에 그의 부인도 신을 받았고 이북굿의 장구를 치면서 남편의 수발을 들어주었다.

어느날 꿈을 꾸었는데 신령이 말을 했다.

"환을 그려라."

그러면서 할아버지가 경복궁 경내에서 그림을 그렸다. 그는 이런 꿈을 환을 새로 맞추라는 것으로 해석을 하여 환을 그리는 사람에게 꿈에서 본 성수님 그림을 부탁을 했다. 그러나 환을 그리는 사람이 전명인의 그림 주문이 너무 까다롭다고 못그려주겠다고 하면서 거부를 하였다.

"머리가 너무 아파 못그리겠어요."

이런 소리를 들은 전명인은 직접 그리게 되었다. 이후 환을 치면서 신명에 대해서 더욱 확실하게 알게 되었다. 이후 점도 번갈아 보면서 이들 부부만신은 더욱 크게 불렸다.

신의 약속을 지켜

그동안 양심적으로 제자들을 키우면서 자신의 신당을 지키다보니 재물을 모으는 것에는 소홀히 했다. 돈이 없어 신을 받는 제자들을 위해 공짜로 내림을 해주는 경우도 있었다. 그래서 바쁘지마는 전혀 실속이 없는 일이었다. 그럼에도 불구하고 그는 돈을 생각하지 않고 명예를 중시하면서 오로지 제자들을 위해서 노력하고 또 노력했다. 이를 기쁘게 생각했던지 어느날 할아버지가 말했다.

"내년 정월이 지나서 너희 집을 마련해주마."

신당에서 할아버지의 이런 공수를 받고는 코웃음을 쳤다. 아무리 크게 불려도 남는 것이 없는 굿판이 거듭되는 것을 스스로 알기 때문이었다. 그래서 이런 뜻밖의 공수를 받고 그는 답변했다.

"할아버지, 그럼 제가 대탁을 해드리겠습니다."

대탁은 이북굿에서 만신 사신이 할수 있는 가장 큰 굿이다. 그러자 정말 할아버지의 말대로 그는 정월이 지나서 집을 사게 되었다. 그것은 작년 5월달이었다. 꿈에 아예 집까지 보여주었다. 그러나 꿈에 본 집은 흉가였다. 귀신에게 사람들이 다 잡혀먹고 없는 을씨년스러운 집이었다. 그런 집을 구입해서 집수리를 손수했다. 그리고는 대탁을 하였는데 5일동안 가양산 굿당에서 식구들끼리 크게 하였다.

가르치기 위해 굿당을 지어

청천동의 하나마트를 지나서 종로약국 4거리에서 좌회전을 하는 그 옛날 문둥이 촌으로 들어가는 입구에 그의 웅장한 신당이 나온다. 이곳은 그가 제자들을 쉽고 편하게 가르치기 위해서 집을 팔고 새로 지어 만든 것이다. 남들은 돈을 벌기 위해 굿당을 짓거나 운영하지만 그는 제자들을 마음껏 가르치고 양성하기 위해서 굿당을 지은 것이다. 돈을 벌려고 굿당을 지은 것이 더욱 아니다. 그러니 굿당의 모습도 천양지차다. 제자들이 굿을 배우기 쉬운 굿당이 된 것이다.

"굿을 배우려는 제자들이 많이 이용을 했으면 좋겠습니다. 저는 이북굿을 전수시켜주는데 일절 돈을 받지 않습니다."

실제로 그의 제자들은 돈을 내지 않고 그 어렵다는 이북굿을 열심히 배우고 있었다. 그런 덕분으로 벌써 그의 주위에는 어엿한 굿패가 형성이 되었다. 이북굿을 하는 사람들이 굿패를 형성한다는 것이 얼마나 어려운 일인가는 이북무당이 아니고서는 결코 모른다.

그의 굿당은 한마디로 굿을 가르키는 학습의 장인 셈이다. 신의 선생이면서 어느덧 굿당의 주인이 된 전제복 명인은 초현대식 굿당이 다 제자들을 위해서 마련된 것임을 강조한다. 이런 그의 모습이 바로 그가 명인의 반열에 오를수 있는 원동력이다.

☏ 인천시 북구 청천동 032) 514-4478

대전의 명무 대령보살

김영자 보살

충청도의 대모

그녀의 집은 전통 가옥이다. 은행동의 일대는 대전의 중심지이면서도 특이할 정도로 오래된 모습을 간직하고 있다. 필자가 6년전에 찾아갔던 그 허름한 집에서 아직도 손님을 보고 있었다.

벌써 20년을 넘게 살던 집이다. 간판도 다 찌그러져 가는 허름한 것이고 색이 바랜 글씨도 그대로였다. 택호를 "일월산 대령보살"로 한지는 아마도 강산이 서너번도 더 바뀌었을 것을 짐작케 한다. 그녀는 그만큼 세월의 깊이가 있는 보살이다.

어디를 가나 유난히 부담이 없는 만신집이 있다. 대전에서는 노만신들중에서 가장 점을 잘보기로 소문난 보살인 김보살의 집이다. 긴 곰방대를 물고 점을 보면 잘나온다면서 점을 볼 때 담배를 피우는 것이 요즘의 트레이드 마크가 될 정도다.

"담배를 물고 점을 보면 신통하게 점이 잘 나오니 어쩔수가 없어."

이런 말을 하는 그녀가 어색하지 않다. 그만큼 연륜에서 나오는 대가풍이 자리잡고 있기 때문이다.

몇년전에는 저녁무렵에 그녀와 식사를 하고나서 나는 대령보살이 붙잡는 것을 뿌리치고 나홀로 대전에서 볼일을 본 적이 있었다. 대신 아침에 들러서 밥이나 먹고 올라가는 약조를 한 뒤였다. 그러나 그 약속을 지키지 못했다. 아침에 대령보살집에 찾아간다는 것이 쑥스럽고 어색했기 때문이었다. 그런 나의 행동을 작년에 들렸던 나에게 따지고 들었다.
"허우대는 멀쩡해가지고 실없는 약속만 하고 …."
그러나 나는 그때 내가 했던 약속이 전혀 기억이 나지 않았다. 아니 아침에 가기로 한 것은 기억이 났는데 내가 그날 술을 많이 마셨다는 것이었다. 내 기억으로는 그때 식당에서 반주를 겸해서 마신 술이 그리 많이 마신 것 같지는 않았는데 그녀는 많이 마셨다는 것이었다. 문제는 당사자인 내가 은행동의 어느 식당에서 대령보살과 같이 식사를 한 것도 기억을 못했다. 너무 오랜 시간이 흘러서였던가. 김보살은 정확하게 기억을 하는데 내 나이 이제 불혹의 나이인데 그런 몇 년전의 일을 제대로 기억을 하지 못하다니 …. 5년전의 일이었던 것 같았다.

하여튼 그녀는 작년의 여름철 저녁에 나를 끌고 대전을 흐르는 엑스포 공원이 보이는 강가의 어느 포장마차에서 그녀의 며느리와 같이 식사와 반주를 했다. 그러면서도 내 확실치 않은 기억에 대해서 계속적인 핀잔을 주었다. 그러나 그런 핀잔도 과히 싫지는 않았다.

결국 살아있는 낙지와 맥주만이 지금의 기억에 남았다. 술에 취했지만 나는 나혼자 있고 싶었다. 그래서 대령보살과 며느리를 보내고 나서 나는 대전의 강뚝을 걸어도 보았다. 그러나 그날 나는 음주로 인해 운전을 하지 못하고 대신 나에게 러시아어를 배운 대전에 사는 제자인 박씨를 불렀다.

서울에서 학원에서 만난 그였지만 나를 반갑게 맞이해 주었다. 그의 안내로 나는 차를 강둔치에 버려두고 어느 고급 호텔에 여장을 풀었다. 거기에다가 단란주점에 까지 가서 대접을 받은 나는 취중의 진한 추억의 하루 낮과 밤을 보낸 기억이 있다.

변하지 않는 양심적인 보살

이런 인연으로 인해 대령보살은 다시 한번 나의 책에 실리는 계기가 되었다. 과거에 펴내었던 책중에 새로 실리는 사람은 불과 두세명에 불과하다. 그것은 그만큼 과거에 책에 실렸던 점쟁이 중에서 올바른 길을 걷는 양심적이고도 뛰어난 점쟁이가 없다는 것을 뜻하기도 하다. 나의 책에 실렸건 혹은 실리지 않았건 간에 메스컴에 실리면 바로 사기꾼으로 전락을 하는 점쟁이가 태반이다. 굿을 하지않고도 했다고 하면서 지방에서 온라인으로 돈을 송금받은 점쟁이는 지금도 주간지에 도배를 하면서 광고를 한달에 수천만원씩하고 있다. 그 사기꾼은 방송에 나가려고 한번 TV 화면에 얼굴을 비치는데 수백만원에서 수천만원씩 로비자금을 뿌린다는 소문이 파다하다.

내가 아는 어떤 사기꾼은 몇 년만에 떼돈을 벌어 이사도 자주 다니면서 남편을 여러명 발로 차버린후 아예 머리를 깎고 스님인척하고 있다. 그러면서도 남자관계가 그렇게 문란할 수가 없다. 이런 날탕 사기꾼에 비하면 대령보살은 가정을 지키면서 또한 사는 곳을 지키면서 한결같다.

과거나 지금이나 한결같은 그런 보살을 두고 높게 평가하지 않는 사람은 없을 것이다. 그런 점에서 특이하다. 여타의 보살이나 박수 그리고 법사들은 6년의 기간을 두고 만나면 너무나 많이 변해 있었다. 아니 1년의 기간을 두고 만나도 그들은 사뭇 변해 있었다.

우선 가정을 제대로 간직하는 사람들이 드물다. 젊은 보살은 말할 것도 없고 늙어서도 남편이나 부인 그리고 애인을 계속적으로 갈아치우면서 정력을 과시하는 그들은 도처에 흔했고 어느새 돈에 눈이 멀어 사기행각을 극렬히 하는 무당이 많이 있다. 그래서 무속을 연구하는 많은 학자들이나 연구자들이 이를 개탄하면서 자신의 연구성과나 저작물을 불태워버리고 싶은 것이 한두번이 아닌 것이 그때문이었나.

"빛나는 보석을 발견했다 싶으면 얼마지나지 않아 어느새 그 보석은 아무 가치가 없는 짱돌이 된다."
　어느 무속 연구가의 말이었다. 오죽했으면 수십년을 연구한 어느 늙은 무속연구가는 "무당의 굿은 사기다. 할 필요가 없다."라는 말로 대신했을까. 이런 불신의 결과는 바로 무속인들이 한결같지 않다는 것을 말해주는 것을 비꼬는 말이기도 하다.
　"그 어느 때보다도 윤택했어야 할 지나간 12년간의 내 청춘이 무당의 장고소리에 실려 산화되고 말았다. 여기에 엮어지는 무가자료집은 이렇게 내 젊은 육신이 타고 남은 잿더미인 것이다."
　이렇게 잿더미로 표현하는 작고한 교수도 있었다. 젊은 날의 추억과 기억을 보상해주는 것은 무속의 세계에서는 아무 것도 없다. 단지 늙음만 있는 것을 누구보다도 일찍 깨달은 사람들도 있다. 필자가 얻은 것도 수백명의 무당들중에서 사실 몇몇 안되는 양심적인 무당들 뿐이었다. 그러나 이번에 새로 만나는 많은 무속인들은 또 역시 시간이 흘러가보아야지만 알지만 대령보살은 그렇지 않다. 이미 알고 있는 보살이면서도 내가 다시한번 소개를 하는 이유가 되는 사람이기 때문이다.

나랏점사에 강해

　그녀의 점보는 스타일 역시 남다르다. 긴 장죽에 담배를 물고 점을 보는데 간혹 놋대에 장죽의 부리에 막히면 담배의 재를 털어내기도 한다. 그러한 모습은 완전히 우리 옛날의 담배를 즐기는 노할머니의 모습이다.
　"너 떨어져."
　"제가요?"
　"응, 이번에는 안돼."
　이런 말을 들으면 그는 영락없이 선거에 떨어졌다. 그녀가 선거에 대한 점을 치게 된 것은 이러한 카리스마한 분위기에서 나왔다. 남신이 많이 실리는 탓에 목소리가 걸걸하고 장군기상이 역력하다. 그러니 나랏공수에는 제격인 셈이다.

이런 자신의 처지를 아는지 그녀는 나랏점에 유난히 관심을 기울이고 있다. 박정희 대통령 시해사건과 아웅산 사건을 예견했고 각종 대통령 선거에서 당선자를 맞추었다. 물론 그녀의 이런 말은 오래전부터 자신의 예언에 대해서 강력히 주장하는 것이지만 신도중에서 정치인이 많은 그녀에게는 확실히 남다르다.

대령보살은 나랏점을 보는 다른 무당들과 다른 점이 있다. 그것은 콧구멍에 바람을 불어넣지 않는 다는 것이다. 필자가 만나본 나랏점을 잘 본다고 주장하는 점쟁이들은 대부분 사기꾼이거나 아니면 거기에 준하는 인물들이었다. 그래서 그들은 자신이 예언을 하지도 않은 것을 했다고 억지 쇼를 벌이기도 한다. 김일성 사망을 둘러싸고 벌어졌던 점쟁이들의 선전극이 바로 대표적인 그것이었다. 이런 연유에는 메스컴을 타고 보자는 심리가 팽배한 것도 한 이유다.

그러나 침착하게 되돌아보면 약간의 과대망상증이 결부된 것도 부인할수도 없다. 꼭 어느 큰 사건이 일어나면 자신은 이미 그런 사건을 예언했다고 주장하면서 나타나는 무리들이 그들이다. 일부는 거액의 커미션을 주고 방송국의 사람들을 매수해서 텔레비전에 나오는 촌극도 빚는다.

그러나 대령보살에게는 그런 것이 한번도 없었다. 아니 텔레비전 자체에 정치점이나 나랏점을 치면서 나오지 않았기 때문이었다. 그만큼 어떤 욕심이 없는 탓도 있었다.

그렇기 때문에 그녀는 찾아오는 사람들에게 점을 보아줄뿐 굿을 권하지도 않는다. 그녀는 영가 결혼을 잘하고 조상풀이도 잘하지만 자신의 욕심을 버리는 탓에 굿에 연연하지도 않는다. 그런 점이 돋보이는 사실이다.

조상풀이를 잘하는 보살

이제는 나이도 지긋한 연배인 육십이 훌쩍 넘었고 충청도에서는 보살로서는 그녀의 이력을 따라올 사람이 별반 없다. 그래서 혹자는 인간문화재로 추천이 될 수 있다고 말하지만 그런 정도는 아니다. 그것은 대령보살이 그럴 정도로 굿을 전문적으로 하는 보살이 아니기 때문이다. 또한 문서도 예부터 내려온 것이 아니고 그 굿의 절차도 옛법에 따라 하는 것이 아니기 때문이다. 다만 그런 연배에 그런 세월의 풍상을 이겨낸 보살이 드물다는 것쯤으로 이해를 하는 것이 좋을 듯 싶다.

또한 조상풀이를 잘한다는 것은 그만큼 영이 맑다는 것을 의미하며 보살세계에서는 인정을 받는 것이 된다. 충청도 좌경에서는 고장을 칠 때 신장대를 잡고 무당이 조상풀이를 하는데 그때만이 보살이 들고 뛰는 것이 다반사다. 일전에는 작두를 타서 작두보살이란 칭호도 있었지만 나이가 들어 작두를 타기도 수월치 않을뿐더러 나이에 걸맞지 않는 행동이라 여기고 대령보살이라는 간판을 걸고 굿을 할 때는 그 중요하다는 조상풀이에만 전념하고 있다.

따라서 그녀가 치중하는 것은 점사인데 점은 다른 보살들과 마찬가지로 영혼을 불러 치는 귀신점을 치고 간혹 쌀점을 친다. 그러면서 간간히 글문을 섞어 넣는데 그 이유는 이름과 생년월일을 넣지 않고 점을 보면 무식하다는 인상을 지울길이 없어 하는 행동이다.

대신줄기가 쎈 그녀는 전생에 호랑이였다고 한다. 육갑으로 짚어도 나오는 그녀의 이런 전생은 현생에도 그 기상이 어디갈 리가 없다.

☎ 대전시 은행동 3-21 042) 256-4294

울진 영덕의 유명한 총각박수

배무호 선생

평해 별신굿의 주무

동해안의 평해는 울진과 영덕 사이에 있는 바닷가의 마을이다. 행정구역상은 울진군에 속해있지만 지리적으로는 영덕과 울진의 정가운데 있는 곳이다. 특히 별신굿으로 유명한 후포가 가까이 있는 이곳에서는 1년에 한번씩 평해 남대천 단오제가 열린다.

역사와 전통의 강릉의 단오제와 서서히 어깨를 나란히 하고 있는 평해 남대천 단오제는 19회지만 가히 동해안 지역의 단오제로서 강릉과 쌍벽을 이루는 이유가 있다. 즉 강릉 단오제가 단오굿으로 유명하다면 평해 단오제도 별신굿으로 더욱 유명하기 때문이다. 즉 단오제의 상징적인 행사인 굿으로만 따진다면 결코 평해 단오제는 강릉 단오제에 뒤지지 않는다. 그것은 별신굿의 주무인 배무호 선생이 있기 때문이다.

"단오굿은 재미있어야 합니다. 그리고 정말로 실력이 있는 무당들이 나서서 굿을 해야 합니다. 이번에 초빙한 부산의 안보살도 그런 점에서 수준급입니다. 앞으로 동해안의 별신굿은 정말로 굿을 잘하는 대가들을 초빙해야 합니다. 실력이 없는 가족들끼리 모여하는 굿이 되어서는 안됩니다. 그것은 우리 무속인들을 망치는 행위입니다."

이 말은 오늘날 동해안에서 벌어지는 일부의 단오굿을 지적한 것이다. 즉 실력이 있는 무당들이 별신굿을 해야 한다는 것이다. 그럼 과연 누가 실력이 있는 무당들인가? 현재 평해 단오굿팀들은 강신무라는 점에서 또한 신기가 강하다는 점에서 강릉 단오굿 팀들을 압도하고 있다.

강릉의 단오굿이 배워서 하는 세습무가 주류를 이룬다면 평해의 단오 별신굿은 강신무들이 주축이 되어 하기 때문에 신기의 강함은 비교를 할 수가 없을 정도다. 뛰어난 일부 세습무들이 거의다 사라진 지금은 그만큼 상대적으로 강신무들의 능력이 출중하기 때문에 상대적으로 평해 단오굿이 최근에는 더 평가를 받고 있다.

물론 과거의 단오굿은 장재인이나 박용녀 그리고 신석남이라는 걸출한 세습무외에도 김석출이 있어 그 진가를 발휘를 했지만 그들이 다 작고한 지금은 세습무들은 어딘지 모르게 격이 떨어진다. 오히려 강릉 단오굿에 참여를 하지 않는 세습무들이 더 훌륭한 분들이 있다는 평가도 있다. 하지만 그들이 왜 강릉의 단오굿에 참여를 하지 않은지 잘 따져 보아야 할 것이다.

동해안의 어느 곳에서 벌어지는 대규모의 별신굿인 대동굿에는 반드시 실력이 있는 무당이 참여를 해야한다. 그것이 세습무이건 강신무이건 그런 형식적이 요소가 중요한 것은 아니다. 관객에게 감동을 주어야 한다는 사실이다.

강릉의 단오굿이 관객들에게 비록 일부일런지는 몰라도 감동을 주지 못한다고 하는 평가가 얼마전부터 대두가 되는 반면에 평해 단오굿을 참관한 사람들은 한결같이 "재미있다." 내지는 "정말 신이 난다."고 했다. 이러한 반응은 바야흐로 강신무들을 능가할만한 세습무가 등장을 하지 못한 탓도 있는 것이다.

현재 굿판에서 인기를 끌고 있는 강신무계에서는 쟁쟁한 스타들이 아직도 남아있다. 그중에서도 남자 무속인들중에서는 가장 문서가 많고 설법이 좋은 배무호씨가 선두에 선다. 장구까지 잘치는 그는 무속생활

40년이 넘어서면서 쟁쟁한 세습무들이 사라진 지금에 와서는 어느 누구도 넘볼 수 없는 지위에 올라선 것이다.

평해 단오굿

허개등이 바람에 멋들어지게 휘날리는 6월 15일날 하루동안 거행된 별신굿만 보아도 같은 날 치루어졌던 강릉 단오굿과 비교해서 경력이나 연륜 그리고 실력에서 압도하는 것을 알수가 있다. 우선은 관객의 호응에서 압도적이었다. 나이가 든 할머니 할아버지들은 박수를 치면서 열광적으로 굿판의 분위기에 젖어들었다.

이날의 주무(主巫)는 배무호 선생이었다. 오전 9시경에는 입술에 빨간 메니큐어를 바른 그가 부정굿을 하기 시작하였다. 부정굿이란 마음을 깨끗이 하고 무대안에 잡신이나 못된 신을 몰아내는 것이다. 이어서 용신가를 하였고 골메기 선황굿을 하였다. 골메기 선황은 동내의 수호신을 말하는 것이다. 이 수호신은 동내의 악하고 못된 귀신을 물리치고 좋은 일을 생기게 하는 신이다. 이 굿을 할 때는 옛날 양반이 썼던 갓을 머리에 쓰고 굿을 하는 것이 전통이다. 그는 여자의 모습으로 여성의 흉내를 내면서 시종일관 굿을 하였다.

조상굿은 평해의 강신무인 이명자 보살이 하였다. 뒤이어 석가 세준굿을 박생금 보살이 하였다. 이 굿은 풍년을 비는 굿으로 가정에서는 자식을 잘 생산하는 내용의 굿이기도 하다. 당금애기가 부모몰래 스님인 세준과 정을 통해 아이를 낳고 가족들의 따돌림을 받다가 결국은 세준과 만난다는 내용의 당금애기 전설을 구연하는 것이 특징이었다. 이 당금애기 전설은 자식없는 집에 세준을 통해서 자식을 마련하여 준다는 삼신 사상의 내용을 담은 동해안의 대표적인 서사무가인 것이다. 그리고는 산신굿과 칠성굿을 다시 이명자 보살이 하였다.

이날의 초대 손님으로는 부산 거제리의 안보살이 한 거리를 하였는데 관객의 반응이 좋았다. 군웅장수굿은 박생금 보살이 하였는데 커다란 놋동이를 입에 물고 관객 사이로 다니면서 할머니들이 놋동이에 넣은 시주돈을 받았다. 군웅장수굿은 우리나라를 지키고 나라에 몸을 던진 장군과 대감님을 위로하는 굿이다.

　이날 행사의 마지막에는 꽃노래였다. 꽃노래를 필두로 등노래와 뱃노래로 대단원의 막을 내린 별신굿 행사는 배선생의 등노래를 하면서 등을 가지고 자유자재로 노는 대목이 압권이었다. 오랜 세월동안 굿을 하면서 익힌 몸짓이 등을 온 몸위에 돌리면서 다 드러났다.

　굿을 하는 과정에서 관객이 되는 많은 할머니와 할아버지는 이구동성으로 말한다.

　"이제는 강릉 단오제가 안갑니다. 가까운 평해 단오굿이 훨씬 재미있고 흥에 겨워요. 굿은 평해의 단오굿처럼 해야지요."

　일견 이해가 되는 말이기도 하였다. 할머니들의 말은 강릉 단오제에서 군웅장수굿을 할 때면 놋동이를 입에 물 때 형식적으로 한다는 것이었다. 즉 입으로 무거운 놋동이를 물어야 하는데 강릉 단오굿에서는 손으로 놋동이를 바치고 입으로 놋동이를 무는 흉내만 낸다는 것이었다. 즉 절대로 입으로 놋동이를 물지 않는다는 것을 지적하였다.

　그러나 이런 약간의 편견이 섞인 흥분한 할머니들의 말을 듣고 나서 평해 단오굿의 군웅굿의 상황을 보니 분명 달랐다. 즉 실제로 서슬퍼런 강신무가 무거운 놋동이를 입으로 물어 들고 오랫동안 관객들 사이를 헤집고 다니는 것을 보여주었기 때문이었다. 그것은 강신무와 세습무의 본질적인 차이였다. 신이 있고 없는 차이는 이렇게 신력을 보여주는데 있어서 차이가 명확하였다.

　강신무와 세습무의 차이는 작두날에 올라서는 것부터가 다르다. 강신무는 서슬퍼런 작두날에 가볍게 올라서지만 세습무는 작두날에 올라서지 못한다. 그것은 신이 없이 배워서 하는 예능무당이기 때문이다. 그러나 예능무당이 예능실력이 떨어지면 정말로 추한 모습을 드러낸다. 그것은 관객들로부터 엄중한 비판과 함께 더 이상 관객들이 찾아오지 않기 때문이다.

귀중한 무가집을 펴내

과거 울진과 영덕에서 총각박수로 점을 가장 잘본다는 평판과 함께 가장 성공을 한 사람이 바로 배무호 선생이다. 무속생활이 40년을 넘긴 그는 현재 후진 양성에 힘을 쏟고 있다.

"잘못 선정된 문화재 무당들이 본연의 업무인 후진 양성은 커녕 타이틀을 빙자해서 제가집 굿에 참여를 하여 사리 사욕을 채우는 것을 보면 안타깝습니다. 또한 대동굿에 굿의 명인들을 초빙하여 굿판의 질을 향상시켜야 하는데도 불구하고 그들은 그런 외부인사 초빙을 결코 하지 않습니다. 일종의 밥그릇 싸움입니다."

그가 말하는 것은 세습무를 두고 하는 경향이 강하다. 배워서 연극을 하는 세습무들이 실력양성에는 등한시하면서 족벌화를 시도하면서 자충수를 두는 것을 경계한 말이기도 하다. 각종 행사에 등장하는 일부 문화재급 세습무들은 강신무들의 접근을 꺼린다.

물론 실력이 있는 세습무들은 예외지만 일부 실력이 없는 세습무들은 자신들의 치부를 노출시키기 꺼려해서 능력이 떨어지는 가족들을 학습시키고 연습시켜 이들을 각종 행사에 참여 시킨다. 그러다보니 근친 간에도 결혼이 성립이 되면서 세습무들은 더욱 고립을 자초하였다. 그러면서 다른 강신무들의 대동굿 행사에 참여하는 것을 방해하기도 한다. 이런 무계의 학습과정에서 벌어지는 또다른 배움의 근친 상간행위는 결국 실력저하를 가지고와서 다수의 오리지널 무속인들에게 본의 아니게 피해를 끼치는 격이 된다.

이런 작태에도 불구하고 배선생은 초연하다. 자신은 문화재 무당들보다 더욱 실력이 뛰어나면서도 묵묵히 후배들을 양성하는데 힘을 쏟고 있다. 그동안 후배들을 위하여 자비를 들여 무려 수십권의 동해안 무가집을 저술하였다. 그의 책들은 시중에는 팔지 않지만 동해안 굿을 배우려는 제자들에게는 아낌없이 배포를 하여 주고 있다.

"틈나는 대로 생각이 나는대로 책을 정리를 하고 있는 중입니다. 그것이 저의 소임이라고 생각을 합니다. 장구도 가르켜주고 굿 전반에 대해서 가르치고 있습니다."

그는 지금도 삼척이나 태백 그리고 속초와 포항들을 오가면서 굿을 전수하거나 청배를 다니고 있다. 장구실력도 뛰어나서 악사로서도 자주 불려 다니고 있다. 동해안 굿에 대해서는 가히 백과사전격인 그는 제자를 키우는데 여념이 없다. 그것은 그도 또한 자신의 신선생들로부터 물려받았기 때문이다.

놀랍게도 배선생은 200년이 된 장구와 신칼을 가지고 있다. 이것은 동해안 굿의 대가인 김석출씨가 물려준 것이다. 그만큼 그는 인정을 받았고 현재도 받고 있는 동해안 굿의 명인이다. 누구보다도 문서에 밝고 옛법을 잘 알고 있다. 그래서 굿도 본서있게 정통성을 간직하고 있다. 그런 분이 동해안에 존재하고 있다는 자체가 무속계에서는 하나의 소중한 자산이다.

☎ 울진군 근남면 수산리 87번지 소원사 054) 782-0148

대전 충청도의 최고 명인

방성구 법사

굿당을 찾아서

유성 온천에서 공주쪽으로 가다보면 마곡사가 나오고 더 가면 터널이 나온다. 이 터널이 있기 전에는 산을 구불구불 올라가서 넘는 구길이 있었다. 그러나 지금은 이 구길은 폐쇄가 되다시피 하였다. 즉 차량은 거의 다니지 않고 가끔 있으면 그 차들은 이 산 중턱의 정상 부분에 있는 굿당으로 가는 차량들이었다.

구길을 주차장으로 사용해도 무방할 정도로 구길의 바로 곁에 붙어 있는 굿당은 굿하는 무당과 제가집들로 가득찼다. 그 곳에서 다시 산밑으로 내려가서 거꾸로 샛길로 들어서서 사슴을 키우는 마을쪽으로 올라가면 나오는 터널 바로 위에 있는 작은 굿당이 나온다. 처음부터 큰 길의 우측의 샛길로 샛길로 빠지면 될 것을 한참 돌은 것이다.

그곳에서 마침 굿하는 도중에 잠시 쉬고 있는 방법사를 만났다. 전형적인 한복을 입은 단아한 모습이었다. 인사를 하니 얼마뒤에 바로 굿청에 들어가서 비록 중간이지만 그가 굿을 하는 모습을 볼수가 있었다. 그는 고장을 치는 것이 아니고 조상대를 잡고 제가집에 흘림 공수를 주고 있었다. 뒤이어 제대로 된 공수를 주고는 조상을 극락으로 천도시키는 베를 가르는 순서를 하였다.

그가 멋들어지게 선창을 하고 뒤이어 고장을 치는 다른 법사가 나무 아미타불을 웨치면서 그의 선소리를 받쳐주고 있었다. 그때 비로소 그가 왜 일류중에 초일류라는 것을 알게 되었다. 우선 가락을 제대로 탈 줄 알고 청이 좋고 사설이 좋기 때문이었다. 거기에다가 조상을 잘 놀면서 공수까지 줄 수 있는 그런 대가였기 때문이었다. 큰 소리로 상여 나가는 가락을 하면서 제가집의 심금을 울리는 그 대목은 일종의 조상 길가름으로 하는 충청도식 만수받이였다.

충청도 최고의 명인

대전 충남권은 여자 무당대신 남자 법사들이 주류를 이룬다. 그렇다고 여자 무당의 숫자가 적은 것이 아니다. 상대적으로 남자 법사들이 다른 지역보다는 월등히 많다는 것이다. 그렇게 많은 법사들중에서 점을 잘보고 굿을 잘하는 명인들중에서 세손가락안에 드는 초일류 법사를 꼽으라면 방성구 법사의 이름이 반드시 그것도 제일 먼저 들어간다. 그만큼 그는 청과 고장 그리고 문서에 능한 천하가 인정하는 명무(名巫)다. 거기에다가 조상대를 잘 잡고 공수를 잘 내릴만큼 신명도 밝으면서 또한 신의 제자로서 인품이 출중하다.

신석봉 선생의 문하생이기도 한 그는 30년 넘게 법사의 길을 가면서 그 와중에 대전광역시 지정 무형문화재 제 2호의 전수자로 지정되어 대외적으로도 이미 상당한 평가를 받고 있다. 즉 국가에서 문화재로 인정한 그는 아울러 앉은 굿의 필수인 설경도 기능보유자이다. 강원도나 동해안에서는 굿을 할 때 꽃을 만드는 것이 가장 큰 일이고 이북굿에서는 굿판에서 성수님 환을 걸어놓거나 수파련꽃 같은 것을 진열하는 것이 가장 중요한 일이라면 충청도와 전라도 굿에서는 이런 지화나 탱화보다는 종이로 나타내는 각종 여러 가지 신과 관련된 문양이나 다양한 철망등을 만드는 즉 설경을 마련하는 일이 가장 큰 일이다.

신석봉 선생도 최고라고 추천하는 한마디로 대전과 충남에서는 어느 누구도 따를 자가 없는 최고의 법사다. 그는 누구보다도 고장도 잘하고 청도 좋고 그리고 거기에다가 신명도 맑고 밝아 조상거리에서 조상도 잘 뽑아 공수를 잘주는 것으로 유명하다. 즉 그는 신이 있는 법사이다. 그래서 그의 많은 제자들이 다투어 그를 초빙하는 바람에 남의 굿일에 가서 일을 해주는 청배도 가장 많이 하는 법사로 평가를 받고 있다.

당사주에 나온 신의 길

열 살때 그는 아는 할머니로부터 점을 보게 되었다. 그것은 점을 보는 할머니가 가지고 있는 당사주를 보면서 앞날을 짚어 준 것이었다.

"우리 성구것 좀 보자."

보살 할머니가 아끼던 자신의 당사주를 넘기다 보니 장구도 나오고 산도 나오니 이렇게 말했다.

"우리 성구 좋것다. 앞으로 잘 살것다."

그때 그 말을 듣고 무조건 좋아했다. 그러나 그것이 오늘날 법사길로 빠져서 돈을 벌 그의 팔자였다. 이후 그가 신이 온 것을 느낀 것은 16살이 되는 동짓달이었다. 즉 형이 결혼을 하고나서 바로 병이 났다.

형이 늑막염이라고 해서 아팠는데 대전 박외과에서 못고친다고 하였다. 그런데 할머니가 죽어도 해를 써보고 죽자하였다. "해를 쓴다"는 것은 굿을 해보자는 말이었다.

결국 할머니의 주장대로 형을 위한 굿을 했는데 보살이 청배를 하면서 할아버지 말을 한뒤에 신장대를 쌀 위에 꽂았다. 그때 성구는 갑자기 소리쳤다.

"선생님, 할아버지가 여태까지 나와서 뭐라고 얘기를 했으니 나에게 우리 할아버지좀 실려 줘요."

그러자 선생이 펄쩍 잡아 떼었다. 그 소리에 작은 고모들이 신기하다는 듯이 거들었다.

"손자 좀 실려줘요."

옆에서 신기한 듯 응원을 하자 어린 성구는 자기도 모르게 벌떡 일어나서 신장대를 빼서 쌀위에 놓고 자리에 앉았다. 그러자 법사는 고개를 숙였다. 그러면서 법사는 할수없다는 듯이 고장을 치며 축원을 해주기 시작했다. 그러자 바로 신이 내렸다. 대가 내리니 감당을 할 수가 없었다.

신장대에 내린 것을 가지고 집을 한바퀴 돌고나서 마당을 한바퀴 돌고 방으로 들어왔다. 그 이후로 정신을 잃고 굿판의 순서에 따라했다. 즉 신명이 완전히 실려 자기 자신이 무엇을 했는지 몰랐다.

깨어나니 아침이었다. 그래서 다시 공장에 일을 하러 갔다. 당시에는 차부속을 만드는 베아링 회사에 다녔는데 손이나 발에 광이 내렸다. 즉 일을 못할 정도로 손발 저림이 심하게 일어났다. 그래서 베아링을 검사하는 일을 하지 못했다. 도저히 일을 못해 조퇴를 하고는 집으로 돌아왔다. 그 다음날은 아예 공장 문앞에서 발길이 멈춰졌다. 죽어도 들어가기 싫었다. 그 다음날도 공장 문앞에 갔다가 다시 돌아왔다.

이후 공장도 못다니고 몸이 심하게 아파 넉달동안 집에 드러누웠다. 그러자 그의 집안의 아줌마가 교회를 나갔다. 아픈 시동생 때문에 안나가던 교회를 애를 업고 걸어서 30분이 넘는 교회에 나가서 빌었던 것이다. 그러나 신이 오른 시동생을 잡지 못했다.

그 이듬해 3월달에 대문사 가기전의 즉 약수암 가기 전의 첫동네에 있는 법당에서 사촌누나의 주선으로 가족들 몰래 첫굿을 하였다. 그 무렵에는 공암의 이영구 법사를 불렀다. 법당에서는 이틀굿을 하였다. 그러나 어린 나이에 신굿을 하였지만 막막하였다. 신의 선생도 이런 말을 하였다.

"이대로 보내면 애 버립니다."

그러면서 사촌누나가 성구를 데리고 가지 못하게 하였다.

"아이구 데려 가야 해요. 나는 집 식구들이 알면 맞아죽어요."

둘째 작은 어머니와 사촌 누나가 빼돌려 일(내림굿)을 시켰기 때문이었다. 이런 말을 하면서 난리가 났다고 고민하더니 사촌누나가 성구에게 직접 물었다.
"너는 어떻게 할것이냐?"
"이렇게 됐으니 할 수 없지 뭐. 나 이 길을 가겠어요."
"나는 모르겠다. 나는 더 이상은 못하겠다."
사촌누나는 포기하고 가버렸다. 그래서 이영구씨 신당겸 가정집에서 21일을 있었다. 기도를 하고 나니 예감이 잡혔다. 꿈을 꾸면 느낌이 왔다. 꿈을 꾸고나면 선생이 언제 일을 끝내고 돌아 온다는 것을 알았다. 그때서야 점을 본다는 것을 터득을 하였다.

한달이 지나자 선생이 일하는 곳에 데리고 가서 대를 잡히면서 가르치기 시작했다. 그 뒤에 집으로 와서 허락을 받아 신당을 차리고는 일을 시작했다. 이미 집에서는 노란 꽃이 피면서 신이 찰대로 찬 자식을 나무라지 못하고 포기하고 급기야는 허락을 했다.

다문 다문 일을 하다가 보문산 굿당에서 일을 하였는데 우연히 조카들 서너명이 와서 보고는 가서 막 뚜들기고 들고 뛰면서 그대로 법사 흉내를 내었다. 이런 광경을 형이나 아주머니가 보면 이를 갈 일이었다. 그래서 19살에 기가 막혀서 앉아 가지고 고민을 하기 시작했다. '조카들이 지랄하는 모습을 형이나 아주머니가 보면 어떻게 되겠나' 하고 생각하던 터에 '죽던 살던 나가자' 하는 생각이 들어 15만원을 가지고 문창동 다리 건너로 옮겼다.

방하나 부엌하나 짜리 집을 12만원을 주고 겨우 얻어 돈 3만원을 가지고 간단히 신당 좌정굿으로 이틀굿을 하였다. 이를 악물고 석달동안 버티자 손님이 들어오기 시작하여 겨우 1년 정도 먹을수 있는 돈이 생겼다. 그러니 마음이 푸근하였다.

그러나 집에서 뚝 떨어져 나오자 저녁에는 외로와서 미치고 싶었다.

잠도 안오고 밤에는 길을 걷다가 울다가 겨우 세월을 보냈다. 신을 받은 것에 대해서 후회도 많이했다. 그러면서 거처도 문창동에서 대동으로 그리고 효동으로 왔다가 현재의 집으로 왔다.

그 와중에 방법사는 후배 선생의 중매로 27살에 결혼을 했다. 우연히 보살님들이 청양에 일을 하러 갔다가 좋은 여자가 있다고 해서 소개를 받아 결혼을 하였다. 집은 신을 받은지 15년만에 샀다. 그때부터 크게 불리기 시작했다.

노력으로 최고의 정상에

그가 정상에 올라설수 있었던 것은 철저히 배우겠다는 의지가 남보다 출중했기 때문이었다. 굿판에 가서도 누구보다도 열심히 배웠다.

"안배우면 못하는 것입니다. 단 신이 있으면 빨리 배웁니다. 얼른 배웁니다. 그것이 신명에서 일러 준다고 하는 것입니다. 요즘 말하는 신명 고장은 다른 곳에서 대우를 받지 못합니다. 단지 혼자서 비는 것은 신명 고장이 의미가 있습니다. 그러나 대외적으로 활동을 하기에는 부족합니다."

그는 신굿을 하는데도 돈을 많이 요구하지 않는다.

"옛날에는 사과하나 배하나 그리고 감하나 놓고 내림굿을 했습니다. 그러나 지금은 엄청나게 많은 과일과 재물들을 차려 놓고 합니다. 그것은 욕심입니다. 재물을 많이 차려 놓은 것은 사실은 눈요기죠."

이런 마음 자세를 가지고 있는 방법사는 굿을 하고나서도 절대로 뒷말이 들리지 않을 정도로 처세가 바른 것으로 유명하다.

현재 그는 신점을 본다. 즉 옆전 7개를 가지고 본다. 놀랍게도 그는 현재 35년 동안 던진 옆전을 가지고 아직도 점을 보고 있다. 그리고 간혹 주위의 권유에 의해서 당사주도 보아주고 있다.

☏ 대전시 042) 282-9453. 011-436-6363

부산 거제리의 천태산 미륵암

보덕 안길자 보살

천하가 인정하는 부산의 수퍼 스타

안보살을 처음 만난 것은 굿당에서였다. 필자는 전국에서 보살들이 제일 많다는 부산을 약 50여일이 넘도록 각 동네마다 헤집고 다니면서 보살들에게 인사를 하였지만 별로 마음에 드는 보살이 없었다. 그래서 굿당도 찾아다니면서 굿도 보았다.

겨울에 금정산의 어느 굿당에 갔을 때였다. 그곳에서는 여러방에서 굿판이 벌어지고 있었다. 그러나 그중에서도 가장 소리가 좋은 방이 있었다. 그래서 양해를 구하고 들어갔는데 바로 거제리의 안보살이 초대가 되어 조상청배를 하고 있었다. 그녀의 소리와 설법은 참으로 뛰어났다. 필자는 그때 거제리는 거제도에 있는 줄 알았다.

마침 스님 자신의 굿이어서 대충 후반부의 굿을 보고는 필자의 뜻과는 다르게 그 스님의 연락처만 받고는 굿당을 나왔다. 굿판에서는 사실 그것이 예의였다. 그러나 거제도는 너무 멀어 기약만 하다가 시간을 다 보냈다.

이후 부산에서 해안가를 따라가면 있는 기장의 어느 굿당에서 굿을 하는 안보살을 다시 보았다. 그것도 그곳에서 굿을 한다는 소식을 듣고는 아침 일찍 불시에 찾아간 굿당이었다. 몇 달만에 만나는 재회였다. 알고보니 안보살의 신도 굿이었다.

원래 그분은 남의 굿에 청배를 잘나가는 탓에 점을 참으로 잘보지마는 시간이 없어 자신의 점손님을 보지 못하는 경우여서 자신의 신도 굿은 상대적으로 없는 편이었다. 그도 그럴 것이 한달에 20일 이상을 꾸준하게 남의 굿에 불려다니니 자신의 신당을 지킬 겨를이 없는 것이다. 그러나 이날 굿은 바로 기다리고 기다리던 자신의 신도굿이었다.

멋드러진 최고의 굿 한판

그날은 굳은 비가 구슬프게 내리는 날이었다. 부산굿이 그러하듯이 굿의 초입에는 스님의 경문이 있고나서 신복을 입은 안보살이 준비를 하고 있었다. 안보살은 뒤에서 걸어 입으로 내려오는 작은 마이크를 끼고 있었다. 그러면서 나지막히 그리고 천천히 소리를 읊으면서 구성진 굿의 설법을 읊어내고 있었다. 그 대목은 도입부 부터가 너무나 처연하였다.

주무인 안보살은 칠성방울을 흔들면서 넋두리부터 하였다.
"아이구 아야. 허허. 후이 후 기가 막힌다. 오늘 이굿 받잡고 얼마나 벼르고 별렸는지 하도 기다렸는지 눈에 진물이 난다 칸다."

그러면서 처음에는 흐린 공수식으로 뒤이어는 뛰어난 창으로 이어졌다.
"오늘은 이골 선황 할배가/ 기가 찬다 아. 어이없는 형국이다.
내 상좌야. 어~ 허/ 오늘은 양씨 가정 이 문 열자구
얼마나 많은 세월을 기다렸나. 내 상자야, 내 제자야.
온머리 공양 양지머리 올려 놓고 날 찾을라고
벼르고 기다렸나/ 한많은 양씨 문전/ 원많은 양씨 가문
이 정성을 받을려구/ 수십년 수백년을
바라고 기다리니/ 오늘 이 발원 공덕으로

가는 재수를 당겨오고/가는 재수 도와서
…골메기 선황님도 문을 열어
20년 수아래 노라시던 저 인생들
축생 영가들 극락시왕에 문을 열어
반야 용선을 높이 타고 극락세계로 인도하옵시고
천상의 신을 일체 선황님을 모셔다가
양씨 가정 저 기주 양어깨에 실어주어
재수나 복을 받아다가 … 악인은 물리치구
 … 낙원식당에 재수를 많이 주어
명받고 복받잡고 왔으메/ 우리 양씨기주 서기 주고
제자가 분명하고 상좌가 분명하야
아 신의 신명은 천상으로 띄우고 천상의 신명은
신의 조화를 물리치고/ 사업재수 이(어)받아서
이 발원을 언제부터 기달리나."

안보살이 말그대로 그야말로 3년을 기다린 굿이었다. 평소에 굿을 하는 것을 꺼린 식당을 운영하는 양씨도 3년만에야 굿을 한 것이었다. 자신의 명을 이어주고 원많고 한많게 간 자신의 아버지와 동생을 위로하는 굿이었다. 이 첫대목의 굿 도입부를 듣고는 대번에 국내 최정상의 굿임을 직감했다. 구슬프게 풀어나가는 굿머리는 천하의 일품이었다.

굿의 중간 중간에는 멋드러진 가락으로 뛰어난 흐린 공수도 주었다.
"…아이구 여보시오.…/ 울어야 뭐하리까
울어예야 무엇하오리까
오늘은 이골 선황님이 하시는 말씀이
그동안에 고생도 많이 하고/노심초사도 너무 많이 했으니
오늘은 요결 드리는 걸로도/ 흡족하게 내가 받고
이 정성 발원하고/ 1년이 되고 나면 …."

토막토막 식으로 계속적으로 이어지는 이런 긴공수는 정형화된 것이 아니고 신령에서 주는 말로 자유자재로 풀어 나오는 것이었다. 공수에서는 양씨 기주가 가슴이 아프고 힘드는 것은 칠성바람과 산소바람이라고 하였다. 그러자 양씨는 이를 수긍했다.

칠성거리와 조상거리

이후 굿은 조상이 실려 점점 숙연함과 처연함이 깊어지고 삶의 무게를 견디기 힘들어하는 후손들에게 조상들이 나와 말을 하면서 굿은 기어코 눈물 바다가 되었다. 필자도 울고 굿을 구경하는 모든 사람들이 눈시울을 적시며 울었다. 하늘도 울고 땅도 울고 신명도 울어 이를 지켜보는 모든 사람들도 하도 울어 더 이상 울수가 없을 지경에 이르렀다. 이때에 특히 양씨에게 아무 것도 해준 것이 없는 청춘에 죽은 아버지가 나타나서 양씨에게 사과의 의미로 눈물의 술잔을 내렸다. 그럼으로서 수십년동안 한이 맺힌 아버지와 딸의 사이에서 앙금이 눈 녹듯이 사라지는 것이었다. 그리고 조상과 신명에서 양씨 기주의 단명살도 없애준 후에도 다시 안보살에게 조상이 실려 울기시작하는 바람에 굿판은 다시 눈물바다로 계속되었다. 그러기를 한시간이 다시 넘어 점차로 굿은 겨우 슬픔에서 벗어났지만 한을 풀기위해 맺힌 고를 푸는 담담한 운맞이 마당으로 변화되어 갔다.

이때 한식당을 운영하던 제가집의 양씨는 그동안의 모든 한을 굿당에서 다 풀어버린뒤 더 이상의 미련이 없는 듯 양해를 구하고 식당문을 열기 위해서 오후 3시경이 되어 어쩔수 없이 식당이 있는 거제리로 돌아갔다. 아니 안보살이 복을 준 후에 장사가 우선이라는 생각에 양씨를 보낸 것이었다.

이럴 경우 약삭빠른 질이 나쁜 무당들은 보통 굿을 대충 끝내는 것이 많은 수의 보살들이 하는 행태였는데 안보살은 오히려 반대였다. 제가

집이 가자마자 더욱 열심히 최선을 다하며 굿을 이끌어갔다. 나중에 알고보니 굿을 하기 전날 이미 오늘 굿은 긴굿으로 중간에 식당일로 제 가집이 없더라도 오전에 시작하여 밤 늦게까지 할것이라고 예고를 해 두었다고 한다. 그러나 장구소리가 너무 커서 그런지는 몰라도 음의 강약을 제대로 받쳐주지 못하는 안타까운 상황에서도 그녀는 길고도 훌륭한 굿을 혼자서 이끌어가는 것이었다.

말 그대로 안보살은 부산굿의 전 거리를 혼자서 다 헤쳐나갔다. 설법이 유난히 많은 그녀의 굿은 무궁무진한 내용으로 여러 신령님을 청배하고 모셔 충분히 놀리고 돌려 보내는 식이었는데 동작보다는 무가의 형식인 설법이 뛰어났다. 또한 정확한 공수로 시종일관 굿을 주관했다.

환상적인 넋두리

"어허 괘심타고 하지 말고/ 천지신명 일월성신 할부지요
을사생에 2월 26일 생에/ 양미자 양미자
부디 노중천왕에 놀래는 일/ 걷어주고 막아주고
여보시오. 우리가 사십전에/ 아비죽고 아들죽고 다 죽었는데
저딸이 또 서른 여덟이 아닙니까.
이 사고 저 사고 막아줄라꼬/내가 불러들이고
그러니 이렇습니다./그러니 보고 하늘에서 나리시고
백호대살은 걷어다가/ 대천왕 한바다에 뿌리고
…유수강아 황하강아/ 유수강에 내뿌리고
삼천세계 돌아가야 우리딸 잘되라고
명산에 빌고 조왕에 빌었으니/각신령님요
인간은 죽어 넋이라도 있지마는
… 인간이라 죽어서도 혼백이라도 있으니
이렇게 넋두리도 할수 있으니 …."

뒤에도 길게 이어지는 이런 넋두리를 잘하는 안보살은 굿을 할 때 그 자리에서 성불을 보는 것으로 유명하다. 그것은 아니 성불을 안볼래야 안볼수 없을 정도로 훌륭한 굿을 하고 있었다. 한마디로 자타가 공인하는 최고의 굿판이었다. 너무나 최선을 다하여 마치 온 몸을 던져 굿을 하는 것으로 소문이 난 탓이고 신에서 주는 공수도 상당히 정확한 것으로 소문이 났기 때문이다. 그러니 굿판에 참여한 제가집은 이미 굿당이나 또는 굿을 하는 장소에서 감동을 하는 일이 항상 벌어지는 것이다.

그동안 굿에 대해서 상당히 엄격한 편이었던 필자는 안보살의 굿을 보고는 그 생각을 바꾸었다. 그 만큼 그동안 보아온 대가들이라는 사람들의 굿들이 어딘지 모르게 사람들을 기만하거나 아니면 어딘지 모르게 수준이 떨어진다는 것을 의미했으며 반대로 안보살이 집전하는 굿의 내용과 결과 또한 상대적으로 너무 좋았다는 것을 의미했다. 한마디로 감동 그 자체였다.

안보살은 2002년 6월 중순에 벌어진 울진근처에 있는 평해의 단오제에 참여하여 나랏무당으로서의 자신의 실력을 유감없이 발휘를 하였다. 그녀의 실력은 점차로 인정을 받아 10월에 구미에서 벌어지는 고 박정희 대통령과 육영수 여사의 대규모 위령제에 초청 1순위가 되었다.

☎ 부산시 연제구 거제3동 051) 852-5132

성주의 운맞이 점 금강산 약명사

평강도사 정보살

성주로 가는 길

경북 성주에는 대구에서 이름을 날리다 온 분이 있다. 팔공산의 갓바위에서 사는 일명 평강도사라고 하는 정보살은 점을 잘본다는 소문이 파다했었다. 그러나 그녀는 사람보다는 산이 좋아 산을 찾아 이곳 성주까지 왔다.

정보살을 찾아 밤길에 물어물어 가본 성주의 금강산 약명사는 대구에서 약 1시간 거리에 있는 기도도량이었다. 그러나 그날 밤에 필자는 그곳을 찾지 못하고 음지마을의 어느 공터에서 차를 세운 후에 차안에서 잠을 지새울 수밖에 없었다. 그러나 2월달의 산의 추운 기온은 2시간 이상 차에서 있지를 못하게 했다. 할수없이 새벽에 산에서 성주군 시내로 내려와서 밤새 뜬눈으로 지새우다가 아침에 겨우 목욕탕에 들러 목욕을 한후에 낮에 다시 한번 가보았다.

사실 그곳은 교통이 여간 불편한 것이 아니었다. 그래서 무심코 소문만 듣고 밤에 찾아갔다가는 낭패를 당할 곳이었다. 알고보니 점사도 평일날은 보지 않는다는 것이었다. 즉 토요일과 일요일에만 점을 본다는 것이있다. 야밤에 찾아간 날이 금요일이어서 다행이었다. ᄀ 다음날인 토요일에 겨우 평강도사를 만날 수 있었다. 만일 손님으로 평일날 덜렁 덜렁 찾아갔더라면 영락없이 퇴짜를 맞고 돌아섰어야 했을 것이다.

점을 보려고 갈 경우는 반드시 전화로 사전에 문의를 하거나 아니면 최소한 교통편이라도 알아서 가는 것이 좋다. 대구에서 성주군의 가천면쪽으로 빠지면 동원 2리가 나오는데 이곳은 가야산의 끝자락에 있는 마을이었다. 음지마을이라고 하는 이 동네는 평강도사가 있음으로해서 더욱 유명해진 마을이었다.

전국에서 찾아오는 사람들로 인해서 몇십가구가 사는 마을의 한복판에서 주차장까지 설치되어 있다. 이곳에서 차를 세우고 산길을 따라 한 10분정도 올라가면 금강산 약명사가 나온다. 산의 중턱에 있는 도량답게 맑은 약수물이 솟아 나오고 산을 의지하여 대리석으로 기도를 할수 있는 공간도 마련이 되어 있다.

워낙 외진 곳이라 오는 손님들을 위해서 특별버스까지 운행을 하고 있었다. 물론 평강도사가 자비로 운영을 하는 버스였지만 대구에서 그 버스를 이용하면 편하게 약명사까지 올수가 있다. 그래서 이곳을 찾는 과반수의 사람들은 자가용대신 대구에서 출발하는 버스를 이용하고 있다. 버스를 이용할려고 하면 우선 전화를 걸어 자세하게 안내를 받는 것이 제일 간편하다.

산기운 따라 입산

평강도사가 산기운 따라 입산을 하게 된 것은 3년째가 된다. 그나마 그전의 5년은 산밑의 마을에서 보냈다.

"나는 사람이 싫었어요. 그래서 이사를 이 산중으로 했습니다."

사람을 많이 상대를 해야만 하는 직업을 가진 점술가가 이런 말을 하는 것은 뜻밖이다. 그만큼 그녀는 산의 기운처럼 깨끗하게 살려고 노력을 하는 사람인 것을 알수가 있는데 말하는 것이 더욱 새로왔다.

"저는 산의 명기를 받아 점을 봅니다."

즉 산신줄이 강하다는 것을 알수가 있다. 10년이나 있었던 대구의 갓바위를 떠나온 것도 팔공산의 명기를 받을대로 다 받았기 때문이었다. 평강동에 있었을때는 새벽 5시부터 오전 10시까지만 손님을 보았다. 손님이 많을때도 오전 10시까지 와서 대기를 하고 있던 손님만 보았다. 이렇게 한 이유는 산기운이 10시가 넘으면 점차로 떨어지기 때문이었다.

평강동에 있을때는 월요일만 빼놓고 평일날 점을 보았다. 그러나 성주의 음지마을로 이사를 오고부터는 점을 보는 시간에 변화가 있었다. 즉 이곳 가야산은 아침 7시부터 산문이 열리기 때문에 평강동에 있을때보다 2시간 늦게 아침 7시부터 점을 보았다. 그리고 오후 2시까지 온 사람에 한해 점을 보았다. 그 이유는 간단하였다. 가야산 기가 오후 2시가 넘어서면 약해지기 때문이었다.

"점을 볼려면 오후 2시까지는 와서 저를 기다리고 있어야 합니다."

점은 오후 늦게 까지 볼수는 있다. 즉 손님이 많으면 저녁까지는 볼수가 있는데 오후 2시전까지 온 손님에 한하는 것이다. 오후 2시가 넘어서 오는 손님은 접수가 안되기 때문에 보아주지 않는다. 이렇게 특이하게 시간대를 정하여 놓고 점을 보면서 산밑 마을에서 5년을 있었고 3년전에는 산중턱으로 다시 이사를 했다.

그러나 작년부터는 평일날 보는 것을 중단하고 토요일과 일요일에만 점을 보아주고 있는 것이다.

"무속인은 마음을 비워야 합니다. 복채도 주는대로 받아야 하고 굿도 양심껏 해야 합니다."

이런 말을 하는 정보살은 복채를 예나 지금이나 단돈 만원을 받고 있다. 대신 짧게 점을 보아주는 편이지만 별비로 100원짜리 동전이나 10원짜리 동전 그리고 500원짜리 동전을 몇 개 더 내어 놓으면 된다.

지체 버스를 운행한 것은 이곳 성주로 들어오면서 부터이다. 한 8년 되었다.

독특한 동전점

그녀는 대부분의 사람들에게 주머니에 있는 돈을 내 놓으라고 한다. 그러면 주머니를 털어 돈을 내어 놓는데 그중에서 동전을 5개나 7개 아니면 9개를 골라 그중에서 같은 것을 몇 개씩 찾아내는 방법을 취하고 있다. 특이한 것은 손님의 주머니에 돈이 얼마 있다는 것까지 뽑아내고는 한다. 물론 이것은 신이 없으면 불가능하다.

"손님이 묻고자 하는 것이 동전중에서 같은 숫자와 관련이 있습니다."

이렇게 점을 보는 정보살은 동전점을 통해 각 개인에게 운맞이를 하여주는 격이다. 운맞이는 동전을 고르면서 하는데 점판에 놓인 같은 동전을 확인한 후에 몇가지 공수를 준다. 공수는 그때 그때 마다 약간씩 다른데 같은 동전이 몇 개 있으냐에 따라 손님의 운이 결정되는 것이다. 그 사이에 점(공수)도 보아주면서 끝을 낸다.

이렇게 운맞이를 하고나서 점판에 있던 그 동전은 전부 정보살의 동전주머니로 들어간다. 물론 나머지 지폐와 고액권은 도로 돌려준다. 간혹 아주 드물게 그녀의 점사를 주관하는 산신이 종이돈을 요구하면 5천원권이나 만원권중에서 한두장을 뽑아 동전주머니로 들어가기도 한다. 그러나 그러한 경우는 아주 특별한 경우이다.

부담이 없어서인지는 몰라도 그녀에게 오는 손님들은 한결같이 다시 오는 경우가 많다. 어떻게 보면 대부분이 한번 왔다가 재차 삼차 다녀가는 분들이다. 어떤 이는 1년에 서너번씩 주기적으로 오기도 한다. 그러면 정보살은 그가 언제 다녀갔다는 것을 정확히 일러주기도 한다. 정보살의 동전점은 꽤나 오래 되었다. 약 13년을 헤아리는데 평강동에 있을때부터 시작을 했던 것이다.

얼마전에는 옆에서 살던 스님이 돌아가셨다. 그 스님은 약명사의 위쪽에 있었다. 손님으로 가끔 오시다가 정보살이 산 중턱에 자리를 잡자

3년전에 위쪽에 땅을 마련하여 같이 없는 담을 사이에 두고 지냈다. 그러나 그 스님은 죽기 한달전에 정보살에게 자신이 귀중하게 여기던 것을 물려주었다. 대표적인 것이 신라시대의 불상형태인 반가사유상이었다. 물론 이미테이션이지만 이 반가사유상을 모시고 나서 그녀의 점은 더욱 정확해졌다고 한다. 전반적인 점사는 친정 아버지가 몸주신으로 와서 도와주고 있다.

고 2때 신이 와

그녀는 고 2때 신이 왔다. 그러나 그 신을 받지 않고 있었다. 그리고 36살때에 더욱 정확하게 신이 왔다는 것을 느꼈다. 깊은 산중에 가서 기도를 하고 낙엽하고 돌들을 주어왔다. 그때는 온통 잠에 현몽으로 보여주고 밤 12시가 넘으면 신에서 무엇이든지 알려주었다. 그런지가 벌써 20년이 되었던 것이다.

처음에는 대구 시내의 효목동 주공 아파트에서 5년 있었다. 효목동에서 여반장으로 있을 때였다. 반장회의를 할 때 한마디씩 해주면 맞았다. 아픈 사람이 있으면 가보라고 해서 몇마디 일러주었다.

이때는 신당도 없이 아파트 베란다에 신을 모셔놓았는데 이 때문에 "정반장이 신을 모셨다."는 소문이 파다했다. 이후 변변한 신당조차 없었지만 대구에서 제일 점손님이 많았다. 그러나 너무 소문이 많이 나서 팔공산 갓바위가 있는 평강동으로 이사를 했던 것이다. 이후 평강도사로 이름이 나기 시작했다.

"동전의 숫자대로 점을 보아주고 그 사람이 보고싶어하는 점이 숫자 형태로 동전에 나온다."

이런 소문은 더욱 정보살을 유명하게 했다. 하지만 사람이 싫고 돈도 싫어 정들있던 팔공신을 버리고 새로운 명기를 받기 위해 깊은 가야산 자락으로 들어왔던 것이다.

정보살은 법당에서 곤룡포 비슷한 화려한 옷을 입고 점을 본다. 그러나 옷만 벗고 나가면 점을 볼줄 모른다고 한다. 그러나 그 장군옷을 입고 앉아 있으면 이내 바로 신이 들어온다고 한다. 즉 신의 옷인 신복을 입어야지만 점사가 나온다는 것이다. 그래서 그녀의 신복은 장군복이 유일하다.

그 이유는 간단하다. 정보살이 굿을 하지 않기 때문에 신복이 점을 볼 때 외에는 신복이 따로 필요가 없는 것이다.

"나는 굿에 흥미가 없어요. 저는 50만원에서 100만원 정도로 굿을 합니다. 아주 커야 130만원 정도를 받았어요. 그러나 지금은 굿도 거의 하지 않습니다."

그러나 그녀는 정말로 굿을 해야만 할 손님이 오면 그때는 어쩔수가 없이 굿을 하여 준다. 그것도 손님을 수백여명을 넘게 보고 난 후에 가리고 가려 엄선한 사람에게만 굿을 하게 한다. 그러나 놀랍게도 굿값은 백만원선으로 아주 저렴하게 한다.

"주당이 있는 사람은 꼭 풀어야만 합니다. 그래서 어쩔수 없이 굿을 하는데 한달에 한두번으로 족합니다."

주당은 남의 흉사에 가서 주로 음식을 잘못먹고 걸리는 무서운 신의 벌이다. 특히 문상에 잘못갔다와서 걸리는 신의 세계에서 말하는 일종의 병이다. 그녀는 다른 것은 몰라도 주당살은 꼭 풀어주어야 한다는 것이 지론이다. 그러나 굿이 있어 주당을 풀러 굿당에 들어가면 정말 부끄러운 사실을 많이 보게 된다.

"앞으로는 정말 바르게 하지 않으면 무속인들이 살아남지 못합니다. 그래서 잘 하라고 합니다만 그것이 어디 쉽게 되겠습니까."

언제나 바른 마음씨로 신의 길을 가는 그녀는 동전은 많이 쌓이면 1년에 한번 불우이웃돕기를 크게 한다.

☎ 성주군 가천면 동원2리 144번지 054) 931-3525

업대감의 명인 김해의 장군보살

박수귀 명인

부산 경남 최고의 업대감 명인

김해에는 우리의 가장 오래된 토속전통을 이어가는 보살이 있다. 바로 김해에서 점을 제일 잘본다고 소문이 난 장군보살인 박수귀 명인이다.

박보살이 바다건너 일본에까지 유명한 것은 점을 보아서 해당이 되는 사람에게는 바로 업대감을 잘 모셔주는 것인데 그 효험이 대단하다는 것이다. 그녀는 개인적인 업대감뿐만 아니라 마을의 업대감도 찾아주는 일을 하고 있다.

사업을 하는 사람들이 그녀에게 오면 대부분 업대감을 모셔준다. 업대감은 장사를 하거나 사업을 하는 우리 조상들이 반드시 집에 모셔놓고 비는 신앙이었는데 박보살은 이를 그대로 전수하여 전해주는 것이다.

박보살의 업대감은 특이하게 사업(蛇業)으로 잘 받아준다. 즉 구렁이로 지칭되는 뱀을 모시는 업인 것이다. 예전에는 업대감을 존칭하여 업왕(業王)이라고 불리고도 있다. 그것은 집안에서 가장 중요한 분이기 때문이다. 그래서 과거에 장사나 물물교환을 하는 사람들은 반드시 업왕을 모시고 있었다. 그래야 장사가 잘 되기 때문이었다.

그런 점에서는 오늘날에도 한국에서는 업대감의 전통과 역사는 계속적으로 이어져 내려오고 있다. 김해는 물론이고 부산의 동래 온천장이고 진해고 대구고 간에 보살이나 일반인들이 행여나 뱀꿈을 꾸었다고 하면 바로 김해의 박보살을 찾아온다. 그것은 꿈에 대한 점을 보고 가능하면 업을 받기위해서이다. 그러면 행운이 찾아오고 큰 덕을 본다는 것이 찾는 사람들의 주된 이유다.

  그녀에게 찾아오는 사람들은 바로 그 뱀꿈의 내막을 알고는 좋은 쪽으로 받아들이지만 그렇지 않는 사람들에게는 재앙이 되고만다. 그것은 업을 제대로 받지 못한 탓도 있다. 또한 신을 받은 제자들이 못불리고 고생하는 보살들은 박보살에게 온다. 그럼 대번에 업을 찾아준다. 그만큼 박보살의 영적인 능력이 뛰어나기 때문이다.

  박보살이 업을 잘 찾아주는 일도 하지만 업대감을 모시는 것은 더욱 특이하다. 우선 상자에다가 실로 업대감을 만들어 봉안하는 것이다. 업대감은 반드시 한 쌍으로 한다. 즉 암컷과 수컷을 만들어 대감을 모시는 것이다. 그것은 그 집의 업대감이나 업장군의 집을 한 채 마련해준다는 뜻이다. 그래야만 그분들이 쉬었다가 돈도 넣어주고 건강도 주고 한마디로 명도 주고 복도 주는 것이다. 그러니 그분들이 자유자재로 올수 있게 하여주어야 하며 또한 오는 길을 터주어야 하는 것이다. 그러면 그분이 오실 때는 실타래를 타고 내려오는 것이다. 이 실타래는 업구렁이가 될 수도 있고 용이 될수도 있는 것이다.

  과거에는 업을 받을려면 우선 업성주를 영접하기 위해서 무당을 불러 성주맞이 굿을 하였다. 그녀도 그런 전통을 지키지만 어떤 경우는 간단하게 업제사로 받는 경우도 있다.

업은 제대로 받아야

  업굿을 하면 업이 들어오는 것이 무당들의 눈에는 보인다. 보이니 더욱 효험이 있는 것이다. 그러나 박보살은 여간해서는 업굿을 하지 않는다. 그것은 업굿을 하면 제가집에 부담을 주기 때문이다. 그래서 될 수 있으면 업굿을 하지 않고 업치성이나 간단한 업제사로 대신을 한다. 대신 업은 직접 만들어 준다.

업의 몸체가 얼추 만들어질때면 몸에 실린다. 그 집의 업이 실리면 상자에 담아 가지고 가서 다시 청해서 앉힌다. 어떤 업은 받아보면 무거워 가지고 어깨를 못쓴다. 어떤 업은 주로 부채발로 받는 집도 있고 신장대로 받는 집도 있다. 그 집의 일을 들어가보면 알수가 있다.

업을 받을 사주는 정해져 있다. 힘이 들면 재수굿을 해줄수 있지만 업을 받을 것은 아닌 경우가 많다. 신을 받아도 부려먹지 못하는 사람이나 중도 아니고 소도 아닌자 그렇다고 아예 영이 없는 사람이 아닌 경우에는 업을 받아야 한다. 즉 신의 줄은 비쳐 있으나 무당이 되어서 부려먹지 못하는 사람은 업을 받아야 한다. 즉 자기 사주에 들어오는 업이 있기 때문에 그렇다.

그래서 박보살은 개인에게 들어오는 업은 반드시 받아야 하지만 모시는 방법은 각기 다르기 때문에 그 집의 업이 해달라는 대로 업을 만든다. 그래서 시준단지도 제대로 받아주는 것으로 소문이 나 있다.

"어떤 집에 인연이 있는 집에 손님이 올라고 하면 꿈에 그 집 업이 와서 발가락을 물어 뜯어요. 그럼 누구집 업인지 알았으니까 사람을 데리고 오라고 합니다. 어떤 사람은 업이 무엇인지도 모릅니다. 그런 사람은 가라고 합니다."

양심적으로 한 평생을 살아온 박보살은 다음과 같이 말한다.

"뱀꿈을 꿔서 뱀을 떼어내버릴 사람은 따로 있습니다. 그것은 악몽인지 선몽인지는 저에게 전화만 한통화 해주어도 알수가 있습니다. 즉 업을 찾아 집안에 드려야 하는지도 쉽게 알수가 있는 것입니다."

예로부터 업을 찾아서 부자되는 사람이 많았다. 동네도 마찬가지다. 동네의 업찌끼미를 찾아서 풀어낸뒤에는 동네가 잘된다.

용을 타고 한국으로

일본에서 태어나서 한국에 와서 결혼을 하고 다시 일본에 갔다. 그곳에서 살다가 꿈에 신령님의 말을 들었다.

"상좌야. 이 용을 타라."

뿡하는 소리와 함께 용이 하늘에서 내려와서 엎드렸다. 이때 천상에서는 관세음보살님이 연꽃 두개를 던졌다. 그래서 그 용의 등을 타고 바로 한국으로 왔다. 이런 꿈을 꾸고 정말로 박보살은 한국에 오게 되었다. 한국에 와서는 몸이 아팠다. 그래서 내림굿을 하게 되었다.

"내림굿을 할 때 돈을 50만원을 빌렸어요. 감천 천마산에서 신굿을 했습니다. 나하고 같이 부산의 은성사에 근무를 하던 돈을 빌려준 김언니를 찾아야 합니다. 너무나 고마운 분이었다. 괘정에서 통근 버스를 타고 다닌 분이었어요."

옛날 깡통시장 근처에 있던 장군이 엄마인 간판이 "명신"이란 집의 박보살이 바로 신엄마였다. 그녀는 그곳을 선몽을 받고 갔다. 장군님이 버스를 타고 가서 내리라고 해서 그곳을 가서 점을 보고 내림굿을 했던 것이다.

내림굿시에게 장군칼을 쥐어주어서 그것을 가지고 놀게 했다. 이후 대나무를 부엌에 꽂아주고 갔다. 이후 몸이 아프지 않았다. 신을 받고 난 뒤에는 정신이 없었다. 이런 말이 들렸다.

"공부하러 가자."

그래서 산으로 공부를 하러 들어갔다. 산에서는 등산객들이 박보살의 기묘한 행각에 혀를 끌끌 찰 정도였다. 산에서 내려오는 폭포를 만나면 온 몸으로 폭포물을 맞았다. 배가 고프면 누가 기도하려고 차려놓은 과일과 떡 그리고 고기를 몰래 가져다 먹었다. 그러면 밑에서는 잊어먹었다고 난리났다. 보살들인 일행끼리 싸우고 난리났다.

나중에는 절에서도 시봉을 들었다. 공부를 몇년 하고는 하산하라는 신령의 목소리를 듣게 되었다.
"상좌야. 이제는 내려가서 돈을 벌어라."
그래서 장군칼 2개를 가지고 다니면서 점의 판단을 지었다. 그녀는 확실히 장군신이었다. 그래서 지금도 걸립에 장군님을 모셨는데 죽은 동생이 온 것이었다.

돌을 모아 두는 신령들

10년전에 보살들이 단체로 구인사에 기도를 갔을 때였다. 구인사 절 입구의 물가에서 세수하고 머리에 물을 찍어 올리고 있을 때 고을 산신령이 실렸다.
"상좌야, 뒤를 돌아보아라."
그 말에 뒤를 돌아보면서 물가 언덕을 보면서 얼굴을 닦고 있는데 돌이 누워있었다. 그래서 그 돌을 만져보니 모양이 특이했지만 자연이 주는 작품인 줄을 몰랐다. 그러자 바로 산신령이 또 일러주었다.
"그 돌을 챙겨라."
그 말을 듣고 돌을 무조건 챙겨서 안고 차에 올라타서 자리에 놓았다. 그러자 주위에서는 이런 말을 했다.
"하이고, 박보살은 가는데 마다 돌을 갖다가 다 뭐하노."
이런 소리도 아랑곳하지 않고 자리에 돌을 놓고 기도를 다 하고 차를 타고 김해에 와서 이고 갈려고 수건을 풀면서 보니 남자의 성기와 비슷했다. 자세히 보니 그 모양이 기가 막혔다. 영락없이 남자의 성기였다.
"야야, 강보살. 여 한번 와봐라. 이 영판 남자 그거같다. 한번 봐바라."
돌에는 성기의 오줌구멍까지 리얼하게 뚫려있을 정도였다.
"하이고, 언니는 싸인펜을 가지고 (구멍을) 언니가 기릿구마는…."
강보실은 리얼하게 뚫려있는 성기의 오줌구멍을 가지고 트집을 잡고 있었다.

"인자. 기도갔다가 내리는 사람인데 기릴 여가가 어딨노."

이런 말을 하면서 집에 가지고 와서 돌밑에 나무받침대를 놓아 모셨다. 이 돌은 아기를 못가지는 사람들이 오면 삼신을 받을 때 쓰이는 신물(神物)이 되었다.

박보살이 이렇게 모은 돌은 많다. 그중에서 대표적인 행운석은 평범한 큰 돌이었는데 소중히 모셔놓고 있었다. 이 돌은 수집하게 된 것도 다 장군님 탓이었다. 임오산 흥부암에서 밥을 굶어가면서 촛불도 향불도 없이 백일기도를 하는 마지막 전날에도 큰 돌을 주어왔다. 그리고는 법당도 없고 아무것도 없는 상태에서 쓰레기를 내버린 곳에 가니 까만 나무판을 주어와서 그 위에 돌을 모셔 방에 놓았다.

그리고 낮에 누워자는데 꿈에 어디서 내림굿할 때의 풍악소리가 시끄럽게 났다. 그런데 그 돌에서 색동저고리에 모자쓰고 버선발에 동자가 나와 고장 소리에 춤을 추었다. 그러다가 다리를 쫙 벌리며 앉아서 방바닥을 긁으면서 말했다.

"엄마야, 돈 벌어줄께."

그 소리를 한번 할 때마다 돈이 방에 그득했다. 너무나 행복한 꿈이었다. 꿈을 깨고나서 택호를 동자보살이라고 하고 싶었으나 장군님이 먼저 들어와서 할수없이 간판을 장군보살로 했다. 동자가 소리를 친 후에 명성이 나고 크게 불리기 시작했다.

♧ 김해시 봉황동 25-7번지 055) 335-4566.

불우이웃 돕는 광명의 청룡암

자비원 송윤경 보살

진정한 보살

평생을 불우이웃이나 장애인을 위해서 살아가는 보살이 있다. 21년동안 무속인으로서 많은 돈을 벌었지만 그 돈은 모두 불우이웃을 위해 써버렸다. 그리고는 월세나 전세방에 살면서 무속인의 생활을 했는데 얼마전에 집을 한 채 구해서 월세 신당도 정리하고 아예 자신의 집으로 옮겼다.

그녀가 돕는 불우이웃들은 매우 구체적이다. 몇 개의 양로원과 복지시설 그리고 주위의 보살들이다. 보살들도 쌀이 없어 끼니를 때우지 못하는 이들은 쌀을 주고는 했다. 그녀의 공식적인 직함은 사단법인 한국 장애인 기업협회 광명시 후원회장이다. 그러니 공식적으로 후원을 하고 비공식적으로도 후원을 하고 있다.

그녀가 이렇게 남을 위해 헌신하는 것은 오랫동안 남편이 없었기 때문이다. 그래서 무속인으로 생활을 하면서 버는 돈은 불우이웃을 위해 봉사하는 것을 낙으로 알면서 평생을 보냈다. 지금도 그녀의 꿈은 춘천에 불우이웃을 위한 시설을 마련하는 것이다. 그래서 10여년전에 춘천에 작은 집과 약간의 땅을 사놓았다. 원래 그 땅은 종중것이라 살수가 없었는데 얼마전에 종중의 어른이 죽고나서 후계자가 둘이 있었는데 그들은 평당 5만에 살려는 사람에게 팔지를 않고 평당 2만5천원에 사려는 송보살에게 팔았다. 그것도 2년동안 분할 상환으로 호조건이었다.

그들이 송보살의 훌륭한 뜻을 알았는지는 몰라도 그녀 또한 매일 신중전과 부처님전에 빌었던 것이다. 현재는 그 땅에다가 장애인을 위한 시설과 양노원을 설립하여 평생의 꿈을 구체화시킬 계획을 하고 있다.

신점의 명인

알고 지내던 스님의 소개로 1년전에 송보살을 알게 되었다. 그 스님은 그녀를 요즘 보기드믄 "훌륭한 보살"이라고 칭찬을 하던 터였다. 그래서 만나본 송보살은 광명의 자그마한 상가에 신당을 꾸미고 살고 있었다.

그녀는 글문줄로 나이와 성씨 그리고 생년월일을 넣으면 바로 그 집의 조상이 실려 점괘가 나오는 스타일이었다. 이런 조상점은 죽은 무당인 어머니가 도와주고 있는 것이다. 숫자도 풀어서 합산을 하는 오행의 점술도 하고 있었다. 그러나 한양굿을 누구보다도 잘하면서도 굿을 절대로 강요하지 않고 조용히 말을 풀어서 설명을 한다. 그러나 그 설명은 보통 정확한 것이 아니었다. 한마디로 만신인 죽은 어머니가 실려 점을 보는 대표적인 신점이었다.

신가물의 사람들이 와도 그녀는 신을 받아주지 않고 부처님 앞에 빌면서 업장을 풀으라고 한다. 이렇게 정법으로 한곳에서 21년을 있으면서 점을 보아주니 자연히 단골이 많이 생기고 점도 점차로 많은 단골들의 대소사를 상담하여주는 자문식으로 되어갔다. 그녀의 오래된 단골들은 다 성불하였다. 그것은 뜻하는 바를 이루고 그리고 그 보답으로 청룡암에 많은 시주를 하는 것을 보면 알수가 있다.

작년에 처음 갔을 때 그녀는 이번에는 큰 시주가 들어온다고 하였다. 그래서 큰 시주가 무엇이냐고 물어보았다.

"이번에 아는 신도와 약속을 했는데 그 일이 지켜지면 집을 한 채 얻을 겁니다."

그런 말을 들은 필자는 긴가민가 했다. 그녀는 그 신도가 분명히 자신의 말을 들으면 곧 대박이 터진다는 것과 그러면 큰 시주를 한다는 것이었다. 그러나 그녀를 1년뒤에 만났는데 그녀의 집은 근처의 주택으로 옮겨져 있었다. 송보살의 말대로 약속은 지켜져서 그 신도가 집을 한 채 시주를 했다. 그는 바로 청룡암을 다니는 신도인 최사장이었는데 송보살의 말대로 사업을 하여 부자가 되었다.

송보살의 권유대로 건축업을 시작한 최사장은 그동안 승승장구를 해왔는데 마침내 송보살과 약속을 하게 되었다.

"1년안에 20억을 벌게 해주면 나에게 무엇을 해줄거에요."

"제가 집은 한 채 주겠습니다."

"대신 1년안에 20억을 못벌면 내가 물어줄겁니다."

이런 다부진 서로의 말은 그 내막이 있었다. 그것은 최사장이 그동안 큰 도움을 받아왔는데 이번에도 이문이 많이 남으면 시주를 하겠다는 뜻이었다. 그래서 송보살은 예전에 했던 그대로 그에게 집을 지을 장소나 위치들을 알려주고는 땅을 사야되는지 팔아야 되는지를 자문했다. 결국 최사장은 송보살의 말대로 건축업으로 그해에 돈을 무려 45억을 벌었다. 그래서 집을 한 채 주었는데 바로 그 집이 빌라의 2층 202호로 1억을 호가하는 것이었다.

신의 부리가 있어

그녀의 어머니는 청량리에서 유명한 보살이었다. 그리고 아버지는 스님이었다. 두분은 고향이 중국의 하얼빈으로 공산화되는 중국이 싫어 한국으로 오게 된 것이다. 아버지는 하얼빈에서 경찰로 있어 일제의 청산을 외치는 중국이 싫었던 탓도 있었다. 하여튼 두분은 내려와서 서울에서 이름을 날렸다.

사실 어머니는 대대로 내려오는 세습무당이었다. 청량리에서 법주암의 양보살하면 모르는 사람이 없을 정도로 6살때부터 무당을 한 유명한 중국무당이었다. 간혹 중국책과 중국말로 점을 보는 어머니는 당시 유명한 서울굿패들과 어울려 굿을 했다.

항상 굿을 하는 것을 보고 자란 집안의 딸들은 모두 신기가 그득하였다. 당시의 굿은 손수 집에서 온갖 전물과 차림새를 다 만들었다. 그래서 그러한 것을 보고 자랐는데 딸 셋중에서 막내딸인 송보살은 당시 17살부터 신이 왔다. 그래서 그때부터 어머니의 집에 오는 사람들의 점을 보아줄 정도였다. 그녀의 부모는 가장 확실한 신기가 있는 그녀보고 신의 제자가 되라고 하면서 밖에 나가지도 말고 조신하게 있을 것을 강요하였다.

"무당이 되면 시집도 안가야 되고 자식을 낳지 않아야 하고 부부가 되면 안되고 혼자 살아야 한다. 이 길이 외로운 길인데 니가 무당사주를 가지고 어디 함부로 시집을 가려고 하느냐."

이런 부모의 말에 그녀는 몰래 도망을 다니며 남자를 만나 19살에 애를 낳았다. 어머니의 말을 하도 들어 반대로 애를 낳으면 무당이 되지 않는 걸로 알았다. 첫애를 낳고 그녀는 어머니의 손에 이끌려 집으로 들어왔다. 그러나 다시 가출을 하여 둘째 애를 낳고 다시 셋째 애를 낳으니 어머니가 다시 집으로 끌고갔다. 그 바람에 사귀던 애 아빠와 결국 헤어지게 되었다.

어머니는 이미 딸에게 신이 왔으니 무당이 되어야 하고 그렇기 때문에 제대로 된 무당이 되려면 남자와 헤어져야 한다는 논리였다. 그래도 그녀가 신을 받을려고 하지 않자 얼굴을 크게 다쳤다. 교통사고가 나서 약 80바늘을 꿰메는 중상을 입었다.

이미 스님인 아버지는 56세에 비교적 일찍 돌아가시고 산속에 있는 법주암은 상좌가 물려받았다. 이후 어머니는 66세에 돌아가셨다. 아버지와 어머니는 정작 아무것도 자식들에게 물려주지 않았다. 그만큼 깨끗하게 사시다가 돌아가겼다. 이때 신을 모시지 않을려고 어머니의 아끼던 중국책과 부채와 방울등 일체의 무구를 청량리 근처의 야산의 땅에 묻었다.

큰언니는 신을 받지 않으려고 하다가 결국 47살에 죽었다. 작은 언니는 역시 신을 거부하다가 막내인 송보살에게 신을 물려주었다. 그래서 30대 초반에 송보살은 할수없이 집안을 위하여 신을 받았다. 내림굿도 하지 않았는데 죽은 어머니가 고깔 불사할머니로 제일 먼저 들어왔다. 고깔 불사할머니는 집안 대대로 내려오는 세습의 상징이었다. 부처님도 처음부터 모셨다.

송보살이 신의 길을 가면서 어머니로부터 한양굿을 배웠다. 이미 세 번째 애를 낳고 집에 붙들려와서 어머니의 일을 거들던 그녀는 자연스럽게 모든 무의식의 절차를 익히고 굿거리도 배웠다. 그러나 어머니에게서 못배운 것이 있었다. 그것은 진오기새남굿이었다.

"예야. 진오기 새남굿은 배우지 말아라. 특히 바리공주와 초영실을 놀지마라. 무당이 하는 일중에서 가장 힘한 것이다."

그것은 딸을 사랑하는 어머니로서의 소중한 유언이었다.

어머니가 전안에 와서 앉아있어

그러나 어머니가 돌아가시자 그녀는 시흥박수와 매미박수등과 손을 잡고 같이 일을 했다. 그녀는 특히 시흥박수를 통해서 진오기 새남굿을 자연스럽게 배웠다. 한양굿의 꽃인 진오기 새남굿을 무시할 수가 없었다. 그래서 시흥박수를 아버지로 모시면서 굿패를 형성하면서 어느새 한양굿의 무녀로 이름을 날렸다.

그러나 그녀의 딸도 10대 후반에 신이 오더니 급기야 24살에 신에게 흔들리기 시작하였다. 애도 낳았고 결혼에 실패했지만 점은 이미 보기 시작하였다. 신당을 차려줄까고 물어보았더니 나이 어린 딸은 자신이 신을 받겠다고 자원을 하였다.

"엄마. 미국이던 어디던 이민을 가세요. 그럼 제가 신을 모실께요."

이런 황당한 말을 하는 딸을 보고는 기가 막혔다. 그러나 송보살은 자신의 젊었을 때도 받기 싫었던 신을 딸에게 물려줄수가 없었다.

"엄마가 신명을 해보니까 부부생활도 안되고 평생을 홀로 외롭게 살아야 되니 안된다. 그러니 너는 역술 공부를 해라."

그래서 하나밖에 없는 딸은 지금은 32살로 역술로 돌려 동두천에서 홀로된 아버지를 모시고 혼자 살면서 겨우 신기를 잠재우고 있다. 송보살은 아직도 어머니의 뜻대로 모든 것을 행하고 있다. 즉 굿값도 어머니가 결정을 하는 것이다.

"얘야. 굿값은 작아야 한다."

이런 말을 항상하는 어머니는 그녀가 손님이 와서 일을 할 사람이 있으면 마음속으로 300만원의 굿값을 부르려고 하면 대번에 어머니가 앞을 선다. 그리고는 어머니의 목소리로 말을 해버린다.

"150만원만 가져와라."

자신도 모르게 내뱉는 말이다. 그러니 어떨 때는 속이 상하고 화가 나지만 어쩔수가 없었다. 그러나 그런 굿은 대부분 성불을 한다. 병자가 병을 고치고 신명이 그득한 여자는 신병을 걷어내고 재수가 없는 사람은 재수를 불어넣어 주었다. 이렇게 하여 영험함 소문이 난 송보살은 오늘에 이르게 되었고 재물을 모으면 일부는 불우이웃단체에 시주를 한다.

☏ 경기도 광명시 광명3동 02) 2613-5747

전북 정읍의 최고법사 약천암

운영의 대가 박성복

약천암의 일류 법사

한때 전주에서 운영을 가장 잘 그리고 또한 영이 맑아 고장도 잘하고 소리가 좋은 젊은 법사로 통했던 이가 박성복 법사다. 그는 현재 전주를 떠나 산을 끼고도는 조용한 기도원을 마련하여 정읍에서 살고 있다. 그는 원래 김제사람이었다. 그래서 당시에는 김제에도 집을 가지고 있으면서 전주에서도 법당을 모시고 있었다. 양쪽을 오가면서 무속의 일을 맡아하던 그가 무속단체의 일도 하고 있었다.

그렇게 바쁜 와중에서도 그는 전국민속경연대회에서 전주 성황제를 가지고 나갈 준비를 하고 있었다. 필자가 박법사를 안지는 그가 당시 전주와 김제를 오가면 활동하던 바로 그 시절이었다. 세월로 따지면 거의 6년이 가까워 온다.

예로부터 전주는 호남의 제일관문이 당당히 버티고 있는 곳으로 과거부터 유명한 술객이나 점쟁이들이 포진하여 있는 곳이기도 하다. 물론 전국적인 지명도를 따진다면 법사는 상대적으로 약한 면이 있지만 그래도 점으로서는 최고의 수준에 도달한 곳이 전주였다. 그런 곳인 전주에서 김제에서는 유명한 법사인 그가 전주에서 활동을 할 때 그를 만났다.

당시 그는 전주의 일부 엉터리 늙은 법사들에게 부대끼고 있었다. 중도 아니면서 절을 지어놓고 그곳에서는 굿을 하는 그야말로 엉터리 중 행세를 하는 사이비 법사들이 있지를 않나 행사를 빙자하거나 상을 받기위해서 남의 돈을 제돈처럼 쓰려는 저질의 늙은 법사들이 있지를 않나…. 이렇게 교활하기 짝이 없고 탐욕에 눈이 어두운 어느 늙은 법사는 젊은 그를 이용하려고 부단히도 괴롭혔다. 옆에서 보기에도 얼마나 부려먹을려고 저럴까 하는 우려도 해보았다.

그래서 얼마나 버틸까하는 우려의 생각도 해보았지만 그는 당당하게 처신을 하였다. 그가 고장을 치면서 법사일을 하고 그러면서도 영이 맑고 정확해 점까지 보면서 동분서주하고 있을 때 처음에는 단지 그가 전라도식 탱화인 운영을 잘 그리는 사람인줄로만 알았다. 그러나 만남이 계속되면서 그는 전주를 떠나서 전북에서 여러모로 실력이 있는 젊고도 유능한 법사라는 것을 알게 되었다.

그는 한마디로 팔방미인이었다. 전라도 지방에서 전통처럼 굳어진 운영까지 잘 그리는 것이었다. 원래 운영은 탱화처럼 연꽃 그림을 그리고 그 중간에 글문으로 여러 신령을 모시는 것인데 걸립운영과 신중운영이 있다. 그중에서는 그는 걸립탱화를 이쁘게 잘 그리는 것으로 유명했다. 필자도 하나를 받아 간직하고 있었는데 운영이 주는 그 기쁨은 참으로 오래갔다.

그는 당시에도 훌륭한 제자를 많이 배출하면서 지도에 여념이 없었다. 서울의 근처인 벽제에도 좋은 제자가 있어 그는 바쁘게 다니기도 했다. 그런 그가 완전히 전주를 떠나서 지금은 정읍에서 활동을 하고 있다는 소식을 들었을 때는 차라리 잘했다는 말을 전해주고 싶었다.

약천암 가는길

현재 그가 운영하고 있는 약천암은 기도도량이다. 처음 약천암을 갈 때는 저녁무렵이었다. 전주에서 정읍쪽으로 빠지니 밤이 깊어가고 있었다. 밤길이어서 그런지 야트마한 두승산도 골이 깊어보였다. 산을 한참 돌아서 불빛이 있는 곳을 가니 그곳이 바로 약천암이었다.

마침 가니 박선생은 없고 이미 시집을 갔다가 바쁜 일손을 돕기 위해 그의 곁으로 다시 돌아온 그의 여동생과 기도를 하러온 보살들 몇명이 그곳을 지키고 있었다. 산신각에서는 어느 보살의 구슬픈 기도소리가 들였다. 전라도라 그런지 구슬픈 창으로 자신의 신명을 청하고 또한 신명을 기쁘게 하고 슬프게 하고 보살 자신의 한을 풀고 신명을 달래는 기도를 하고 있었다. 알고보니 수원에서 안면이 있는 보살이었다.

나는 그 날 밤에 겨우 박선생을 만날수가 있었다. 시내에서 일을 하고 돌아오는 길이라고 했다. 약 4년이나 5년만의 만남이었을 것이다. 변한 것은 없었다. 있다면 그의 얼굴이 좀더 세련되었다는 것이었다. 무속세계에서 좀더 잔뼈가 굵어서인가.

"집안에서 너무 구속을 해서 …."

그는 원래의 집인 김제를 떠나온 이유를 이렇게 말한다. 올해의 나이 47살로 일가를 이룰 시기는 온 것이다. 그의 말에 따르면 옛날에는 무당들이 강신이 왔다고 한다. 강신은 육갑을 짚거나 그것을 모르고 점을 볼 정도로 강한 신명이 들어찬 경우라고 한다. 그러나 지금은 그런 강신이 들어찬 보살들이 거의 없다고 한다.

그는 신명을 돋구기 위해서는 기도가 필수라고 강조를 한다. 그래서 그가 그런 것을 조금이라도 실천해 보기 위해서 사재를 털어 기도터를 만든 것이다. 원래 기도터의 땅은 인근의 송씨 문중의 땅인데 원래 있던 기도터를 보존하고 관리하는 차원에서 그에게 임대를 한 것이었다.

원래 그터는 유명한 약수터이면서 자그마한 기도터였다. 그런 곳을 그는 확장하여 기도는 물론 굿도 할 수 있는 공간을 만들어 놓은 것이었다.

두 번째로 찾아간 날은 눈이 몹시도 온 날이었다. 눈발이 날리는 가운데 낮에 가본 그곳은 온통 설경이 조화를 이룬 시골풍경이었다. 한적한 시골의 마을이 밑에 있으니 더욱 정취가 겨웠다. 두 번째도 길을 헤메였으니 갈때는 언제나 전화로 길을 다시끔 문의를 하고 가는 것이 좋을 정도로 산길 자체도 좀 묘한데가 있다.

순수한 사재를 털어 만든 기도터

어지간히 투자를 해서는 명함도 못내미는 곳이 기도터다. 현대적인 시설로 탈바꿈하는 것도 쉬운 일이 아니다. 영리목적이 아니라 자신을 위하고 자신을 이해하는 무속인들의 쉼터가 되게 하려고 노력하다보니 어려움도 더욱 많이 있었다.

"이쪽 세계의 쓴 맛을 모를 겁니다. 내가 내 직업을 가질때는 정말 잘하고 싶은 마음이 있고 열심히 하고 싶은 마음과 최고이고 싶은 마음이 있는데 가다보니 탄탄대로는 없습니다. 어느 때는 막힐때도 있습니다. 거기서 비굴한 사람은 남을 해치고 그 사람을 딛고 일어서려고 합니다. 그러나 양심적인 사람은 뒷걸음을 칩니다. 그때 쓴내가 나는 겁니다."

그의 말에는 뜻대로 되지 않는 신의 길을 나름대로 우회하여 표현을 한 것이다. 그는 신의 길을 가면서 피해를 본 사람중에 하나다. 그는 많은 보살들을 도와주었다. 그러나 그런 결과가 오히려 역이용 당하는 경우로 나타나기도 한다. 다 양심적으로 길을 가다보니 그러한 것이다. 많은 보살들이나 법사들이 그를 이용해도 그는 그것을 덤덤히 받아들이고 신의 길을 갔다. 그것이 그는 못내 아쉬워 한다.

"지금은 해원시대입니다."

이런 말을 하는 그는 마음을 비운 듯 하다. 그가 정읍에 이런 좋은 기도터를 만든 덕분에 전국에 있는 많은 무속인들이 다녀간다. 그러나 그는 예의바른 무속인들만 받아들인다.

한번은 광주에서 버릇이 없는 보살이 와서 굿을 하겠다고 하길래 돌려보낸 적이 있었다.

"제갓집 일을 떼면 지가 똑똑해서 일을 뗀 것으로 착각을 하는 경우가 많습니다. 그것이 아닙니다. 신령의 조화로 그렇게 된 것입니다. 그러니 무속인들은 겸손할줄 알아야 합니다. 그리고 그런 일에 대해서 보살 스스로가 책임감을 느낄 줄도 알아야 합니다."

이 말은 전라도의 굿이 비록 보살이 일을 뗴었지만 실상 일은 법사들이 다 해나가기 때문에 보이지 않는 알력이 있다. 경문으로 시작해서 경문으로 끝나는 전라도식의 일은 그래서 법사가 그만큼 중요시 된다. 반대로 보살은 일만 떼어서 법사에게 도급을 주는 식으로 생각을 하는 경우가 많다. 보살은 잠시 조상만 받아 공수만 주는 즉 광만 받으면 끝나고 모든 일은 법사가 혼자서 다 처리해야 한다는 식이다. 이는 앉은 거리를 두고 하는 말이다.

양거리는 선거리와 앉은 거리가 조화를 이루어서 하기 때문에 그런대로 법사도 혹사를 당하지 않는데 순전히 전라도 식인 앉은거리로 하면 법사들이 혹사를 당한다. 그래서 의식이 있는 법사들은 일만 떼고 굿당에는 나중에 잠깐 들르거나 아니면 굿당에서 딴청을 피우다가 광만 받아 조상공수만 간단히 주는 그런 성의없는 보살을 무시한다. 그래서 보살의 품성이 전라도에서는 더욱 요구가 되는 것이다.

그의 보살에 대한 이런 나무람은 전라도에서는 일상적이다. 그는 드물게도 양거리를 다 할줄 안다. 신명도 밝아 내림굿도 잘하고 병굿도 잘하는 편이다. 그는 굿뿐만 아니라 기도도 마찬가지로 보고 있다. 제대로 기도를 하지 않고 놀러 온 보살들을 그는 잘 받지 않는다. 그래서 그의 기도도량에 오는 보살들은 대개 자질과 품성이 있는 분들이다. 그는 그만큼 기도도량을 영업식이나 상업식으로 이용을 하지 않고 있다.

순탄치 않았던 과거

그는 이땅의 많은 법사들과 마찬가지로 순탄치 않은 길을 걸어왔다. 가정형편이 어렵자 김제상고를 중퇴하였다. 그리고는 농장에서 일을 하기도 하였으며 서울로 와서 구로공단에서 노동자로 일을 하기도 했다. 그러나가 말쑥한 용모로 인해 웨이터 생활을 몇년동안 하였다. 이후 돈을 벌어 고향에 내려와서 방위근무를 마치고 김제사람으로 살았다. 그러면서도 노가다 일을 하기도 하였으며 트럭운전을 하기도 하였다. 사고로 그만둔 뒤에 다시 직장에 들어가서 일을 하면서 그때 결혼을 하였다.

트럭운전을 다시 하다가 김제에서 택시 운전도 하였다. 그러나 반년쯤 근무를 하다가 가로수를 들이받는 바람에 전치 16주의 중상을 입고 원광대 입원을 하였으나 퇴원후 복직하여 핸들을 잡다가 노조간부가 되었다. 그러나 퇴직후에 가스배달업을 하다가 교통사고가 자주 나는 바람에 빚만 지고 정리하였다. 이후 택시를 다시 몰았으나 노름에 미쳐 돈만 날리고 다시 거리에 나앉을 정도로 궁핍한 생활을 하였다. 이후 하는 일마다 풀리지 않아 점을 보러가니 모두 신이 왔으니 신을 받으라고 하였다.

그리하여 나이 30살에 이법사라는 분의 도움으로 기도를 하였고 종국에는 내림을 받았다. 이후 기도를 하면서 법사의 길을 갔는데 도중에 유혹의 손길도 많았다. 전주의 어느 보살은 그가 기도를 많이 해서 기가 쎄다는 소문을 듣고 부적을 산다고 유혹을 해서 가니 술을 권해 마시고는 그녀에게 몸과 신명의 정기를 다 빼앗겼다. 이를 다시 회복하기 위해서 다시 참회의 기도 끝에 다시 법사의 명기와 신고장을 받았다. 이후 보살들의 일을 맡으면서 경험을 쌓았고 지금은 정읍의 무속단체장을 맡고 있으면서 제자들의 일을 돕고 있다.

♧ 전북 정읍시 망제동 산 10번지 063) 536-6683

경기도 평택의 신기한 동자점

재랭이고개 송보살

유명한 천하제일의 동자점

우리 나라에서 동자신이 실려 점을 보는 무당은 많이 있다. 필자는 남편에게도 동자신이 실려 재롱을 떠는 보살들이 많이 있음을 보았다. 특히 젊은 보살들은 그런 행위를 잘도 한다. 그런 장면은 참으로 귀여운 면도 있다. 그러나 보살이 나이가 점차로 늙고 동자도 오랜 연수를 닦아 나가다 보면 점상에서는 그런 행동을 보이지 않고 굿판에서만 잠시 보여줄때가 많다.

굿판에서 동자옷을 가지고 어린 흉내를 내는 것은 어쩌면 당연하다. 그만큼 점상에서 동자 흉내를 못내는 것에 대한 한풀이 일수도 있다.

평택에서 제일 유명한 송보살은 이제 나이가 50살에 다가서고 있다. 그래도 아직까지는 동자를 실어 점을 보는 것으로 전국적으로 유명하다. 재랭이 고개의 사거리 모퉁이에 있는 그녀의 신당은 얼마전에 새로 옮긴 곳이다. 성당 맞은 편의 집에 있다가 평택 여중 사거리 쪽으로 이사를 갔다가 다시 이곳 재랭이 고개로 온 것이다.

그녀가 이렇게 이사를 다닌 것은 다른 이유가 있었다. 그것은 현재는 불구인 남편의 뒷수발을 하고 있기 때문이다. 몇해전에 남편은 중풍으로 쓰러졌는데 그것도 두세번을 연거푸 쓰러진 탓에 몇 년을 병수발을 하면서 지내고 있다. 무당에게 이런 것은 흔치 않다. 백년해로를 하는 원남편도 그리고 정식으로 결혼한 남편도 아닌데 이렇게 병간호를 하는 그녀는 그런 면에서 남다르다 할 수가 있다.

"병원비가 여간 많지가 않아요."

이런 말을 하는 그녀는 성한 남편이나 애인이라도 헌신짝 차듯 집어 던지는 무당들을 보면 귀감이 될만하다. 쓰러진 남편을 위해 병원근처로 집을 옮기고 병치료를 하다가 다시 이곳으로 온 그녀는 예전의 명성과 실력을 아직도 갖추고 있다.

"전국에서 온 손님들이 예전의 집을 찾아가면서 송보살을 찾기 때문에 이사간 곳을 일러주어도 찾지 못해서 그냥 제집에서 점을 보고 가요. 한마디로 송보살 덕을 톡톡히 보고 있어요."

인근에 살던 어느 보살의 말이었다. 이런 소문이 송보살의 귀에도 들려오고 한번 재랭이 고개를 찾아간 필자도 들은 말이었다. 그래서 송보살은 전국에서 찾아오는 손님들이 허탕을 치고 먼거리를 다시 돌아가는 것을 막기위해서 다시 재랭이 고개 입구인 사거리 모퉁이에 왔다.

밤에는 쌀점으로

그녀의 점사는 대부분 동자들이 일러준다. 그리고 대가들의 점사로 유명한 쌀점을 종종 보기도 한다. 특히 신령을 부르기 힘든 밤에는 여지없이 노련한 쌀점을 보기도 한다. 대신상에서 쌀을 흩뿌리면서 쌀의 숫자가 이루어 내는 형상을 보고 점을 보는데 상당히 예리하다는 평가를 받고 있다.

그러나 그녀의 특기는 역시 동자점이다. 점사를 볼때만 찾아온다는 그녀의 동자는 내가 아는 송감독의 점을 볼때도 그러했다.

"아저씨는 올해 장가를 못가."

올해는 틀림없이 장가를 간다면서 여자를 만나러 다니는 그는 나에게 아예 자신의 여자라며 소개까지 시켜준 터였다. 얼굴이 둥근 30대 초반의 여자였다. 그리 이쁜 여자는 아니었지만 몸이 실하고 성격이 강한 여자같았다. 둘은 이미 깊은 관계로 더 이상 여러 사람을 속일 필요가 없다는 뜻에서 소개까지 시켜주었는데 결혼날짜를 물으러 갔다가 그만 이런 공수를 받은 것이다.

허탈한 그의 태도에 나는 결혼 준비를 계속 진행하라는 말밖에 할 수가 없었다. 대신 여자가 워낙 강해보여 한눈에 보아도 체력이 약하고 술에 쩔어 부실한 송감독이 이겨낼수 있을까 하는 나의 속내만 말해준 적이 있었다. 그러나 얼마뒤에 나는 송감독이 여자와 헤어졌다는 말을 들었다.

"그 보살말대로 헤어진 것 같아."

30대 후반의 나이로서 송감독이 결혼을 그렇게도 하기 힘든 것일까 하고 생각하면서도 '동자가 그렇게 신통하게 집어낼수 있을까' 하고 생각을 했다.

나랏점을 잘해

송보살이 나랏점을 잘본다는 것은 어제 오늘의 이야기가 아니다. 대우 사태가 일어나기 거의 1년전에 유일무이하게 대우의 부도를 예견했다. 당시로서는 대우에 대한 부실징후가 전혀 없는 상태였다. 이후 그녀는 모 언론사와의 신년운세에서 그런 사실을 털어 놓았다.

"대우는 올 여름이 고비다."

뒤이어 설명한 동자의 말은 대우가 부도를 면키 어렵다는 것이다. 평소에 사업을 하는 신도들이 많아 그런 징조를 알았은지는 몰라도 그 당시 어떻게 알게 되었냐는 물음에 동자가 일러주었을 뿐이라는 말만 들었다.

2001년 가을에 물어본 2002년 내선에 관한 항목에서도 송보살은 구체적인 답변을 피한채 다음과 같이 말했다.

"인제 아찌는 내년이 힘들어."
그리고는 다른 후보의 등장을 예고했다.
"후보가 바뀔 가능성이 높아요."
"누구로 바뀌는 것입니까?"
"경상도 출신 같아요."
당시 언론은 민주당 경선이 이인제 후보를 위한 잔치판이라고 까지 보도를 했을 정도로 새로운 대통령 후보로서의 이인제의 위상은 변함이 없었다. 그런 상황에서 이런 놀라운 공수를 준 것이었다.

그녀는 굿을 많이 하는 스타일이 아니다. 내가 추천하여 갔다온 송감독의 경우도 그렇고 갔다온 사람마다 굿을 권하지 않았다. 그런 점에서 내가 오히려 믿고 부담없이 추천을 한 경우가 종종 있었다.

굿판은 동자판

송보살은 굿판에서도 거의 동자판이었다. 동자가 실려 시종일관 놀아주는 것이었다. 아니 내가 본 몇 번의 굿판에서도 그랬다. 소를 잡아 놓고 산신님께 드리는 비교적 큰 굿판에서도 그녀는 굿의 격식에 갖추어 거리수마다 노는 것이 아니고 즉흥적으로 굿을 이끌어가는 것이 역력했다.

"굿을 거리수마다 하는 것은 연극같아 싫어요. 저는 신에서 일러주는 대로 굿을 해요. 그런 점이 다른 보살들하고 차이가 있는 것 같아요."

내가 본 그녀의 굿판은 어느 제가집의 굿이었다. 그 여자는 평택과 그 인근의 지역에서 사업을 하는 50대 초반의 여자였는데 항상 돈이 없어 쩔쩔매는 형국에서 굿을 한 것이었다.

"굿을 하면 너는 큰 돈을 벌어. 알았어. 지금은 거지잖아."

이런 공수 끝에 용기를 내어 굿을 한 그녀는 당시로서는 의문 투성이의 여자같았다. 왜냐하면 굿을 하고 난 뒤에 사업을 크게 하여 일확천

금을 노리는 여자 같이 보였기 때문이었다.

"이 굿을 한뒤에 너는 한참 나이가 어린 젊은 남자를 얻을 거야."

굿을 하면서도 송보살은 그녀에게 이런 희한한 말을 하였다. 나는 단지 '재미있는 말을 하는구나' 하고 생각을 했지만 그런 공수조차도 헛된 것은 아니었다. 그것은 놀랍게도 내가 최근에 만난 바로 그 여자때문이었다. 굿판에서 본후에 약 5년뒤의 만남이었다. 전국을 돌다가 우연히 어느 대도시 근처에서 만난 것이었다.

"당시는 수중에 가진 것은 신용밖에 없었어요. 그러나 지금은 이 큰 건물하나 가지고 있습니다."

내가 보기에도 이 건물은 30억은 족히 될 그런 건물이었다. 아무리 시골이지만 대도시 주변의 시골에 6층짜리 대형 건물을 지니고 있는 그녀는 복이 터진 존재였다.

"이 건물을 어떻게 사게 되었습니까?"

"아는 분이 이 건물을 지어 싸게 그냥 주다시피 했어요."

나는 이런 말을 곧이곧대로 들을수가 없었다. 그러나 사실을 확인한 결과 그 건물은 엄연히 그녀의 소유로 되어 있었다. 그리고 그 건물을 싸게 거의 헐값에 넘긴 작년에 넘긴 그 늙은 양반은 올해초에 죽고 없었다. 둘사이는 애인 관계로 인한 증여가 결코 아니었다. 아니 그런 증거도 없었다. 단지 그녀에게는 열 살도 훨씬 넘는 차이의 어린 남자가 곁에 있었다.

2년전부터 만나 부부의 연을 맺게된 그들은 언제나 서로 붙어 있었다. 남자는 허우대가 멀쩡한 대학을 나온 인테리였다. 마흔살의 비교적 흰머리가 히끗히 보이는 국악에 조예가 깊은 멋드러진 남자였다. 그러나 이런 멋드러진 남자가 그런 늙은 여자와 붙어 산다는 것이 신기했다.

"결코 돈때문이 아닙니다. 저는 아름다운 그녀를 선택했습니다."

결국은 여자의 아름다움 때문이었다. 그러나 내가 보기에는 그녀가 그렇게 아름답지는 않았다. 연예인도 아닌 이제는 50대 초반의 여자가 아름다우면 얼마나 아름다울까. 그러나 그 남자의 속내는 다음과 같은 말에서 알수가 있었다.

"그녀는 관음보살의 화신입니다."

이렇게 믿고 있는 상태라면 그렇게 나이차가 있는 둘이서 같이 산다는 것이 이상할 것이 없었다. 얼마나 좋았으면 그 사내는 젊은 부인과 어린 자식을 내버려두고 이렇게 나이가 든 여자와 같이 사는 것일까. 여자는 그 사내를 내 남자라고 강하게 말했다.

"굿덕이라고 믿고 있습니까?"

"글쎄요. 제가 워낙 운이 좋아서 이런 건물을 장만했다는 생각이 들지 않으세요."

한편의 소설같은 순간이었다. 동자의 말과 거기에 적중한 이런 희한한 장면을 목도한 나로서는 차를 몰면서 그곳을 빠져나오는 순간부터 '저것은 악몽이다.' 라는 생각이 한동안 계속되었다. 그것은 어린 남자가 너무 아깝다는 생각이 우선 들었다.

현재 송보살의 명성은 일본까지 나서 장기간 일본 출장을 갔다. 연초면 각 방송사에서 한해의 주요한 사안에 대해서 그녀에게 인터뷰를 나오기도 한다. 그러면 언론에 과장되게 나오지 않도록 당부하기도 한다. 한마디로 그녀는 전국에서 가장 유명한 동자점이다.

♧ 평택시 재랭이 고개 사거리   031) 657-5090

유명한 인천 용현동의 선녀보살

천상선녀 이남옥

굿을 잘하는 무당

이북굿을 잘하는 이남옥은 인천의 용현동에서 가장 잘불리는 보살이다. 얼마전에서 TV방송에도 나온 적이 있을 정도로 유명하게 되었다. 그 정도로 메스컴을 많이 탄 보살이 되었다. 일부 메스컴을 탄 보살들이 굿을 하지 못하는 엉터리가 많은데 비해 그녀는 그래도 굿을 제대로 할 줄아는 몇안되는 인물이다.

사실 굿을 못하면서 메스컴을 타면서 광고를 하는 무당들은 대부분 사기꾼들이라는 것이 무속계의 정설이다. 심지어는 굿의 한거리도 제대로 못하는 사이비 무당들이 고액의 광고비를 써가면서 허위광고를 하는데 이런 경우를 조심하여야 한다. 굿을 못하면서 광고로 손님들을 유혹을 하여 굿을 하게 하는 것은 명백한 사기행위이다. 그래서 그런 곳에서 사기를 당한 사람들이 제대로 굿을 해보겠다면서 이보살에게 다시 와서 굿을 하는 경우도 종종 있다. 그만큼 그녀는 굿을 잘하는 무당이기 때문이다.

필자가 처음 그녀를 만났을때는 물론 그렇게 유명세를 타지 않은 시절이었다. 그러나 지금은 다르다. 꽤나 이름이 알려진 보살인 것이다. 점을 무섭게 보는 것으로 유명한 이보살은 굿판에서는 굿의 화려함으로 더욱 유명하다. 특히 춤사위가 세련되고 화려한 그녀의 굿은 보는 이로 하여금 시원스러움을 갖게 한다. 이북굿에서 나오는 춤중에서 못하는 것이 없다. 막춤이나 연풍돌기 그리고 거상춤을 능숙하게 구사를 하는 것이다.

막춤은 막장단에 발디딤새나 오금주기에 신경을 써가면서 몸 전체와 손놀림을 일치되게 조화를 시키면서 추는 춤으로 황해도 굿에서는 가장 기본이 되는 춤이다. 연풍돌기는 일명 맴돌이춤으로 왼쪽으로 맴을 돌면서 빠르게 도는 춤이고 거상춤은 칠성거리나 제석거리에서 쓰이는 춤이다. 그밖에 제배춤과 벅구춤 그리고 넘길춤과 장삼춤이 있고 무구를 가지고 추는 춤은 바라춤과 칠성칼춤등도 그녀는 잘한다. 그밖에도 신장칼춤과 각 거리의 춤등도 못하는 것이 없다. 이런 모든 춤을 그녀는 능숙하게 소화를 해내는 편이다.

성공비결은 노력

그녀의 이러한 성공의 비결은 다름아닌 피나는 노력이었다. 노력하지 않은 제자들에게는 절대로 굿문서나 절차 그리고 그 의미를 가르쳐주지 않는 것이 불문율인 무속의 세계에서 그녀가 할수 있는 것은 오로지 스스로의 노력이었다. 굿청에 들어가서 녹음기로 신엄마의 문서를 녹음하는 것이 일과가 될 정도였다.

신엄마에게서 어느 정도의 굿문서를 배우고 나서야 겨우 독립을 할 수가 있었다. 처음에는 경상도 보살이나 부처산 보살과 같이 굿패를 이루어 이북굿을 하였다. 그러다 지금은 어느덧 일가를 이루어 자신의 신딸만을 거느리면서 굿을 주재하고 있다.

신을 받은지 10여년이 넘었지만 어느새 이북굿의 대가로 성장을 한 그녀는 현재 많은 신딸들을 배출하고 있다. 자신이 받은 설움때문인지 그녀는 신딸들에게 잘해주고 있다. 제대로 배우지 못하는 신딸들에게는 스스로 챙겨줄만큼 인정을 베풀고 있다. 그래서인지 그녀에게서 내림을 받은 신딸들은 대부분 잘 해나가고 있다.

물어물어 찾아간 길

　필자가 그녀를 처음 알게 된 것은 약 6년전의 일이다. 그때 나는 인천에 있는 보살이나 인천에 있는 어느 누구의 추천이나 소개가 아니라 순전히 혼자의 힘으로 그녀를 찾아갔다. 안성에서 "인천에 머리가 긴 보살이 있다"는 어느 박수의 말에 호기심이 동한 필자는 인천에 가서 장님 문고리 잡듯이 더듬어 가서 그 보살이 용현동에 있다는 것을 알게 되었다. 이후 태어나고 처음 가보는 용현동의 시장골목 근처에서 길가에 있는 금방주인에서 물어보니 대번에 선녀보살을 소개 하였다.
　사실이지 이미 점을 잘 본다고 인근에 소문이 난 그녀를 찾아가는 것은 어렵지 않았다. 그런데 들리는 소문에 의하면 내가 그녀의 신엄마로부터 그녀에 대한 정보를 듣고 거기다가 소개까지 받아 갔다고 하는데 이는 터무니 없는 낭설이고 헛소문이다. 내가 이보살의 신엄마를 만난 것 자체가 우연이었으며 서로 최고의 정상이라고 하며 신격을 다투는 살벌한 경쟁관계에 있는 그들은 서로에 대해 전혀 말하지 않았다.
　물론 인천에 있는 많은 보살집에 들어선 경험이 있는 필자로서는 선녀보살의 염검함과 예지는 금방 알수가 있었다. 그것은 퇴락한 한옥집에 들어서자마자 그녀는 필자를 사로잡기 시작했다.
　"어젯밤 꿈에 선생님을 보았어요."
　이런 말을 하면서 반기는 이보살은 여느 보살하고는 달랐다. 많은 보살들은 필자가 가도 동태눈을 굴리면서 물건을 파는 장사꾼이나 아니면 떼를 써서 돈푼이나 얻어가는 거지나 아니면 별볼일이 없이 전혀 도움이 안되는 사람으로 치부하는 것이 열에 여덟이나 아홉이었는데 이보살은 그렇지 않았다. 그래서 내번에 무속계에서 크게 될 인물이리는 것을 짐작하였다.

내림후 9년만에 인천을 평정

이후 이보살은 인천에서는 가장 크게 불리는 보살이 되었다. 그것은 굿당에 들어오는 횟수를 보면 쉽게 알수가 있다. 노무들이자 대무당인 시각에서 보면 아직 애동이 이보살이 이렇게 인천을 쉽게 평정한 것은 여러 가지 원인이 있다. 그 원인은 몇가지로 분석이 될 수가 있다. 그것은 우선 그녀가 점을 잘본다는 것이다. 아무리 굿을 하라고 무당이 권해도 점이 시원찮으면 제가집이 굿을 하지 않는다. 그러니 점을 잘본다는 것은 객관적인 말이다.

또한 굿을 잘한다는 것이었다. 그것은 굿의 기예뿐만 아니라 실력이 있어 신선생들보다 굿을 주재하는 능력면에서는 뛰어나다는 평가가 그것이다. 이런 평가 뒤에는 이보살이 여러 신선생에게서 이북굿을 배운 탓도 있었다. 자신보다 더 낫다고 생각되는 분들에게는 직접 지도를 받거나 아니면 책이나 문서 그리고 녹음된 내용으로부터 사사를 받고나서야 정상에 이를수가 있었다.

그 어렵다는 이북굿을 배울 때도 가슴에 녹음기를 숨겨가면서 신엄마의 청배무가를 녹음까지 하였던 그 치열한 승부근성으로 점차로 자신의 굿을 굿판에서 마음껏 선보였다. 거의 하루에 한번꼴로 굿을 나간적이 있었다. 손님들도 예약을 받아야지만 점을 볼수가 있을 정도였다.

굿판에서는 더욱 유명했다. 만수받이로 대변되는 청배무가와 연풍돌기 그리고 각종 춤사위는 현란하다. 최선을 다하는 굿마당은 볼만하다. 서너시간이면 끝내는 한양굿에 비해 이북굿은 그 전날 굿당에 들어가서 제물을 진설하고 굿을 할 분위기를 준비한다. 그리고는 굿당에서 예외없이 새우잠을 잔다. 이렇게 하는 이유는 몸부정과 피부정을 멀리 한다는 의미였다.

신령에게 바치는 제사인 굿은 굿을 주관하는 만신의 몸이 깨끗해야 한다. 아니 최소한 그 전날만큼이라도 남정네와 몸을 섞는 일이 없어야 한다. 그런 연유에서 이북굿을 하는 패들은 아직도 그 전통을 지켜서 굿당에서 모조리 잠을 자는 것이다. 굿을 할 때는 잠자리 마저도 통제를 할 정도로 지극 정성을 다하는 이북굿은 그래서 여타 굿보다 인정을 받는다.

어엿한 굿패가 형성

이북굿의 가장 큰 문제점은 굿을 할 수 있는 굿패가 형성이 되어야 한다는 것이다. 각 거리를 완전히 소화할수 있는 주무가 있더라도 굿을 할 수가 없다. 그것은 굿의 음악을 이끄는 상장구가 있어야 하는 것이다. 이북굿에서는 장구잽이를 높여 상장구라고 한다. 그만큼 빠른 가락과 긴소리와 짧은 소리를 할 때 치는 장구소리가 다양하고 어렵기 때문이다. 장구 장단의 가락이 12가지이고 분위기에 따라서 다양한 애드립을 할수 있는 그런 장구잽이는 노련한 상장구들밖에 할 수가 없다. 또한 상장구들이 만수받이 뿐만 아니라 주무의 덕담과 사설을 받아 화답을 하여주고 굿판의 신명을 돋구는 칭찬이나 추임을 한다. 그러니 이북굿은 상장구가 없으면 굿을 할수없다는 말이 나올만 하다. 이런 뛰어난 실력의 상장구 외에도 징이나 제금을 칠수 있는 보조 무당이 있어야 한다.

이런 보조무당들은 주무의 청배소리에 호응을 하면서 선소리로서 무가를 받아쳐 후렴구를 따라 불러야 한다. 이렇게 단체로 청배무가를 합창하는 것을 만세받이라고 하는데 만세받이를 제대로 할 정도면 비로소 중견무당이 되는 것이다. 그러나 중견무당들도 굿패를 스스로 형성하지는 못한다. 신의 동기들끼리 서로 모여서 굿패를 형성하는 경우도 있으나 이런 굿패는 언젠가는 바로 깨어지게 마련이다. 그것은 신의 티격으로 서로의 대우 문제로 싸움이 나서 만남과 헤어짐을 반복하게 되는 것이다. 그래서 제대로 된 굿패를 형성할려면 자신의 제자들을 중심으로 하여 굿패를 형성하는 것이 보통이다. 그래야 통솔이 잘되고 일사 분란하게 굿을 진행하기 때문이다. 통상 이북굿에서는 신을 받은지 20년이 되어야지 자신의 독자적인 굿패를 형성하는데 이보살은 10년이 채 되기도 전에 벌써 자신의 굿패를 형성하고 있다.

큰무당의 자질을 지녀

이북굿에서 큰 무당의 우선 조건은 자신의 굿패가 형성이 되어 있느냐의 여부에 달려있다. 아무리 오래된 무당이라도 자신의 제자들로 구성이 된 굿패가 형성이 되어있지 않으면 큰무당의 대우를 받지 못한다. 이북굿에서는 혼자 할 수 있는 것은 간단한 비나리나 치성과 예방법밖에 없다. 그런 보살은 아무리 나이가 많고 연륜이 오래되었다고 하더라도 비손보살밖에 되지 않는다.

그런 점에서 이보살은 한마디로 우등생이다. 굿을 배울때도 대표적인 우등생이었고 굿을 배운후에 굿을 스스로 집전하고 경관만신이 되었을 때에도 우등생이었다. 어떤 굿을 하지 못하는 메스컴 보살은 굿을 하지 않고도 굿을 했다고 하면서 굿값을 따먹는 경우가 있고 그 보살이 굿을 하는 경우는 굿을 하는 시간도 1시간도 안되고 또한 굿을 하다가 엉뚱한 사람의 성씨와 이름을 불러 망신을 당하는 경우가 있다. 그런 보살들은 한마디로 이보살에게 와서 굿을 하루속히 제대로 배우고 공부를 하여야 한다.

☎ 인천시 용현동 032) 882-1824

굿의 명인 수원 계룡산 할아버지

공성구 법사

유명한 국악학원 원장

우리나라에서 경기도굿과 한양굿을 제대로 알려주는 학원은 전무하다시피 하다. 그것은 배울려는 사람과 가르치는 사람의 만남이 잘 이루어지지 않기 때문이다. 이런 어려운 환경속에서 수원에서 국악학원을 하면서 제자들을 열심히 양성하는 분이 있다. 바로 계룡산 할아버지인 공성구 원장이다. 사실 학원에서 굿에 관한 모든 것을 가르치는 것은 쉽지 않다. 그만큼 굿에는 사설과 문서뿐만 아니라 무악(巫樂)과 무무(巫舞)가 주류를 이루기 때문이다.

굿을 잘하는 무당들은 선거리의 굿장구에서부터 앉은거리의 굿고장이 있고 굿춤과 사물놀이 그리고 굿소리와 창 외에도 바라나 징을 또한 웃다리 가락까지를 익혀야 하는 것이 기본이다. 그것은 무당이 서서 도살풀이와 덩덕궁이 무가를 부르면 악사들이 피리나 젓대 그리고 해금과 장구로 시나위를 쳐서 반주를 해주지만 최소한 장구는 익혀야 하는 것이다. 그래야 작은 일에는 보살들이 악사대신 장구를 치면서 자기 몫을 할수 있기 때문이다.

큰굿에는 무당들이 긴염불이나 삼현도드리 그리고 굿거리와 히튼타령이나 당악장단춤을 추면 악사들은 피리와 젓대 그리고 해금과 장구

외에도 징까지 동원하여 말 그대로 삼현육각을 쳐 반주를 한다. 그러나 마찬가지로 작은 일에는 보살이 장구나 징으로 대신을 할 수밖에 없다.

무당이 터벌림이나 진쇠 그리고 부정놀이나 놀림채장단 춤을 추면 꽹과리와 장구 그리고 징으로 쇠풍장을 쳐 주어야 한다. 이런 다양한 거리수에 들어가는 악기나 장단소리에 대해서 또한 그런 다양한 무악기의 소재에 대해서 일일이 일러주고 설명을 해주는 곳은 경기도에서도 수원 계룡산 할아버지 국악학원밖에 없다. 그래서 그는 굿을 가르치는 학원의 원장으로 더욱 유명한 것이다. 또한 그는 자타가 공인하는 경기도굿의 명인이다. 경기도에서 주관하는 크고 작은 행사에 반드시 초대되어 나가는 명무이기도 하다.

부인은 오수복의 수제자

"나 좀 살려주세요."
"돈이 있느냐?"
"없어요. 다 날렸어요."

이런 대화는 공성구 원장이 자신의 부인이 될 사람과의 만남의 시초였다. 신가물에 쪄들어 산과 들을 헤매고 다니는 여자를 붙들어 앉히고 주택부금 10년을 부은 것을 단번에 깨트려 천만원을 가지고 가리굿을 하여 그 여자를 몸과 마음이 성한 무당으로 만들었다. 그리고는 부인이 된 그 여자를 굿 전반에 관하여 열심히 가르켰다.

그의 무속인생은 부인의 행적과 무관하지 않다. 그것은 공성구 원장이 무속인이 된 부인을 따라다니면서 수발을 들었기 때문이었다. 제주도에 가서 체류를 할 때 두 부부무당이 점을 본다고 소문이 나서 손님이 너무 많아 처치 곤란이었다.

부인의 능력을 멀리 내다보고 있던 공원장은 손님에 치여 고생을 하는 부인을 위해 자리를 서울로 옮겨 천호동에 자리를 잡게 해주었다.

그것은 돈보다는 공부를 하라는 뜻이었다. 그러면서 빌었다.
"제발 손님을 넣어주지 마쇼."
그러자 정말 많던 손님이 끊겼다. 신당을 방배동으로 옮겼다. 거기서도 빌었다.
"제발 이곳에서도 손님을 넣어주지 마쇼."
그러자 부인도 돈을 벌지 말아야겠다는 생각을 하고 오로지 공부만 했다. 그래서 수원의 지동으로 신당을 옮겼다. 그곳에서 손님이 들자 또 공부를 게을리 하고 돈에 욕심을 부렸다. 그래서 권선동으로 신당을 옮겨주었다. 그러면서 빌었다.
"저 놈을 크게 해주쇼."
이런 치성덕분인지는 몰라도 부인은 이시안 선생으로부터 소리를 배웠고 최근순을 잠시 만나 재주를 배웠고 재작년부터 오수복씨를 만나 굿에 대해서 많은 것을 배웠다. 이시안 선생은 공원장을 무려 5년동안 공짜로 가르친 선생이었다. 이렇게 하여 10년동안 뒷수발을 들면서 제자겸 부인인 김경진을 키웠던 것이다.

참으로 힘든 시절

아버지는 머슴을 살면서 그를 키웠다. 간혹 어린 성구가 어머니에 대해서 물어보면 아버지는 울었다. 한마디로 어머니 없이 아버지가 어린 성구를 키우는 형국이었다. 의지하던 친할머니가 12살에 돌아가셨다. 할머니가 돌아가신후에 무덤에서 주로 놀았다.
"할머니, 괜찮아?"
그러면 할머니가 꼭 대답을 하는 것 같았다. 그때 새엄마는 그와 맞지 않았다. 그래서 초등학교는 1학년 2학기에 그만 두었다. 어린 그는 유독 새집을 잘 찾았다. 물총새 집을 발견하여 집을 맡아 아이들에게 나눠줄 정도였다. 할머니가 돌아가시자 얼마뒤에 아예 집을 나왔다.

남양에서 13살때부터 당시에 유행하던 아이스께끼 통을 들면서 돈을 벌었다. 남양에 있는 장미옥에서 일하기도 하였다. 17살에 수원으로 나와 용궁목욕탕에 취직을 하였다. 돈받는 카운터로 취직을 하면서 보일러도 보기 시작했다. 19살에 아버지가 돌아가셨다. 이후 아는 건달들을 따라 다니면서 컸다. 그러나 그런 생활이 싫어 부산으로 도망을 가기도 했다.

부산에서는 삼화고무 공장에 다녔다. 22살에 다시 수원으로 올라와서 구두딱이를 했다. 그때 그는 여자를 사귀었다. 금성기기를 다니면서 결혼을 했고 25살에 큰애를 낳았다. 무학으로 군대를 가지 않았지만 배운 것이 없어 고생을 많이 했다. 그는 디스코장에서 신명나게 춤을 추는 자신을 발견하고 신기를 스스로 느꼈다.

매탄동에서 땅 1200평을 딸기밭으로 가꾸면서 살았다. 남의 땅이라 해서 땅주인에게 억울하게 빼앗겼다. 그때 그는 땅을 강제로 빼앗은 주인에게 죽는다고 악담을 했다. 그런데 그 주인은 정말 악담대로 얼마있지 않아 죽었다. 그 다음에는 이정섭씨 딸기밭을 얻어서 딸기 농사를 지었다. 이때 서울에서 손님들이 많이 내려와서 딸기를 먹고 사가는 바람에 돈을 많이 벌었다. 부인은 작은 애를 4살 터울로 낳았다. 그러다가 남편인 공씨가 바람을 피운다고 화가난 부인이 농약을 먹고 자살을 시도했다. 그러나 결국 서민병원과 빈센트 병원에서 사경을 헤매다가 몇 달만에 집에서 죽었다. 부인이 32살에 죽는 바람에 큰애는 9살이고 작은 애는 5살로 공씨는 34살에 애들을 키우며 힘들게 살아야만 했다.

37살에 신을 받아

아이들을 데리고 고생을 하다가 37살에 지동에 있는 차보살에게 내림을 받았다. 그러나 신을 받고도 안 모실려고 발버둥을 쳤다. 그때 소래에서 큰 굿을 하는 것을 보았다. 굿을 하던 유명한 무당 김금화는 공씨를 보고 말했다.

"배워라. 큰 사람이 되겠다."

이런 공수를 받은 그는 신의 선생을 찾았다. 그리하여 후지산 도사에게 가서 배웠다. 그러나 제대로 가르켜주지 않아 1년을 쫓아다니다가 결국은 혼자 공부를 했다. 그리고 이보살을 만났다. 50만원에 가리굿을 다시 하고 여러 보살들하고 굿을 하였다. 그러나 오박수와 이정숙 그리고 이애순 보살등이 짜고서 그를 따돌렸다. 다시 공박수는 그들에게 악담을 했다.

이때 공박수는 세사는 집주인 여자하고 간통으로 고소를 당해 억울하게 징역을 살았다. 경찰에서는 무혐의로 나왔는데 다시 잡혀들어간 것이었다. 그러나 교도소는 그에게 있어 인생의 전환점이었다. 그곳에서 한문을 잘 아는 조씨를 만나 언문과 한문을 깨우치고 나온 것이었다. 교도소에서는 점을 보아주었다.

"나 나가요?"

"응, 이번에 나가게 될거야."

이런 말을 하면 영락없이 그 교도소에 있던 사람은 석방이 되어서 나갔다. 교도소에서는 칫솔대를 두들기면서 굿거리 장단과 장구가락을 익혔다. 특히 "생기 생기"를 치면서 고장 가락을 익혔다.

교도소에 나와보니 그가 악담한 오박수는 정말로 죽었다. 그리고 이애순 보살은 중풍이 걸려 있고 이정숙 보살은 어디론가 사라졌다. 이때 큰 아이도 인다리로 수술을 3번이나 하였다.

착한 공박수는 여자를 만나 돈을 많이 날렸다. 그러나 친구들이 도와주어 겨우 혼자 힘으로 살아갔다. 마음씨가 좋은 공박수는 친구들이 망했을 때 쌀을 도와주었다. 그러나 지금은 쌀을 받아먹었던 친구들이 다시 공원장을 도와주고 있다.

43살에 풍이 오고 현재의 부인을 만나

젊은 나이에 공박수에게 풍이 왔다. 거동이 불편한 채로 계룡산 선도암에서 기도를 하기 시작했다. 주로 호박하고 솔잎을 삶아 먹었다. 8월 추석전날 들어가서 몸이 호전된 구정 전날에 내려왔다. 그 와중에 정신이 오락가락하는 바로 그 여인을 만나서 물을 떠놓고 백년가약을 맺었다. 한마디로 용궁에서 결혼식을 한 셈이었다.

당시 부인은 엉뚱한 곳에서 내림굿을 잘못하여 기억력이 오락가락할 정도였다. 그래서 엉뚱한 짓을 많이 했다. 놀랍게도 그런 여자를 그는 경기도 최고의 명무로 만들었다. 따라서 공원장 부부는 엄밀하게 따지면 부부만신인 것이다.

"점을 볼때에는 이름도 모르고 성도 모른 상태에서 점이 나옵니다."

놀랍게도 그가 점을 볼때는 죽은 전부인이 많이 도와준다. 농약을 먹고 죽은 부인은 걸립으로 와서 그를 도와주고 있는 형편이기 때문이다.

"사실은 점을 보기 싫어 제자들을 가르칩니다."

너무나 솔직하게 대답을 하는 공원장은 가르치는데는 선수인 셈이다. 한마디로 적성이 맞는 것이다. 그것은 자신의 부인을 경기도 굿의 명인으로 만든 솜씨에서 충분히 알수가 있다.

공원장은 장구를 인간문화재인 이동환씨의 동생인 이원근씨에게 배웠다. 소리는 이강춘씨에게 배웠다. 이런 실력을 바탕으로 급기야는 수원 매교동에 학원을 연 것이다. 지하 30평과 2층 38평을 다 쓰는 공원장은 부인과 함께 오늘도 많은 제자들을 가르키기에 여념이 없다.

♧ 수원시 권선구 매교동 77-25번지 031) 224-3289

동두천의 신점 명인 용궁보살

김명자 보살

대신할머니의 엽전점

　　동두천은 경기도의 끝이라고 해도 과언이 아닐 정도로 북쪽이다. 더 북쪽인 연천군이 있지만 휴전선이 완만한 대각선으로 있기 때문에 동두천도 휴전선을 지척에 두고 있기는 마찬가지다. 그곳에는 명산인 소요산이 있고 굿당이 많이 있는 유명한 가막산이 있다.
　　따라서 동두천은 신빨이 쎄다고 옛날부터 전해온다. 그래서 예로부터 동두천에는 무당들이 많았다. 특히 월남한 이북무당이 집결한 곳도 인천을 제외하고는 동두천이 으뜸이었다.
　　그러나 옛날 만신들은 거의가 다 작고한 지금은 세대교체가 일어나고 있는 중이다. 이북굿이 점차로 세력이 약화되고 경기도 굿이 다시 살아나고 있는 것이다.
　　현재 이곳 동두천에서 점을 잘 본다고 소문난 이는 생연동의 용궁보살이다. 그녀는 경기도굿을 하는 무당인데 13년을 이곳 동두천에서 무업을 하면서 보냈다.
　　대신할머니가 들어와서 점을 치는 오리지널 엽전점은 점쾌의 적중률이 높다. 그녀의 엽전점은 신을 받은후에 처음부터 친 점으로 지금도 엽전점을 치고 있다.
　　손님이 오면 우선 나이와 성을 물어보고 나서 관상도 본다. 그녀의 견해로는 관상에 이미 60퍼센트가 나와 있다고 한다. 그리고 신령님 청배를 한뒤에 엽전을 던지는데 점사는 거의 정확하다고 한다. 그래서 그 엽전점이 소문이 나서 오늘날에 와서는 동두천의 1등보살로 자리매김을 하고 있다.

대부분의 엽전점을 치는 보살들은 조상들이 앞량을 서서 많이 도와주는데 용궁보살은 특이하게 대신할머니 외에는 조상들이 거의 앞을 서지 않고 있다. 그만큼 험하게 간 조상이나 한많은 조상들이 없어서일까.

신을 받기 전까지도 남들처럼 고단한 삶을 살았던 것도 아니고 그리고 남들처럼 지독한 신병으로 고생을 한 것이 아니었다. 그냥 살아오면서 외할머니의 사랑을 받았고 외할머니가 돌아가시고나서 가끔 꿈에 나타나는 것이 전부였다. 신을 받기 전까지 어떤 표적도 받지 않았다. 그만큼 깨끗하게 신을 받았던 것이다.

새댁은 사십을 안 넘긴다

부산에서 동두천으로 결혼을 와서도 돌아가신 외할머니가 마당에 앉아있는 것이 보이면 재수가 좋았다. 고향인 부산에 가서 어머니에게 말했다.

"엄마. 나 외할머니가 보여."

"외할머니가 니를 너무 좋아했서 꿈에 보이나보다."

친정의 어머니가 3대 외동딸이고 결국 그녀는 매우 귀한 손녀딸이었다.

"아니 우리 마당에 항상 앉아있어. 아니면 방에 내옆에 있어."

사실상 외할머니가 그녀를 키우다시피했다. 한번은 새댁때 큰딸을 데리고 이웃집 아줌마를 따라서 점을 보러갔는데 점을 보던 보살은 다른 사람의 점을 보다 말고 뒤를 돌아보면서 그녀를 보면서 말을 했다.

"저 새댁이가 사십 안넘기고 신을 받는다."

"어머. 이 새댁은 집도 잘살고 신랑도 잘만났는데 무슨 신을 받아요."

아줌마가 옆에서 거들었지만 소용이 없었다.

"당신은 사십전에 꼭 신을 받는다."

20대 중반인 그때는 그 말이 하도 희한해서 신랑에게 말을 하였다. 그러자 신랑이 화가나서 그 보살집을 찾아가서 법당을 다 때려엎었다. 그리고는 보살집에 점보러 절대로 가지 않았다. 나중에 그 보살을 찾을려고 하였으나 찾지 못했다.

한번은 소요산 절에 다녔다. 친구하고 가서 절을 하고 일어나면 애기들 웃음소리가 들였다.

"어마, 얘 부처님이 웃으신다."

그러나 친구는 덤덤히 있었다. 그 친구는 들리지 않는 것이었다. 대신 오히려 이상한 소리를 한다고 핀잔을 주었다. 그런데 어떤 날은 부처님이 울었다. 눈에 그 모습이 보였다. 그리고 집에 오면 보름동안에 사고가 났다. 그래서 이상하다고 생각을 하고 오랜만에 점을 다시 보러 갔다.

"장사를 해라."

이 말에 식당겸 술도 파는 장사를 했다. 그때는 그것이 신병이고 신이 오고 있는 줄을 몰랐던 것이다. 단지 장사를 할 때도 외할머니만 꿈에 보이면 장사가 잘되었다. 할머니는 꿈에 보따리를 가지고 집으로 들어왔다.

꿈에 그리던 남자와 잠자리를

그리고 꿈에 어떤 사람이 보이면 그 사람이 손님으로 왔다. 빼빼 마른 사람이 꿈에 보이면 정말로 빼빼 마른 사람이 찾아오는 식이었다. 그러나 이상한 꿈도 있었다. 꿈을 꾸면 처녀때 동경했던 이상적인 남자가 와서 연예를 했다. 그리고 그 40대 남자와 잠을 자고나면 애들 아빠와 잠자리를 하기 싫었다. 남편과 한방에도 있기가 싫었다. 살도 대기 싫었다.

신기한 것은 그 꿈속의 남자는 정기적으로 그것도 한달에 한번씩 꼭 꿈에 오는 것이었다. 키는 크고 몸이 통통한 남자였는데 불특정한 인물이었다. 그래서 장사를 하면서 무당에게 점을 보러 다시 갔다. 이야기를 하니 무당은 신이라고 하였다.

"엄마, 그럼 저 신굿을 해주십시오."

이미 단골이 된 상태라 무당보고 엄마라고 하였다.

그녀가 이런 말을 하는 이유가 있었다. 원래 친정의 어머니가 받아야 되는데 안받은 것을 잘 알고 있었다. 한마디로 집안에 부리가 있는데 이를 막으니 자신에게 이런 변고가 온다는 것을 알고 있었다. 그래서 대신 자신이 받고 싶었던 것이다.

"신굿은 몇 년 있다가 해라."

"아니에요. 더 이상 참지 못하겠어요."

당장 해달라는데 그 무당은 물러설 수밖에 없었다.

"그럼 할 수 없지 뭐…."

이렇게 해서 신굿을 했다. 39살때였다. 바로 작두를 타면서 신굿을 서너시간밖에 하지 않았다. 외할머니가 대신할머니로 들어오셨다. 그 할머니는 부처님을 너무 좋아하여 절에서 방을 아예 돈을 내고 사서 계셨고 평소에도 절에 시주도 많이 했다. 결국 절에서 돌아가셨다. 그분이 불사 대신 할머니로 들어오였다.

신을 모셨다는 사실은 친정집에도 알리지 못했다. 그러나 신을 모셨다는 소리를 어디서 듣고는 어머니가 상경을 하여 법당을 때려부술려고 하였다. 더욱이 신을 받을 때는 남편에게도 알리지도 못했다.

그러나 신을 모신후 산에 기도를 다녔는데 이를 남편이 바람이 났다고 의심을 하여 결국은 가정에 불화가 있었다. 이후 기도를 방해하는 남편은 몸에 물방울이 떨어지는 것 같은 피부병을 앓았다. 결국 그리하여 집을 나올 수밖에 없었다.

외할머니가 일러줘

동두천 부산리의 생년4동에 자리를 잡았다. 그때는 잘 몰라 신굿을 하고나서 점을 보는 것이 아니라 집에 부처님만 모셔놓으면 되는 줄 알았다. 또 하나 다행인 것인 신굿을 하고나니 더 이상 40대 남자가 꿈에 나타나지 않았다.

대신 굿을 하고 장사를 하니 도대체 장사가 되지 않았다. 남자분들이 술을 먹으러 오면 어느새 알고 마누라들이 찾아와서 술집을 마구 때려부수고 난리였다. 이렇게 풍파가 자꾸나자 장사를 완전히 때려치우고 신엄마에게 불림굿을 다시 하였다. 이틀굿을 하고나니 꿈을 꾸었다.

꿈에 외할머니가 점상을 가지고 내려 오라고 하였다. 그래서 점상을 내려 놓으니 그때 남자 손님이 왔다. 복채로 2만원을 내어놓았다. 그런데 외할머니가 욕심을 너무 많이 챙기면 안된다며 돈 5천원을 내어 주라고 했다. 그래서 5천원을 내어주니 외할머니가 5가지를 말을 하였다. 그 남자에게 마누라가 도망을 갔다고 이야기를 하라고 하였다. 누구하고 도망을 갔는가는 바로 운영하는 회사의 종업원하고 도망을 갔다고 일러주었다.

이런 꿈을 꾸고난 그 다음날 아침 일찍 어떤 남자가 초췌한 모습으로 보살을 찾아왔다. 입술이 쌔까맣게 되어 있었다. 그러나 그녀는 신을 찾을지도 모르고 그렇다고 방울을 흔들지도 모르고 엽전을 던질지도 몰랐다. 점을 볼 줄도 몰라 마음을 가라앉칠려고 남자보고 커피한잔을 마시라고 하였다. 그리고서는 신당에 앉았다. 그러면서도 그 사람에게 사실대로 말했다.

"아저씨, 사실 나 얼마 안되서 말도 잘 못해요."

"그래도 몇마디만 해줘요."

그 말에 용기를 얻어 꿈에 외할머니가 일러준대로 말해비렸다.

"아저씨. 마누라 도망갔지."

"맞아요. 근데 누구하고 도망갔어요?"
그 말에 더욱 용기를 얻어 말했다.
"아저씨. 부인은 종업원하고 도망을 갔어."
"맞아요. 그 새끼도 지금 안나와요."
그 남자는 기절을 할 듯이 흥분을 하면서 어떻게 하면 되느냐고 다시 물어왔다.
"굿하면 들어오겠어요?"
"들어와요."
"만약에 안들어오면 나하고 살아야돼요."
"안들어 오면 살지요."
이렇게 말하는 통에 그 남자는 선뜻 계약금의 일부 돈인 100만원을 내고 갔다. 그 즉시로 신엄마에게 가서 물어보니 굿을 하면 들어온다고 해서 용기를 얻어 정말로 그 남자의 굿을 했다. 상당히 큰 굿이었다. 굿을 하고 사흘만에 그 여자가 집에 들어왔다. 이후 소문이 크게 나기 시작했다.

그녀는 산기도를 하지 않는 편이다. 그것은 산기도를 하면 더욱 막히기 때문이다. 따라서 전안기도나 용궁기도를 주로 한다. 요즘은 병굿도 많이 하는 편이다. 그녀는 신엄마도 옛날분 그대로다. 신제자도 거의 내지 않았다. 그 정도로 그녀는 양심적인 보살인 셈이다.

☎ 경기도 동두천시 생연동　031) 865-5387

유명한 사당동의 미인보살

대원암 진보살

넉넉한 도량과 유명한 신점

서울의 사당동은 두 구역으로 나누어 있다. 산동네는 지금은 다 없어지고 아파트 단지가 들어섰고 평지에 있던 집들은 그대로 옛날 모습을 그런대로 유지를 하고 있다. 총신대 전철역 근처에서 옛날 산동네 골목으로 들어가는 길목에는 오래된 시장골목이 있다. 이 시장 골목으로 따라들어가면 2층에 대원암이라는 간판이 보인다. 이곳은 바로 서울에서 가장 점을 잘본다는 소문이 떠도는 30대 후반의 진보살이 있는 곳이다.

대원암의 신도들은 언제든지 진보살의 신당에 와서 기거를 하면서 지낼수가 있다. 그만큼 자신의 암자를 신도들에게 개방을 한 것이다. 신가물에 아파서 오는 분들은 이곳에서 쉴 수가 있다. 이런 쉼터는 무속계에서는 정말 흔치 않은 곳이다.

법당의 청소도 신도들이 와서 자발적으로 하면서 하나의 공동체를 이루고 있다. 이런 현상은 무속계에서는 또한 보기 힘든 현상이다. 초하룻날에 신도들이 와서 기도를 드리는 것외에는 대부분의 보살집들이 신도들의 방문을 막는 것은 영세한 탓도 있지만 강한 소유욕 때문인 것이다. 스스로 마음을 비우고 중생을 구제해야하는 보살들이 오히려 더 많은 욕심에 법당은 자신의 것이므로 감히 어느 누구도 간섭을 해서는 안된다는 불문율이 깔려 있는 정서에 반하는 진보살의 대원암은 그런 점에서 단연 돋보인다. 그녀는 모든 일을 신도들과 상의를 해서 한다. 그래서인지 신도들은 너나 할것없이 한 가족처럼 진보살을 믿고 따르며 의지를 하고 있다.

이런 수준높은 운영을 하고 있는 그녀는 우리 무속계에서는 단연 대표적인 인테리다. 즉 넉넉한 집안에서 정규대학을 졸업하고 좋은 직장을 다니다가 30대 초반에 신을 받아 비록 많은 고초를 겪었지만 그런 시련을 극복하고 진정한 중생구제를 위해서 노력하는 인물이기 때문이다.

그녀의 성품은 매우 곱고 아름답다. 남에게 험한 말을 하지 않고 오는 사람들을 잘 받아주어 편하게 하는 모습도 기존의 보살들과는 다른 면이 있다. 진보살의 이런 면은 굿을 할 때도 드러난다. 굿을 하게되면 굿에 직접 참여하지 않고 곱게 단장하고 지켜보는 대표적인 보살이다. 그런 모습은 교만에 찬 모습이 아니라 오히려 자기 수양의 모습을 보여주고 있는 것이다.

알 수 없는 신병

홍천이 고향인 그녀는 기독교 집안에서 춘천에서 자랐다. 초등학교 4학년때부터 그녀 자신이 누구인지 몰랐던 적이 한두번이 아니었다. 잠깐씩 고무줄하고 놀다가 순간 자기 자신을 잊어 먹었다. 걷는 법도 모르고 자신이 누군지도 모르고 개처럼 엉금엉금 기다가 정신을 차려보면 남의 반에 가 있었다.

신꿈도 많이 꾸었다. 말타고 물속을 많이 다녔다. 까만말을 타고 물속을 달리는데 너무나 황홀했다. 꿈에 어떤 곳을 가서 사다리를 타고 올라가다 보면 하늘이라고 했다. 그 뚜껑을 열고 올라가니 모여라 꿈동산처럼 그곳에는 많은 인형들이 있었다. 인형들과 함께 그녀가 공주가 되었고 왕자와 결혼한다고 하였다.

당시 어머니에게 야단도 맞았지만 걱정을 많이 끼쳐드렸다. 어머니는 철저한 기독교였는데 그녀는 매일 이런 말을 했다.

"엄마, 꿈만 꾸면 내가 엄마 하고 소복을 입고 야산에 가서 촛불을 켜고 빌어."

"얘가 무당이 될려고 그러냐, 도대체 왜 그러냐 응?"

이런 완고한 어머니는 점한번 안보고 돌아가셨다. 어머나 그녀는 그녀의 증세가 신병인지도 몰랐다. 간호 대학교를 1학년과 2학년을 다닐때는 신병이 심하게 왔다. 어느날은 갑자기 등뼈가 아파서 병원에 가니 디스크라는 진단을 받았다.

"수술을 해야 합니다."

이 말에 놀란 어머니는 다음과 같이 의사에게 말했다.

"처녀라 절대로 수술을 할수 없습니다."

그리고 나서 침을 맞으러 갔다. 언니가 초등학교에서 교사로 있었는데 그 학교 교장이 침을 잘 놓은 분이었다. 그래서 그곳에서 침을 맞고 나서 바로 쓰러졌다. 신이 온 사람에게 침을 놓은 것이 매우 위험하다는 것을 몰랐던 것이다.

다시 엎혀가서 그 교장 선생님에게 가서 침을 푸는 침을 다시 놓았다. 그리고 아무 이유도 없이 하혈을 할 때는 병명이 나오지 않았다. 병명이 나오더라도 다 다르게 나왔다. 언니 친구가 성남에 인하대학병원의 의사였는데 검사를 받으러 그곳에 가서 그날 밤에 조형제를 먹고 하룻밤을 자고 사진을 찍었는데 오른쪽 신장하고 방광 사이에 있는 줄이 돼지꼬리처럼 꼬여 있었다. 그 원인을 알고나서 다시 사진을 찍어보니 약하나 먹지않고 바로 나왔다. 일종의 신병이었다.

대학교 1학년과 2학년때는 이렇게 신병이 왔다. 신병이 심할때는 밥 한공기를 먹을때는 한숟갈을 먹고 누워있다가 다시 한숟가락을 먹을 정도로 힘이 들었다. 그러면서도 공부는 대학에서 전교 1등을 할 정도로 성적이 좋았다. 신통한 것은 공부도 하지도 않았는데 대학성적이 너무나 좋게 나왔다. 신의 강림을 서서히 깨달은 그녀는 신을 거부했지만 그 댓가는 졸업후 직장생활을 하다 납치되어 내키지 않는 결혼을 하였고 고달픈 시집살이와 처참하고 비참한 이혼 뿐이었다. 나중에는 그러한 것도 일종의 신병이라고 그녀는 생각을 했다.

신선생들의 횡포

이후 그녀는 더이상 신을 외면할 수가 없어 내림굿을 하였다. 내림굿을 할 때는 신장대를 잡자마자 무지개가 쫙 들어왔다. 그러나 내림굿 즉 제자굿을 하는데 신의 선생들이 자신들의 욕심에 의해 중간에서 싸우다 끝났다. 한마디로 엉터리 신엄마와 신선생들이 내림굿을 엉망으로 만들었다.

무지막지한 신의 선생들은 억지로 뛰라고 종아리를 때렸다. 인간은 착해도 신은 참지 못했다. 그러면 그녀는 억울해서 부르르 떨었다. 억울함을 참지 못하는 진보살로 인해 그날의 신굿은 엉망이 되었다. 그런 연유로 천존을 타지 못했다. 즉 물동이 위에 올라서지도 못했다. 그래서 천존도 타기전에 끝나버렸다. 그래서 제자굿은 신명의 명패도 제대로 받지 못하고 어설프게 조상가리만 잡은 꼴이었다. 감언이설로 다시 한 몇 번의 내림굿도 다 이 모양이었다.

대신 신이 세게 들어왔기 때문에 기도로 신을 다 받았다. 그리고나서 산에서 본격적으로 기도를 하였다. 계룡산 신선봉에서 많이 받았다. 나중에 천신은 계룡산의 폭포수 밑에서 기도를 하다가 받았다. 그때는 3일씩 철야기도를 하였다. 꿈을 꾸는데 임금님 나무의자를 타고 하늘을 높이 날았다. 꿈이지만 너무 신났다. 집이 성냥갑만하고 세상이 너무 좋아보였다. 꿈으로 신으로 다 받았다.

신선봉에서 기도를 많이 했다. 신선봉에 가면 양쪽에 바위가 있고 그 사이에 있는 폭포가 흘렀다. 거기서 다시 21일 기도를 하는데 한날은 꿈에 폭포수 위 하늘에서 오색 즉 빨간실 노란실 하얀실 녹색실들이 꼬여서 하늘에서 내려오는 것이었다. 한쪽 옆에서는 칠성 베가 한쪽으로 내려왔는데 그녀 몸으로 받았다. 당시 신의 선생에게 물어보니 하늘에서 천존을 받은 경우라고 했다. 내림굿때 천존을 받지 못했기 때문에 대신 천존을 받은 것이라고 했다. 그래서 그녀는 천존은 그녀 스스로 받았다. 천존은 오색실이 꼬여 머리땋는 댕기처럼 하고 내려왔다. 폭포 위에서 몸으로 다 받았다.

한날은 꿈에 동사무소 직원이라고 왔다. 명두 책을 보여주더니 그녀의 도장을 찍어 달라고 했다. 그래서 도장을 쾅하고 찍었다. 그것도 명패를 받는 꿈이었다.

그녀는 모든 것을 혼자 스스로 했다. 그러고 나서 혼자서는 너무 외롭고 힘드니까 신선생을 찾으로 다녔다. 다니다 보니 부부가 있었는데 인자하고 좋은 분들이었다. 그러나 그들은 신줄에서 맞지 않았다. 그래서 다른 분을 다시 찾았다. 매화꽃이 담너머 흐드러진 집이 있었다. 그녀의 딸래미를 키어주는 아주머니 집이 있는 대전의 보문동 그 근처를 갔는데 그 집을 가려고 거기에 들어간 것이 박보살의 집이었다. 그녀는 보문산 밑에 있었다.

박보살의 집은 골목에 있어 들어갔는데 너무나 단아하게 앉아 있었다. 보통 무속인들은 여자 승복을 입고 있었는데 그분은 놀랍게도 여자이면서도 남자 한복을 입고 있었다. 머리를 남자처럼 댕기를 땄다. 그분은 얘기를 히다가 중간에 다음과 같이 말했다.

"너는 무당이 될 것이다. 가리를 잡으면 잘 할것이다."

비교적 짧은 시간동안 교육을 받았지만 무속인의 예법이나 예절을 많이 배웠다. 지금도 3가지를 명심하고 있다. 첫째는 "복채를 분에 넘치게 받지마라."이고 둘째는 "나랏점을 하지 마라." 그리고 셋째는 "도둑점을 보지 마라."였다. 그 선생으로 받은 가르침은 오늘도 기억에 생생히 남았다.

진보살의 생활 신조는 다음과 같았다.

"누구의 아픔도 내 아픔처럼 생각을 한다."

누구가 아픈 과거를 딛고 일어선다고 보았다. 그래서 자신의 신조를 실천하며 무속의 길을 배워가던 그녀는 그 박선생과는 얼마후 헤어졌다. 그것은 선생의 애인에게 아무 생각도 없이 사탕을 무심코 주었는데 그것이 박선생의 오해를 산 것이었다. 이후 박선생이 속상하다며 대전을 먼저 떠나가 버렸다.

선생이 이사를 간 뒤에 일주일만에 평소에 우연히 알고지내던 아니 그녀에게서 약간의 도움을 받던 어떤 남자 박수가 칼을 들고 그녀의 집에 뛰어들어왔다.

"너는 올해 무슨일이 있으니 조심을 해라."

그녀는 그때 대신 할머니가 얼마전에 자신에게 준 공수를 생각을 했다. 그런 일이 자기 자신에게 벌어질줄이야 꿈에도 몰랐던 것이다. 그동안 그녀는 항상 그 남자에게 사무적이었는데 대했는데 그는 흑심을 품고 그녀에게 접근을 했던 것이었다. 진보살에게 결혼을 하자며 완력으로 진보살을 강제로 납치를 했는데 중간에 다방에서 화장실을 간다며 핑계를 대고 겨우 빠져나왔다.

십년감수를 하여 대전을 떠나와서 서울로 와서 친정에 오게 되었다. 친정에 오니 빨리 시집을 가라고 해서 도로 나와 버렸다. 이후 서울에서 유명한 신의 선생을 만났는데 그 선생이 자신과 손을 잡을려면 굿을 해서 인연을 맺어야 된다고 요구를 했다. 그래서 가리굿을 요구해서

1000만원에 가리굿을 하고 뒤이어 500만원에 다시 가리굿을 했다. 그나마 있는 돈을 홀딱 다 말아먹었다. 나중에는 신선생이 자신의 집에서 식모살이 할것을 요구했다.

대부분의 남자 신선생들은 미모가 출중한 그녀에게 같이 살자고 유혹을 하며 집요하게 괴롭혔다. 심지어는 기도하자고 산에 가서 성폭행을 하려고 했다. 어떤 법사한테는 여관에서 강제로 감금을 당하는 고초를 겪기도 하였다. 백일 기도를 하러 간 절에서도 마찬가지였다. 공양주 보살을 아무 댓가 없이 할 때 신선생을 자임한 지압을 하는 어떤 스님은 요상한 주문을 하기도 했다. 갖은 궂은 일을 하면서 절에서 지낼 때 스님은 흑심을 품고 이런 말을 했다.

"옷을 홀딱 벗고 자야된다."

그런 말에 아무 생각없이 벗고 잤는데 20일만에 그 스님은 재혼한 부인도 있는데도 불구하고 접근을 해와서 유혹을 했다.

"내 마누라는 저쪽에 집을 지어 내보내고 할것이니 너는 여기서 너와 같이 살자. 그리고 절을 다 맡아서 운영을 해라. 나 이외에는 보살을 책임질 남자가 없다."

이런 황당한 제의를 받은 그녀는 기가 막혔다. 스님의 부인도 옆에서 동의를 했다. 얼마나 스님 공양하기 힘들면 부인인 그 여자는 나가길 원했던 것이다.

'아차, 이거 큰일 났다. 이거 도망을 가야 할 상황이구나.'

이런 생각이 나자 절을 떠날 생각을 했다. 마침 데리고 간 딸이 아프다면서 핑계를 대면서 병원에 간다면서 산속을 빠져나와 가방도 놓고 그곳을 나왔다.

기도와 선몽으로 해결

서울와서는 봉천동에 자리를 잡고 점을 보았다. 그렇지만 아무것도 몰랐다. 그래서 진보살은 그녀가 하고싶은데로 했다. 법당 차리는 법도 몰랐지만 일절 그녀 식으로 했다. 그런데 하도 많은 보살과 법사들은 "후불탱화를 모셔라" 내지는 "부처님을 3분 모셔라" 는등 말도 못하게 많은 주문을 했다.

그러한 말들이 다 싫었다. 그래서 그런 유혹을 이겨내고 다음과 같이 다짐을 했다.

"아, 신의 세계라는 것은 이런 일 저런 일 다 겪어보면서 돈도 없애보고 사람도 만나보고 이래저래 해보면서도 가장 중요한 것은 신선생은 바로 나라는 사실이구나. 내안에 있는 나를 내가 통제하고 우리 할아버지 말을 내가 듣는거지 선생들한테 의존하는 것이 아니구나."

그러면서 자그만 문갑에다가 항아리와 옥수 그릇 3개 그리고 촛대 2개를 놓고 봉천동에서 시작을 했던 것이다. 그녀 혼자 할머니에게 꿈에 선몽을 달라고 3일동안 기도를 했다. 그러자 꿈에 선몽을 주었다. 선몽의 내용은 이런 것이었다.

고등학교 교실이 보였다. 어른들이 있었다. 대학같기도 하였다. 교실 3칸이 보였다. 제일 중심의 교실에는 한문이 빽빽히 적혀 있었다. 그것을 어른들이고 학생들이 베끼면서 공부하고 있었다. 한쪽편에는 할머니들이 옹기종기 대여섯분이 앉아 있었다. 또 다른쪽에는 남자분들이 앉아있었다.

이는 바로 그녀의 주장신이 글문도사였고 다른 쪽은 제석 할머니들이고 다른 쪽은 남자들인 대감 신장 장군이었던 것이다. 그래서 직접 화공에게 부탁을 하여 그려서 나름대로 독특하게 식으로 모셨다. 그때부터 손님이 들어 기반을 잡기 시작했다. 점을 잘본다는 소문이 서서히 일어나기 시작했고 크게 불리기 시작했다.

🪷 서울시 관악구 사당동 02) 592-4483

신통 거북점의 산신도사

심경섭 도사

춘천의 유명한 심도사

춘천에는 거북점을 보는 사람이 있다. 바로 높은 적중률의 옛날 나무 거북점의 심도사이다. 도사의 타이틀답게 양심적으로 신의 길을 걸어가는 그는 점만 잘보는 것이 아니라 내림굿을 잘하는 것으로 유명하다. 그가 이렇게 제대로 내림굿을 하여주는 이유는 본인도 제대로 된 내림굿을 받았기 때문이었다.

그의 신할머니는 노량진 작두만신이었다. 그래서 지금도 물려받은 칼을 가지고 있다. 또한 그의 신엄머니는 바로 거북이 만신이었다. 춘천에서 나무 거북이 속에 옆전을 넣어 흔들면서 점을 보았기 때문에 거북이 만신이었다. 그래서 그는 그 거북이를 물려 받아 그 안에 23개의 옆전을 넣어 흔들면서 신령님 청배를 한다.

이렇게 옛날 나무 거북이를 가지고 점을 보는 사람은 아마도 지금은 전국에서 그가 유일하지 않을까하는 생각이 든다.

죽음으로 쓸어낸 신의 바람

14살에 구정때에는 꿈에 닭이 보이는데 그 든든한 수닭이 닭장에서 죽었다. 그 날 저녁에 큰집에 가서 놀았는데 삼촌이 청산가리를 마셨다는 말을 들었다. 청산가리라는 말에 이미 늦었다고 생각을 하고 가보지 않았다. 그리하여 삼촌이 죽었다.

17살때에는 11살짜리 동생이 아침에 학교를 가는데 까마귀가 까악 까악하면서 머리에 똥을 쌌다고 했다. 그러더니 동생이 학교에 가다말고 도중에 밤나무에 올라갔다가 떨어졌다. 머리가 많이 아팠던지 아랫방과 안방 그리고 웃방을 왔다갔다 하면서 고통을 호소했다.

"이 놈의 시끼 가라는 학교는 안가고 밤나무에 올라 노니까 그렇지."

이렇게 화를 냈지만 그 다음날 형인 그는 학교대신 병원에 데리고 갔다. X-레이를 찍을려고 하는데 정전이 되었다. 전기가 들어왔다가 찍을려고 하면 다시 정전이 되었다. 이렇게 3번의 실패를 한 다음에 4번째 정전후에 겨우 X-레이를 찍었다. 판독후 의사가 말했다.

"수술을 하라."

"얘는 수술을 하면 살수가 있습니까?"

"사실은 가망이 없다."

"그럼 산다는 보장이 있으면 당신들이 수술을 해라."

결국 수술을 못하고 퇴원하다가 동생이 죽었다. 감나무에 떨어진지 이틀만이었다. 그해 어머니가 몹시 아팠다. 그래서 어머니가 직접 가서 점을 보니 굿일을 하면 낫는다고 했다. 어머니도 하고 싶다고 했다. 그러나 어머니와 그는 모르는 사람에게 일을 하고 싶다는데 의견이 일치하여 그래도 확인겸해서 그가 직접 시내에 가서 모르는 어느 박수에게 가서 점을 보러갔다.

"당신이 올 줄 알았다."

느닷없이 내뱉는 박수의 말에 속으로 '웃기고 있네'라고 생각을 했다. 그러나 그의 말은 더욱 웃겨가고 있었다.

"당신이 박수하면 된다."

그 소리에 속으로 또 '웃긴다.'고 생각했다.

"왜 왔는지도 알고 당신이 지금 무엇 때문에 왔는지도 알고 있다."
그 소리에 또 속으로 '정말 웃기고 있네.' 라고 생각하다가 아예 솔직하게 말을 했다.
"점을 보러 왔어요."
"당신은 지금 엄마가 아파서 온 것이다. 그것 때문에 왔기 때문에 당신이 신의 길을 가지 않으면 엄마도 못산다."
"난 안해요. 그런거…."
"당신이 이 길을 가면 편안한데 그렇지 않으면 3년에 한번씩 사람이 앓거나 다치는 사람이 있을거요."
두려운 말이었지만 당시에 그의 생각은 단호했다.
"정말로 무당은 안해요."
"그러면 힘이 든다."
그는 어머니의 일만 해달라고 하고 그곳을 나왔다. 그래서 그분에게 어머니의 일을 했다.

내림굿을 거부

그분은 계속적으로 아들인 심씨가 신을 받아야지만 집안이 편하고 어머니도 장수할수 있다고 했다. 그가 완강히 안한다고 말하였고 나중에는 그의 아버지가 찾아가서 안한다고 말을 했다. 사실 거기에는 또 다른 이유도 있었다. 내림굿을 할려면 15만원을 내라는 것이었다. 지금으로부터 30년전이니 그 당시로서는 매우 비싼 굿이었다.
그래서 다시 한번 찾아가서 안한다고 말을 했다.
"나는 아무 것도 할줄 모르니 안합니다."
그러자 그 분은 안타까운 듯이 말했다.
"당신은 산에 가서 기도를 하여시 신을 받아야 힌다. 점시를 보면서 침술까지 겸해야 한다. 당신은 할아버지가 주종이다. 옛날에 학익의원을 하는 할아버지의 약손으로 해야하기 때문에 어쩔수 없다. 웬만한 사람은 안된다."

그 이듬해 봄에 3월달에 어머니가 돌아가셨다. 너무 허망했다. 인다리로 어머니를 꺾은 것이었다. 이후 3년만에 다시 그를 찾아갔다. 그때는 내림을 받겠다고 아예 마음먹고 갔는데 그분은 이미 그곳을 뜨고난 후였다. 그때 그분에게 신을 받지 않은 것을 처음으로 후회를 하였다. 그래서 자세히 알아보니 거기에도 사연이 있었다.

그분의 여동생이 신당을 꾸며놓았는데 그분이 닭고기를 잡숫고 와서 그 다음날 피를 토하고 죽었다는 소문이 있었다. 그래서 그 분의 주소를 물어 물어 갔는데 한달 전에 죽었다는 것이었다. 그래서 '나하고 인연이 없구나.' 라는 생각을 했다.

이후 점을 자주 보았는데 조상이 잘못되었다고 해서 1년에 근 두 번 정도의 굿을 했다. 해도 노상 그뿐이었다. 21살때에는 만나는 여자가 있었다. 쉽게 동거를 하다가 살았는데 싸움도 없었는데 여자가 슬그머니 보따리를 싸가지고 가버렸다. 가버리고 난 후에 낙담을 하였는데 그 여자를 우연히 다시 만났다. 그러나 이미 인의 풍파가 있었다. 그녀는 이미 다른 남자를 만나 정식으로 결혼을 하여 한동안 살다가 다시 이혼을 하고 우연히 그를 만난 것이었다. 그래서 그녀와 결혼을 하려고 했는데 집안에서 이혼한 여자라며 반대를 하였다. 그래서 결국은 헤어질 수밖에 없었다.

2년뒤에 다른 여자를 만났다. 동거를 하였는데 6개월을 살다가 어디 갔다오니 역시 사라지고 없었다. 이렇게 붙기는 잘 붙는데 몇 달만에 가버리는 식이었다. 일종의 인의 바람이었다. 바람은 그것만이 아니었다.

시골의 마굿간에서 소를 키웠는데 소가 3년동안 3마리가 죽었다. 1년에 한 마리가 태어나는데 한 마리씩 죽으니 기가 막힐 노릇이었다. 소는 시골에서는 거의 전 재산이라고 해도 과언이 아닌터. 그러니 되는 일이 없었다. 여자도 계속적으로 만났지만 만남과 헤어짐을 반복했다. 그러니 결혼도 하지 못했다.

기구한 자식 팔자

그는 '내 팔자가 이렇구나' 라고 생각을 하고 늙은 박수무당이 오갈데가 없는 여자를 받아 딸을 삼은 즉 양딸이 있었는데 그녀와 결혼을 하였다. 그런데 임신이 되어서 아이만 낳으면 3일만에 죽였다. 이렇게 하여 7년동안 아들만 6명을 내리 죽였다.

그중에 하나 겨우 살은 딸아이는 생후 한달반이 되어가지고 보건소에 예방주사를 맞으러 갔다. 가니 의사가 아이가 황달기가 있으니 도립병원에 가보라고 하였다. 그러나 늦게 병원에 갔는데 가자마자 보건소의 인큐베이터에 들어가 있었다. 이후 아이가 경기가 들어서 뇌성마비가 되었다. 그러니 2살이나 3살이 되어도 말을 못하고 걷지를 못했다.

아이가 두 살 때인 7월달에 그나마 삶의 버팀목이 되어주던 아버지마저 돌아가셨다. 그 이듬해에는 그에게 하혈이라는 희한한 현상이 찾아들었다. 하혈을 하면 한달에 3일씩은 했다.

11월달에는 동생이 결혼식을 하였는데 그 후에는 매일 하혈을 하였다. 그 이듬해 4월까지 계속되었다. 그래서 힘이 들어 걷지를 못했다. 병원에 가보니 치질 때문에 그렇다고 했고 어떤 의사는 항문의 동맥이 나갔다고 했다.

"그런데 어떻게 걸을 수가 있습니까?"

그의 이런 질문에 의사들도 머리를 긁적이면서 대답했다.

"나도 그건 잘 모르겠어요."

이렇게 병원에서도 뚜렷한 병명을 밝혀내지 못했다. 그래서 바로 퇴원을 하고 부인의 양아비지의 집에 기거를 하였다. 양아버지는 무당이었다. 이렇게 하여 봄부터는 노인네의 집에서 기거를 했는데 놀랍게도 밥그릇수가 점점 늘었다. 이틀만에 밥그릇 숫자가 늘어났다. 즉 하루에 6그릇의 밥을 먹어야 시장기를 면할수 있었다. 그 다음날은 밥을 먹고 나면 또 배가 고팠다. 그러다보니 밥그릇 숫자를 자꾸 늘여야 하는데 4일째 되는 날은 무려 10그릇을 먹었다. 그 다음날인 5일째 되는 날은 다시 기록을 경신하여 13그릇을 먹었다. 그래도 배가 고팠다. 하혈은 계속 하였다. 이를 옆에서 지켜본 늙은 박수인 장인은 기가 막혔는지 다음과 같이 말했다.

"안되겠다. 저건 귀신의 장난인거지… 한번 확인을 해보자. 신이면 받아주어야 해."

그래서 확인차원에서 대를 잡혀보았는데 신이 내리지 않았다. 그런데 4번만에 대가 흔들렸다. 이렇게 대가 내리자 날을 잡았는데 그 다음날부터 하혈을 하지 않았다. 밥도 먹는 것이 진정이 되었다. 그렇게 해서 4월 15일에 내림굿을 하였다. 그 해가 바로 35살의 나이였다.

44살때에 신선생이자 장인어른으로부터 독립하여 나와 동생들 6남매를 결혼시켰다. 그 와중에 제자를 둘 내었다. 부처님은 신을 받고 8년만에 모셨다. 그러나 무엇보다도 놀라운 것은 두 번이나 헤어졌던 그 옛날 애인이 18년 만에 다시 만났는데 그것도 내림굿을 통해서였다. 그 애인도 지금은 홍천에서 거북점을 보고 있는데 그 거북이는 얼마전에 만든 거북이라는 것이 약간 틀리다.

♧ 춘천시 효자1동 033) 241-8440

조상청배의 명인 정읍의 선녀보살

조상점의 장양순

정읍의 대표무녀

정읍에서 점을 제일 잘본다는 그녀는 조상점으로 유명하다. 점을 볼때에는 옆 전점을 치는 경우가 많고 그밖의 다양한 방법으로 점을 본다. 신장이 된 아버지와 아기의 죽은 영인 명도 그리고 선녀가 실려 점을 보는데 그 정확도는 놀라울 정도였다.

점상에 앉으면 바로 영이 실려 공수를 줄 정도였다. 그만큼 조상이 잘 실리는 경우였다. 그러나 신을 받은지 10년이 넘은 뒤부터는 주로 굿판에서 조상을 뽑아 노는 만신으로 탈바꿈을 하였다. 굿판에서 조상을 뽑아 노는 만신 즉 무당이라는 말은 대를 잡혀 신을 붙여주고 떼어주는 역할도 한다는 것이다.

전라도 굿에 충실한 그녀는 신장대를 잡고 접신을 시켜주는 일을 잘한다. 물론 법사가 들어서서 경으로 접신을 시켜주는 경우가 많지만 그녀 또한 이런 보조역할을 잘한다. 그러나 떼어내는 역할에서는 주된 역할을 하는 것이다. 또한 조상거리에 들어서서 제가집의 조상이 실려 말하는 공수를 잘 뽑아 조상해원을 잘시켜주는 것이 특기이다.

"지혜는 신장에서 준답니다."

청배를 가서 남의 제가집 일을 할 때에는 피를 말리는 일이다. 전라도에서는 그러한 청배를 조상청배라고 하는데 접신을 하다보면 덜 신이 덜 차오르는 경우가 있다. 그것은 갑자기 일이 있어 부른 경우 그 집 조상의 넋과 와 닿는 것이 적은 탓이기도 하였다. 그러나 그녀의 뛰어난 영적인 능력과 신명으로 이를 해결해 나가는 편이다. 그래서 그녀가 들어서는 조상거리는 항상 제가집을 감동시키는 편이다.

대를 잡거나 뗄 때도 선녀가 실려 자신의 역할을 톡톡히 한다. 결국 장보살의 이런 능력은 영적으로 고를 잘 풀어 넋맞이 굿과 씻김굿에 들어서 실력을 발휘를 하기도 한다. 그녀는 고를 풀 때 접신을 시킨후에 강신을 받아 고를 맨 천을 위로 들어서 하나하나 푼다.

"거짓없이 살고 싶어요."

최선을 다해서 신명이 강한 사람은 신을 잠재워주고 신이 솟구치는 사람들은 신을 내려주는 역할을 하는 그녀는 양심의 표상이다. 굿중에서 가장 인정받는 굿이 신굿이다. 신을 물리느냐 마느냐는 제가집의 선택에 달린 것이다. 거기에는 어떠한 사술이 들어갈수가 없다. 제가집의 원하는대로 해주는 것이 바로 신굿인데 신을 받지 않겠다는 사람은 사업대감으로 받아주던지 아니면 몸주로 업을 받아주던지 세존단지로 받아주던지 하면 되는 것이다.

33살에 접신이 되어

그녀는 어느새 신을 받은지 14년이 되었다. 18살에 애기 아빠를 만나고 일찍 결혼을 한 뒤 첫애기를 본 후에 신의 풍파를 겪었다. 객지 타관에 가면 아프고 전라도 땅에 들어오면 아프지 않았다. 그러니 고향자체를 떠날수가 없었다.

맥주집과 통닭 장사를 애기 아빠와 하면서 돈도 벌었다. 그러다가 한식집인 백악관을 운영했다. 이때 느닷없이 주방에서 쓰러졌다. 이후 앉아서 일을 하다가 고모님이 계신 뒷집에 가서 점을 보니 그 무당은 "시아버지 해원을 해라"는 말이 떨어졌다.

　그러나 그녀는 못한다고 하였다. 이목이 있고 집안이 완고하여 승낙을 할 이유가 없었다. 그러나 그 보살은 창피하면 대신 익산에서 하라고 했다. 그렇게 하여 익산의 미륵산 보살집에 가서 일을 하였다. 산천에 절을 하다가 보니 상을 놓고 대를 잡으라고 하였다. 못한다고 했는데 한번만 잡으라는 통사정에 잡았더니 대가 흔들리면서 바로 접신이 되었다. 그리하여 소아마비로 12살에 죽은 여동생이 실려 5분도 안되어 뒤로 자빠졌다.

　또한 시아버지가 바로 실려 해원굿이 아니라 어느덧 신굿이 되었다. 신을 받겠느냐고 묻길래 그녀는 신장대를 잡고 신을 받지 않겠다고 계속 거절을 했다. 그러자 계속해서 여동생이 실렸다. 그런 황당한 경우를 당한 것이 바로 그녀 나이 33살의 봄이었다. 한마디로 신이 실려 신령을 받지 않겠다고 발버둥을 친 굿이었다. 결국 그녀의 완강한 거부로 내림굿은 되지 못했다.

　굿을 한 뒤에 자신이 운영을 하는 백악관에 갔는데 모두들 깜짝 놀랐다. 그것은 그녀의 변화된 모습 때문이었다. 그전에는 모든 사람들에 대한 이미지가 좋았는데 굿을 하고나서는 사람이 변했다. 그것은 교회 다니던 사람이 오면 가만 있다가 교인이 아니면 말을 했다. 또한 종업원들의 조상이 실려 혼이 났다. 그래서 다시 점을 보러갔는데 그 무당은 이렇게 말했다.

"백만원을 내라. 신굿을 하자."

그 말에 그녀는 욕을 하고 나왔다.

"에이. 도둑년들."

　해원굿을 하고 나서는 애기아빠와 계속적으로 부딛혔다. 신기가 점차로 차올라오는데도 그녀는 끝까지 신을 받지 않으려고 노력을 했다. 그러자 장사도 점차로 안되었다. 단체손님이 점차로 줄어들었다. 그리고도 그녀가 버티자 이제는 몸으로 치고 들어왔다. 몸의 한쪽을 못쓰게 만드는 것이었다. 일종의 풍이기도 했다.

그제서야 내림굿을 하겠다고 하니 이번에는 친정의 어머니가 결사반대를 하였다. 그리고는 내림굿을 못하게 막았다. 한편으로는 그녀 스스로도 장구와 징만 치면 되는데 뭔 굿을 하느냐고 생각을 했다. 그러나 몸으로 치고 들어온 이상 더 이상 버틸수가 없었다. 그래서 9월 9일날 내림굿을 하였는데 굿을 집전한 무당은 그녀에게 들어온 신령이 참신이기 때문에 불리라고 했다. 사실 몸도 아팠지만 자신과 가정을 지키기 위해서 신을 받았던 것이다.

그리하여 내림굿을 한뒤에 10년을 주로 점만 보았다. 그러다가 점차로 굿거리에 대해서 알게되고 경험이 생기자 스스로 굿을 주재하였고 남의 굿에 청배도 나갔다.

청배로 이름날려

한번은 부안군의 유도에서 죽은 넋맞이 굿을 한 적이 있었다. 그 집 남편이 죽었는데 그 부인이 대를 잡았다. 그때 그 부인에게 서방의 죽은 혼이 접신이 되었다. 어머니를 너무나 아끼는 그 아들인 서방은 어머니를 보고 밥잘드시라는 말을 하고 항상 따뜻한 곳에 계시라고 위안을 하는 바람에 온 식구들이 눈물바다가 되었다.

문제는 부인에게서 남편의 넋이 떨어지지 않았다. 그래서 빌고 또 빌었는데도 소용이 없었다. 그래서 신명에서 시키는데로 기주에게 가서 고를 풀고나니 겨우 남편의 혼이 나갔다. 그 신호는 부인의 손에서 대가 떨어지는 것이었다. 그제서야 부인은 쓰러졌다.

이후 그 부인은 항상 아팠던 허리가 조왕굿을 하고 나서 벌떡 일어났다. 이렇게 그녀가 들어서는 굿청에서는 많은 신기한 현상이 일어나기도 한다. 그녀에게 와서 점을 보고 굿을 한 사람들은 병이 나았다. 오죽하면 그녀의 얼굴만 보아도 어지간한 병은 낫는다는 소문도 돌았다. 그만큼 점을 통해서 많은 이들의 길잡이가 되는 역할을 톡톡히 하는 것이다.

그 반면에 신의 선택을 받기 위해서 얼마나 어려운 일을 감당하는 사람도 일단 신이 왔지만 펄떡 신이 되어 1년 뒤에 떠나가는 사람들이 많이 있다. 이런 사람들은 장보살은 결코 신을 받아주지 않는다.

"신딸 신아들은 내지 않아요. 대부분 조상천도를 시켜 신으로 받아주지 않습니다. 진짜 신 같으면 돈을 따지지 않고 신을 받아줍니다. 그러나 허황된 신 같으면 결코 내림굿을 해주지 않습니다."

비교적 양심적인 무당들이 하는 말이지만 그녀의 말은 어딘지 모르게 신뢰가 간다. 그것은 지금까지 신의 길을 간지 14년이 되었지만 제자를 전혀 내지 않았다. 장보살 같은 실력이면 그동안 많은 제자를 두었을 법도 한데 실상은 제자가 없는 것이다.

"고향이 정읍이고 이곳에서 자라고 신을 받았기 때문에 저는 고향사람들의 눈이 있어 함부로 행동하지도 그리고 사리에 어긋하는 행동을 할수도 없습니다. 그것은 또한 제가 정읍에 있는 신의 선생밑에서 다른 애동제자들의 선생노릇을 하기 힘든 것과 마찬가집니다."

전라도 무당

요즘같이 보살도 쉽게 되고 법사도 쉽게 되는 세상에 이런 사고방식을 가진 사람은 드물다. 보살들이 전라도 사람들이 많은 이유는 간단하다. 그만틈 보살이 되기 편하기 때문이다. 일을 해도 법사들이 다 헤쳐 나가고 보살들은 굿당에서 한가하게 담배를 피우고나 노닥거리기가 일수이다. 어떤 보살은 아예 법사보고 혼자서 굿을 하라고 하고 자신은 굿이 거의 끝나살 즈음에 가서 둘러보고는 온다. 한마디로 진라도의 법사는 가장 힘든 일을 하는 무속인이고 전라도 보살은 가장 무당을 하기에 쉬운 지역에 있다.

그렇다고 전라도 보살들이 전부 굿을 못하는 것은 아니다. 선거리를 제대로 할수 있는 무당들이 있고 또한 조상청배를 잘하는 무당들이 있다. 이런 무당들은 그나마 제대로 된 무당이라 볼수가 있다. 특히 조상청배를 선거리로 잘하는 무당들은 불려다니기 바쁘다. 그만큼 전라도에서는 조상청배를 잘하는 보살이 드물다. 대부분 법사들이 그 역할을 맡아서 하는데 장보살은 조상청배를 주특기로 하고 있을 정도로 공수가 정확하고 제가집의 신명을 제대로 보는 몇안되는 보살이다.

제대로 배우지 않은 보살은 대를 잡혀 신명이 떨어지지 않는 제가집의 사람들을 제대로 요리할줄도 모른다. 대를 떼기 위해서는 대를 잡은 조상의 신명을 얼르면서 보내야 하는 것이다. 그리고 선거리를 하는 무당도 대를 대신 받을 준비를 하면서 자신의 신명과 제가집의 조상신명을 합수하여 받을 준비를 해야하는 것이다. 이런 역할을 조상청배를 하는 무당들이 굿판에서 하고 있음은 물론이다. 그밖의 자질구레한 굿판의 역할도 역시 장보살이 정읍을 떠나서 전북에서도 제일 잘하는 축에 든다. 그래서 한달이면 거의 쉬는 날이 없을 정도로 불려다니는데 요즘은 자신의 신당을 지키고 싶다고 한다. 그만큼 조상청배가 힘이 들기 때문이다.

그래서 상대적으로 보살이 많은 전라도에 신명이 맑고 영이 강한 장보살 같은 이가 있음으로 그나마 체면을 차릴수가 있는 것이다. 현재 그녀는 정읍의 박법사와 손을 잡고 일을 하고 있다. 장보살의 굿하는 장면은 행여나 운이 좋으면 두승산의 약천암에 가면 볼수가 있다. 그만큼 그곳에 들어와서 일을 하는 편이 많다.

☖ 정읍시 시기2동 199-14호 063) 531-7795

안동의 신점 명인 소망사의 장보살

선비춤의 장미숙 보살

영검한 동자점

많은 보살들이 굿으로 커나가는데 반해 그렇지 않은 보살들이 또한 있는데 동자와 선녀가 주장인 경우가 그렇다. 대표적인 인물이 바로 안동 소망사의 장보살이다. 서안동 인터체인지에서 빠져나와 안동의 시내쪽으로 들어오다보면 태화동이 먼저 눈에 들어온다.

큰 길가의 우측 대로변에 현대식 분위기의 상가 1층에 자리를 잡은 그녀의 점술공간은 참으로 깨끗하고 정결하다. 얼핏보아서는 신당의 분위기가 나지 않고 법당의 분위기도 결코 아니다. 그냥 편하게 와서 점을 보고 갈수 있는 분위기다. 그래서 손님이 끊이지 않고 들어오고 나가고 있다.

안동에서 가장 크게 불리는 제자중에 한 사람인 장보살은 예나 지금이나 점보는 모습이 독특하다. 즉 손님에 대한 생년월일과 이름을 적는 즉 점판에 글이 들어와야 문이 열린다고 한다. 그러면 조상들과는 관계가 없이 천신에서 바로 차고 들어와서 점사를 주관하기도 한다. 이런 경우는 한마디로 글문도사가 앞장을 서는 형국인 셈이다.

"앉아서 퍼뜩 점을 때리는 것을 하지 말라고 해요."

처음부터 글문도사가 와서 글로 천상의 문을 열어 점을 보아주었다. 그래서 집간판을 글문도사로 하였는데 지금은 정식으로 불교종단에 가입을 하면서 소망사로 바꾸었다.

"찾아오는 사람들은 하나의 소망을 이루리라."

이런 신령의 계시를 받으면서 소망사라는 택호를 짓게 되었다. 그리하여 글문도사와 소망사라는 간판은 장보살에게는 둘도 없는 타이틀이었다. 또 한편으로 장보살은 족집게 동자점으로 유명했다. 동자점은 신명이 맑은 사람들이 갖는 신점이다. 손님이 오면 바로 손님이 온 목적을 바로 일러준다. 평소에도 동자와 대화를 많이 할 정도로 신명이 강하다. 이런 신점을 잘보는 그녀는 다른 제자들에게도 신문을 잘 열어주는 것으로 유명했다. 즉 가리굿과 신굿을 잘해주는 신명으로도 이름을 날렸다.

그렇다고 굿을 직접적으로 잘하는 것이 아니다. 굿판에서 굿을 하지는 않고 다른 무당을 불러 굿을 하게 하는 스타일이다. 꽤 높은 신명으로 점잖은 경우이다. 얼마전에는 궁예왕이 강림한 적도 있었다. 그리하여 법당에 높게 모시고 있다. 이후 굿보다는 동자가 일러주는 비방과 제방을 사용하면서 더욱 유명해진 장보살은 신을 모신후 한달후에 부처님을 모신 전형적인 불제자이다.

초롱을 든 동자

그녀는 눈만 감으면 동자가 꽃초롱을 들고 들어와서 못살 정도였다. 이쁜 동자가 아름다운 초롱을 들고 들어올때면 행복하지만 그만큼 많은 지기를 몸으로 받았다.

"동자를 잘 추슬러야 합니다."

이 말은 손님을 볼 때 그녀의 입장을 잘 대변하고 있다. 그녀에게 있어 동자는 보통 동자가 아니다. 천신할배 몸주의 동자라는 것이다. 천신줄의 동자라는 말은 그만큼 동자가 어구차게 그리고 맑고 크게 들어온다는 것이다. 조상에서 들어오는 동자는 대부분 정답고 장난기가 있으면서 꾀가 많은 것이 특징이나 천신줄로 들어오는 동자는 너무나 눈부실 정도로 그 존재가 고귀하다. 격으로 친다면 조상에서 들어오는 동자보다는 한단계 위인 것을 알수가 있다.

따라서 점사의 영검함을 전반적으로 주관하는 동자가 얼마나 그녀에게 중요한 것임을 알수가 있다. 동자를 위해서라면 무엇이라도 할 수 있는 분위기다. 그만큼 동자점이 매우 강함을 알수가 있다.

선녀줄도 강하다. 선녀가 먼저 내려 천신할배가 주장으로 들어오게 하였다. 이후 천신에서 대신들을 직접 불러 관장하게 하였다. 이런 선녀는 동자와 합수가 강해서 점사를 이끌어 준다.

가장 현대적인 점술인

안동에서는 가장 현대적인 분위기에 대해 소망사를 다녀간 안동 사람들은 높게 평가를 하고 있다. 신세대들도 쉽게 다녀갈 정도로 부담없는 분위기 속에서도 점사도 맑고 깨끗한 것으로 정평이 나있다. 그러나 이런 분위기를 형성할수 있는 것은 장보살의 피나는 고통과 노력속에 가능했다. 신의 길을 편히 가는 사람들이 있는가 하면 어렵게 가는 사람들이 있다. 외견상은 같아 보이지만 피나는 노력으로 이겨나가는 부류도 있다. 한마디로 장보살은 이렇게 노력을 하는 부류에 속한다.

그동안은 고통으로 커나가는 셈이었다. 신장님 단련을 많이 받아 그런 경우일수도 있으나 그런 고통은 손님을 볼 때 느끼는 것일 수도 있고 평소에 여러 신령들이 몸으로 차고 들어올 때 느끼는 것일 수도 있다. 무속에서는 그런 것을 신이 몸주로 강림할 때 주는 지기라고 한다. 그녀는 그만큼 지기를 심하게 받았고 병으로 치고 들어와서 고통을 받았다.

"천신으로 내린 앉은 거리 무(巫)는 고통이 많아요. 그런 만큼 신과의 대화를 매일 하는 편입니다."

신과 편하게 대화를 할수 있는 것은 선거리 무당들에서는 드문 경우이다. 선거리 무당들은 들고 뛰면서 신과 대화를 많이 하고 아니면 산이나 바다에 가서 그것도 아니면 허공에서 기도를 하면서 신의 음성을 듣거나 서로 대화를 하는데 장보살은 평소에도 대화를 하는 편이다. 특히 동자나 선녀가 잘 실리는 보살들이 그러한데 장보살도 예외는 아니다. 그만큼 신의 강하게 내재되어 있는 경우이다.

그녀는 약사줄도 강하다. 특히 지기가 심한 보살들은 약사줄이 강하다. 자신의 몸에 찾아오는 손님의 몸을 실어 같이 느끼기 때문이다. 한마디로 손님이 오면 그 손님의 병이 몸에 실려 지기를 받는 것이다. 그리고 이내 염주를 돌리면 동자가 실려 공수를 준다.

잔혹한 신병

그녀는 19살에 신이 온 것을 몰랐다. 당시 그녀는 소화가 안되고 얼굴이 노랬다. 항상 빈혈증세로 고통을 받았다. 그런데 그때는 그것이 신인줄 몰랐다. 그러다가 신이 온 것을 처음 느낀 것은 35살때였다.

34살때부터 피부가 쩍쩍 갈라지는 증세로 신병이 오기 시작했다. 갈라진 피부사이로 피가 줄줄 흘렸다. 그러면서도 가려웠다. 처음에는 잘 몰라 단순히 피부병인줄 알고 온천에서 살다시피 했다. 나중에는 주위에서도 문둥병이라고 할 정도였다.

정신을 자주 잃는 것도 그 당시였다. 낮에는 덜 했으나 해가 빠지고 나면 심해졌다. 즉 정신이 슬며시 가고는 했다. 그러다 시간이 지나가면 깨어났다. 그러면서도 정신없이 누워있다가 밤 12시 정도가 되면 또 정신을 잃었다. 새벽 3시까지 비몽사몽간에 정신없이 보냈다.

그러다가 92년도 5월달에 신기가 발동을 했다. 즉 35살이 되던 해에

TV를 보다가 갑자기 쓰러졌다. 그래서 병원에 가니 심장병이라고 하였다. 숨도 제대로 못쉴 정도였다. 그래서 집안에 겨우겨우 있다가 밖으로 나와 태양을 보면 어지러워 쓰러질 것만 같았다.

우울증이 온 것도 이때였다. 정밀 검사를 하니 부정맥으로 오래 못산다고 했다. 몇군데의 병원에 가보았으나 신통치 않았다. 이를 본 주위에서는 신이라고 하였다. 그래서 무당들을 찾아다니면서 무꾸리를 다녔다. 처음에는 안동의 어느 보살에게 가서 점을 보았다.

"너는 신이다."

그녀는 신이라는 것이 무엇인지도 몰랐다.

"어떻게 하면 됩니까?"

"굿을 하면 낫는다."

그래서 한달만에 굿을 하게 되었다. 굿을 하고 나니 2개월은 좋아진 듯이 보였다. 그러나 그 이후는 원래대로 돌아왔다. 이미 92년 5월부터는 본격적으로 온 신에 대해서 간단한 굿가지고는 아무 소용이 없었다. 그리하여 가을에 더 이상 참지 못하고 안동에서 가장 유명한 만신인 권은도 보살에게 내림굿을 받았다. 이후 처음에는 약명줄이 강하여 암환자를 고치는등 안동에서는 이름을 드날렸다. 그리고 법흥동에서 크게 불렸다.

독실한 불제자로 거듭나

장보살은 점사를 보고나서 굿을 하라고 하지 않는다. 소원자들이 원하는 경우만 굿을 해주고 나머지는 제방을 하여준다.

"제방이 특효입니다. 없는 사람은 제방이 더 좋지요."

그러니 오는 손님들이 부담을 갖지 않는다. 마음이 좋아서 그런지 딱한 사람들에게는 부적을 그냥 써준다. 복체도 결정이 되어 있지 않다. 형편이 되는대로 받는다. 특히 인상이 깊은 점은 장보살은 그 나이또래의 제자들이 다 하는 그 흔한 담배도 피우지 않는다. 이런 자세는 신의 길을 가더라도 참된 불제자가 아니면 힘드는 경우다. 그래서 그런지 장보살의 수많은 제자들은 한결같이 담배를 피우지 않는다. 담배를 피우던 사람들도 장보살 밑에 와서 신의 제자가 되면 담배를 하루아침에 끊고 만다. 이러한 철저함이 있기에 올바로 신의 길을 가고 있다.

"사람의 마음을 잘 꽤 뚫어보아야 합니다."

점사에 대해서 이렇게 정의를 하고 있는 장보살은 필자에 대해서도 "할배가 왕래하는 사주다."고 정확히 읽어내고 있다. 내림굿을 잘하는 것으로 또한 내림굿 후에 제자들을 한결같이 잘 불리게 하는 인물로 소문난 장보살은 내림굿의 비용을 평균 600만원에서 700만원 정도로 잡고 있다.

"그러나 기도를 시켜 참된 제자같으면 비용하고는 상관이 없습니다."

이런 철학이 있었기에 오늘날의 장보살의 제자들은 하나같이 쟁쟁한 제자들이 되었다. 현재의 태화동 자리에서는 1년이 되었다. 저녁 6시 이후에는 점을 보지 않는 것을 원칙으로 하며 오는 신도들에 대해서는 법당이 따로 개방이 되어있다. 신당이 있는 건물의 위층에 따로 조성되어 있는 법당에는 지장보살님과 아미타 부처님 그리고 관세음보살님과 약사여래외에도 산신불과 선녀 동자가 있다.

⚘ 안동시 태화동 704-60번지 054) 859-6022

춘천의 스타 소천암의 박보살

박정숙 보살

아들까지 존경하는 훌륭한 무속인

춘천시내에서 강원도청 쪽으로 오면 요선동이라는 언덕받이가 있다. 그곳에는 춘천에서 점을 잘본다고 소문난 소천암이 있다. 그 곳에는 장사하는 사람이 오면 장사터의 문제점을 잘짚어 주고 경매건이나 입찰권 그리고 매매건과 관재건에 이름이 난 박보살이 있다. 이런 비교적 어려운 문제를 가지고 점사를 볼때는 겸손하고 차분하게 점을 보아주는 것으로 유명하다.

거기에는 그만한 이유가 있다. 모시는 신들이 대개 젊잖은 분들이기 때문이다. 몸주는 불사대신으로 점을 볼 때 도와주는 분은 대신할머니고 친정 아버지가 대감으로 들어오셨다. 그분은 교직생활을 했던 분으로 매우 착하고 겸손한 분이었다.

"천중생의 꽃이 되고 만중생의 입이 되라."

이런 말을 박보살이 자주 하는 것도 점바치의 길을 가라는 뜻으로 알고 흔쾌히 받아들이겠다는 뜻이다. 이런 말을 실천이라도 하듯이 춘천시의 소양제때는 거기에 오는 모든 사람들이 그 수가 얼마나 되든지 상관하지 않고 엄청난 양의 쌀을 풀어 만든 떡을 가지고 일일이 떡공양을 하는 사람이 바로 박보살이다. 물론 대다수 나이가 든 분들이지만 소양제 중에서도 굿판에 참여하는 사람들을 위해서 봉사를 하는 것이다. 소양제에서는 강원도의 내륙굿만 잘하는 것이 아니라 그녀의 마음씨까지 선보이는 자리인 셈이었다. 특히 할아버지나 할머니들은 사탕을 드셔야 한다면서 그동안 전안에 있던 많은 사탕을 내와서 사탕방생을 하는 것이다. 이렇게 많은 사람들을 위해 풀어주는 마음씨를 가진 보살은 한마디로 인간들을 위한 떡공양 즉 떡방생과 사탕방생을 하는 격이다.

집안에서도 훌륭한 처신을 하는 그녀가 점을 매우 잘본다는 것을 집안의 식구들이 알고는 다른 친척들에게 자랑을 하는데 문제는 박보살의 아들까지 거든다는 것이었다. 한번은 학교에서 선생님이 가정조사를 위해 처음에 뭣모르고 이렇게 물었다.

"너희 어머니 집에서 무슨 일 하시니?"

"우리 엄마 점쟁이에요."

그 말도 일반인들이 듣기에는 사실 충격적이다. 왜냐하면 그런 질문에는 실제로 부모가 점쟁이라도 일단은 이를 숨기는 것이 대부분이기 때문이다. 그런데 아들은 한수 더 뜨고 나왔다. 이는 자신의 자랑스러운 어머니를 한번이라도 더 알리고 싶은 탓도 있었다.

"선생님도 일이 안풀리거나 답답하면 우리 어머니에게 부적을 써요. 그러면 잘 풀려요."

그 말에 선생님은 더 이상 아무말도 하지 않았다. 그것은 평범한 질문에 너무나 의외의 답변을 제자에게 들었기 때문이었다. 또한 아들은 자신의 집이 소천암이라는 것과 위치까지도 아이들에게 자세하게 알려주면서 어머니의 간접 홍보를 전담한 것이었다.

문제는 아들이 이렇게 한 것은 옆에서 보기에도 너무 훌륭한 어머니의 모습을 보고 스스로 감동을 하여 행한 돌출행동이라는 것이다. 실제로 그녀는 전안에 있는 쌀을 전부 모아 춘천의 재향군인협회에 해마다 다섯가마를 오랫동안 기부하여 협회에서 감사장을 받을 정도로 모범적인 무속인이다.

질긴 신의 인연

강원도 인제군의 두메산골이 고향인 그녀는 어렸을때부터 기독교였다. 집안에서 혼자 독실한 크리스쳔으로 교회활동에 가장 열심히 한 그녀였다. 그러니 그녀 자신으로서는 멀고 먼 무속에 대해서는 한번도 생각을 해 본 적이 없었다. 결혼을 하여서도 아무런 변화가 없었다.

그런데 어느 날인가 집안에 이상한 징후가 나타나기 시작했다. 딸이 다리가 아프기 시작했다. 어렸을 때에는 간질이 있었는데 그냥 그러려니 하고 지나쳤는데 중1때부터 다리가 심하게 아팠고 거기에다가 아들은 천식이 있었다. 그래서 이것은 무슨 조화라는 생각을 가지게 되었다.

당시 교회에서 일을 억척같이 하면서 전도활동에도 미쳐 거의 정신이 없었고 방언까지 하는 상태였다. 산에서 미친 듯이 "주여, 주여"라고 왜치는 것이 그 당시는 당연한 것인 줄 알았다. 그것은 무당이 되고보니 그것은 무당이 하는 주술행위와 너무나 유사하다는 것을 알았지만 그 당시로서는 전혀 몰랐다. 자신의 올바른 처지도 모르는 당시의 꿈은 개척교회에서 일을 하는 것이었다. 그래서 밤에도 산상기도를 적극적으로 했다. 이때 그녀에게 신이 서서히 오기 시작했다. 아버지가 돌아가시고 나서 여동생이 제의를 했다.

"언니, 아버님을 좋은데로 보내드리고 싶어."

"그거 뭐하는 건데."

"진(오기)굿을 하는 거야. 자리걷이를 해서 천도하는 거래. 내가 돈을 다 낼께."

그래서 그냥 따라만 갔다. 일을 몰라서 그런지 덤덤하게 보았다. 진굿을 집전하는 선생은 단지 여동생에게 신을 받으라고 해서 의외였다. 대신 그녀는 그 선생이 그녀에게는 그런 말이 없었다는 것이 불행중 다행이라고 생각을 했다. 그러나 신이 점차로 들어자면서 그녀는 공수를 남발하기 시작했다.

"어마, 얘 빨리와야 하는데. 안그러면 사고가 나는데…."

그러면 정말로 집의 아이가 사고가 났다. 길거리를 지나가다가도 '저 간판이 떨어질 것 같은데…' 라고 말하면 정말로 그 간판이 떨어졌다. 그러자 소문이 점점 나기 시작했다. 그녀가 사는 집은 7집이 사는 다세대집이었는데 어느새 소문이 났다.

"저 아줌마는 입이 보살이야."

"아줌마, 나 그런 소리 듣기 싫어요. 전 교회 다녀요."

그러나 그렇게 줄기차게 다니던 교회도 그만두었다. 그것은 벌어먹기 위해서는 어쩔수가 없었다. 집안 형편이 어려워 생활전선에 뛰어든 터라 도저히 그 시간에 교회에 나갈수가 없었다. 교회를 중단하면서 리듬이 바꾸어졌다. 그러더니 신이 점차로 강하게 온다는 것을 느꼈을 때는 기억이라는 테이프가 자주 끊어져 도저히 살수가 없었다. 그래서 자원해서 아버지의 일을 해주었던 무당 선생을 찾아갔다. 가서 문복을 하였으며 스스로 날을 받아 달라고 간청을 하여 내림굿을 했다. 경상도에 가서 삼산을 정식으로 다 밟고 난 뒤에 내림굿을 한 날이 마흔 두 살로 92년 11월 11일이었다.

그러나 산신이 무엇인지 칠성이 무엇인지도 아무것도 모르고 형식은 따라야 한다며 삼산을 밟고 신을 받은 이후 1년동안 많은 회의가 몰려왔다. 기도를 가니 이런 말이 들렸다.

"앉은 터전을 옮겨라."

그래서 그 말에 듣고 지금까지 무려 9번 이사를 했다. 그것도 할아버지 뜻이었는데 더욱 중요한 것은 터 즉 지신을 다스릴수 있는 능력을 키워야 한다는 것을 알았다. 신을 받으면 모든 집안의 풍파가 다스려진다고 했는데 반드시 그렇지도 않았다. 비록 자신의 딸과 아들은 완전히 정상으로 되었지만 자신의 원집안은 그렇지 않았다.

7남매의 맞이였는데 둘째는 신병으로 일본에서 죽었다. 셋째 여동생은 신병으로 폐가 녹았지만 "신을 받으면 산다"는 그녀의 말에 신을 받으려고 하는데 큰 문제가 생겼다. 그녀의 남편은 여동생을 병원에서 당장 퇴원시키면 의사가 죽는다고 했는데 그것을 어떻게 당신이 다 책임을 지냐는 것이었다. 일이 잘못되어 여동생이 혹시라도 죽으면 동생들 식구를 어떻게 무슨 면목으로 쳐다볼것이냐고 하면서 거세게 반대를 했다. 그러나 그녀는 동생을 설득하여 퇴원을 시켜서 내림을 하여 기어코 무당을 만들었다. 그러니 신병으로 없어진 폐는 불완전하게라도 조금씩 소생이 되었고 지금은 가벼운 활동을 하는데는 지장이 없을 정도로 건강하게 잘 살고 있다. 그래서 지금도 의사가 놀라고 있다.

"아니, 폐가 없는데 아직도 살고 있다는 겁니까?"

이런 의사의 말은 지금도 기억에 생생하다고 한다. 그러나 3년이 지난 지금은 두 자매가 서로 타협을 하여 한쪽의 신당을 내물리고 한쪽으로 밀어주는 쪽으로 결정이 났다. 그래서 박보살의 신당으로 동생의 신령을 같이 모시는 쪽으로 결론이 났고 지금은 동생의 신당은 없고 자주와서 박보살의 뒷일을 거들어주면서 생활을 하고 있다.

모르고 지냈던 부리

박보살의 어머니 시집 쪽으로 큰 어머니가 밀양에서 유명한 만신이었다. 밀양에서는 영남루 꽃밭점바치라고 하면 누구나 다 알 정도였다고 한다. 그래서 그런지는 몰라도 친정쪽에서는 오래전부터 지당(地堂)을 모셔놓고 있었다. 지금은 작고한 꽃밭점바치는 유명한 금산사 절에 모셔놓았다.

친정에도 옛날부터 무속의 분위기었다. 지당과 선황을 위하였다. 친정의 어머니가 시집을 가니 보니 시어머니와 시아버지가 이미 무속의 분위기였다. 그것은 날이 쟁쟁한 여물쓰는 것을 위에다 메달아 놓고 있었다. 바로 작두장군을 위하는 것이었다. 그곳에 소고기를 조금만 사가

지고 오면 그것을 먹지도 않고 그곳에 올려놓았다. 짚신도 엮어서 그곳에 놓았다. 그후 3년뒤에 굿을 한다고 내렸는데 그 짚신은 누가 만지지도 않았는데 다 달아져서 없다고 했다. 시집간 어머니가 알아보니 결국은 박보살의 증조할머니와 증조 할아버지가 무속인이었던 것이다. 이러한 모든 것을 신을 받고 알게 된 것이다.

그녀는 자신이 신의 부리였기 때문에 금전으로 인해 많은 손해를 보았다고 한다. 즉 신을 받고나서 신당에서 언제 어느날 몇시쯤에 절대로 보증을 서지 말라고 했는데도 신도의 간곡한 호소에 그만 자신도 모르게 서고 말았다. 그래서 3억의 돈을 날렸기 때문이다. 토끼탕을 먹고 이빨이 나간 경우도 그랬다. 산에 신도들과 같이 기도를 갔는데 내려올 때 다음과 같은 말이 들렸다.

"내려갈 때 잘하는 놈한테 재수를 주마."

그랬는데 오다가 잊어버렸다. 신도중의 어느 사장이 점심을 먹자고 하였다. 그래서 식당에 갔는데 오늘은 색다른 것을 먹자며 토끼탕을 시켰다. 할아버지도 먹지 말라고 했는데 막상 탕이 오자 우루루 먹는 통에 자신도 모르게 한입에 고기와 뼈를 먹었는데 딱소리와 함께 이빨이 나갔다. 이후 여러 이빨이 빠지는 벌전을 받았다.

이런 황당한 경우도 그녀는 "나를 공부 시킨 것이고 법을 가르친 것."이라고 생각을 한다. 그러나 고마운 것은 모든 것이 신을 받고나서 깨우친다는 것이다. 자신의 이름인 박정숙(朴貞淑)도 알고보면 다 점쟁이가 되라고 한 이름인 것을 비로소 알게 되었다. 즉 자신의 이름 자체가 박씨라는 사람이 옛날 식으로 조개를 가지고 점을 보는데 말년에는 물가가 있는 춘천같은 곳에서 역시 점을 본다는 것으로 해석을 하였던 것이다.

☏ 강원도 춘천시 요선동　033) 252-8666

대구 경산의 일등제자천왕대불

옥황선녀 이해숙 보살

대학을 다니는 무당

대구에서 가까운 칠곡굿당에서 그녀를 두 번째로 보았다. 그녀의 명성은 이미 굿당에서 자자한터라 새삼스러운 것이 없었으나 그런 소문을 뒤늦게서나마 확인한다는 것이 약간은 어색했다. 그만큼 그녀는 대구와 경산에서는 유명했다. 점을 잘본다는 것은 부차적인 문제였다. 굿을 하면 굿을 하는 제가집에서는 꼭 성불을 본다는 것으로 유명했다. 그것도 굿을 하는 당일날 대부분의 제가집에서는 이미 그 자리에서 감동을 하여 이보살에게 감사의 뜻을 전하는 것으로 이름을 날렸다.

이러한 평판을 얻기 위해서는 남달라야 했다. 어느날 갑자기 찾아간 그날은 바로 그녀가 칠곡의 굿당에서 굿을 하고 있었다. 그날 본 제가집의 굿은 대구의 굿으로 대표되는 오구굿이었다. 통상 "오구를 만다"는 말로 통하는 오구굿은 베와 종이로 만든 인형에 조상의 넋을 실어 제가집의 당주가 들고 있으면 조상이 실려 행동을 하거나 아니면 자신의 한을 오구에 실어 표현하기도 하는 것이다. 그날 오구를 든 제가집의 여자는 오구를 받다가 한참을 떨다가 결국은 힘없이 쓰러졌다.

이날의 굿판의 설판(점을 보아서 굿을 마련한 무당)은 경산 최고의 보살인 이보살이었다. 고장 소리에 몸을 놀리는 날렵한 모습은 마치 재바른 선녀같았다. 한마디로 날라다닌다는 것이 좋을 정도였다. 가히 온몸을 던져 굿을 하는 보살이었다. 불립문자였다. 온 몸을 던져 목숨을 걸고 하는 굿이었다. 병굿이라면 환자의 병을 낮게 해달라면서 가히 절규하면서 하는 정성이 극진한 굿이었다. 이런 소문은 경산에 퍼지고 대구에도 널리 퍼졌다.

개띠인 그녀는 30대 초반의 꽃다운 나이다. 그녀는 놀랍게도 대학을 다니고 있었다. 무속인으로서 대학을 다니는 경우는 극히 드믄 것이 사실이다. 백명중 한두명에 해당하는 수치다. 한두명의 경우도 나이가 어린 경우가 많은데 그들은 돈만내면 들어가는 그런 대학이 대부분이지만 그나마 대학을 들어가기 어려웠던 30대 초반의 경우는 더욱 드믈다. 그런 힘든 관문을 그녀는 통과하고 있는 것이다. 그것도 전공을 국악을 하면서 무속의 길을 가는 그녀는 경산의 제1점이고 대구인근에서도 최고의 점쟁이다.

"마음에 있는 것이 신이다."

그녀는 아주 독특한 신관을 가지고 있었다.

"신은 아주 보이지도 않고 정말 가질수도 없고 만질수도 없는 것이라고 생각을 해요. 신은 내 마음이더라 이거에요."

이런 말을 하면서 인터뷰에 응한 그녀였다. 그동안 10여년을 무속에서 활동하면서 지역방송뿐만 아니라 많은 신문사에서 인터뷰 요청이 왔음에도 불구하고 일절 아니 절대로 응하지 않던 그녀였다. 그러나 이번에는 특이한 인연이라면서 처음으로 순순히 인터뷰에 응했다.

3살 때 신이 와

놀랍게도 그녀에게 신이 온 것은 3살때였다. 동네에 다니면서 점을 보아주었다.

"엄마, 저집에 불난데이."

그러면 그 집은 영락없이 불이 났다.
"엄마, 저집에 오늘 소 잊아묵는다."
그러면 그 집은 또한 영락없이 소를 잃어버렸다. 이런 소리에 놀란 그녀의 어머니는 고육지책으로 딸의 입을 막기도 했다. '저 놈의 조동이를 막아야겠다.'고 생각한 어머니는 마스크를 껴주었다. 이런 영적인 능력을 가질 정도로 조숙했던 그녀는 어린 나이에 돌아다니면서 점을 보아주었다.

초등학교 4학년 미술시간에 국화꽃잎을 그리는데 꽃잎이 너무나 아름다웠다. 급식시간에는 급식을 먹지 않고 화단에 앉아 꽃잎을 보고 눈물을 흘렸다.

수업을 끝나고 다른 아이들은 고무줄 놀이를 할 때 그녀는 화단에 앉아 늘 꽃과 대화를 하기 시작했다. 그러다 중학교 1학년에 들어가서는 더욱 증세가 심해졌다. 날아가는 먼지를 보고도 그냥 넘기지 않았다.

'저 먼지는 왜 먼지라는 이름을 달고 날아다닐까.'

그녀의 의문은 끝이 없었다. 그녀는 스스로 왜 자신이 '생명체인 풀을 밝고 다닐까' 하고 생각을 했다. 이후 그녀의 삶에 대해서 깊이 있는 생각을 했다. '나는 누군가? 나는 뭔가? 나는 왜 살아야 되는가. 왜 먹어야 되는가.' 이런 생각을 하면서 당시 그녀는 "나의 라임 오렌지나무"와 "이방인"이라는 책을 읽었다. 책에서 제자가 나무하고 이야기를 하는 것을 보고 그녀도 나무와 이야기를 시도했다.

"나무야, 나무야, 창포야, 창포야, 너는 왜 그러고 있느냐?"

그녀도 똑같이 심취해 있었다. 이후 학교수업보다는 헤르만 헷세의 책을 많이 읽었다. 그 헷세를 접하면서 특히 "내면의 길"이라는 책을 감명깊게 읽었다. 책속에 주인공이 가시속에 움크리고 앉아있으면서 가시에 찔릴 때 아프지 않은 것을 읽고 흉내를 내보았다. 그러나 그때 그녀는 책과는 달리 너무나 아팠다. 책에서 아프지 않다고 했는데 실제로 해보니 너무나 아팠다. 중학교 3학년 때는 후배들의 고민을 해결해주는 상담실에서 있었다.

고등학교는 상업학교를 갔다. 그곳에서는 아무것도 배울수가 없어서 학교를 자퇴했다. 자퇴하고 방직공장에서 일을 하다가 일주일만에 쓰러질 정도로 힘들었다. 그래서 무작정 서울로 갔다. 자살을 3번이나 기도했다. 이때 저승도 3번 정도 갔다왔다. 결국 옥황상제도 만났다.

"돌아가라."

이런 말을 듣고 병원에서 살아났다. 이후 절에 갔는데도 그녀의 삶은 변함이 없었다. 대신 진정한 도는 그녀를 둘러싸고 있는 모든 것을 아무색깔도 없이 사는것이라고 생각을 했다. 교회를 다니고 싶었고 수녀도 되고 싶었다. 그러나 죄가 많은 것을 깨닫고 교회문턱에서 울다가 돌아왔다. 이후 정신을 잃고 다녔다. 그러면서 정신병원에 가게 되었다.

18살의 어린 나이에도 연대 심방과에 다니는 것처럼 하면서 대학생 흉내를 내었다. 캠퍼스에 가서 놀고 도서관에서 대학생인 것처럼 공부를 했다. 거기에서 한이 맺혔다. 현실로 돌아와서는 버스안내양을 했다. 이때 벌은 돈을 가지고 책을 사서 공부를 했다. 시외버스 버스 안내양을 하면서도 책을 읽었다. 그러면서도 손님들의 점을 보았다. 이때 공부도 포기하게 되었다. 언니집에 살면서 몸이 너무 아파서 삶의 회의를 느껴 결국은 자살을 결심했다.

마지막에 유서를 쓰고 자살을 시도했다. 약을 사다놓고 복숭아 넥타를 사서 약을 먹었다. 이때 그녀의 친구가 꿈을 꾸었다. 꿈에서 그녀가 버스를 타고 "언니도, 타."라고 했다. 이런 꿈을 꾸고 그 친구가 그녀의 집에 왔다. 그때 그녀는 약을 먹은 상태였다. 그 친구가 그녀를 병원에 데리고 가서 위세척을 하였다. 의식이 깨어나지 않아 보름만에 퇴원했다. 그 휴유증으로 몸이 항시 아팠다. 길을 지나가다가도 쓰러지는 경우가 빈번했다.

그때 언니의 소개로 어떤 보살을 알게 되었다. 설악산과 치악산을 자주 갔다. 밥을 공양지어 올리고 제를 지냈는데 108번 절을 할 때면 티 하나 없는 마음을 빌었다. 그러자 손이 막 떨리면서 옆에서 어떤 할매가 그녀를 때렸다. 구인사에도 갔었다. 누가 시키지도 않았는데 절 입구에서부터 절을 하였다. 큰 스님 묘에 올라가는데 염주가 없었다. 잃어버린 것이었다. 그런데 대웅전에 가면 염주가 있을 것이라는 말을 들었다. 그 소리는 누가 한 것인지도 몰랐다.

3시간을 울고나니 아무 생각도 없었다. 아침 6시가 넘게 되었다. 내가 좋아하는 하늘을 보고 합장을 했는데 옥황상제가 나타나서 말했다.

"너는 내딸이다. 너는 하늘의 딸 내딸이야. 너는 옥황선녀다. 칠선녀 팔선녀다."

이 한마디에 이상하다고 생각을 했다. 그때 그녀의 앞을 커다란 두꺼비가 지나갔다. 그러자 돌계단 옆에 108 염주가 있었다. 이때 그녀는 엄마에게 전화를 했다. 그러자 말도 안된다면서 엄마의 불호령이 떨어졌다.

"이노무 가시나가 응 어디 그런데 가가지고. 니 지금 어디갔나?"

"엄마 나 무당될거야. 무당이 너무너무 좋아서 내가 선택할 것은 이 길밖에 없어."

집에서는 머리가 항상 아팠다. 365일 눈물로 지새웠다. 그런데 누가 귀에다 일러주었다.

"칠성님요, 칠성님요, 살려주이소를 3번만 해라."

그래서 시키는데로 하였더니 머리가 아프지 않았다. 너무 너무 신기했다. 그렇지만 완전한 믿음이 가지 않았다. 또 한날은 너무너무 아팠다. 이때도 향을 피워 둘러내라고 했다. 그래서 향을 한통 사서 사방을 둘러치면서 돌렸다. 그랬더니 아프지 않았다. 그래서 신이 있다는 것을 믿게 되었다.

'나는 무당을 해야하겠다.'

이런 마음을 굳힌 그녀는 안산의 군자봉을 올랐다. 힐을 신고 군자봉을 올라가서 내려오는 길을 잃었다. 그래서 손바닥에 침을 뱉고 나서 손바닥을 치면서 점을 쳤다. 그래서 그 방향으로 가니 선부동쪽이었다. 그래서 그 동네에 가서 신을 모실 집을 찾으러 다녔다.

안산 선부동쪽에서 집을 찾아다니면서 "아줌마 내 여기서 무당해도 되겠습니까?"하니 어떤 아줌마는 거절했다. 그래서 그 집에서 떨어진 허름한 집에 가서 "법당을 모셔도 되겠습니까?"하니 허락을 했다. 그래서 천을 깔고 책을 놓고 19살에 대충 신당을 모셨다.

첫손님을 받아

몇일후에 사업을 하는 옆집 사람이 첫손님으로 왔다. 당시 그 사람은 복채를 2만원 내었다.

"너는 할매가 보이는데 그 할매 때문에 되는 것이 없어."

그는 맞다고 했다. 그 쪽진 할머니가 바로 그의 시주였다. 당시는 굿을 하라는 말도 몰랐다. 그래서 시주가 앞을 서고 뒤를 서는데도 이를 잘 받들어주라고 말을 하였다. 이렇게 점을 잘본다는 소문이 나자 당장 소문이 났다.

"느그 동생이 무당질을 한다."

이런 소문에 언니가 불러 고향인 경산에 내려갔다. 그곳에서는 식구들에게 붙잡혀 늘씬하게 매를 맞았다.

"씨팔년들 다시는 내가 이곳에 안온다."

이런 말을 남기고 경산을 떠났지마는 집에서 잘못을 했다며 다시 경산에 법당을 차려주었다. 그래서 마지못해 경산에 내려와 크게 불렸다.

🌳 경산시 중방동 332번지   053) 811-6082

연예인의 대부 이태원의 총각박수

서울굿의 오진우

연예인들이 몰리는 집

우리 나라에서 연예인들이 가장 많이 점을 보는 곳을 들라면 단연 오진우 선생을 고를수가 있다. 가수나 탤런트 그리고 영화배우들을 위시하여 방송국의 PD들까지 그에게 와서 정기적으로 점을 보고 갈 정도이다. 그런 인원은 약 100여명이 넘는데 그가 이렇게 많은 유명인들을 손님으로 받을수가 있는 것은 결코 그들의 신분을 절대로 노출시키지 않는다는 데 있다. 즉 안심하고 점을 볼수 있는 것이 가장 큰 그의 장점이다.

연예인들은 한마디로 신기가 가득한 사람들이다. 이런 사람들은 신인으로 등장을 하는 것에서부터 배역을 따는 것등 여러 가지로 운에 좌우가 많이 되기 때문에 문제가 있을시는 반드시 점을 보러다닌다. PD나 방송작가들도 그에게 와서 승진이나 예정된 드라마나 담당 프로가 반응이 어떨 것이가에 관심을 가지며 어떤 배우나 탤런트 그리고 어떤 가수를 써야 할 것인가를 와서 자문을 구한다.

그러나 이 와중에서 몇몇 역술인이나 무속인들은 자신의 고객들인 연예인들의 정보를 빼내 일반 대중에게 공개를 하거나 아예 팔아먹기조차 한다. 대표적인 것은 마약을 하는 연예인들을 소문을 내어 알리거나 그들의 약점을 폭로하기조차 한다. 그래서 신문지상에서 연예인 관련

사건이 터질때마다 배후에는 반드시 무속인이나 역술인들이 등장을 하기 마련이다.
 그런데 오선생은 한번도 그런 루머에 연루가 되거나 사건에 연루가 되지 않았다. 그것은 그만큼 자신의 고객들인 연예인들의 신상이나 더 나아가 정보에 대해서 철저히 보안을 지키기 때문이다. 그것이 바로 오늘에 그가 있게 된 밑거름이다.

궁중옷에 조예가 깊어

 연예인들은 신기가 있기 때문에 절대로 점을 못보는 점쟁이들한테는 가지 않는다. 소문도 믿지 않고 그들이 나름대로 판단한 기준에 따라 점을 잘보는 점쟁이를 찾아간다. 그런 점에서 오진우 선생은 매우 점을 잘보는 축에 든다. 그는 역술점과 신점을 겸하는 대표적인 명인이다. 그만큼 객관적으로 기본 실력이 있다는 것이다.
 오선생은 연예인들이 좋아할만한 장점을 가지고 있다. 그런 점에서 그들과 대화를 할수 있는 바탕이 되고 있다. 그는 전통옷 특히 그중에서도 궁중옷에 해박한 지식을 가지고 있다. 그러기 위해서 그는 틈틈이 시간을 할애하여 궁중옷을 사거나 맞추어 입는다. 물론 큰 굿을 할 때 입는 것이지만 평소에 그는 준비를 하여두는 것이다.
 또한 책이나 옷에 취미를 가지는 사람은 돈을 모을수가 없다. 그것은 틈만 나면 있는 돈을 가지고 자신이 사고 싶은 것을 사기 때문이다. 그도 예외가 아니다. 돈이라는 물질에 욕심이 별로 없는 그도 얼마전에 천여만원짜리 활옷을 사기도 했다. 물론 옷을 맞추어 놓고 사는 것이지만 궁중에서 혼례때 입는 옷이라 그 장엄한 색조와 품격은 이루 말할 수가 없다.
 "저는 돈을 모으는데는 관심이 없지만 우리의 전통 궁중옷을 재현하고 이를 활용하는 것에는 돈을 투자하고 있습니다."

그가 투자를 하는 것은 현실적으로는 보상을 받을수가 없는 것들이다. 얼마전에 마련한 대감전립은 무려 500만원 짜리였다. 일명 벙거지라고 하는 것은 오리지널인데 이것도 그가 준비중인 신사맞이에 쓰려고 미리미리 갖추어 놓는 것이다. 그밖에 그가 마련하는 옷이나 이불등은 상감의 옷이나 왕실의 요에 쓰는 진금수로 수놓은 것들로 지금은 거의 사라져가는 고급 전통인 셈이다. 값비싼 삼장노리개 같은 것도 매미가 달려 있는데 그는 그 매미의 의미도 자세히 알고 있다.

"중국에서는 귀중한 사람이 죽었을 때 입에 매미를 물리는 전통이 있습니다. 매미는 또한 해탈을 하는 의미가 있습니다."

그런 연유로 왕실이나 고관대작의 장신구나 노리개 또는 패물에 매미가 있는 것이다. 또는 진짜 벼락맞은 대추나무도 노리개나 패물로 간직을 하고 있다. 일명 벽자목인 귀물은 귀신들이 제일 싫어하는 것이다. 손가락만한 크기의 굵기에서 손바닥만한 크기와 굵기의 진짜 벽자목은 백여만원에서 수천만원을 호가한다. 그밖의 궁중에서 쓰는 고급스런 오색찬란한 보석비녀며 금실 주머니 그리고 상감이 쓰던 것과 같은 형태의 말총으로 만든 갓등은 그가 아끼는 것들이다.

이렇게 고귀한 물건들을 수집하고 또한 자신의 굿판에 선을 보이는 이유를 다음과 같이 설명을 한다.

"신에서 벌어주는 것은 축적이 안된다. 그래서 나는 신을 모시는 무속인으로서 가장 효과적으로 쓰는 것을 연구해왔다. 그것은 신령님의 욕심과도 부합이 된다. 즉 나는 돈을 벌면 신령님 욕심만 차려주는 형국이다."

그의 신령은 그를 통해서 자랑하고 싶은 것이다. 내세우고 싶은 것이 그 높은 신격이고 그 높은 신격의 권능을 제자를 통해서 마음껏 자랑하고 싶은 것이다. 한번을 남에게 서더라도 당당하게 서고 싶은 것이 그와 신령의 마음이다. 그래서 그는 그런 그의 신령을 위해서 오늘도 충실히 살고 있다. 누구보다도 성실히 누구보다도 올바르게 신령을 모시고 제자로서 부끄러움이 없도록 살려고 노력을 하고 있다. 그는 그 스스로도 자랑스러운 무속인인 셈이다.

박물관에 가서도 공부

그가 이런 고귀한 것을 특별히 주문하여 간직하는데는 그 방면에 조예가 깊다는 것을 의미한다. 오선생은 이런 해박한 지식을 얻기 위해 궁중의 옷이나 노리개 그리고 패물들을 연구하는 책자를 틈나는대로 공부를 하고 있다. 또한 박물관에 가서 직접 진품을 관상하거나 사진을 찍어와서 그대로 모방하고 재현을 한다.

사실 사대문안에서 하는 한양굿에는 옷들이 고관대작의 옷이나 상감의 옷들이 주류를 이룬다. 그것은 한양굿이 왕실이나 대감들 또는 갑부집에서 하는 최고급의 굿이었기 때문이었다. 그러나 과연 전통 한양굿을 한다는 사람들이 또한 한양굿에서 대감이나 장군 그리고 왕족의 신령을 받아 굿을 한다는 무당들이 그런 옷이나 그 옷들에 달린 장신구나 패물의 의미를 제대로 알고 하는 사람들이 얼마나 되는 지 자뭇 궁금하다. 그것은 명성왕후 즉 민비의 혼을 실었다는 무당이 민비(명성왕후)의 본이름이나 그녀의 아버지나 어머니의 이름을 모르는 것과 같은 것이다. 모두 사려깊지 않고 치밀하지 않은 탓이다.

그는 남들이 하는 이런 어리석음을 되풀이하지 않기 위해서 노력을 하고 있다. 정통 한양굿을 하는 그는 굿에서 쓰는 옷이나 무구 그리고 그밖의 여러 가지 물건들에 대해서 공부를 많이 하고 있다. 그래서 그런지 사극을 오랫동안 하는 탤런트들이나 PD 또는 작가들이 와서 대화를 해도 전혀 막힘이 없다. 오히려 그들보다 더 사극의 뒷얘기나 사극에 등장을 하는 궁중옷이나 신발 그리고 모자등에 대해서 해박하여 사극의 잘못된 점을 지적하여 관계자들을 놀라게 하고 있다. 사극을 담당하는 PD나 작가들도 틈난나면 점을 보러 왔다가 자문을 구하여 가기도 한다.

간혹 그의 굿에 가면 모든 것이 진짜다. 굿을 잘하는 것도 일류지만 그가 입고 있는 무복즉 신복은 전부 진짜다. 일반 무속인들은 여러 가지 이유로 대부분 만물상에서 옷을 산다. 또는 신복을 주문하여 입더라도 최고급의 정성스런 신복이 아니다. 그러나 오진우 선생이 입는 신복은 언제나 최고급이요 거기에 가늠하는 진짜 궁중옷인 것이다.

"신복을 재현하는 것은 쉬운 것이 아니다."

그의 이런 말은 그가 얼마나 신복에 정성을 쏟는 것인지 쉽게 알수가 있다. 그는 사치를 하지 않는다. 그리고 돈을 헛되게 쓰지 않는다. 바람을 피우지 않는다. 술을 과도히 먹지 않는다.

많은 무속인들이 돈을 쉽게 번다하여 계집질을 하거나 서방질을 하면서 돈을 물쓰듯이 하는데 그러면서 신복을 싸구려로 치장을 하는데 그는 예외다. 그는 남들이 하는 그런 바람을 피우지도 않고 무속인들이 빠지기 쉬운 낭비를 하지 않는다. 대신 신에서 번돈은 신령을 위해서 과감히 투자를 하고 있는 몇안되는 진정한 무속인이다. 그래서 그의 굿판에서는 그가 입는 신복만큼은 만물상회를 통해서 통해서 거래가 되는 어딘지 모르게 엉성하고 뒤끝이 깨끗하지 못한 형식적으로 만들어진 무복이 아니라 신령을 위하는 말그대로 신복인 것이다.

그는 대부분의 무속인들이 돈을 헤피쓰면서 엉뚱한 곳에 재산을 탕진하는 것을 보고 이렇게 진단을 한다.

"할아버지 말을 듣지 않으니까 그렇다. 신운이 무섭다."

그러면서 자신은 할아버지의 말을 들어 이렇게 신복에 정성을 기울인다고 한다. 그런 면에서는 오선생은 순진한 편이다.

"할아버지는 제자가 수진하기를 바란다."

이 말은 그의 좌우명이 될 정도로 자신의 생활철학으로 받아들이고 있다. 술수를 쓰지않고 신의 길에 정도를 걸을 정도로 순진한 그는 사기꾼들이 즐기는 그 흔한 신문광고를 한번도 하지 않을 정도로 구시대적인 점술가다. 그러나 남들이 하지 않는 신복재현과 역술의 객관성에 버금가는 신점의 영역확대에 주력을 하고 있는 편이다.

남산가는길

그의 집은 남산을 가는 길목에 있다. 용산구 이태원 2동에 있는 그의 집은 동작대교를 지나서 남산터널을 지나기 전에 우측의 작은 길로 올라가다보면 다시 우측에 경리단이라고 팻말이 있다. 그 길로 쭉 올라가면 남산순환도로가 나오지만 그 길의 초입인 부대의 정문 맞은 편 골목에 있다.

신을 받은지 10년이 넘은 그는 어느새 애동의 티를 벗었다. 그러나 신당은 아직도 그대로이다. 흰벽에 신령님의 명패만 있다. 그 명패는 종이에 신령님의 이름을 적어 벽에 붙여놓은 것이다. 하늘에 공을 드리는 불사님, 피 흘리고 객사한 구능대감님, 지금의 법관에 해당하는 오방신장님, 궁궐을 드나드시던 사대부 집안의 남자 그리고 산신도사님 등 열두신령님이 있다.

그의 신당밖에서는 개들이 성화다. 그는 신당밖에서 개를 키우지만 통상 30분이 넘으면 개는 문을 두들기면서 그만 나오라고 성화가 대단하다. 그래도 안나오면 마구 짖으면서 점사가 30분이 넘었다고 난리다. 개가 짖으면 점사를 본 시간이 30분이 넘은 것을 알 정도이다.

♧ 서울시 용산구 이태원동   02) 792-4966

의정부의 동자신점 아미산약불 도사

월악산 지리도사 김진완 보살

신기한 동자점

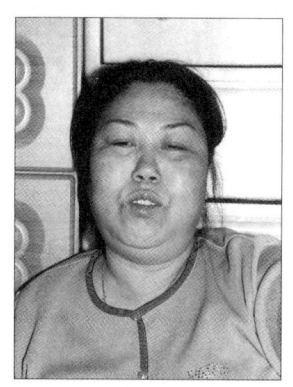

의정부의 3동 만신골목의 입구쪽의 2층에 있는 아미산 약불도사겸 월악산 지리도사인 김보살은 할아버지 신령의 사랑을 제일 많이 받는 보살이다. 따라서 점도 의정부에서 손꼽을 정도로 잘본다. 즉 동자점으로는 제1점인 셈이다. 그녀는 신당에서 손님이 없으면 다음과 같이 물어보기도 한다.
"할아버지 뭐하러 왔어?"
그러면 곧이어 손님이 미안하다는 듯이 득달같이 왔다. 이렇게 생떼를 쓰면 신당의 할아버지가 손님을 불러주는 것이었다. 그러고도 할아버지는 결코 김보살에게 원망을 하지 않는다. 그만큼 사랑하기 때문이다. 그녀의 주력점은 동자점이다.
 어눌한 목소리로 또렷또렷히 점사를 뽑아주는 그녀는 동자가 실릴때는 갑자기 말의 소리가 아이 목소리로 바뀌어 지면서 속도도 빨라진다. 이런 동자점은 할아버지가 제일 많이 이해를 하여주는 점으로 그녀가 주로 사용하는 신점중의 신점이다.
 그녀의 신당에는 스님들도 자주 방문하여 친교를 가지는데 다른 보살들은 이런 것을 나무래나 그녀는 개의치 않는다. 벼는 익을수록 고개를 숙인다는 밀을 명심하고 있는 그녀는 스님들을 보면 힝상 고개를 숙인다. 그러나 가짜 스님이 오면 할아버지가 바로 일러주어 바로 불호령이 떨어지면서 내쫓는 것도 다반사다.

일찍 찾아온 신

그녀는 정식으로 내림굿을 하지도 않고 엉겁결에 신을 받았다. 신을 받고 나서야 모든 것이 신의 조화라는 것을 깨달았지만 13살때부터 다리가 아팠던 것을 그냥 지나쳤다. 그녀가 13살때에 옆집에 새로 시집을 온 새언니가 애기가 없어 삼신굿을 하였다. 당시로서는 굿을 하는 것을 보고 싶어 담을 타넘어 구경을 하였다. 하고나서 집에 와서 어머니에게 물었다.

"엄마, 삼신받는 게 뭐야."

"이년아. 애기 점지하는 거야."

그 이상은 말을 해주지 않았다. 대신 삼신굿을 하면 부정을 탄다고 금줄을 만들어 놓고 출입을 통제했다. 그런데 굿을 하고난 3일째가 되던 날 꿈에 할머니가 감나무가 있는 뒤로 빠져나갔다.

"엄마, 저 언니 일 잘못했다."

"이년아, 그런 소리 하지 말어."

"할머니가 옷을 입고 뒤로 빠져나가던데."

"이년아. 애들 꿈은 개꿈이야."

그러고 나면 진짜 애기가 없었다. 결국 아이를 받는 것이 실패로 끝나고 다시 가을에 삼신굿을 하였다. 그런데 3일뒤의 꿈에 또 삼신 할머니가 도망을 갔다.

"엄마, 엄마. 할머니 또 갔어."

"이년이. 애들이 못하는 소리가 없어."

"엄마, 그런데 참 이상해. 3일이 되던 날에 할머니가 또 갔어."

쓸데없는 소리를 한다고 욕을 먹다가 그만 입을 다물었다. 대신 지나가는 소리로 말했다.

"엄마, 언니가 애기 갖는가 봐라."

결국 그 옆집 언니는 또 애를 갖는 것을 실패하였다. 그러나 그 언니는 또 삼신굿을 하려고 하였다. 주위에서는 서로 장담을 하면서 삼신을 받아주겠다는 사람들이 많이 있었다. 이를 옆에서 보다가 도저히 안되겠다 싶어 그녀는 언니에게 말했다.

"언니야. 빈 집 마냥 니 돈만 주냐. 언니야. 이번에 굿해서 삼신 못받으면 송아지를 달라고 그래."

그런 소리에 그 언니는 그렇게 하겠다고 약속을 하고 굿을 했다. 또 3일이 되던 날의 꿈이었다. 이날은 완전히 무명옷을 너덜너덜하게 입은 할아버지와 할아버지가 눈도 애꾸눈을 하고 뒤로 나갔다. 그때 언니는 안녕히 가시라며 감나무에서 감을 따서 먹고 있었다.

"엄마, 엄마. 오늘은 할머니 하나가 아니고 할아버지하고 할머니하고 둘이 갔어. 옷도 누더기를 걸치고 애꾸눈이었어."

결국 그 언니는 삼신 받는 것을 실패하고 대신 소를 받았다.

너무 쉽게 접한 신

나이가 들자 신가물이 점차 온몸을 휘감아도 보살들이 점을 보아주지 않았다.

"내 머리 위에 앉았는데 어떻게 점을 보아주냐."

그러면서 다음과 같이 당부하듯이 말했다.

"당신은 산에 가서 기도를 몇일만 해보아요."

그러니 정말 답답했다. 그 당시에 기가 막힌 일이 벌어졌다. 20대 중반의 막내딸을 어떤 보살이 신이 왔다면서 잡아 놓고 100일 기도를 시키고 있었다. 그래서 가서 딸을 빼왔다.

이미 수락산에서 100일 기도를 한 상태였다. 나중에 우연히 시장에서 그 보살을 만났는데 승복을 입은 김보살을 보더니 이렇게 말했다.

"내가 뭐라 그랬어."

이 말에 너무나 화가나서 욕을 해대었다.

"저런 개같은 년. 이 혓바닥을 짤라야 해. 피지도 않은 꽃봉오리를 신이라고 해서 강제로 잡아놓고 돈을 뺏어먹는 년이 어디서…."

그러자 그 보살은 애를 데리고 사정없이 도망을 갔다. 그녀는 내림도 어떨결에 했다. 즉 신내림도 아미산에 기도를 갔다가 굿당에서 신장대를 다듬던 법사가 처음 본 사이인데도 한번 장난으로 신장대를 잡아보라고 하면서 주문을 하였다. 그래서 무조건 신장대를 잡았는데 그 법사는 경문을 심각하게 외우기 시작하였다. 그러자 얼마있다가 신이 올라서 자신도 모르게 신장대를 쥐고 산을 올라가기 시작하였다. 그러자 법사도 따라오면서 계속 경문을 외었는데 산꼭대기 밑의 큰 나무에 신장대가 딱 붙어 있었다.

이미 말문도 터지고 신도 하명을 한 상태라 시간이 지난 뒤에 신장대가 떨어졌다. 그 이후 법사에게 고맙다는 인사도 없이 그곳을 내려왔다. 한마디로 엉겹결에 말문이 터지는 공짜 내림굿을 한 것이었다.

강한 신력의 보살

굿을 하다가 귀신을 수도 없이 쳐내다가 다리에 많은 흔적을 남겼다. 한번은 신이라고 아는 체를 하는 평소에 잘 아는 형님 굿을 하였는데 문제가 벌어졌다. 엄마하고 간호사를 하는 딸하고 직성을 놀리니까 갑자기 딸이 신장대를 잡고 놓아주지 않았다. 그러니 딸을 위해서 대신 신을 받을려는 그 형님이 기가 막혔다. 형님은 헛소리만 계속하는데 반면에 딸은 말이 술술 나왔다. 그래도 그 형님은 딸을 위해서 기어코 신을 받을려고 하였다.

"자손에게 왜 가냐?"

이렇게 물었더니 딸은 대답을 했다.

"내 자손 돈벌어 줄려고 …."

이렇게 딸은 쉽게 나오는데 그 어머니는 헛소리만 계속했다. 그래서 딸을 걷어내면서 신을 실으면서 달래어 보았다. 굿당에서 자고나서 다시 한번 말했다.

"형님이 정히 놀겠다면 놀려주겠는데 지금이라도 엎으라면 엎어."

고춧가루를 퍼먹이고는 신장칼을 배에 들이대자 뭔가 툭 튀어 나왔다.

"넌 누구냐?"

"내가 배가 고파서 자손을 찾아왔는데 잘못된거냐."

"그럼 이름이 뭐냐?"

그러자 귀신은 최씨라는 이름을 대었다.

"그러면 이 사람이 장씨인데 왜 최씨냐?"

그러자 그 형님은 자신의 과거를 술술 불었다. 그녀는 일본에서 살았는데 살던 남자가 죽고나서 애를 배어 장씨 집안에 시집을 간 것이었다. 그래서 장씨 성이 된 것이었다.

"나는 탄광에서 물에 빠져 죽었소."

"아직 또 있어. 누구야?"

"삼촌이다."

"또 누구냐?"

이렇게 물어보니 4명이 튀어나왔다. 다 튀어나오니 그 형님은 갑자기 말했다.

"나 안해. 너무 너무 수고했어."

스스로 무당을 하지 않겠다고 다짐을 하고는 신굿을 끝냈다. 무당이 된 후에 친아버지는 이 길 들어섰다고 그녀를 안봤다. 그러나 지금은 이해를 하고 있다. 그것도 계기가 있었다.

"아버지, 할아버지가 욕해."

아무리 신이 실렸지만 아버지에게 욕을 할 수가 없어 간접화법으로 말을 했다.
"뭐라고?"
"야, 이놈아 내 곰방대 내놔라. 그러면서 욕해. 너만 피우냐고, 너만 먹냐 그런다구."
"곰방대가 어떻게 생겼는데?"
"어떻게 생기기는 어떻게 생겨."
그녀는 곰방대의 생김새를 알려주었다. 그러자 아버지는 탄복을 하면서 수긍을 했다.
"맞아."
"할아버지의 담뱃대 누구도 몰라. 요기다 담뱃대 쏙 넣어 다녔었네."
"맞다고."
"그러니까 할아버지가 내 곰방대 달래."
아버지는 자신의 아버지가 생전에 쓰던 아끼던 곰방대에 대해서 기가 막히게 설명을 하는 통에 굴복을 하였다. 그 길로 가셔가지고 말도 못하는 이가 수안보에 가서 곰방대를 찾아다녔다. 그러나 곰방대가 없어 사지 못했다. 그래서 그녀가 직접 옛날 곰방대를 찾아 나섰다. 그리고는 기어코 담배대를 샀다.
"아버지, 내가 곰방대 사왔어."
아버지가 이를 보고서는 신에 대해서 완전히 시인을 했다.
"응, 맞아. 그거야."
이후에 모든 것을 이해하고 후원을 하였다.

☎ 의정부시 의정부 3동   031) 874-6167

용작두의 명인 안동의 명현사 스님

도우스님 김명현

한국 최고의 도력

　　도력이 참으로 강한 스님이 있다. 신을 받은 남자로서 점도 잘보면서도 가장 작두를 잘 탄다고 자타가 공인하는 그는 이미 법계를 받고 즉 머리를 깍고 작두를 오르내리는 명현사의 김스님이다. 내가 그의 도력을 본 것은 사진을 통해서였다. 수십층의 계단작두를 타는 것이며 날이 파도처럼 굴곡있게 굽이쳐 펼쳐져 있는 길고도 긴 20여미터가 넘는 시퍼런 용작두를 타는 모습이었다. 그의 이런 모습은 안동을 충격에 몰아넣었다.
　그런 내가 그의 도력을 직접 목도한 것은 더욱 황당한 것이었다. 삼지창의 날끝을 입에 물어서 들어올리는 것이었다. 정상적인 성인들도 손으로 삼지창의 끝을 잡고 들어올려도 쉽게 들여올려지지 않는 것인데 그는 실제로 그의 입으로 괴력을 과시했다.
　"삼지창의 끝을 잡고 한번 들어올려보시죠."
　"그러죠."
　필자는 스님이 괴력을 과시후 도저히 믿지 못하는 표정을 짓자 거짓인가 아닌가를 확인하는 차원에서 기세좋게 삼지창의 끝을 잡고 들어 올렸으나 들리지가 않았다. 그러나 그는 삼지창이 끝을 다시 한번 입에 물고 서서히 들어 올리고 있었다. 이것이 그의 도력인 것이다.

작두를 그만큼 힘있게 타는 것도 전국에 어디를 가도 볼수가 없는 현상이다. 그만큼 작두장군이 강하게 들어온 것이다. 나중에 안동의 월드컵 16강진출 기원 나랏굿에서 그의 멋들러진 공중 쌍작두 타는 묘기를 보았다.

그러나 그는 스님이다. 불자이기도 한 그는 혹세무민하는 세상에서 비교적 양심적인 분이다. 그는 이런 질문을 많이 받는다.

"스님이에요, 아니면 무당 선생님이요?"

그러면 그는 서슴없이 이렇게 대답을 하곤 한다.

"아, 여기는 귀신잡아내는 공장이에요. 공장에 와가지고 (귀신을) 붙들어 낼려면 내세요."

도력이 강한 그는 사람에게 붙어있는 쓸데없는 귀신은 간단히 떼어낼 정도로 힘이 있는 분이다. 한마디로 불자이면서 무속인의 자질이 출중한 분이며 또한 무속인들의 자질향상을 위해 신명을 바치는 스님이기도 하다.

그는 힘들고 어려울 때 찾아오는 이들을 위해 부처님의 등불이 되기도 한다. 그는 안동에서는 아니 나아가 경북권을 보더라도 가장 도력이 뛰어나고 또한 찾아오는 사람들에게 성불을 많이 시키는 스님이기도 하다.

그에 관한 평가는 안동의 무속단체의 회장인 조병은 선생의 이 한마디로 요약이 된다.

"김스님은 작두에 관해서는 전국에서 제 1인자다. 일종의 도력이다. 이는 안동의 경신연합회가 정식으로 인정을 한 것이다."

김스님을 보면 옛날 불교에서 도력이 높으신 스님을 연상케 한다. 옛날부터 한국의 불교사에 스님들은 중생들을 위해서 점을 보아주었다. 시주를 하고 간단한 점사를 보아준다는 것이나 아니면 신도가 오면 그들의 가정 대소사를 상담까지 해주었던 것이다. 그래서 어떤 스님이 점을 잘본다고 소문이 나면 그 절은 크게 불사를 이루었던 것이다. 그런 경우의 스님을 속가에서는 도력이 뛰어나다고 했다. 축지법을 하는 스님도 도력이 뛰어난 경우에 해당이 되는 것이다.

사실 도력이 뛰어나다는 것은 그만큼 자질이 있다는 것이다. 그런 자질은 신의 제자를 길러내고 양성하는 것에서도 발휘가 된다. 그의 제자들은 모두 쟁쟁한 자질을 이어받고 있다. 전국에 있는 몇안되는 그의 제자들은 모두 그를 잘 따르고 존경을 하고 있다. 요즘의 무속계에서 신의 선생이 신의 제자들로부터 인정을 받는 경우가 어디 흔한가. 절도량도 안동시 남후면 검안 1동에 따로 두고 있고 안동시내의 포교원은 태화동에 있을 정도다. 그가 이렇게 인정을 받기 위해서는 보낸 세월은 말그대로 온통 가시밭길이었다.

무섭고 강한 신명이 들어차 온 시절

그는 원래 안동에서 소장사를 했다. 10살 때 신이 왔다는 것을 느꼈으나 고등학교에서 축산을 전공했기 때문에 그는 소장사를 할 수밖에 없었다. 살아가려는 것이 어려웠다. 그의 나이 35살에 어머니가 중풍을 맞아 쓰러졌을 때 주당굿을 했다.

어머니 굿을 하게 된 날 꿈을 꾸었는데 그는 산에 나무를 심었다. 그런데 전부 꽃이었다. 희한한 꽃이 너무 컸다. 안으면 다 못안을 정도였다. 온 산에 꽃이었다. 들에 와서 모내기때 모를 심고 씨를 뿌렸다. 그가 씨를 뿌리는 것을 보고 주위에서 말했다.

"자네는 씨를 막뿌리는데 우리는 왜 안되나."

후에 이 꿈은 제자를 잘낼 것이라는 암시라는 것을 알았다.

그 다음날 어머니의 주당굿을 하는데 이상하게 그에게 신령이 몰려들었다. 장군이 실려 이런 말을 들었다.

"아, 이놈아 따라와라."

그래서 신굿을 주관하는 선생과 상의를 하여 어머니 주당굿이 아들의 내림굿 즉 신굿으로 돌렸다. 바로 음력으로 1995년도 7월 17일이었다. 신굿을 하는 과정도 특이했다. 장군이 나서서 어느 굴에 들어오라고 했다. 그래서 그 굴에 들어가니 누런 도포를 입은 어른이 계시고 그 옆에 단종 할아버지가 있었다. 그 옆에는 암행어사 어른이 있었고 산신과 용신이 있었다. 이렇게 있는 장군님이 그를 높으신 어른들에게 일일이 안내를 했다. 이때 어른들중에 어떤 분이 이런 소리를 하였다.

"안된다. 지저분해서 안된다. 씻고 오라."

그때 단종 할아버지가 도와주었다.

"아닙니다. 저는 그렇게 생각하지 않습니다. 이 중생은 이쪽으로 와야 되는 겁니다."

단종의 도움으로 승낙을 받고 무릎을 꿇고 앉았는데 그는 뒤를 둘러보았다. 뒤에는 전부 중들이 모두 무릎을 꿇어 앉아 있었다. 그 와중에 그 중들 중간에서 그는 서있게 되었다. 단종대왕의 덕분이었다. 단종대왕이 그에게 온 것에 대해 상당한 자부심이 있었다.

그런데 신을 모시기 싫어 바로 신명을 집안의 질녀에게 넘겨주기도 했다. 그 비용을 그가 다 대어주었다. 신을 내려주는 신의 선생이 우려를 했다.

"김사장은 그래서는 안될건데…."

결국 100일을 못넘겼다. 그래서 다시 찾아가서 내림굿을 했다. 신을 받고 3일후에 기도를 했더니 다음과 같은 소리를 들었다.

"단종이 계시던 자리를 찾아라."

신 어머니에게 물었더니 소백산과 태백산 사이에 꼬치재에 있다고 했다. 그래서 그곳을 찾아갔다. 가니 보니 위패가 금성대군과 같이 모셔져 있었다. 그곳에서 문을 열고 마루에 앉아있으니 주위로 오색칼날이 마구 날아다녔다. 칼날이 기차철길처럼 깔리기도 하였다. 그러더니 갑자기 머리가 아파서 쓰러졌다. 마루판에 쓰려진 것이었다.

사람이 갑자기 없어져서 집안에서는 난리가 났다. 집에서는 신어머니에게 물어 꼬치재를 찾아왔다. 나중에 집사람이 와서 깨워 겨우 일어났다. 알아보니 약 40시간이 넘게 기절해 있었던 것이었다.

작두의 명인으로

기도를 하면 꿈을 꾸는 것 같기도 했다. 즉 기도와 꿈이 섞이는 그런 때였다. 꿈에도 누가 자꾸 오라고 해서 따라가면 오솔길이 나왔다. 옛날 피리모를 쓴 어른들이 댓대를 꼽아 미고 가는 사람들 아니면 가마니때기나 짚신을 엮어 지고가는 사람들이 있었다. 그런 사람들을 따라가니 솔밭이었다. 더 가니 언덕이 있었다.

"니가 여기서 나를 더 따라올라나, 아니면 여기 서있을라나."

이런 말이 들렸다. 그래서 다음과 같이 대답을 했다.

"따라가겠습니다."

그 순간 낭떠러지에 떨어졌다. 떨어진 자리는 못이었다. 깊은 연못에 연꽃이 있었다. 그 밑에는 물이면서도 그는 연꽃위에 앉았다. 그러나 그 연꽃은 칼이었다. 즉 칼위에 앉아있는 꼴이었다. 그때 애엄마가 깨워서 일어났다.

"30분이나 흔들었는데 왜 안일어납니까?"

그는 왜 자신이 잘 깨어나지 못한 것에 대해서 의문이 일었다. 집에 와서 목욕을 하고 신당에 들어갔는데 참으로 무서웠다. 비록 프로로 데뷔는 못했지만 고등학교때는 경북에서 아마추어 복싱대표로 있었을 정도로 간담이 크고 강인했는데도 그 꿈을 생각하면 너무나 무서웠다.

이런 꿈을 꾸고 나서 현 경신연합회 안동 지부장인 조회장을 찾아갔다. 그리고 상의를 하니 그것은 작두를 타라는 꿈이라는 것을 알았다. 단종대왕도 꿈에서 직접 말을 해 주었다.

"니는 이걸로 중생을 구제해야 한다."

단종이 작두를 보여주며 말했다.

"구제를 어떻게 해야 합니까?"

"니가 앞으로 일바다주고 세워줄 사람이 60만명이다. 니가 이것을 하지 않으면 누가 이것을 구제할것인가."

그래서 작두를 스스로 만들어 타기 시작했다. 그가 작두를 타는 원칙은 아무것도 의지하지 않고 홀로 작두에 올라가는 것이 특징이다. 즉 작두를 탈 때 의지할수 있는 대나무가 없이 홀로 올라가는 고난도의 작두를 타는 것이다. 이는 다른 무속인이 타는 작두와는 전혀 차원이 다른 것이다. 12작두와 24작두라는 커다란 높이의 계단 작두를 각각 탔다. 쌀을 동이에 채워 입에 물고 타기도 하고 돼지 한 마리를 입에 물고 타기도 했다. 그가 작두를 타는 것을 보면 그 엄청난 괴력에 모두가 넋을 잃고 볼 수밖에 없다.

신사년에는 용의 형상을 한 파도가 굽이쳐 흐르는 유명한 용작두를 탔다. 용작두는 시퍼런 칼날이 파도를 타기 때문에 어쩔수없이 지지대를 잡고 탄다. 특히 안동에서는 공중에서 타는 그네 작두도 처음으로 해보았다. 그리고 올해는 삼지창을 타려고 한다.

현재의 점사는 단종대왕님이 들어서 도와주고 있다. 주로 신글을 쓰면서 점을 보는 것이 특색이다. 제자도 잘 내는 것으로 유명하다. 현재 27명의 제자중 1명을 빼놓고는 전국 각지에서 다 잘불리고 있다.

☎ 안동시 태화동 180-20호 054) 858-9252

온양의 옥황상제 방울보살

천지당의 당주 이병순

최고의 옥황상제 방울

천안에서 아산쪽으로 가는 길목에는 장제리라는 옛날 마을이 나온다. 이곳은 현재 고속전철이 개통을 준비하는 역사가 있는 곳이다. 이 역사 밑으로 난 작은 길은 무섭게도 바로 고속전철이 위로 지나가는 형태인데 어쩔수 없는 형국이었다.

이 길을 따라 전철길의 밑으로 가면 천지당이라는 팻말이 있고 이 신호를 따라 약간만 올라가다보면 야트막한 산자락을 끼고 자리잡은 천지당이 나온다. 이곳은 바로 충청도 일대에서 소문이 자자하게 신점의 명인이 있다. 이름하여 옥황상제의 방울을 흔드는 유명한 보살.

그 누가 뭐라해도 마산에서는 제 1점이고 인근인천안에서는 공주보살과 함께 가장 용하다는 평가가 지배적이다. 그녀의 점사는 명쾌하다. 아니 그 이전에 쩌렁쩌렁하게 울리는 그 방울소리가 여간 요란한 것이 아니다. 특히 그 크다는 옥황상제의 방울을 쥐고 흔들때는 가히 소리가 하늘을 울리고도 남았다.

방울에 관한한 그녀는 전문가이기도 하다. 우선 그녀는 두꺼비 방울을 가지고 있다. 이 방울은 두꺼비 모양을 한 커다란 방울인데 보통의 방울보다는 시너베니 큰 알이 특징이다. 그리고 이 두꺼비 방울보다도 더 큰 방울이 바로 옥황상제 방울이다. 이 방울은 두꺼비 방울의 서너배나 되는 초대형 규모의 크기로 불교용품을 파는 만물상회에도 없는 것이다. 그녀는 이 방울은 선몽받고 특별히 제작을 하였다고 한다.

옥황상제 방울은 무거워 방울이 3개나 달려 있어 더욱 무겁다. 그래서 아이들은 들지 못할 정도의 무게 때문에 쉽게 들리지 않는다. 그래서 작심을 하고 점을 볼 때 쓰인다.

그녀의 엄청나게 크고도 요란한 방울은 이미 소문이 나서 지역의 유명한 도지사가 왔다 간 적이 있었다.

"어떻게 왔나요?"

"점을 보려고 …."

"당신 방울 보려고 왔지?"

"아니 그것을 어떻게?"

"들어와요."

그녀가 도지사를 신당안에 들어세우자 그는 이렇게 선수를 치면서 나왔다.

"실은 점도 보고 싶고 방울이 하도 크고 소리도 좋다고 해서 한번 보러왔습니다."

결국 도지사는 소문난 옥황상제 방울을 보려고 점을 한번 보고 갔는데 시장이나 군수들도 간혹 와서 점을 보고 갈 정도로 유명세를 타고 있다.

놀라운 점사

방울에 대한 유명한 소문을 듣고 방문한 필자를 보고는 대뜸 한다는 소리가 더욱 파격적이었다.

"동생을 데리고 다닌다."

이 소리는 나를 놀라게 했다. 그 많은 점쟁이를 만났지만 이런 말을 한 분은 오직 한분인 이보살이었다. 나에게는 7살 때 죽은 동생이 있었다. 이름은 송동섭이었다. 심장병으로 고생을 한 나의 동생은 결국 내가 초등학교 2학년때 죽었다. 내가 나의 동생을 지금도 애타게 생각을 하고 있는 것은 동생과의 많은 사연이 있기 때문이었다.

  부평에 있는 산곡초등학교에 다닐 때 학교에서 청소를 하면 나누어 주는 옥수수 빵을 기다려 맛있게 먹는 것인 바로 2살 터울의 동생이었다. 이런 동생을 마지막으로 보낸 것은 어머니와 나였다. 그것은 임종 장면이었다. 동생은 목이 마르다고 하소연을 하는데 도통 소리를 내지 못했다. 혀가 말려들어가는 것을 본 나는 그것이 인간의 죽음이라는 것을 그때는 심각하게 깨닫지 못하고 자랐다. 이후에도 동생의 안타까운 죽음을 모르고 그냥 세월을 보냈다. 그러면서도 나는 동생이 내 몸속에 따라다니는 것을 알지 못했다.

  그러나 놀랍게도 내가 이보살을 만나고 나서 그녀의 공수를 듣고 나서야 내가 좋아했던 동생이 나에게 있다는 것을 어렴풋이 알게 되었다.

  "그럼 동생이 나를 괴롭히나요?"

  나는 이 글을 쓰면서도 당시에 이런 말을 그녀에게 하지 못한 것이 후회가 되었다. 그러나 지금은 그런 물음을 할 필요를 느끼지 않는다. 왜냐하면 내 동생이 동자가 되어 내 몸에 실려 나를 보호하고 있다는 생각을 하고 있기 때문이다. 그리고 내가 아이들을 가르키는 선생으로서의 길을 가게 된 것도 이후에 이를 그만두고 다시 힘든 작가로서의 길을 걷게 된 것도 모두 동생의 덕분이라고 긍정적으로 생각을 하고 있다.

  "모친의 가호를 받고 있다."

  그녀의 이런 말은 또다시 나를 다시끔 살펴보는 계기가 되었다. 돌아가신 어머니가 나를 보살핀다는 것은 참으로 눈물겨운 말이다. 그만큼 내가 효도를 다하지 못한 탓이었다. 그럼에도 불구하고 어머니는 나를 보살핀다는 것이 더욱 한스럽고 죄송스러울 뿐이다.

  이렇게 수많은 보살들이 혀를 내두르며 보기 힘들다는 필자에 대한 점을 시원스럽게 풀어나가는 그 솜씨는 탁월하였다. 그녀와 내가 운때가 절묘하게 맞은 탓도 있었으리라.

"보살을 만나 살겠다."

아직 홀몸인 나를 두고 그녀는 이런 기막힌 공수도 주었다. 42살이 되기 이전에 인연을 만난다고 했으니 아직 내년을 기다려야 하겠다. 그녀의 말대로 ….

남편 몰래 신을 받아

그녀에게 신이 온 것은 7살때였다. 밤마다 도사할아버지가 와서 현신을 할 정도였다. 커서는 남편몰래 1993년 음력 9월 7일에 신을 받았다. 그러나 정작 문제는 뱀띠인 신아버지가 제대로 모르는 사람이었다. 작두장군이 들어 온 것도 모르고 신내림을 해줄 정도였다. 신청배를 할 때 대신복을 입고나서 고개를 마구 흔들었다. 그러자 사람들은 그녀의 노한 모습에 놀라 다 도망을 갔다. 그리고는 돌아와서는 잘못했다고 빌었다.

신이 억쎈 그녀는 2년동안 불렸지만 그녀를 이용할줄만 알았던 신아버지는 결국 벌전으로 구속이 되었다. 또한 그녀의 신내림에 왔던 사람들은 모두 벌전으로 다쳤다. 법사는 아들이 죽었고 노보살은 허리를 다치고 아쟁은 죽고 신선생은 결국은 도망을 갔다.

처음 신이 내렸을 때는 옆전으로 점을 보기 시작했다. 때로는 부채를 펴고 점쾌를 읽었다. 그러다 지금은 그 유명한 방울을 들고 흔들면서 점을 보기 시작했다. 이렇게 점을 보는 방법은 시간이 지남에 따라 바뀌는 것이 통상적인 것이다. 이는 각신이 차고 들어오면서 각기 다른 방법으로 점을 본다는 것을 말해주는 것이다.

그녀가 신제자를 낼때는 사정이 틀렸다.

"성수님 중에서도 가장 큰 성수님이 오실 때 제자가 됩니다."

그녀의 말대로라면 그렇게 큰 성수님이 오는 경우는 드문터이다. 그래서 그녀는 자신이 신을 받은지 만 7년만에 처음으로 새로운 제자를 받기 시작했다. 그것은 그녀가 매우 성실한 신의 길을 가는 것을 간접적으로 말해주는 것이다. 3년이 안된 애동이면서도 또 다른 애동을 내는 철부지 부모이자 선생이 있지만 그녀는 그렇게 하지 않았다. 결코 제자를 낼 능력이 없으면 내지 않는다는 신조가 있었기 때문에 7년을 버틸수가 있었다.

제자들에게는 신굿이 큰 유혹이기도 하다. 불리지 못하는 제자 즉 손님이 없어 고민을 하는 많은 제자들은 신굿이라도 해서 목구멍의 포도청을 해결하려고 하는 이들이 많다. 이들은 한마디로 신딸이나 신아들을 내서 피를 빨아먹고 살고 싶다는 생각이 드는 유혹을 이겨내지 못하는 신의 제자들이다.

7년이 넘어서자 신에서 제자를 받아들여도 된다는 허락이 떨어졌다. 그러나 이상하게 남자제자들만 들어왔다. 그것은 그녀의 신령님 주력이 남자이기도 했지만 몸주가 남신이었다. 시가줄로는 시아버지가 들어왔다. 그는 경성의대를 졸업한 엘리트로 그녀의 몸으로 들어왔다. 그래서 남자제자만 지금까지 몇 명을 내었다.

욕심이 가득한 인간의 마음에 좌지우지 되기 보다는 그녀는 전형적으로 신에 의탁을 하는 케이스다. 그래서 신의 길을 가는데 있어서 중대사는 반드시 신에게 묻고는 한다. 이런 그녀의 태도는 굿을 하는 것을 보아도 알수가 있다. 인간의 마음이 앞서는 굿보다는 신의 마음에 접근하는 예방법을 일러준다. 굿은 꼭 해야할 집만을 골라서 그것도 제가집의 형편을 보아가면서 굿을 한다. 그녀의 머리를 풀어준 분이 이북굿을 했기 때문에 그녀도 이북굿을 하여왔다. 그래서 큰 굿이면 피리와 장구를 따로 부르는 편이다.

점을 볼때는 그 큰 방울처럼 선이 굵고 소리가 큰 만큼 무섭게 점을 본다. 그러나 요즘 세태에 그녀만큼 양심적으로 점을 보는 사람도 사실 드물다. 그래서 그녀의 신점은 인근 천안에까지 소문이 날 정도다.

나라점을 봐

2001년 여름에 인터뷰를 한 그녀는 대선과 관련하여 다음과 같은 말을 했다.

"내년에 치루어지는 대통령은 전혀 새로운 사람이다."

"그럼 이인제씨나 이회창씨가 아니라는 뜻이냐?"

당시의 대세론은 야당에서는 이회창씨가 유력했고 여당에서는 이인제씨가 거의 유력한 후보였다.

"그렇다. 전혀 새로운 인물이다."

"누구인지 아는가?"

"그것은 말할 수가 없다. 천기누설이다. 단지 말할수 있는 것은 대세론으로 굳어진 두사람은 결코 아니라는 것이다."

이 인터뷰가 있고나서 그 이듬해 여당의 경선에서는 새로운 인물인 노무현 후보가 돌풍을 일으키면서 이인제 후보를 따돌리면서 대선후보로 나섰다. 이런 파란의 이면에는 이보살의 예언도 적중한 셈이었다. 그리고 2002년 7월에 접어들면서 전혀 또다른 새로운 인물이란 사람도 등장을 했다. 결국 그녀의 완전한 예언은 연말의 대선이 끝나봐야 안다. 그러나 큰 점에 유달리 강한 그녀의 면모에서 나오는 나라의 점은 결코 예사롭지가 않다.

☎ 아산시 배방면 장재2리 276-2 천지당 041) 548-2388

서울의 신점 명인 일월보살

글문도사 상순옥 보살

전화운세로 유명

일월보살은 강남권에서 전화운세로 가장 유명한 분이다. 글문으로 점사를 풀어가는 그녀는 대표적인 신점의 명인이다. 이름과 생년월일만 집어 넣으면 사주를 푸는 것처럼 점사가 술술 나온다. 어떨때는 이름과 생년월일을 집어넣지 않고도 바로 일러줄때가 많지만 무식하다는 말을 듣지 않기 위해서 그리고 점사를 본 근거를 남기기 위해서 이름과 생년월일 그리고 간단한 주소도 적어둔다.

요즘 유행하는 전화운세는 역술에 조예가 깊어야 하지만 무속인들중에서도 실력이 있는 분들이 간혹 참여를 하고는 한다. 그러나 개중에는 실력이 없는 무속인들도 대거 참여를 하는데 간혹 전화를 건 사람들에게 망신을 당하지만 봉천동의 일월보살은 전화운세에 참여를 하는 전체 무속인들을 통털어 가장 실력이 출중하다고들 한다. 그래서 전화운세를 한 사람들에게서 가장 평이 좋다. 그래서 한번 건 사람은 다시 전화를 거는 편인데 처음에는 멋모르고 전화를 받다가 정작 자신의 손님을 놓치는 경우가 많아 지금은 받고 싶을 때만 운세전화를 받고 있다.

운세전화는 너무 비싼 것이 흠이다. 그래서 한번 운세전화로 연락을 한 사람이 자꾸 운세전화로 연락을 할 때는 전화요금이 많이 나온다며 그냥 일반 전화로 하라고 권하고 있다. 그만큼 나름대로 역량과 재량을 가지고 사는 사람이다. 그 정도 가지고는 전화회사의 눈치도 보지 않는다.
 그러나 시도 때도 없이 너무나 많이 걸려오는 운세전화에 일일이 답변을 할 수가 없어 안타까울때가 많다. 그것은 개인적으로 직접 찾아오는 손님이 너무 많기 때문이다. 그녀에게는 개인적으로 직접 찾아오는 손님이 우선이다. 그럴때면 전화운세를 잠궈버린다. 그러면 상대방에서는 항상 통화중이 된다. 어쩔수가 없는 것이다. 손님과 직접적으로 대화를 하는 중에 계속적으로 전화벨을 울리게 할 수는 없는 것이다.
 손님이 오면 향을 피우고 나서 바로 영으로 알려주는 스타일이다. 주장은 불사대신 할머니이고 천신에서 좌정을 하고 있다. 그래서 일월보살은 천신계열로 일월성신줄이다. 모시는 분들은 대부분 선관줄로 선관도사 할아버지와 글문도사 할아버지 그리고 약명도사 할아버지 등이다.

제자를 내지 않는 보살

 선녀와 동자는 활동만 한다. 신을 받을 때도 동자가 활동을 했다. 즉 동자는 중요할 때 튀어나와 점사를 도와준다. 이제 신을 받은지는 7년이 넘었다. 그럼에도 제자를 내지 않는다.
 무속인들이 제자를 내지 않는 것은 여러 가지 이유가 있다. 우선 제자를 내지 않는다는 것은 일단은 양심적인 무속인인 것이다. 정말로 제자들을 가르킬 실력이 될 때 자신의 제자를 내어야 하는 것이다. 그러나 간혹 실력이 있어도 제자를 내지 않는 무속인들이 있다. 이런 경우는 매우 훌륭한 인격을 갖고 있는 것이다.
 둘째는 무속인들은 제자가 날뛰는 꼴을 결코 보지 못하는 것이다. 그래서 아무리 제자들을 가르킬 실력이 있어도 옛법도를 아는 보살들은 제자를 내지 않는 것이다. 많은 무속인들은 신을 받게되면 모든 것이 자기가 우선이라는 생각이 생겨 우쭐하고 신의 선생들을 무시하기 일쑤이다. 그래서 그런 것을 피하기 위해서 양심있는 신의 선생들은 제자를 결코 내지 않는다.

　셋째는 강신이 들어차서 꼭 신의 길을 제대로 가겠다고 맹세를 하는 사람만 신을 내려주는데 그러한 사람들이 많지 않다는 것이다. 그래서 또한 양심있는 무속인들은 제자를 내지 않는다.

　일월보살은 이런 3가지의 이유를 가슴속에 가지고 있는 분이다. 그녀가 이런 3가지 이유를 가슴에 담고 있는 처절한 이유가 있다. 그것은 바로 자신의 신내림에 관계가 된 내력 때문이다.

홧김에 신을 받아

　한마디로 그녀는 홧김에 신을 받았다. 신이 있나 없나 의심을 하던 중에 밤에 식당을 개업 하다말고 가서 굿을 하였는데 그것이 바로 신굿이 된 경우였다. 그러나 그 신령의 역사는 오래되었다. 그녀는 초등학교 1학년때부터 몸이 좋지 않아 고생을 많이 하였다. 심할 때는 자리를 깔고 누워 있는 것이 일과였으며 시한부 인생을 살다시피했다. 그것은 바로 신병이었다. 중학교때부터는 교회에 나갔다.

　20대에는 신이 보였다. 어떨 때는 신을 가지고 놀 정도였다. 저승사자가 나타날 때도 있었다. 그럴때면 귀신하고 엄청 싸웠다. 그러나 그것은 병이 아니었다. 그냥 신병에 절어 있었고 그러다 스스로 버티지 못할 정도로 많이 아플때는 자리를 깔고 누었다. 그럴때면 귀신들이 접근해서 그녀의 귀에다 대고 약을 올렸다.

　"용용 죽겠지."

　그리고는 도망을 갔다. 그러면 참을 수밖에 없었다. 이렇게 오랜 세월을 버티어냈던 것이다. 결혼을 할 때까지 교회를 독실하게 다녔다. 그리고 이런 생각을 항상 가지고 있었다.

　"종교는 내 마음의 믿음이다."

　그래서 아픈 것도 교회에 의지해서 풀려고 했다. 그러나 전혀 차도가 없었다. 기도를 하면 눈앞에는 빨간 원형이 보였다. 그때부터 몸이 더욱 아파왔다. 강남성심병원에 아파서 누워있을때도 "주여"라는 말이 자연스럽게 나왔다. 그동안은 병명도 전혀 나오지 않았다. 이후 그녀는 40일을 못넘기고 완전히 자리를 깔기 시작했다. 이후 아예 집에만 누워있었다.

비구니 스님의 신탁

그럴 즈음 지나가는 여자 스님이 한 여름에 자신의 집에 들렀다. 물 한모금을 얻어 마신 그 스님은 마음과 같은 말을 남기고 떠났다.
"깃대가 있는 곳으로 가면 고친다."
무당집을 가라는 이야기였다. 그 스님은 자신에게 물을 주는 아름다운 여인에게서 새록새록 피어나는 신명을 보았던 것이었다. 그래서 그런 덕담아닌 신탁을 던진 것이다. 그 말은 감히 거역하기는 힘드는 말이었다. 그래서 무당을 찾아가니 아니나 다를까 굿을 하라고 했다. 그래서 굿을 하지 않고 여러 무당집을 다녔다. 미친년처럼 3년을 방황을 하고 다녔다.
그때 어느 무당의 말대로 굿을 하고 나서 병원에 가니 놀랍게도 병명이 나왔다. 심장 협심증이라고 했다. 20퍼센트는 식이요법을 하였고 50퍼센트는 운동을 하였다. 그래서 6개월만에 고쳤다. 이후 전혀 아프지 않았다.
무면허 음주로 어떤 사람이 어머니를 차에 쳤다. 병원에서 어머니는 혼수상태에 있다가 27일만에 중환자실로 옮겼다. 이때 화가 몹시난 마흔살인 그녀는 식당을 오픈 하려고 하다가 앞치마를 걷으며 소리쳤다.
"내가 왜 꾸정물에 손을 담궈야 하느냐."
그리고는 곧바로 밤에 아는 보살집에 갔다. 가서는 대뜸 소리를 쳤다.
"신을 만나게 해달라."

그러자 그 무당은 올해는 받으면 안된다고 했다.
"그러면 신이 없는 것이 아니냐."
이렇게 떼를 써서 결국은 홧김에 신굿을 하였다. 굿을 하자마자 바로 아버지가 먼저 실렸다. 산신 신장으로 들어온 것이었다. 병원에 있던 그녀의 어머니는 신을 받은지 100일만에 기적적으로 퇴원을 하였다. 다 신의 조화였다. 그러나 보상은 천만원밖에 받지 못했다.

나는 무당음식은 먹지 않는다

그녀의 어머니는 당시 그녀가 무당이 된 줄을 몰랐다. 그것은 어머니가 자식의 집을 번갈아 살기 때문에 딸이 무당이 된 것은 아직 모르고 있었다. 어머니는 막내 동생집에 살았다. 그러나 일순간을 속일수는 있지만 어른을 오래 속일수는 없었다. 나중에 어렴풋이 안 어머니는 이런 말을 했다.
"예, 나는 무당 음식을 먹지 않는다."
그 소리에 남몰래 얼마나 울었는지 모른다. 어머니는 비록 딸이지만 무당은 싫다는 것과 무당이 해주는 밥은 절대로 먹지 않겠다는 것을 잘 들으라고 이렇게 간접적으로 표현을 한 것이다. 다행히 나이 차이가 많이 나는 남편이 이해를 해서 지금도 잘 살고 있을 뿐이다.

담배는 내림후에 대신상을 받으면서 피웠다. 처음에는 경기도의 군포에서 신을 받았으나 신을 내려준 신엄마와는 한달만에 끊어졌다. 그것은 신엄마의 욕심때문이었다. 제자들을 위하고 아끼는 보살이 아닌 경우에는 대부분 이런 관계청산을 자연적으로 하게 되는 것이다. 그리고는 봉천동으로 이사를 왔다.

현재의 신당은 전통 한옥으로 평소에 자신이 원하는 스타일이었다. 그래서 옛날집을 얻어 수리를 하여 지금의 번듯한 모습으로 갖추어 놓은 것이다.

한때는 어머니의 말을 듣고 충격을 받았지만 후회는 하지 않는다. 그리고 그녀 자신은 홧김에 내림을 받았지만 신을 받을려면 신중해야 한다는 것을 강조한다.

"신은 누구한테나 있다. 불릴 신이라는 것은 천지신명만 알고 있다. 신령님전에 공판을 열고 뚜껑을 열어보는 것이 중요하다. 즉 조상굿을 해보아야만 한다."

그녀는 신굿은 참으로 소중하다는 것을 강조한다. 다른 굿은 몰라도 신굿은 언제나 정확하다는 것이다. 신가물이 있는 사람이 신굿을 하면 반드시 살길이 열린다. 그래서 그녀는 신굿은 정말로 소중한 것이라고 주장을 한다.

상보살은 상당히 정중하고 예의가 바르고 거짓이 없다. 많은 보살들이 거짓말을 밥먹듯이 하고 약속을 헌신짝처럼 내버리고 하는 행동을 하지만 그녀는 그렇지 않다. 그것은 그녀가 모시는 신이 매우 높은 일월성신이기 때문이다. 그리고 글문도사와 선관도사가 주력을 잡고 있기 때문에 더욱 그러하다.

비록 어머니로부터 그런 말을 들었지만 그 말뜻은 무당이 되더라도 바른 무당이 되라는 어머니의 또다른 주문인지도 모른다. 그런 뜻을 잘 알고 있는 상보살은 결코 무리하지 않고 어긋남이 없는 무속인으로 자리매김을 하고 있다.

☏ 서울시 관악구 봉천 10동 02) 877-3331

치악산 신제의 굿과 신점 명인

이상교 보살

치악굿당의 스타

원주에서 신림쪽으로 차로 15분 정도 가다보면 판부면 금대리가 나온다. 처음 가는 사람들은 소쩍새 마을을 연상하면 된다. 얼마전에 마을의 불우한 원생들을 성추행으로 물의를 일으키고 많은 기부금을 착복한 스님의 이야기가 들리던 곳이었다.

그 소쩍새 마을을 통과하여 산쪽으로 더 올라가면 그린 가든이 나오는데 그 그린 가든의 맞은 편으로 구산길이 나오는데 이곳은 바로 치악산 산신당이다. 오래전부터 구 산길이 없어지고 거기에는 길을 막고선 굿당이 들어서 있다. 이미 구불구불한 산길은 다 허물어지고 입구만 포장이 된 상태로 굿당이 지키고 있는 형태다.

다람쥐들이 내려와서 굿당주위의 사탕이며 과일을 주어먹는 모양이 신기하다. 청설모도 있고 일반 다람쥐도 있다. 사람이 옆에 가도 도망을 잘 가지 않는다. 다람쥐들이 사탕을 까먹는 모습은 신기하기만 하다. 이처럼 어디에서나 볼 수 없는 작은 산짐승들이 있는 깊은 산세와 맑은 물이 굽이쳐 흐르는 전국에서도 보기 드문 용궁터가 기가 막히게 어우러진 굿당이었다. 물맛이 특히 좋은 굿당에서 점심을 먹은 후에 원주에서 가장 점을 잘본다는 이보살을 만났다.

마침 그곳에는 이보살의 제자가 굿을 하는 이틀굿판이 벌어지고 있었다. 그녀는 11년차가 넘는 중견 무속인이지만 제자들이 많았다. 그만큼 단아한 용모처럼 다부지게 신가리를 잘 잡고 굿을 잘한다는 평가가 지배적이었다.

원주시내에서 점사를 보는 그녀는 굿을 하고 내려가면 손님들이 항상 대기를 하고 있다. 일을 많이 하는 편이지만 몰아서 일을 하고 내려가면 점을 보아달라는 손님들이 넘쳐난다. 점을 볼때는 손님의 얼굴만 보고도 점쾌가 술술 나온다. 약 80퍼센트는 그렇게 점을 본다고 한다. 그리고 그 나머지는 오방기를 가지고 점을 보는데 조상의 부리가 있는 사람은 오방기를 가지고 깃발을 뽑으라고 한다. 만약에 신줄이 강하게 있는 사람은 자연스럽게 옆전을 든다.

원주굿의 명인

원주는 강원도 굿중에서 내륙굿으로 조상굿이 유명하다. 조상을 엄중하게 뽑아 굿을 하기 때문에 굿이 굿다운 맛이 난다. 설법보다 공수를 위주로 일을 하다보니 자연 조상굿이 발달을 하게 되었다. 굿도 부정을 치고 난 뒤에 산탈까지 잡고 환자가 없으면 그 원인을 파악한다. 그리고 많은 신령을 모시는데 선황대신을 추들고 항아리를 병위에 세우는 용사슬을 타는 칠성을 먼저 놀고 그리고 사해용왕을 쳐든다.

이곳 원주의 굿은 불사타령도 중요하다. 서울에서는 불사를 놀면서 타령이 들어가는데 여기서는 불사타령이 우선이다. 산세가 워낙 좋아 산문을 여는 것도 중요하다. 도당 당산의 문을 열고 선황문을 열면서 조상을 받아들인다.

장군줄이 강한 그녀는 장군을 놀면서 작두를 타는 편이다. 작두는 날을 소창으로 감지 않고 거칠게 그냥 탄다. 서울이나 인천에서는 대부분 날을 소창으로 감아 그곳에 의지를 하여 날에 올라서는데 이것은 그만큼 작두장군이 강하게 실리지 않은 것이다. 그러나 이곳 원주는 그러한 것을 용납하지 않는다. 특히 이보살은 날을 시퍼렇게 세워 타는 편이다.

작두를 탄 다음에는 신장거리를 하는데 이때 굿을 청하는 제가집의 사람중에서 가슴에 꽈리를 틀고 있는 귀신을 기어코 빼낸다. 이어서 대감거리를 하고 별상과 창부를 같이 논다. 그녀는 7명의 대신 할배를 다 청해놓고서 노는 편이다. 동자를 놀고 맨 나중에는 조상님의 길을 가른다. 그리고 뒷전에서 마지막으로 풀어낸다.

이보살이 집전하는 굿은 원주굿이다. 그러나 이 원주의 굿은 사실 그 의미가 특별하다. 전국의 어디를 가나 이남에서는 원주만큼 장군거리를 추드는데가 없다. 그것은 한양굿에서 말하는 상산거리가 바로 이곳 원주에서 그만큼 빛을 발하기 때문이다.

송악은 상배에 그연 상산이 뉘라시니
개성은 덕물산에 최영장군님 수위라
으마 장군에 백마신령이 아니시랴

상산거리는 두말할 것도 없이 만고의 충신 최영장군을 위하는 거리다. 새파랗게 젊어서는 양광도의 도순문사의 휘하에 있으면서 여러차례 왜적을 격파하였고 1352년 공민왕 원년에 조일신의 반란을 평정하였다. 29살에는 대호군이 되었고 당시 원나라의 원병요청에 중국까지 진출하여 공을 세웠다. 이후 수많은 왜적들과 싸우 공을 세웠고 공민왕 20년에는 경상도와 전라도 그리고 양광도를 아우르는 도순문사가 되었다.

그는 전쟁터에서 "절과 도전 그리고 당과 신사를 건드리지 말라."는 명을 내려 불교와 무속을 보호하였다. 특히 평생을 청렴결백으로 일관한 그는 노년인 우왕 6년에는 해도도통사의 직책까지 부여받았다.

명나라가 고려땅인 철령이북을 점령하려고 하자 8도 도통사가 되어 명나라를 치려고 가다가 직계 부하인 이성계의 위화도 회군으로 권력에서 물러나고 73세에 처형이 될 때까지 마지막까지 고려를 위하여 충성을 다하였다. 그가 죽는 날 서울의 사람들은 물론 전국의 시장들과 상점들이 모두 문을 닫았고 거리의 어린이와 부녀자들은 만고의 충신을 애도했다.

최영장군의 흔적이 서려

최영장군은 죽어서도 일반 민중에서 호응을 받았고 특히 무속계의 여러 만신들의 가슴속에 살아남아 으뜸 장군이 되었다. 이후 개성의 덕물산에는 최영사당이 생겼고 조선의 무당들은 반드시 최영사당에 가서 인사를 하고 와야지만 무당의 자격이 주어졌다. 그래서 장군거리에서는 유일무이하게 나라의 최고 장군으로 추앙을 받고 있는 것이다. 서울굿에서는 이 (최영)장군거리가 상산거리로 나타났는데 특히 원주는 최영장군과 인연이 깊다. 바로 고려말의 충신 운곡 원천석 때문이었다.

그는 도통사 최영장군이 사형을 당했다는 소식을 듣고 탄식하며 시 3편을 지었다. 그중에서 "사방의 백성과 만물이 모두 슬퍼하네. 빛나는 공업은 끝내 썩고 말았지만 굳센 충성이야 죽었다고 사라지랴."라는 문구와 다른 시에서 "흰 구름과 흐르는 물도 모두들 슬퍼하네."라는 문구는 당시의 최영에 대한 문인인 원천석의 평가가 아니라 모든 사람들의 평가였다.

원천석의 말대로 아득한 황천 밑에서도 눈을 도려내어 동문에 걸고 분을 풀지 못하는 최영장군의 한이 무속인의 가슴에 그대로 전달이 되었다. 이후 무속에서는 최영장군의 이름이 영원이 남았고 특히 원주에서는 최영장군의 이름과 함께 역시 고려가 망하자 벼슬을 버리고 초야인 원주에 묻힌 충신 원천석의 이름과 함께 영원히 남았다. 아마도 개성을 제외한 어떤 곳도 최영장군에 대한 애틋한 기록이 남아있지 않다. 지금은 원주에서 유일하게 오래된 시로 그리고 그 내용이 역사적으로 유일하게 남아있는 것이다.

그리하여 원주의 무속인들은 대대로 최영장군을 더 추들었고 장군거리가 더욱 중요시 되었다. 예로부터 치악산에서 산신제를 지내는 것은 최영장군과 원천석의 이름이 빠지지 않았다.

그런탓인지는 몰라도 할머니와 도사가 주장인 이보살도 장군줄이 매우 강하다. 실제로 내림을 할 때도 마당에 항아리를 싸 놓았고 그 위의 물동이를 탓을 정도이다. 장군도 백마장군이 가장 강하게 들어 온 것이다. 바로 그분이 최영장군인 것이다. 이보살이 영험하고 강한 것도 다 장군님 수위에서 도와주는 것이리라.

결혼을 하고 신을 받아

집안이 좋은 그녀는 원주에서 5번째 손가락에 드는 부자집안이었다. 집안에는 화초가 가득하고 온갖 꽃들이 만발한 집이었는데 집안에 신기가 돌자 어느 날인가 일시에 꽃들이 다 죽었다.

당시 원주에서는 13년간 나이트클럽을 운영하였다. 그러나 하루아침에 33억을 날리고는 거리에 나앉게 되었다. 집을 나올 때 그 좋은 집과 재산을 다 주고 나왔다. 모두 신의 바람이었다.

신바람의 시초는 일찍 찾아왔다. 바로 결혼을 하면서부터 몸이 아파오기 시작했다. 특히 무릎의 관절이 부어올라 걸을수도 없었다. 병원에 가도 치료를 제대로 할수없을 정도로 병명이 뚜렷하지 않았다. 그래서 점을 보니 병굿겸 신굿을 한번 해보자고 해서 5월 6일날 날을 받아 병굿을 한 것이 말문이 터져서 결국은 신굿이 되었고 정확히는 내림굿이 되었다. 신굿을 하니 그렇게 고질병이던 무릎의 관절이 신통하게 아프지도 않고 걸을수 있게 되었다.

내림굿을 한뒤에는 더욱 곤란한 상태에 빠졌나. 애 아빠가 알고는 무당이 웬말이냐며 법당을 다 때려부셨다. 그러나 애 아빠인 남편이 부인을 하는 일을 말릴수만은 없었다. 알고보면 친정엄마의 외할머니 즉 외가에서 만신의 부리가 있었던 것이었다. 그리고 7대조 할아버지가 이북에서 큰 스님이었다. 또한 애기 아빠의 집안도 그럴 만한 내력이 있었다. 지금도 당숙이 선황을 모시고 있는 신의 부리가 있는 형편이었던 것이다.

집에는 딸아이만 셋이고 모두 다 잘 성장하는 중이었다. 만약 신을 받지 않으면 이들이 다칠것도 염려가 된 것이었다. 다행히 신을 받고 나서 큰아이는 공무원 시험을 준비하고 있고 막내는 중학생으로 학교를 잘 다니고 있다. 그녀에게는 자식만이 중요한 것이었다.

치악토속문화보존회를 이끌어

그녀가 안흥 초등학교를 다녔고 아직도 그곳에는 할머니 집이 있기 때문에 지금도 자주 그곳에 간다. 일주일에 한번씩 안흥 풍물장에도 들르는 편이다. 현재 그녀는 원주 치악토속문화보존회를 이끌어 가고 있다. 이제는 그녀가 굿을 잘한다는 평판이 치악 산신제에서 인정을 받았고 아예 산신제를 주관한지도 오래 되었다.

그녀는 최영장군의 뜻이 깃들인 치악산을 지키며 산신제를 주관하며 평생을 산다고 한다. 원주에서는 가장 덕이 있고 착한 마음씨를 가지고 있어 그녀를 따르는 제자들이 많다. 이들을 아무 탈없이 잘 거느리는 그녀는 가히 장군줄이 강한 면모로 강원도의 으뜸 도시인 원주의 무속을 이끌어 갈 것이다. 그것은 또한 그녀가 원주를 대표하는 굿을 잘하는 명무이기 때문에 더욱 그러하다.

♧ 강원도 원주시 033) 763-6755

작명의 대가 만수동의 선녀암

선녀보살 박명화

만수동의 스타

현재 인천의 만수동은 재개발의 처지에 놓여있다. 과거에는 만수동 시장을 중심으로 하여 뒤편에 펼쳐진 산자락은 억센 서민들이 풋풋하게 그리고 정겹게 살아가던 곳이었는데 지금은 재개발의 소문과 그 여파로 약간은 어수선한 분위기다.

이미 3년전에 이곳에 와서 그 유명하다는 점성술을 하고 있는 선녀보살은 자신의 집위치가 5년안에 재개발될것이라는 것을 미리 알고 있었다.

"재개발이라니요?"

"왜, 제 말을 믿지 못하나요?"

"갑자기 이사오는 분이 왠 뜬구름같은 말을 해서요."

주인은 약간은 불쾌한 듯이 말을 했다. 그러나 4년째가 되는 올해는 주인의 자세가 완전히 달라졌다. 흥분해서 달려온 주인은 완전히 선녀보살의 추종자가 되었기 때문이었다.

"보살님은 다른 분하고는 틀려요."

"그럼 내가 굿이나 하고 씹이나 하는 그런 무당인줄 알아."

이렇게 말하면서 화를 내는 그녀는 자존심이 무척이나 강한 보살이다. 그래서 인천의 부동산업자들이나 은행 지점장들이 그녀의 집을 드나들고 있다. 자신을 드러내놓기 싫어하는 그녀는 시장바닥의 윗켠에 있는 상가건물의 언덕집에서 그동안 간판하나 걸지 않고 있다가 얼마 전에야 깃대를 겨우 달았다.

그래도 시장사람들은 그녀를 다 알고 있다. 그러나 무심코 그녀의 소문을 듣고 찾아갔다가는 문도 열어주지 않는다.

"문좀 열어 주세요."

"점 안봅니다."

"점 보는 곳이라서 알고 왔는데 …."

그녀는 문을 열어주지 않고 대신 대화를 계속했다.

"당신 복채 2만원만 달랑 가지고 왔지."

"어머 그걸 어떻게 아세요. 제가 오늘은 돈이 없어 3만원을 가지고 오지 않았어요."

"당신 그 돈 가지고 저쪽 언덕배기에 있는 목욕탕 맞은편 쪽에 있는 무당집에 나 가."

이런 말에 발걸음을 돌리는 사람이 부지기수다. 그래서 그동안 그 무당집은 엉겁결에 손님을 받아 굿을 해먹느라고 야단이었다. 그녀는 이렇게 사람의 목소리만 듣고도 찾아온 사람이 어떤 인물인가를 대충 알고는 손님을 거절해 버린다.

"기를 뺏기기 싫어요. 저는 돈보다 제가 간직한 기를 더 소중하게 여겨요. 그래서 그동안 저는 깃대도 간판도 걸지 않았어요."

이런 사태가 자주 벌어지자 아예 그녀의 집앞에 죽치고 있다가 문이 열리기를 기다려 재빨리 안으로 들어와서 체면 불구하고 점을 제발 보아달라는 통사정을 하는 사람들이 간혹 있다. 그러면 결국 내치지도 못하고 십만원 짜리의 점성술을 보아준다. 그것도 많이 할인된 가격에 말이다.

국내 정상급의 점사

현재 그녀는 한국에서 복채가 비싼 편에 속하는 점술가다. 그렇지만 비싼만큼 점도 상당히 잘본다는 평가가 있다. 전국에는 복채만 10만원이 넘는 점술가들이 여럿있다. 대부분이 남자 점술가들인데 그들중에는 실력도 별로 없으면서도 자신의 프라이드나 자존심을 내세워 받는 점값이 높은 것을 오히려 자신의 홍보수단으로 이용하는 엉터리 점술가들이 있다. 그런 점에서 그녀의 탁월한 점성술의 실력은 가히 독보적이라고 할만하다.

또한 그녀는 복채에 연연해 하지도 않는다. 형편이 어려운 사람이 그녀의 소문을 알고 십여만원이 넘는 복채를 겨우 모아 오면 할수없이 점성술을 쳐준다.

"이 복채 가지고 가세요."

"왜요?"

"당신이 이 돈을 빌려온 것을 내가 아는데 어떻게 받을수가 있는가. 어서 주머니에 넣어둬요."

그제서야 눈물을 흘리면서 집으로 돌아가는 여인들이 많다. 아니 한사코 돈을 놓고 가겠다는 사람들의 뒤를 따라가서 기어코 호주머니에 넣어준다. 그 이후 그 여인은 많은 소문을 내어주나 그런 소문 자체를 결코 달가와하지 않는 것이 박보살이다. 그것은 얼마전까지만 해도 손님이 구름같이 몰려와서 쉴틈이 없는 점쟁이였기 때문이었다. 그러나 복채를 기존에 받던 금액의 5배나 10정도 올리면서 사정이 많이 달라졌다. 오던 손님들이 너무 비싸다면서 하루에 30여명에 육박하던 손님이 엄청나게 줄었기 때문이었다.

"저는 손님이 적은 것이 더 좋아요."

남들 같으면 석성이 태산같아야 할 박보살은 엉뚱하게도 이런 말을 하였다. 그만큼 물욕이 없던 것이다. 아니 욕심이 너무 커서 아예 작은 푼돈에는 연연하지 않겠다는 뜻도 된다. 그녀가 보살이면서도 굿을 하지 않는 것만을 보아도 그녀의 인격을 쉽게 알수가 있다.

무당이 굿을 하면 돈을 쉽게 벌수가 있는데 그녀는 아예 굿을 하지 않는다. 아니 평생동안 굿을 하지 않을 것을 다짐하고 있다. 그런 것을 실천을 하는 양 굿문서 대신에 불경을 암송하면서 목탁을 두들기면서 앉은거리인 좌경쪽으로 공부를 하고 있다.

앉은 거리

도줄이면서도 도법이 워낙 뛰어난 보살인지라 영적인 면에서는 신통력을 발휘를 하고 있다. 집이나 큰 건물의 매매 그리고 풍수나 지리를 한손에 훤히 꿰뚫는 실력을 겸비한 박보살은 인천에서는 내노라하는 사람들의 자문을 하여주면서 생계를 꾸려나가고 있다. 따라서 앉은거리 굿도 하지 않고 오로지 불법에 의지해서 기도와 정성을 다하고 있다.

무당이 굿을 하지 않는다는 것은 그만큼 자기 절제를 철저히 하고 있다는 것을 의미한다. 강한 불심으로 욕심을 밑으로 내리 눌르면서 평생을 사는 것이 된다. 그런 연유로 주위에서는 보살 이상으로 평가를 받고 있다. 무속인이 좀처럼 받기 힘든 대우이다. 한번은 그런 평가를 확인하기 위해서 나는 점술의 현장을 좀 공개해달라고 요구했다. 그런 나의 요구는 어떻게 보면 가소로운 것일수도 있으나 순순히 나의 의도에 따라주었다. 그것도 마지못해서 ….

"당신이 가지고 있는 명함을 몇장 꺼내보세요."

내가 5장 정도를 꺼내자 그녀는 명함을 보면서 하나하나를 그 사람의 장단점을 짚어내었다.

수원에 있는 어느 박수인 법사를 보고는 다음과 같이 말했다.

"이 사람은 남을 배신하는 스타일인데 뒷통수를 치는 격이지요. 겉으로는 웃지만 뒤에서는 항상 칼을 겨누고 있는 자인데 바람도 피는데 주로 여자를 농락하는 놈이지요."

결국은 거친말이 나오면서 그 박수의 내력까지 읊어내었다. 실제로 그 천덕꾸러기 법사는 근처의 보살들의 등을 치면서 먹고사는 자였다.

"어떤 년이던지 나에게 걸리기만 하면 아예 위 아래로 작살을 낼거야."

이런 말을 공공연히 하는 그는 사실 전직이 의심스런 자였다. 다른 명함을 보고는 다음과 같이 말했다.

"이 보살은 왕년에는 잘 나가던 여자였는데 지금은 손님이 없어 파리 날리는 신세구먼."

안양에 있는 메스컴을 탄 어느 보살의 명함을 보고는 이런 말도 했다.

"이 년은 완전 사기꾼이야. 메스컴을 탈려고 발버둥을 쳤던 년이야."

역시 다른 보살의 명함을 보고는 더욱 충격적인 말을 했다.

"이 여자는 신도 오지 않았는데 신을 받은 것처럼 하고는 무당행세를 하고 있어."

"그럼 돈을 벌려고 무당이 된 것이군요."

"그렇다고 보아야지요."

대충 이렇게 명함을 보고 내리 꽂는 점을 치는 그녀의 말에 나는 그 비법을 묻지 않을수 없었다.

"어떻게 그렇게 명함만 보고도 알수가 있습니까?"

나의 이런 말에 그녀는 대수롭지 않다는 듯이 말했다.

"저는 다른 보살들 하고는 좀 틀립니다. 명함을 보면 그 명함에서 각기 다른 파장을 느낄수가 있어요. 그래서 저는 그 파장을 해석을 하여 말을 하고 있습니다. 사진을 보면 더욱 더 잘 알수 있습니다."

이런 말을 하는 그녀는 기가 무척이나 섬세하고 강한 것을 쉽게 알수가 있었다. 부동산 업자들이 그녀에게 점을 보려고 자주 몰리는 이유는 간단하다. 똑같은 지역의 땅도 박보살이 짚어주는 땅을 사면 떼돈을 버는가 하면 그가 짚어주지 않는 땅을 사면 땅값이 오르기는커녕 팔리지 않아 죽을 쓰는 경우가 허다했다.

"땅에는 암호가 있습니다. 저는 그 암호를 푸는 재주밖에 없습니다. 그러나 돈은 그 암호를 푸는 사람이 벌지 않고 그 암호의 정보를 입수한 업자들이 버는 것입니다."

그래서 그런지 그녀의 집은 그 유명세에 비해서는 참으로 초라하다. 신점의 대가이기도 한 선생은 바람이나 물 그리고 불로도 점성술을 친다. 일종의 형상을 가지고 보는 방법이다. 산에서 5년동안 수도를 할 때는 이런 형상점을 많이 보아주었지만 지금은 다른 방법으로 점성술을 친다. 수리 오행술도 그녀가 자랑하는 신점의 한 방편이다.

"이름에도 암호가 있습니다."

이런 주장을 하는 그녀는 이름의 중요성을 강조한다.

"이름이 나쁘면 개팔자를 면하기 어렵습니다. 그러니 빨리 고치는 것이 좋습니다."

그러나 이름을 제대로 지을줄 아는 사람이 몇이나 되겠는가. 대부분 작명 간판을 걸어 놓고 있지마는 제대로 이름을 지을줄 아는 사람은 드물다. 그만큼 작명이 중요하다는 것을 말함이다. 그녀는 작명에도 상당한 수준에 올라 있는 것이 주위의 평판이다.

불경에 대한 조예도 웬만한 스님들이 뒤로 벌렁 자빠질 정도로 해박하고 불심도 상당히 깊다.

"내가 동암역에서 만수동으로 오면서 이곳에서 점을 쳐보니 5년을 근근히 먹고 산다는 것을 처음부터 알았지요. 그러나 그것을 어떻게 하겠어요. 나의 운명인 것을 …."

♧ 인천시 남구 만수동 032) 465-6923

서울 명안사의 천신선녀

김명심 보살

아름다운 선녀점

　서울에서 선녀신이 실려 점을 보는 대표적인 보살이 있다. 바로 명인사의 천신선녀다. 선녀신이 실리면 더욱 아름다운 자태로 고운 점사를 보는 그녀는 이미 인근의 일월보살과 함께 점을 잘본다고 소문이 자자하게 났다. 점은 주로 글문으로 보는 편인데 이미 그녀는 왜 왔는지 다 알고 있다.
　즉 손님이 왔다고 법당에 고하고 절을 하면 이내 손님이 무슨 목적으로 왜 왔는지를 이내 알아버린다. 그러니 그녀는 점을 잘본다고 소문이 파다하게 났다. 실제로 그녀의 실력을 테스트하기 위한 것은 아니었지만 필자는 마침 잘 아는 무속인인 젊은 후배를 대동하고 자그마한 그러나 허름한 집인 명인사를 가보았다. 워낙 골목이 좁아 단번에 옛날집들이 모여있는 그런 곳임을 알수가 있었다.
　예고도 없이 후배를 데려오며 후배의 점을 보아달라고 요청을 하자 마지못해 간단히 점을 보아주던 그녀는 그 후배가 신의 제자인 것을 넌지시 맞추었다.
　"혹시 신의 제자가 아닌지…."
　실은 그 후배를 보고는 여간해서는 무속인인줄 모르는 무당들이 대부분이었다. 이 말 한마디면 사실 점을 다 본 것이나 마찬가지였다. 청바지를 입고 다니는 그것도 전혀 무속인 냄새가 나지 않는 사람을 언뜻 알아보기는 쉽지 않다. 그러나 영을 가지고 점을 보는 사람은 쉽게 알수가 있어야 하는 경우였다.

그동안 그 후배와 필자는 수십명의 무당들을 만났다. 신을 갓받은 애동에서부터 중견무당에 이르기까지 많은 무속인을 만나보았지만 그 후배를 무속인이라고 하는 무당은 사실 김보살이 유일하였다. 그러니 그녀의 명성은 헛것이 아니었다. 그 후배를 무속인이 아니라고 한 보살들은 대부분 연락을 하지 않았다. 왜냐하면 보살이 보살을 몰라보고 만신이 만신을 몰라보아서야 어떻게 점을 직업으로 보며 살아갈수 있을까. 하지만 그런 보살들이 대부분이었다. 이것은 불행인지 아닌지 참으로 안타까운 현실이었다. 그러니 나중에 다시 찾아가보니 후배와 같이 갔던 그 무당집의 무당들은 열에 아홉은 그 자리를 뜨고 말았다. 그럴 수 밖에 없는 것이다. 그렇게 점을 못보니 불릴수가 없고 그러다보니 집의 보증금을 다 까먹으면 다른 곳으로 이사를 갈 수밖에 없는 것이다.

그러나 그녀는 그럴 필요가 없었다. 워낙 신기가 강한 편인 그녀는 기도를 가더라도 항상 신령이 실려 그녀의 속내를 시원하게 하였다. 한 번은 감악산에 갔었는데 내려올 때 선녀가 실려 속마음을 다 털어놓으면서 자신의 맺힌 설음을 털어놓기도 했다. 관악산에 일을 하러 갈때에는 바로 신이 실려 일을 수월케 한다.

인왕산에 갔었을때도 신이 실려 신엄마와 대판 싸웠다. 신엄마는 자기의 일은 몰래 하고서 김보살을 부르지 않는 것이었다. 그리고 김보살의 일이 있을때만 얄밉게 와서 일을 하고는 돈만 챙겨갔다. 그래서 신이 실려 언제 일을 했지 하면서 따지면 그것이 싸움이 되고 관계가 소원해지는 원인이 되었다.

주장은 할머니와 할아버지

주장은 할아버지와 할머니로 높은 줄에서 많이 들어오는 편이다. 탱화는 종합탱화를 사용하여 신령들을 모셔놓았고 신령님의 동상도 앞에 모셔놓았다. 이런 형태는 대부분의 보살들이 신령을 모셔놓은 전안이나 법당과 같지만 그녀의 법당은 약간은 다른 이미지를 느낀다. 그것은 좁은 공간에 꽉 들어찬 신령의 모습들이어서 그런가. 작은 법당이지만 힘이 있고 활력에 차 있다. 그것은 올려진 공양미에서나 아니면 법당의 곳곳에 놓여진 지폐가 간접적으로 이를 말해준다.

그녀는 점만 잘보는 것이 아니다. 지금은 약사여래불까지 모셔 아픈 사람이 오면 잘 고친다. 그리고 새로운 신의 주력이 차고 들어오는 꿈을 요즘도 계속 꾼다. 그것은 하늘에서 줄을 타고 오는 것은 천존문이 열리는 것이다. 그러면 자신의 도법이 새삼 강해진 것을 느낀다. 그래서 그런지 언제나 자신감을 가지고 손님을 대한다.

현재의 봉천동에 이사를 온 것은 1년이 조금 넘었다. 원래는 봉천 3 동쪽에서 3년동안 크게 불리다가 이곳으로 온 것인데 거기에는 그만한 사연이 있다. 그것은 신당에 불이 난 탓이었다. 원인모를 화재가 나서 모든 것을 다태웠다. 각종 굿문서며 사진들이며 그녀가 그동안 애지중지하던 많은 책들을 모두 태웠다. 그래서 그녀는 할수없이 큰 법당을 버리고 근화병원쪽으로 임시로 작은 허름한 집에 이사를 하게 된 것이다.

그래서 현재의 법당은 매우 작다. 그것은 어쩔수 없는 일이다. 오히려 그녀는 그동안 자신의 눈을 가렸던 흐린 것들을 말끔히 청소를 해주었다고 말한다. 그동안 잘불린다고 자만심에 쌓여 있었고 한편으로는 이제 이 정도면 되었다고 하는 나태한 마음을 이번 화재로 인하여 깨끗이 없애주는 역할을 했다고 한다.

법당에는 산신도사 할아버지와 장군님이 근엄하게 버티고 있고 가운데는 약사여래 부처님이 인자한 모습으로 법당을 둘러보고 있다. 손님도 꾸준히 들어 인근에서는 꽤나 잘나가는 보살이다. 이사를 온지 1년이 조금 넘었지만 이렇게 비좁은 집에 살면서도 그녀는 애초의 계획대

로 이사를 하지 못했다. 그것은 법당에 있는 부처님이 움직이지 말라고
했기 때문이다.

기막힌 외상굿

그녀는 지역의 무속단체의 협회일에 가장 열심히다. 남들은 자신의
일이 바쁘다면서 신경을 쓰지 않는 협회일을 그녀는 도맡아 일을 한다.
비록 지역의 지회장이 아니지만 그녀는 그 이상으로 열심히 하고 있다.
항상 낙천적으로 행동하며 처신하는 그녀는 언제나 애동처럼 보인다.
아니 밝음이 넘친다. 점도 동자점과 선녀점이 주류를 이룬다. 그러니
누가 그녀를 보고 10년이 넘은 중견보살로 볼까. 마음도 착해서 신도들
을 위해서 외상굿도 많이 해주었다.

"이번에 굿을 해야돼."

"굿을 할 돈이 없어요."

"그냥 굿을 해줄테니 어서 와."

"그래도 돈이 전혀 없는데 …."

"그럼 돈은 있을 때 주면 되잖아. 굿은 이번에 꼭 해야돼. 과일값만
내 놔."

"재물차릴 돈도 없는데 어떻게 해요."

"정 돈이 없으면 내가 돈을 빌려줄께."

굿을 꼭 해주어야 하는데 신도들이 돈이 없는 경우는 이렇게 거의 외
상으로 하여 주었다. 그러면 덕을 본 신도들이 나중에 돈을 가지고 왔
다. 그래서 외상굿을 전문으로 하는 보살이라는 소리도 들었다. 외상굿
을 한 신도들은 반드시 돈을 가지고 와서 사례를 하였다. 신도들이 김
보살의 착한 마음씨를 알기 때문에 그런 돈을 떼어먹을 생각을 하지 않
는다.

"굿을 해서 성불이 안되면 굿값을 받을 마음도 없어요. 보시했다고

생각을 하면 되니까요. 굿을 하는데 무당이 꼭 굿값을 받을려고 굿을 하는 것이 아니잖아요."

어릴적부터 신이 와

고향은 강화도로 그녀는 초등학교 때부터 신이 오는 것을 알았다. 눈을 뜨면 누가 옆에 앉아 있었다. 자세히 보면 소복을 입은 사람이었다. 마치 제를 지내는 엄숙한 모습으로 자신의 옆에 앉아있는 사람을 자주 보게 되었다. 놀라는 것도 한두번이지 반복이 되니 그려려니 했다.

결혼을 일찍 하면 신을 떨쳐버리는 수가 있다는 말에 결혼도 아주 일찍 했다. 그래서 자식을 낳고 살다가 재숫굿을 하다가 30살에 그만 신을 받았다. 즉 재숫굿이 그만 신굿이 되어버린 경우였다. 그것도 남편에게 알리지도 않고 신을 받아버린 것이었다. 아니 그럴 새도 없었다. 그래서 티격이 나서 이혼을 하였다. 그 당시에 할아버지는 선관 할아버지로 들어왔고 선녀는 좀 욕심이 많은 편이다.

이혼을 하고는 마음을 정리할 겸 대전으로 내려갔다. 그러나 그곳에서 1년동안 고생을 많이 했다. 애동때 부처님을 모신 탓일까. 말도 못하는 고생을 한 후에 다시 서울의 가리봉동으로 와서 자리를 잡았다. 그때는 부처님을 내물린 상태였는데 봉천동으로 와서부터 다시 부처님을 모셨다. 그녀는 할아버지와 선녀가 특히 많이 도와주는데 현재의 신선생은 구로동의 어느 법사이다.

현재 그녀는 한양굿 한다. 그중에서도 재수굿을 잘하는데 그녀의 재수굿은 전통에 근거를 하여 노는 편이다. 굿당에서는 홍철육을 걸어 놓아 군웅할아버지를 모시는 절차인 주당을 물리면서 한양굿은 시작이 된다. 제가집의 정성을 알리고 기원을 하면서 굿의 시작에 앞서 모든 부정을 볼아내는 부성거리가 그 다음을 잇는다.

조상신과 모든 신령을 굿청에 하강하기를 빌면서 상산노랫가락을 하는 가망청배를 하고 난 뒤에는 가망청배로 모셔진 신령들에게 재물과 술잔을 올리는 진적거리를 하는 것이 전통서울굿의 앞부분이다.

이후 무조의 한분인 가망신인 죽은 만신의 영혼을 모시고 불사와 천존 그리고 일월성신과 칠성을 위하여 전안불사거리와 제가집에서 모시는 불사님을 위한 안당불사거리를 한다. 불사만수받이를 한뒤에는 무당들이 받드는 고을의 수호신을 모셔 정성을 드리는 도당거리를 하며 본향 무당의 만신 조상을 위하는 초가망거리와 제가집 본향의 산신대감과 호구말명 그리고 조상등을 위하는 거리인 본향거리를 한다.

그리고 굿의 제일 하이라이트인 조상거리를 하는데 이 거리는 만신이 제가집의 4대 조상을 전부 모시고 조상님을 차례로 초빙하여 살아생전의 모습으로 아직 살아있는 후손들에게 명과 복을 내리도록 기원하며 조상들의 명복을 비는 거리아다. 조상거리를 하면서 굿이 중반이후로 넘어간다.

뒤이어 서울굿에서 가장 중요한 상산거리를 하는데 이 거리에서는 산신을 모시면서 제가집의 소원성취를 비는 것이다. 그리고 호구별상거리와 장군신장거리 그리고 대감거리를 하고 제석거리와 성주거리를 하면 굿이 거의 끝나가는 것이다. 마지막에 창부거리와 뒷전거리를 하면 한양굿은 대충 끝이나는 것이다.

굿당은 과거에는 안양의 굿당을 자주갔는데 지금은 안간다. 그곳에 가면 재수발이 약하거나 아예 받지를 않기 때문이다. 그래서 요즘은 서울대쪽의 굿당을 이용하는데 기도도 자주 가는 편이다. 기도는 관악산을 가기도 하고 간단한 경우는 자신이 이용을 하는 굿당에 가서 산신각에 기도를 많이 하는 편이다.

☏ 서울시 관악구 봉천 10동 02) 889-6471

안동의 미인보살 작두장군

작두장군 허정희 보살

영검한 작두장군

안동에서 유명한 작두 보살이 평화동에 있다. 경상도에서 가장 점을 잘 본다는 이들이 기라성같이 포진해 있는 안동에 보살 생활 10년의 허보살이 존재하는 사실은 참으로 예사롭지 않았다. 처음간 안동의 행길가에 천황깃발이 없이 작두장군이라는 간판만 붙어 있어 우락부락한 여장부인줄 알았는데 찾아가보니 상당한 미인이었다. 그런면에서는 영락없는 선녀줄이었다. 그러나 그녀의 집 간판은 엄중한 작두장군이었다.

즉 몸주의 신명은 천상 선녀였고 그 선녀가 빌어서 작두장군이 내리시고 아미타불 부처님도 내리시고 또한 글문도사도 내린 형태였다. 그러나 작두장군이 주로 앞장을 서서 오는 신도들의 집안을 밝히기 때문에 작두장군을 더 받들고 위하는 것이다.

점사로만 본다면 허보살의 집은 천상의 글문도사가 주관하는 집이기도 하다. 그래서 점을 글문으로 주소와 생년월일과 이름을 넣고 보는 비교적 조용히 점을 뽑아 보는 편인데 그런 이유로 신령님 청배도 속으로 한다. 점사는 참으로 양심적이라는 평이 지배적이다. 글문도사 할아버지는 대개 굵직한 점사만 보는데 자질구레한 점들은 선녀나 동자가 다시 들어서서 보아준다. 이렇게 신령이 바뀌어 들어서면서 점을 잘 본다는 특히 양심적으로 점을 잘 본다는 소문이 널리나서 안동에서는 손님이 비교적 많은 편에 속하는 신점의 명인이 바로 장군보살이다.

연탄가스가 신을 불러 …

신을 받는 동기는 참으로 여러 가지다. 안동의 허보살은 신을 받은 동기가 참으로 특이하다. 부모님의 고향은 만주이지만 그녀의 고향은 마산이었다. 그래서 마산에서 학교를 다녔다. 1979년도인 23살 때 6월에 장마가 크게 왔다. 이때 시골에서 연탄불을 피워놓고 자다가 연탄가스에 질식이 되어 어머니가 돌아가셨다. 그녀의 어머니는 밤 12시에서 1시에 옥수물을 떠놓고 칠성에 지극정성으로 빌었던 분이었다. 작은 오빠가 몸이 안좋아 어머니가 건강과 출세를 위해 빌었던 것이다.

그런 어머니가 돌아가시고 나서 그해 7월달에는 처녀인 정희에게도 시련이 왔다. 태풍이 오는 날이었다. 꿈에 돌아가신 할머니와 어머니가 오셨다.

"야야, 일어나라. 일어나라."

"할머니는 누구십니까?"

"내, 니 할미다."

할머니의 곁에 있던 어머니도 거들었다.

"나는 니 엄마다. 일어나라. 여기 있으면 너는 죽는다."

그 소리에 엉덩이를 박차고 일어났다. 당시는 밤 11시 마감뉴스를 하고 있었다. 머리가 띵하였다. 아버지는 안방에서 TV를 시청하고 있었다. 그때 그녀가 아버지에게 꿈에 할머니와 어머니를 보았다고 하면서 밖으로 나왔으면 아무일도 없을 것을 그냥 그대로 다시 잠자리에 와서 잠을 잤다. 그때 이미 연탄가스에 중독된 상태였다.

그 다음날 아버지가 깨우니 일어나지 못했다. 그때 처음으로 영혼의 세계를 알았다. 사람이 다죽어 간다고 동네 사람들이 몰려왔다. 처녀인 정희를 마당에 눕혀 놓았는데 그녀의 영혼은 서서히 몸에서 떠나기 시작했다. 육신은 동네 사람들이 마당에 눕여놓았는데 육신은 돌부리에 얹혀 있어 아팠다. 그러나 이미 영혼은 분리되어 있었다. 영혼이 지켜보고 있는 가운데 사람들은 아버지보고 식초를 가져 오라고 했다. 그런데 아버지는 너무 당황하여 갑자기 바다로 뛰어갔다.

이때 유체이탈을 한 상태에서 영혼은 육체와 분리되어 뛰어가는 아버지에게 말을 걸었다.

"아버지, 나 여기 있어."

그 말도 못듣고 아버지는 스쳐 지나갔다. 그녀의 영혼은 서있는데 육체는 계속적으로 누워있었다.

"어, 아줌마. 왜 내가 누워있지. 아줌마, 나 여기 있어."

그녀가 아무리 아줌마를 불렀지만 반응이 없었다. 사람들은 영혼을 보지 못했던 것이다. 병원에 가는 도중에 천상의 세계를 보았다. 천상의 세계는 발을 땅에 디디고 가는 것이 아니라 사뿐사뿐 걸어가는 것이었다. 안개로 자욱하고 감미로운 음악도 흘렀다. 그런 길을 가니 너무나 좋았다. 그 길로 빨려가는 느낌이었다. 가다보니 길이 두갈래 길이었다.

한쪽 길은 천사들이 나발을 불고 날개가 달려 다니고 너무 좋은 길이었다. 그러나 다른 한길은 완전히 인간 세상의 흙이 있는 돌길이었다. 그 두 길의 중간에 서 있는데 하늘에 존재하는 어떤 허연 모습의 할아버지가 호통을 쳤다.

"네 이놈, 여기가 어딘데 감히 네가 벌써 여기 왔느냐. 내려 도로 돌아서라."

"근데, 할아버지 길이 없어요. 길이 두갈래인데 나는 어느 길로 가야 합니까?"

"돌아온대로 서라."

그렇게 하니 길이 없어졌다.

"할아버지 저는 어떻게 합니까?"

"네 이놈, 인간세상에 살다가 정 힘이 들면 나를 찾아라."

그때는 몰랐다. 할아버지가 이렇게 호통을 치면서 등을 떠밀었다. 밀었는데 몰라 눈을 뜨니 의료원의 창문가였다. 깨어나니 고통이 너무 심하였다. 결국 그녀는 연탄에 중독이 되었으나 다행히 죽지는 않았다. 대신 그녀에게 신이 온 것이었다. 때는 바로 꽃다운 나이였다.

결혼도 하고 자식을 낳고나서보니 고통이 서서히 더해왔다. 결혼하고 35살에 신의 길이 완전히 열렸다. 그것도 우연이었다. 당시는 사업을 하니 장사가 너무 잘되었다.

그런데 어느날 스님이 시주를 하러 왔다. 그때 시주하러 온 스님이 관상을 보더니 다음과 같이 말했다.

"아주머니는 여기 계실분이 아닙니다. 글문으로 즉 펜으로 먹고 살아야 합니다."

"스님, 저는 이제 글도 끝났고 해서 아니되는데요."

그 스님이 지나가고 난 뒤 한달뒤부터는 장사가 전혀 되지 않았다. 방울소리와 징소리가 들렸다. 사방을 둘러보아도 아무 것도 없었다. 그래서 놀라 무당집에 가서 점을 보게 되었다. 점을 보니 "신이 왔다."고 하는 보살들이 있었고 다른 보살들은 "아직, 신이 아니다."고 하였다. 의견이 분분하니 전혀 신뢰성이 없었다. 그래서 신을 받는 것을 거부하였다.

대신 눌림 굿을 하였다. 굿을 자주 하다가 더 이상 누르지 못하는 상태가 되었다. 당시는 남편도 아파 어쩔수 없었다. 남편의 그 좋은 직장도 신을 거부하기 때문에 그만 두게 되었다.

"니가 신굿을 받아가면 대주(남편)의 몸이 낫는다."

이런 신의 말을 듣고 39살에 천지신명의 부름을 받고 하늘의 문을 여는 신굿을 학가산에서 하게 되었다. 신굿을 한후 조상 대감만 모셨다. 신을 몸에만 싣고나서 그 이듬해인 40살에 안동에서 내림굿겸 신굿을 정식으로 했다. 내림굿을 하고 법당을 법상동에서 정식으로 모셨다. 그때 그녀는 자신의 몸주가 선녀라는 것을 알았다. 내림굿을 한 후에 100일 기도를 하면서 다음과 같은 사실도 알았다.

"저의 몸은 선녀의 몸이에요. 죽었을 때 천상에 갔을 때 천지신명님께서 '너의 생명은 23살에 요절할 수이니 너무 아까우니 인간의 세계에다 천상에 있는 선녀의 혼을 넣어준 것이다.' 라고 말을 했어요."

그녀 스스로 이런 말을 하였다. 이런 신령의 말을 받을 정도로 영검한 선녀 몸으로 신을 받은 그녀는 뒤이어 그 똑똑한 천상선녀가 빌어서 더 큰 신명을 뒤이어 받았다. 장군도 내리고 대감도 내렸다. 그녀는 혼이 천상에 있기 때문에 그것을 처음으로 선녀한테 계시를 받았다고 한다.

"제자야, 상좌야. 너는 혼이 천상에 있고 너에게 들어서 너의 모자람을 비춰주고 인간 세상에 좋은 일도 많이 해야 한다."

이런 약속을 하고 신의 세계에 접했다. 신을 받으면서 안동에 정착을 하였다.

"제자야, 상좌야. 안동에서는 배울 점이 많다. 그러니 안동땅에 앉아라."

바로 관우장군의 말을 듣고 관우장군의 사당이 있는 이곳 안동땅에 온 것이었다. 그래서 모신 분이 바로 관우장군이기도 했다. 이런 신의 계시를 받고 온 안동은 세월이 몇 년 흐른 뒤에 그 이유를 알았다. 신의 세계에 들어서면 신의 선생을 잘 만나야 한다. 허보살도 예외는 아니었다. 신의 선생 때문에 고통을 많이 받았다.

비록 신의 선생을 잘못만나 아무것도 모르는 애동이라 신의 선생에게 알게 모르게 이용만 당하고 고난은 있었지만 지금은 그러한 고난을 이겨내었기 때문에 그녀에게는 안동이 좋은 곳이 될 수밖에 없었다.

작두장군이 내려

그 뒤 얼마뒤 천상에서 작두장군이 내렸다. 어느 순간에 기도를 하는데 3단 작두가 서서히 내려왔다. 3단 작두는 쌍작두나 외작두 보다도 더 타기가 힘든 것으로 보기만 해도 섬찟한 작두였다. 그 3나라 3장군 작두에 옷을 화려하게 입은 나라장군이 내렸다. 그런 모습을 보고는 깜짝 놀랐다.

그래서 작두는 작년 11월부터 탔다. 장군으로는 시댁쪽으로 강감찬 장군이 내렸다. 작두는 소작두와 3단작두가 있을 정도로 작두신이 매우 강하다. 이런 작두신은 다음과 같은 원력을 주기도 한다. 얼마전의 일이었다. 어떤 여자가 찾아왔다.

"보살님 못믿겠습니다. 굿을 몇 번했는데 덕은 못보고 집만 풍지박살이 났습니다."

이런 말을 믿은 그녀는 다음과 같이 말했다.

"당신은 나를 믿겠습니까? 만일 저를 믿는다면 보살의 안좋은 인식을 꼭 깨쳐드리겠습니다."

"그러면 제가 마지막으로 믿을께요."

"그럼, 해봅시다."

이렇게 하여 마지막으로 일을 하였다. 그 집안의 고를 잘 풀고 신명을 잘 다루어 일을 하였다. 굿을 한 뒤에 그 여자는 깜짝 놀랄정도로 덕을 보았다고 나중에 찾아와서 고맙다고 인사를 수없이 했다. 이럴 정도로 그녀는 영검하다. 한편 착하다고 소문난 허보살은 2002년에는 그 마음처럼 아미타불 부처님을 모셨다.

🌳 안동시 평화동 99-22번지 054) 852-8950

일산의 돌할머니 천지암

돌 할머니 박정옥 보살

유명한 돌 할머니

돌이 쉽게 들리면 소원이 이루어지지 않는 것이고 그 돌이 잘 들리지 않거나 들 때 밑에서 당기는 느낌이 있으면 소원이 성취가 된다는 소문이 있는 돌할머니를 만나기로 하였다.

그러던 차에 고양시 능곡을 방문하여 보았는데 그 돌할머니 보살은 오래전에 한번 뵈온 적이 있던 분이었다. 참으로 뜻밖이었다. 그곳은 능곡역 앞에 있는 아파트와 빌라가 있는 동네로 바로 6년전에 방문한 적이 있던 곳이었다. 단지 옛날의 빌라대신에 그곳에는 현대식의 그린빌 아파트라는 새로운 주거단지가 형성이 되어 있었다. 그곳은 바로 내가 졸저인 "명무와 용한 점쟁이"를 처음으로 준비할 때 가서 만났던 바로 그 보살이었다.

그때는 신당에 할아버지와 할머니 그리고 장군님 또한 흰부처님인 약사 부처님등이 모셔져 있었다. 즉 거실에 있는 그런 신비의 돌이 없었는데 지금은 그런 돼지같이 생긴 돌할머니와 그 옆에는 돌할아버지 그리고 단상 밑에는 돌장군를 따로 모시고 있었던 것이었다.

돌할머니 옆에는 비슷한 크기의 다른 돌인 돌할아버지가 참으로 이체로웠다. 바로 한단계 밑의 단상에서 비슷한 크기의 돌장군이 있었다. 이렇게 거실에는 3개의 돌을 모시고 있었고 손님들이 돌을 한번씩 들어 본 다음에는 바로 옆의 방에 모셔져 있는 신당에 들어와서 보살에게 점을 보는 형식이었다.
"다 기가 있습니다. 소원을 한번 빌어 보세요."
이런 말을 자신있게 하는 박보살은 6년전의 모습과 그대로였다. 그때는 인근에서 용한 점쟁이로 이름을 날리던 때였다.

전북대학교에서 학술강연

그녀에게는 그동안 많은 변화가 있었다. 2000년 2월 24일을 전후하여 이틀동안 전북대학교 인문학 연구소에서 주최하는 학술대회의 강연에도 무속인으로서는 처음으로 또한 그 행사에 단독으로 참석을 하였던 것이다. 이날 강연은 "나의 입무와 신비체험"이라는 주제였다.
4살 때 이북에서 피난내려온후 실향민의 가족의 일원으로 있다가 그녀의 나이 13세때 신 내림의 증상이 있었다. 그후 30년이 넘게 기독교와 카톨릭에 입문하여 신의 길을 회피하였다. 그러나 신은 자꾸 몸에 차고 들어왔다. 그래서 신령님과 약속을 하였다. 아이들을 모두 출가시키고 난 뒤에 신을 받겠다고 한 것이었다.
사실 그녀는 무당이 될 즈음해서 먼저 부적신을 받았다. 그것도 빨간 싸인펜으로 문종이에다가 아무렇게나 부적을 써주었다. 어떤 격식을 갖추고 쓰는 부적이 아니었다. 그냥 나오는대로 아무 종이에나 빨간 싸인펜으로 쓰는 부적이지만 주위에서는 서로 받아갈려고 했다. 그 부적이 신통하게도 잘 들었다. 동네에 소문이 나서 그 부적을 받으러 많은 사람들이 왔다. 그런데 그 부적은 부적값도 제대로 받지 않는 그런 영부적이었다. 복채도 없이 점도 보아주었다. 그럭 저럭 소문이 났지만 신당을 모시지 않고 깃대도 꼽지않고 간판도 없이 원하지도 않는 점쟁이 소리를 듣게 되었다. 이때 실발이 강한 영부적은 만 3년을 썼다. 무당이 아니면서도 어느덧 무당소리를 들으면서 세월을 보냈다.

"이제는 신을 받아라."

이런 말을 들은 그녀는 자녀의 출가후에 정식으로 신을 받겠다고 맹세를 했다. 결국 50살이 가까워오는 나이에 다 자란 아이들이 갑자기 중매가 들어와서 봄과 가을에 후딱 다 결혼을 시키고 나니 약속대로 신이 어구차게 들어왔다. 그래도 신을 받지 않을려고 노력을 했으나 잠을 재우지 않는 도저히 견딜수 없는 압력을 받았다. 그러다가 더 이상 참을수가 없어 오는 신령에 마침내 굴복하여 혼자 신당을 마련하고 정식으로 신을 받았다. 이렇게 하여 그녀는 내림굿도 하지 않고 무당이 된 것이었다.

신에서 간판의 제목도 일러주었다. 어느날 갑자기 신당에서 이런 말이 들렸다.

"문패는 천지암으로 하라."

이런 말을 듣고 빌라 2층에다가 간판을 걸었다. 이후 손님을 보았다. 이렇게 신령의 말을 직접 듣고 행할 정도로 신이 어구차게 들어온 그녀는 금방 인근에서 용하다는 소문이 났다.

박보살의 대표적인 영적 체험은 임산부가 왔을때였다. 그녀는 병원에 가니 아이가 기형아라고 하여 지우라고 하였다. 그래서 고민을 하고 있었는데 점을 쳐보니 기형아가 아니었다. 그래서 "기형아가 아니다. 걱정말고 낳아라."고 주문을 했다. 그녀의 말에 용기를 얻은 임산부는 애를 낳았다. 아이는 건강한 아이였고 그녀의 점사대로 정상이었다. 최첨단 시대에 전통 무속이 승리를 한 셈이었다. 대충 이런 내용을 그녀는 강연을 했던 것이다.

고향이 이북이라 경기도 북부 지역에 있는 휴전선하고 가까운 감악산을 본향본산으로 정하고 그곳에서 가까운 고양시 능곡에 자리잡은 사연과 돌할머니 돌할아버지 그리고 돌 장군을 모시게 된 연유도 아울러 설명을 했다. 그러면서 자신이 모시는 돌뿐만 아니라 나무와 풀에도 생명이 존재한다는 것과 모든 삼라만상의 존귀함을 역설했다. 뒤이어 많은 학생들과 교수들이 보는 앞에서 서울굿의 뼈대인 대감굿을 직접 시연해 보였던 것이다.

돌을 모시게 된 동기

3년전인 1999년 그녀는 청주에서 가까운 청천산 화양계곡에 기도를 갔다. 음식을 많이 해가지고 가서 기도를 하는데 곳곳에서 불이 번쩍하였다. 그래서 겁이 나서 대충하고 약간의 음식을 동서남북으로 던져야 하는데 음식을 드는데 밑에서 확 잡아당기는 느낌이 들었다. 이런 경험은 처음이라 너무나 무서워 서둘러 내려오게 되었다.

하산을 하는 새벽 3시경에 "골을 타고 내려가라"는 말이 들려왔다. 그 말에 '무슨 골을 타고 내려가라' 그러나 하고 원래의 그곳에 다시 가 보았다. 그리고는 다시 그곳에서 골을 찾아 내려 오려고 했다. 그런데 기도를 한 곳에서 50미터 떨어진 곳의 조그마한 길에서 웬 해골이 빛이 반짝 반짝 났다.

"어머, 이상하다. 밤에 이 조상이 그랬나."

이런 말을 하며 남의 조상이면 그 해골을 땅에 묻어주려고 했다. 그러나 가서 만져보니 울퉁불퉁한 범같이 생긴 둥근 작은 바위였다. 나중에 알고보니 그분이 바로 돌할아버지였다. 그리고 이내 돌아서서 보니 바로 옆의 용궁에 물할머니 물할아버지에게 빌고 돌아서서 내려 오려고 하는데 물속에서는 새파란 빛이 났다. 그러면서 물도 끓어오르는 것 같았다. 그래서 손을 물에 담그려는데 돌이 쑥 솟아났다. 깜짝 놀랐는데 귀에서는 할아버지가 다음과 같이 말했다.

"기가 있는 돌이다. 살아 있는 돌이다."

이런 말을 듣고 그 돌을 보았다. 옆에서 같이 간 일행들도 모두 기가 있는 돌이라고 하여 그 돌들을 안고 내려왔다. 그분이 바로 맨 밑에 있는 돌장군님이었다. 그런데 뒤에서는 인민군 발자국 소리가 났다. 그래서 마음속으로 '다음에 올때는 제대로 대접을 하겠습니다' 라고 마음속으로 비니 그 소리가 없어졌다.

돌을 모시고 와서 집앞에 두었는데 다음날 비구니 스님이 우리집에 시주를 하러 들어왔다. 그래서 그 스님에게 물어보았다.

"스님, 제가 산에서 돌을 두분 모셔왔는데 괜찮겠습니까? 신당의 할아버지 때문에 아직 집안에는 못들이고 있습니다. 저는 이해가 안되는데 이를 어떻게 하면 되겠습니까."

그러자 비구니 스님은 어려운 문제가 아니라는 투로 대답을 하였다.

"제가 내일 아는 신기가 있는 유명한 스님을 모시고 올때니 그분에게 물어보십시오."

그 말에 잘되었다고 하면서 내심 그 스님을 고대하고 있었는데 정말 그 다음날 귀신을 잘 본다는 스님이 왔다. 다음날 와서 그 신기가 있는 스님이 하는 말이 걸작이었다.

"말 모셔왔습니다. 옛날에는 다 돌신령이고 나무가 선황인데 잘 모셔왔습니다. 점안식을 하십시오."

그래서 점안식을 하고 정식으로 거실에 모셨다. 모시고 나서 그냥 들면 쉽게 들리는데 축원을 하고 간절히 소원을 빌고나서 돌을 들면 쉽게 안들릴 때가 있었다. 그래서 살펴보니 소원이 이루어지는 경우이면 쉽게 안들리는 것을 알게 되었다.

그리고 그로부터 일주일이 지난후 꿈에 그녀가 안방에 있었는데 한 40대가 안되어 보이는 아주 잘생긴 남자가 방안을 들여다 보길래 '응, 용장군이시구나.' 라고 생각을 했다. 이후 다음과 같은 신령의 말이 들렸다.

"앞산을 가라."

그래서 그 청천산의 앞산을 갔다. 그곳은 가서보니 도명산이었다. 그곳에서 중간쯤에 집채만한 돌이 눈에 띄였다. 그 옆에는 작은 돌도 있었다.

"여기다."

그녀는 자신도 모르게 손뼉을 치면서 그곳에서 기도를 하고 왔다. 그곳에서 그 작은 돌을 모셨는데 그분이 바로 돌 할머니였다.

"3년동안 도를 닦아라."

이런 말을 들은 뒤에 정말로 3년동안 도를 닦고 나니 할아버지와 할머니 그리고 용장군을 공개하는 허락을 받았다.

현재 그녀는 제자를 잘 내지 않는다. 그러나 얼마전부터 자신의 유명세를 보고 신딸로 의도적으로 들어오는 여자가 많다고 한다. 그러나 내림굿을 하여 주지 않는다고 한다. 대신 뜨내기 제자들을 둘이나 들어왔다가 나갔다고 한다. 그중에 한 40대 여성은 내림굿을 잘 하였으나 그 뒤에 하도 남자관계가 복잡하고 문란한 성생활을 하여 결국은 신에서 노여워해서 있던 영이 다 떠나간 케이스가 있었다. 이후 남자와 바람이 나서 스스로 사라져 버렸다고 했는데 이후 어느 지역의 생활정보지에서 무당 광고를 하는 것을 보았다고 한다. 그런 색기가 철철 흘러 넘치는 제자는 결코 자신의 신딸이 아니고 될 수도 없다고 단호히 말한다.

신을 받은지 9년째 되는 그녀는 무속단체의 고양지부 운영위원장을 맡고 있다. 단체의 활동뿐만 아니라 그녀는 인근 동네의 불우이웃돕기에 앞장을 서고 있다. 그녀의 봉사활동에 대한 평가는 바로 아랫집 아주머니의 말에서 알수가 있다.

"알게 모르게 얼마나 봉사를 많이 하는 줄 몰라요. 이번 정월달만 해도 떡을 얼마나 해서 돌렸는지 몰라요. 박스로 돌렸어요. 이 동네 노인네 생신이면 술을 사가지고 가고 떡이나 과일을 돌리고는 해요."

🏠고양시 토당동 861번지 그린빌 아파트 205호   031) 974-2449

부산의 스타 작두장군

정정은 보살

점잖보는 젊은 미인 보살

　부산의 망미초등학교 근처에서 점을 잘본 다는 소문으로 이름을 날리다가 얼마전에 민락동으로 옮겨 점사를 보는 정보살은 전형적인 양심보살이다. 전국에서 보살이 제일 많이 포진하고 있다는 부산에서 점을 잘보기로는 가히 서너손가락안에 꼽힌다는 평판을 받았던 그녀였지만 젊은 보살로서 그동안 재물에 욕심을 부리지 않고 오로지 여러 사람을 살리는 점사를 위주로 살아왔다. 그러면서 자신에게 주어진 신의 길을 올바르게 가려고 노력하고 있는 것이다.
　정보살의 이런 모습은 함부로 내림굿을 해주지도 않는 것에서부터 쉽게 알수가 있다. 또한 신을 받은지 7년이 되었지만 오로지 기도를 통해 자신의 올바른 주령신을 찾으려고 노력하는 모습을 견지하고 있다. 이러한 모습은 가히 무속인들의 귀감이 될만하다.
　"어느 분이 어떤 연유로 나를 무당을 만들었으며 무당을 만들었으면 반드시 그 이유가 있을 것이라고 생각을 했습니다. 굳이 왜 이 길을 가라고 한 이유가 있었을 겁니다. 그러한 이유를 찾기 위해 기도를 했습니다."
　그녀는 기도의 답을 찾았다. 즉 자신이 모시고 자신을 도와주는 신령을 제대로 알게 된 것이다. 그녀가 이렇게 기도에 매달리게 된 것은 굿이 잘못된 쪽으로 가는 것을 안 이후 부터였다.

"언젠가 한번은 재수를 달라고 굿을 하는 자체가 잘못되었다는 것을 느꼈습니다."

즉 재수굿이 잘못 되었다는 것을 지적한 것이다. 즉 굿의 목적인 조상의 벌전으로 안좋고 나쁜 경우에 빠진 딱한 후손들을 원 상태로 회복시켜달라는 것이지 잘되고 있는 후손을 더 잘되게 해달라는 것이 아니라는 것을 알게 된 것이다. 그런 의문은 결국 자신의 신령에 대한 의문과 그 찾음으로 발전을 한 것이다.

필자가 5년전에 처음 보았던 그런 모습이 아니었다. 법당의 중앙에는 부처님이 모셔져 있었다. 그것은 자신의 조종이 불사라는 것을 드러내는 것이었다.

본향을 찾아

정보살의 태어난 고향은 강원도 철원이다. 그러나 그녀는 강원도 굿을 하지 않고 있다. 그 까닭은 태어난 곳은 비록 강원도이지만 그녀의 본향은 충청도이기 때문이다. 조상 대대로 살았던 고향은 충청도이기 때문에 얼마전에는 좌경을 위주로 하는 앉은 거리로 돌아서고 있는 형편이다.

이렇게 무속에서는 본향은 고향과 다르다. 고향은 사람이 태어난 곳을 고향이라고 하지만 본향은 원고향으로 아버지와 어머니의 고향을 말하며 더욱 정확히는 부모의 조상들이 묻힌 곳이기 때문이다. 그래서 무속의 한양 굿거리에서는 본향거리가 있는데 이 거리에서는 본향산신을 추든다. 즉 우리의 조상들은 대대로 산에 묻히기 때문에 그 조상들이 죽어 산신이 되었다는 연유로 본향산신거리를 놀기도 한다.

본향 마누라 수위라

수본향 수천왕에 육본향 육천왕
성주고 씨주신 양산 본향 아니시리

이렇게 성을 주고 씨를 준 곳이 바로 본향인 것이다. 정보살이 본향을 완전하게 되찾은 것은 얼마되지 않는다. 그래서 지금은 선거리인 한양굿을 하면서도 앉은 거리인 경문을 중요시하면서 조상거리를 한다.

어린 시절과 젊은 시절의 병고

대학까지 나와서 집안의 든든한 장군빽으로 보안대에 시험도 보지 않고 특채가 되어 근무를 하던 군인인 아버지를 따라서 4살 때 부산으로 이사를 온 이후에는 남부럽지 않은 집에서 부유한 생활을 하였다. 그러다가 초등학교 3학년때부터 알 수 없는 병에 시달렸다. 병원에 가보니 신우신장염이라고 하였다. 그해에 고모와 사촌언니가 같은 병인 신우신장염으로 죽었다.

그래서 집안에서는 더욱 놀라서 당분간 학교를 못나가게 하였고 거의 녹두죽만 먹고 살았다. 그러니 5년을 학교에 다니다 말다를 반복했다. 즉 새로운 학년과 학기가 시작되면 책을 받으러 간 기억밖에는 없다. 거의 짧은 병원생활과 긴 생활을 집에서 안정을 취하는 것이 대부분이었다. 다행히 집안이 부자여서 가정교사를 두고서 학교진도를 따라가는 것이 전부였다.

중2때가 되어서 병이 거의 다 나았다. 집에서 꾸준히 공부를 한 탓에 거의 따라갈수 있었다. 대학은 부산에서 다녔는데 전공은 심리학을 하였다. 그러나 21살 때 집안이 내리막길을 걸었다. 그것은 보안대를 퇴직한 아버지가 사업을 하다가 실패를 하였기 때문이었다.

이후 생활은 불안정의 연속이있다. 대학을 근근히 마칠 정도로 생활이 불안정하였기 때문에 이때 담배도 배웠다. 대학을 졸업한 후에는 부산의 대기업에 들어가서 비서실에서 생활을 하였다. 그러나 외부손님을 접대하는 그런 비서실 문화가 마음에 들지 않아 이내 퇴직하고는 사업을 하였다. 여자로서는 대담하게도 경매사업과 신용카드업을 하였다. 많은 이문이 남는 사업이였지만 이상하게도 앞으로 남고 뒤로 밑지는 장사였다.

이때 갑상선에 이상이 생겼다. 목에 피가 뭉친것 것처럼 불룩하게 부어올랐다. 병원에 가도 잘 낫지 않았다. 그러면서도 사람을 보면 자꾸 아는 소리를 하였다. 주위에서는 무당에게 가서 점을 한번 보라고 하였다. 그런 소리를 주위에서 하길래 이왕 내친김에 무당에게 가서 재수굿이라도 하면 더낫지 않을까 하고 부산의 어느 보살에게 가서 점을 보았다.

"신을 받으라."

이런 날벼락같은 말에 미친 소리를 한다며 무당집을 나왔다. 그 이후에는 꿈에 신령님들이 차고 들어왔다. 그런 와중에 그녀는 자신이 귀신이 들렸다면서 구인사를 갔다. 그곳에서는 밤 10시부터 새벽 3시까지 기도를 하면서 7박 8일을 있었다. 그 절은 가서 기도를 하면 귀신이 떼어진다는 소문이 있었으나 실제로 가보니 그것이 아니었다.

구인사를 갔다오니 더욱 꿈에 보도 듣도 못한 신령들이 "내가 왔다."라고 하면서 들어치는 것이었다. 한마디로 영이 더 맑아진 것이었다. 사람을 보면 더욱 점쾌가 시원스럽게 나왔다. 그래서 부산의 그 무당에게 다시가서 내림굿을 할 날을 받았다. 기가 막힐 노릇이었다. 집안에서는 아버지가 알고는 난리였다.

"우리 가문에 무당이 웬말이냐!"

비록 아버지가 군예편후에 멋모르고 뛰어든 사업에 실패를 하고부터는 이미 기울어진 집안이었지만 아버지는 결사반대를 하였다. 그래서 아버지는 그녀를 이끌고 부산 무당의 신 아버지인 서울 박수를 찾아가서 1억원을 줄테니 제발 신을 떼어달라고 하였다. 그런데 그 박수는 일언지하에 거절하였다.

"내가 돈을 바라면 지금 당장이라도 그 돈을 받고 눌림굿을 해줄수 있으나 정씨 제자는 이미 신이 차 올라왔기 때문에 그만둘수가 없다. 만일 눌림굿을 하면 우리가 다칩니다."

그녀의 아버지는 이런 소리를 듣고 낙심을 하였는데 노련한 박수의 이 한마디에 두손을 들고 말았다.

"만일 정제자가 내림을 받지 않으면 분명히 손녀딸에게 신기가 내려갑니다."

아버지는 외손녀를 끔찍히도 귀여워하였다. 그런데 외손녀가 무당이 된다는 말에 그리고 또한 딸이 신을 받지 않으면 실성을 할지도 모른다는 말에 굴복을 하고 내림굿을 허락하였다.

그리하여 그녀 나이 30살이 되는 해 크리스마스 이브에 부산의 약수암에서 내림굿을 하였다. 당시로서는 2천만원의 막대한 거금이 드는 굿이었다. 그러면서도 내림굿을 하기 전에 삼산을 돌지도 않는 이상한 굿이었다.

이후 신 아버지의 명패를 받들어 작두장군이라고 하면서 손님을 받았다. 처음에는 손님이 많이 들었다. 그러나 신을 내려준 부산의 보살이나 서울의 박수와 인연이 끊어졌다. 그것은 시도 때도 없이 서울로 불러올려 굿에 참석을 하라는 바람에 자신의 신당을 돌볼 겨를이 없었다. 그 많던 손님도 신당을 자주 비우는 곳을 기피하면서 점차로 발길을 끊었다.

반면에 굿을 배운다는 명목으로 서울로 불려가는 날이면 궂은 일을 다하면서도 단돈 15만원을 손에 쥐어주는 것이 고작이었다. 그것은 서울과 부산을 왕복하는 차비밖에 되지 않았다. 그런 오르락 내리락을 오랫동안 반복하다가 결국 2년을 고생만 하다가 발길을 끊었다.

신의 길과 번민 그리고 꿈

결혼을 하고난 30살이라는 비교적 젊은 나이에 신을 받아서 일까. 정보살의 신의 길은 처음의 내림굿과 그 뒷수발을 하는 고역을 겪은 외에는 비교적 순탄한 편이었다. 마음에 맞는 신의 동기들과 손을 잡고 오손도손 일을 하면서 선거리 굿을 배우기 시작하였다. 그러면서 신의 선생을 찾기위한 노력이 병행이 되었다. 그러나 많은 굿을 보면서 실망을 많이 하였다.

그러면서도 회의를 자꾸 느꼈다.

"꼭 내가 이 길을 가야하나."

일부 무속인들처럼 돈을 목적으로 굿을 하는 것이 과연 신의 길인가 하는 생각을 할 때면 당장이라도 신의 길을 그만두고 싶었다. 그녀 스스로가 돈을 벌자고 무당이 된 것이 아니었다. 사실 무당은 애초부터 될 생각이 없었다. 신이 몸으로 치고 들어오니 할수없이 받은 것이 아닌가.

"신에서 돈을 벌어주자고 제자의 몸에 오는 것이 아니잖습니까?"

이런 말을 거침없이 하는 그녀는 삶의 회의보다는 신의 길 자체에 회의가 올때는 손님을 보지 않고 장기간 기도를 다녔다. 그것은 그녀가 그동안 자신의 줄기를 제대로 찾지 못한 때문이기도 하였다.

그러나 이런 기도 덕분탓에 정보살은 드디어 거듭났다. 즉 자신의 올바른 신명을 찾은 것이었다.

"어느 줄을 잡고 어느 주력을 잡아서 어떻게 들어와서 어떤 도법을 받았으며 어느 인연으로 와서 어떻게 이 제자에게 갈길을 제시하는지를 아는 것이 중요합니다."

그래서 얻은 것이 그녀 스스로가 도사줄인 것을 깨달은 것이다. 그 전까지는 명패를 작두장군으로 하고 장군줄이 강한 것으로 스스로 생각을 했었다. 그래서 부산에서 굿을 할 때면 남들이 잘 하지 않는 작두를 반드시 타는 것을 능사로 알았다. 그러나 정보살은 작년의 21일 동안 산천을 밟으면서 한 기도덕분에 기어코 자신의 주력이 도사줄일 것을 알았다. 웃대 할아버지가 서당 훈장을 한 분이 있었는데 그분이 글문도사로 들어온 것을 알게 되었다.

이러한 깨달음은 그녀의 삶 자체에 큰 변화를 일으켰다. 우선 눈에 나타나는 것은 신당을 옮겼다. 망미초등학교 근처에서 민락동으로 옮긴 것이었다. 그리고 굿도 선거리와 앉은 거리를 섞어서 한다.

정보살은 제자가 신을 받은 후에 기도를 하여 스스로 자신을 돌보아 주는 신령을 찾아야 한다고 강조를 한다. 또한 내림굿을 잘해야 한다는 것을 강조한다.

"내림굿이 중요합니다. 내림을 하기 전에 기도를 통해서 자신의 주신을 찾아야 한다고 생각을 합니다. 그런데 대부분의 내림굿은 내림굿 자체를 너무 중요시하여 삼산을 밟고 기도를 제대로 다니는 것을 소홀히 하는 것이 안타깝습니다. 내림굿은 마지막 형식적인 조상 대우지 그전에 신명을 다 찾아야 한다고 생각을 합니다."

자신의 과거를 비추어 볼 때 내림굿을 엉망으로 한 것을 스스로 질타하는 말이었다. 그동안 산과 바다에 가서 기도를 하는 것이 짜증을 낼 정도로 무시했던 그녀는 지금은 산천과 용왕터에 기도를 하는 것을 매우 중요시 하고 있다. 그래서 지금은 훌쩍 떠나기도 한다.

산에 들어가면 선황에서 문을 열어주어야 하고 그 도당에서 합의를 받아주어야 하고 그 산신을 청배하여 산문을 열어주어야 하는 것이 중요하다. 그렇기 때문에 산에 가서 기도를 할 때 최소한 3일 정도 해야 한다. 그때는 산 근처의 가게도 가서는 안되고 쓸데없는 사람과 이야기도 해서는 안되는데 정보살은 특히 이러한 것을 지키라고 권하고 있다.

♧ 부산시 수영구 민락동   051) 759-1607, 017 858 1607

선몽점의 명인 안산의 천산수

선몽점의 노보살

꿈으로 보여주는 만신

안산은 거대한 규모의 신흥도시다. 과거의 고잔지역을 중심으로 하여 개발된 안산은 소래의 문턱까지 넓어졌고 개발이 거의 끝나버렸다. 이런 신흥 도시지역에 옛날의 냄새가 나는 지역이 있다. 바로 보살들이 밀집이 되어있는 원곡동 서민 아파트 지역이다.

이곳에는 보살들이 촘촘히 저층 아파트에 밀집해 있는데 그중에서 가장 양심적이고도 점을 깨끗하게 잘 보는 보살을 꼽으라면 바로 천산수라는 특이한 택호를 가지고 있는 노보살을 들수가 있다. 선거리 굿을 하는 보살이 아니고 점을 보면서 부처님의 말씀을 전하는 전형적인 앉은거리의 무속인인 것이다. 그래서 그런지 신당도 요란하지 않고 차분하다. 앉은거리의 보살들이 대부분 그렇듯이 그녀는 꿈으로 선몽을 받아 모든 문제를 해결한다.

"내 가정을 편하게 하고 남의 가정을 편하게 하는 것이 도리라고 생각을 합니다."

이 말은 많은 보살들이 자신의 가정도 엉망이면서 남의 가정을 돌보아주려는 앞뒤가 맞지 않는 경우를 지적한 것이다. 그래서 노보살은 자신의 가정이 누구보다도 올바르다는 것을 자랑으로 여긴다. 신을 받고

나서 자신의 딸들이 다 잘되었다.

둘째딸이 대학에 떨어질 때도 이미 그 전에 꿈으로 보여주었다. 이후 막내딸도 꿈을 꿔서 대학을 보냈다. 경희대 한의대로 보낼려고 한 딸이 서울대에 원서를 넣으려고 했다. 그러나 접수마감이 다가오자 꿈에서는 "딸을 이화여대에 넣어 교편생활을 하게 하라."고 일러주었다. 그래서 이화여대에 원서를 마감직전에 넣었다.

이렇게 꿈으로 모든 것을 보여주는 노보살은 아이들이 초등학교를 들어가고부터 꿈을 자주 꾸고 30살부터 몸이 아팠다. 당시 교회를 다니고 있었는데 아는 교회집사님이 신병같다면서 같이 점을 보러 데리고 다녔다. 점을 보러 다니면 무당들이 한결같이 "교회에 다니냐"고 물어보았다. 그래서 그렇다고 답변을 하면 옆에 있던 집사님을 의식해서인지 "아예 교회에서 살아라."는 말을 많이 했다. 그러나 그녀는 그때 직장을 다니고 있었기 때문에 그렇게 하지 못했다.

매일 마다 꿈을 꾸었는데 아주 사소한 것까지 선몽을 주었다. 몸이 너무 아프고 관재까지 있다고 하는 바람에 95년도에 첫굿을 하였다. 일종의 신굿이었는데 말문도 트이지 않았을뿐만 아니라 아예 법당을 모실 엄두도 나지 않았다. 사실은 법당을 모실 형편도 아니었다. 대신 보살들 따라서 기도를 다녔다. 어떨때는 산중에서 일주일씩 기도를 하기도 했다.

기도를 통해서 보살이 됨

처음 기도를 간 곳은 지리산이었다. 다른 보살들을 뒤따라 간 것이었는데 최종 행선지는 틀렸다. 즉 다른 보살들은 법당이 있어 산줄기에 기도터를 잡았는데 그녀는 아직 법당이 없어 용궁줄기를 잡아 산계곡에서 혼자 기도를 하였다.

다음날은 기도를 하는데 좌측에서 뭔가 쿵하는 소리가 났다. 그것은 산의 지기를 받는 첫 징조였다. 그러다 3일째 되던 날은 헌병들 발자국 소리가 들였다. 특히 헌병들의 아랫도리를 조이는 스프링 소리가 스르릉 스르릉 하면서 심하게 나면서 다니는 것이 자꾸 보였다. 나중에는 헌병대의 부대가 지나가는 소리를 들었다.

교회의 어수선한 소리도 났다. 그래서 이 모든 것이 하나의 시험이라고 생각을 하고는 징을 빌려 크게 쳤다. 징을 치다가 징소리를 줄여보니까 그제는 교회의 소리나 헌병들의 발자국 소리가 나지 않았다.

그날 저녁에 꿈을 꾸니 그녀는 하늘의 허공에 떠있었다. 하늘은 그 범위가 끝이 없었다. 그래서 하늘에 가만히 앉아 있기도 했다. 하늘은 전부 노란색과 빨간색 그리고 분홍빛으로 뒤덮였다. 끝은 도저히 보이지 않았다. 너무나 황홀했지만 꿈을 깨고나니 그런 아름다운 빛들은 이내 사라졌다. 그래서 실망을 크게 하였다.

천산수의 내력

두 번째 꿈은 무역선 뱃전에 서 있었다. 비가 오기전의 컴컴한 기운이 감돌더니 용머리가 어머어마하게 보였다. 그러면서 불빛을 내려비추었다. 나중에 알았지만 이는 신의 길을 가라는 뜻이었다.

용의 몸체는 서해바다와 같이 컸다. 수평선 저 멀리 있는데까지 보였고 꼬리가 연결이 되어 끝이 없는 것 같은 크기였다. 이런 꿈을 꾸고나서 만일 법당을 꾸미면 간판 제목을 "천신"과 "용의 머리"라는 말을 합성하여 끝에는 머리수자를 써서 "천산수"라고 정했다.

전주근처에 있는 모악산에서도 일주일 기도를 할 정도였다. 이때는 이미 꿈으로 다 받아 모신 상태였다. 꿈에서는 하늘에 앉아있는 것도 다반사였다. 음력 정월에 모악산에서 기도를 하는 도중에 아예 꿈으로 부처님을 모셨다. 당시 산꼭대기에서 일주일을 체류하였는데 그 추운 곳에서 "죽어도 신령님 제자가 되게 해주십시오. 만일 호랑이 밥이 된다면 기꺼이 밥이 되겠습니다."라고 빌었다.

그러자 "너는 산신님이 두분이다."라는 말을 들었다. 그것은 두 호랑이가 여의주를 각각 한 개씩 물고 나타났다. 그래서 나중에 하얀꽃으로 대신 산신님을 모셔놓았다. 결국 산에서 무불통신을 한 것이었다. 그래서 비용이 전혀 들어가지 않았다. 이때 형편이 풀릴려니까 누가 200만원을 빌려주었다.

이에 용기를 얻어 안산에 처음으로 보증금 200만원에 월세가 14만원인 사글세로 법당을 모셨다. 이후 크게 불려 지금은 안산의 유명한 라성호텔에서 멀지 않은 화랑로의 큰길 옆의 상가 아파트 2층에 법당을 꾸미고 있다.

약사여래 부처님 받아

약사여래 부처님도 뒤이어 모셨다. 그것은 모악산의 산꼭대기에서 기도를 할 때였다. 유난히 추운 곳에서 기도를 할 때 큰손에 약을 들고서는 부글부글 끓이시는 여신령님이 보였고 약을 데리면서도 이렇게 말을 하였다.

"너는 약사줄이니 만중생을 구제하라."

그래서 칠월칠석날 모셨다. 그녀에게 있어 칠월칠석날은 의미가 깊다. 그것은 그날에 신령님의 엄중한 말을 들었기 때문이었다.

"대통령이 너희 집에 들어갈테니 자리를 펴라."

그래서 고 박정희 대통령을 법당에 받아들이고 나서 집안이 더욱 평화로와졌고 아이들도 안정이 되었다. 그녀는 이렇게 기도를 하면서 말문을 텄다. 그러나 손님을 받지 않았다.

"보살님 어딨어요?"

"없어요."

이렇게 대답을 하니 사람들이 왔다가 그냥 갔다. 대신 기도를 다녔다. 산에 갈때는 법당에 일차적으로 기도를 하고 가다가 험한 것이나 못볼 것은 일부러 피했다. 또한 자신을 보호하기 위해서 호신용 칼도 가지고 다녔다.

산중에서는 사람울음 소리를 흉내내는 새가 있었다. 새소리가 자신을 읊어보는 것과 같이 느껴 무섭기도 했다. 그래서 큰 소리로 대답을 하였다.

"새야, 저리 날아가라."

산에 다니면서 약사여래를 받고나서 산마 등이 가득 담긴 약재도 받았다. 그래서 약초도 캐었다. 지금도 집에는 한약푸대가 있고 거기에는 약초들이 가득 들어 있다. 이런 연유로 환자들이 오면 어디가 아픈가를 선몽을 받고 또한 점괘로도 뽑아서 거기에 알맞은 병치료도 하였다. 그래서 그것이 소문이 나서 일명 "약사보살"로 통하기도 한다.

기도를 자주 다녀

지금도 기도를 하러가면 반드시 신령님의 말을 듣고 온다. 그것은 영이 맑고 신명이 강하다는 뜻도 된다. 마음을 다잡으려고 징을 치고 기도를 하는데 이내 안산의 군자봉 선황신이 실려 말을 하였다.

"니가 얼마나 인간으로서 기도를 하려느냐? 선황신인 내가 너를 도와주어야 신의 길을 올바르게 갈수가 있다."

이 말은 신에서 그녀에게 선황신에 대한 기도를 요구하는 것이었다. 그래서 거기에 부응하기 위해 기도를 많이 했다. 깨끗한 신령들은 그녀에게 무리를 하지 말도록 요구하고 있다.

관악산에서는 이런 말도 들었다.

"니만 올바른 마음으로 정직하게 가면 된다."

옆을 보지 말고 앞만 보고 가라는 뜻이었다. 그래서 다른 보살들과도 휩쓸리지 않고 외길만을 걸어왔다. 정식으로 내림굿을 하지 않아 사실상 신의 선생이 없어 혼자서 모든 일을 해결해 나가고 있다. 그래서 얼마전부터는 굿거리를 배우기 위해서 무속인들이 다니는 학원에도 다녀보았다.

학원에서 굿거리에 관한 일체를 배울수가 있지만 아무래도 앉은거리 쪽인 노보살은 점사에 비중을 크게 두고 있다. 그렇지만 결코 배움을 게을리 하지 않는다. 그래서 신을 받은지 이제는 7년이라는 세월이 흘렀지만 고장과 염불은 그 이상의 수준급이다.

조상신이 주력을 서는 약사보살

법당의 전안에는 조상신들을 모시고 있다. 그러기에 노보살을 점을 상당히 잘보는 편이다. 손님이 오면 그 집의 조상을 실어 점을 보는 조상점을 뽑기 때문에 더욱 그러하다. 안산의 일부 사기꾼 보살들에게서 심하게 당하고 오는 사람들의 점을 보아주지만 노보살은 그들에게 결코 굿을 권하지 않는다. 대신 스스로 마음을 닦으면서 참되게 부처님께 빌라고 권한다.

이런 마음가짐은 뒤에서 든든하게 받쳐주는 훌륭한 신령들이 있기 때문이다. 주력이 조상신이 관계로 간단히 살펴보면 다음과 같다. 외가에서는 벼슬을 한 4대 할아버지가 약사줄로 들어와 있고 시가에서는 옛날에 서당선생을 한 분이 글문도사로 들어와 있다.

대신 할머니 줄도 강해 점을 볼때는 방울과 부채를 들고 점을 보지만 전반적으로는 고급스러운 이미지와 어울리게 매우 젊잖은 분위기가 지배적이다. 이는 노보살의 학구적인 분위기에서도 쉽게 느낄수가 있다. 그러나 무엇보다도 중요한 것은 노보살에게 오면 부처님의 자비심과 원력을 느낄수가 있다는 것이다.

☂ 안산시 원곡동 852번지 (031) 485-1269

사주점의 명인 천안의 이일정사

황규철 법사

대학원 졸업의 고학력 법사

무속인으로서 드물게 대학원까지 마친 법사가 있다. 현재 무녀들이 대학을 다녔다고 큰소리를 치는데 조사를 해보면 다 초등학교 중퇴나 중졸이다. 심지어는 초등학교를 겨우 졸업하고도 모 대학의 무용과를 졸업했다고 사기를 치는 무녀들이 꽤 있다. 대부분 TV에 자주 나오거나 여성 월간지 등에 칼라 광고를 하는 일부의 사기꾼들이 그들이다.

무속인으로서 고학력이 무슨 의미를 갖고 있길래 그렇게 거짓말로 학력을 속이면서 광고까지 하는가에 대해서는 양심있는 무속인들의 개탄의 소리가 높다. 무식한 년놈들의 한심한 작태라고 치부하면 간단할런지는 몰라도 최소한 황법사같은 사람에게 피해를 주기 때문에 그렇다. 진짜로 고학력인 사람들이 피해를 보기 때문이다.

사실 무속인으로서 고학력이라는 것은 과연 어떤 의미일까. 신령에서 주는 '공수에 대한 해석을 좀 더 잘하지 않을까' 하는 막연한 느낌을 지워버릴수가 없지만 그것은 만나본 사람들만이 느낄수가 있다. 하여튼 필자는 천안의 중앙시장통에 있는 많은 다른 무속인들보다는 여러모로 훨씬 뛰어나다는 것은 인정할 수밖에 없었다.

손님을 보는 혜안도 가지고 있다. 이런 눈은 제자가 영특하거나 똑똑하지 않으면 얻을수 없는 제3의 눈이다. 신을 빙자하여 동태눈깔을 굴리면서 오는 사람의 점을 보아준다는 것은 어불성설이 아닌가. 그런 점에서 중앙시장에서 가장 점을 잘본다는 평판이 허명이 아니다.

손님들은 젊은 층이 많다. 그것도 바로 그가 고학력이라는 것을 간접적으로 증명하는 것이다. 대화가 통하는 점술을 펴고 있는 것이 바로 그다. 철학을 하면서도 영으로 점을 보는 그는 2층 건물에서 법당을 바로 옆에 따로 모시고 있다. 그래서 고민과 방황을 하는 사람들은 그 법당에서 기도를 하라고 권하고 있다. 그러면 반드시 기도에 대한 답변을 들을 수가 있다고 한다. 이런 점이 그가 다른 무속인보다 뛰어나다는 점이다. 스스로 신령에게 답변을 들을수 있도록 하는 장소를 따로 제공한다는 자체가 특이하고 멋있다.

독일어를 전공

어릴때의 꿈은 외교관이었다. 그래서 외국어인 전공을 살려 대학원에서도 같은 전공인 독일어를 전공하는 대학원생이 된 것이었다. 그러나 시험운이 없고 사회에 나가서 실패를 하고는 그러한 원인이 다 신의 조화라는 것을 안 그는 과감히 현실의 굴레를 벗어던지고 고학력에 어울리지 않은 무속인이 된 것이다.

그는 이제 그런 꿈을 접고 신을 모시면서 어려운 사람들이 찾아오면 그들을 위해 점을 보아주고 있다. 즉 천안의 만신골목인 중앙시장에 자리 잡고 있는 전형적인 신점을 보는 점술가가 된 것이다. 역술에도 조예가 있어 한마디로 역술과 신점을 겸비한 법사이기 때문이다. 그가 모시는 신은 격이 높으신 분들이다. 바로 천존 할아버지와 지존 할아버지인데 간혹 불사와 대신에서도 점을 도와준다. 조상에서는 21대 할아버지가 와서 점을 도와주는 편이다. 이렇게 그는 무속에서 모시는 신을 모시면서도 한편으로는 법사이기 때문에 굿보다는 절에서 하는 천도제를 위주로 소원자들을 풀어주고 있다. 그가 하는 천도제란 조상귀신을 천도시키는 것을 말한다. 무당들은 대부분 굿을 하지만 그는 절법으로 천도제를 고집한다.

그런 연유인지 그의 법당에는 부처님만 모셨다. 따라서 법당은 많은 신도들이 와서 기도를 하고 가는 기도도량이다. 신도들은 처음에는 황법사가 일러주는대로 40분 정도 기도를 하지만 나중에는 스스로 알아서 와서 기도를 하고 간다. 그의 법당에 손님들이 꾸준히 몰리는 이유는 원하는 것을 빌면 이루어진다는 소박한 희망에 있는데 덕을 많이 보는 탓도 있다.

스스로 기도를 시켜

그가 오는 손님들에게 기도를 시키는 방법은 특이하다. 우선 법당에 들어가서 원하는 것이나 고민하고 있는 것을 털어 놓고 스스로 답을 들으라고 하고 있다. 그러면 반드시 법당에서 할아버지가 그 답을 일러준다고 한다.

필자가 방문한 날 이화여대를 다니다가 중퇴한 20대 초반의 여성이 찾아왔다. 그녀는 곤란한 문제가 생겨 소문을 듣고 황법사의 신당을 방문하였다가 결국은 단골이 된 여성이 있었다. 이 여성도 황법사가 인도하는데로 자신의 고민을 스스로 법당에서 해결하는 식으로 하여 3일간의 기도 끝에 법당에서 주는 신의 말을 듣고 모든 고민을 풀었다는 것이다. 결국 인간사의 모든 고민은 마음갖기에 달린 것인데 그의 법당은 소원자의 바램을 잘 읽어내고 답을 주는데 그 영험함이 있는 것이다.

물론 그가 점사를 주관하는 방은 따로 있다. 그는 점사를 보는 공간과 천도제나 기도를 하는 공간을 따로 구별을 하여 두고 있다. 부적에도 조예가 깊어 신기가 있는 사람을 떼어주는 것을 잘해주며 상문이 든 경우 삼재를 막는 부적에서부터 여자를 떼어달라는 부적에서부터 심지어는 남자를 떼어달라는 부적까지 해준다. 그는 전형적인 부적신이 와서 함께 하는 경우이다.

고 3때 신을 느껴

황법사가 신이 온 것을 느낀 것은 고 3때인 19살경이었다. 주로 꿈을 통해서 느꼈는데 하얀옷을 입으신 할아버지가 다가와서 옛날 책을 주면서 외우라고 하였다. 어떨 때는 하늘에서 두루마리가 내려와서 펴지면서 보여주었다.

큰 벌판에서는 할아버지 두분이 바구니 안에 손을 집어 넣어 고르라고 하였다. 이런 꿈을 꾸면서 서서히 몸이 아프기 시작했다. 신기를 억제하면서 겨우 대학을 졸업하고 대학원에 진학을 하였다. 대학원에 가고부터는 더욱 신기가 심하게 자신을 억눌렀다. 그때서야 어머니가 신기가 있고 이를 눌러 지내신 사실을 알았다.

"제가 이 것을 시작하면서 어머니가 편찮은 것이 없어졌습니다. 그래서 지금도 어머님이 저를 보고는 부끄러워합니다."

그에게는 신의 조화가 따라붙었다. 묘하게 학교만 갈려고 하면 교정에서는 데모가 시작되고 최루까스가 그에게만 몰려 오는 것 같았다. 그래서 아예 마스크와 안대를 하고 다녔다. 신기가 점점 심해오자 어머니가 점을 보러 6군데를 다녔다. 그곳에서는 하나같이 신을 받지 않으면 죽는다는 공수를 받았다.

그는 밥이 입에 넘어가지 않을 때는 커피나 콜라를 먹으면서 버텼다. 대학원을 졸업하고 나서 학원에서 강의도 해보았지만 신통치 않아 아예 돈을 벌려고 나섰다. 그렇게 하여 발을 들여 놓은 곳은 부동산쪽이었다. 서울이 서초동과 양재동 일대의 개발붐에 편승해서 돈을 모았다. 그리하여 압구정동에 노래방을 하기도 했다. 모두 신기를 없앨려는 방편이었다.

그러나 압구정동의 로데로 거리에 있는 92평의 건물에 가라오케 시설을 4억이나 들여 설치를 했는데 갑자기 성수대교가 무너졌다. 이후 그곳의 상권이 무너지고 장사는 파리만 날리는 신세가 되었다. 누가 성수대교가 무너진다는 생각을 꿈에라도 했단 말인가.

무너진 꿈

자꾸 손해가 나는 판에 가게를 정리하니 단돈 7천만원이 손에 들어왔다. 이후 하는 일마다 안되었다. 한마디로 성수대교처럼 허무하게 무너진 꿈이었다. 그래서 아내와 같이 점을 보러갔다. 그곳은 천안 북면에 있는 무당이 하는 암자로 법사가 오는 사람들에게 조상신을 잘 넣어주는 곳으로 유명했다. 그런데 점을 보는 순간 아내가 몸을 뒤로 젖히면서 신이 들어왔다. 이미 제정신의 눈이 아니었다. 그러면서 황씨를 보고 대뜸 일갈했다.

"너희 어머니에게 갈려고 하는 신인데 어머니가 받지 않아 할수없이 너에게 갈려고 한다. 이번에도 니가 받지 않으면 니 자손에게 내려갈 것이다. 그러니 받아야 한다. 신은 공부를 한 사람이 받아야 한다."

이미 신이 애엄마에게 실려 있으니 기가 막힐 노릇이었다. 그래서 황법사는 되물었다.

"그럼 제가 받지 않고 애 엄마가 받으면 어떻겠습니까?"

"미친놈."

아내는 이미 신이 실려 말을 함부로 하고 있었다. 점을 보려고 한 법사는 얼이 빠져 그 상황만 지켜볼 뿐이었다. 결국 황법사가 신을 받기로 하였는데 그는 신아버지로 결정된 법사에게 다음과 같은 주문을 하였다.

"법사양반! 니 법당 한달 정도 빌려줘."

그의 당돌한 주문에 초면의 그 법사는 응하지 않을수가 없었다. 대신 조건을 걸었다.

"좋아, 대신 나를 방해하지 마라. 만일 방해하면 혼난다."

그 법사는 혹시나 자신의 일에 방해가 될 것을 염려한 것이었다. 그리고는 그 법사도 열심히 기도를 했다. 황씨는 한달기도를 다해가는 마지막날 다음과 같은 신의 공수를 받았다.

"앞으로 3일만 기도를 더 해라."

황씨는 그런 말을 하는 사람에게 물었다.

"그렇게 말을 하는 분은 누구세요?"

"니 할애비다."

그런 말을 듣자 황씨는 갑자기 울기시작했다. 후손이 자신의 조상을 몸에 싣거나 직접 볼 때 한없는 울음이 나오는 것이다. 이때 그는 하루 반을 울었다. 황씨는 관세음보살님을 찾으면서 빌었다. 울며 빌기를 끝났을 때 입에서는 웃음이 터져 나왔다.

"깔깔깔 …. 이제 끝났네."

뒤이어 자신도 모르게 입에서는 이런 말이 튀어 나왔다. 그는 남의 법당을 뒤로 하고 집으로 돌아왔다. 그리고 집에서 37일 기도를 하였다. 기도가 끝나는 날 관세음보살이 들어왔다. 이후 그는 부처님을 모셨다. 처음에 신당은 부대동에서 모시고 있다가 지금의 사직동에서 점사를 본지는 1년반이 되었다.

그가 신을 모시고 나서 모든 것이 잘 되었다. 더 이상의 풍파도 없었다. 집안도 동생이 만물상을 하고 있다. 이제 그에게는 부러운 것이 없는 듯이 보인다. 어느새 쌓이는 명예와 부 그리고 그가 아끼는 가족과 사랑하는 신도들이 있는 한 너무나 행복해 보인다.

☻ 충남 천안시 사직동 67번지 041) 555-4851

신필 신어(神語)의 의정부 선룡(仙龍)보살

김명희 보살

신명에서 주는 말

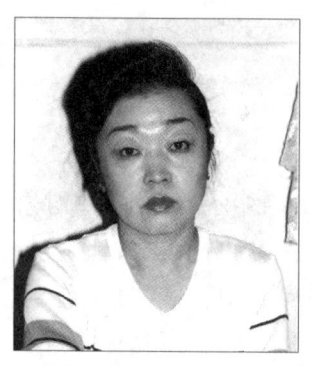

의정부에는 얼마전에 사건이 하나 있었다. 그것은 다름 아니라 신을 모시는 무속인의 집에 불이 나서 신당을 다 태운 사건이었다. 필자가 의정부를 방문을 했을 때 그런 얘기를 얼핏들었다. 그런데 공교롭게도 아는 분의 소개로 그 당사자를 만날수가 있었다. 그녀는 "선룡"이라고 불리는 선녀보살로 동자와 선녀가 매우 강하게 실리는 분이었다. 동자와 선녀가 강해서 그런지는 몰라도 얼굴이 상당히 해맑았다.

알고보니 선룡보살의 몸주가 선녀였다. 선녀가 실려 점을 볼때에는 주로 애기말을 하면서 점사를 주관하였다. 또한 점을 볼때는 신글을 쓰는 대표적인 보살이다. 그 신글은 영어 같기도 하면서 러시아말 같기도 하고 어떻게 보면 아랍어 같기도 하고 다르게 보면 스페인어 같기도 하는등 일정한 규칙을 가지고 있는 글이었다.

그녀가 기도를 할 때도 특이한 말을 한다고 해서 주위에서 키득키득 웃는 경우가 허다하다. 신당도 글문으로 간결하게 모시고 있는등 애동치고는 나름대로 자신의 철학이 뚜렷했다.

그녀가 모시는 신령은 상당히 영검하다. 그 이유로는 주위의 보살들이 그녀에게 와서 점을 많이 보는 것만으로도 알수가 있다. 또한 인근의 보살들이 부적도 그녀에게 부탁을 하여 사간다. 다른 보살들은 10만원을 받으면 부적을 써준 선룡보살에게 5만원을 주고 부적값을 20만원을 받으면 10만원을 주는 것이다.

사실 보살들이 다른 보살들이 쓴 부적을 함부로 가져가지 않는다. 그것은 일단은 부적을 가지고 가더라도 자신의 신당이나 법당에 부적을 올려놓고 물어보아야 하기 때문이다. 즉 자신의 신당에 모셔져 있는 할아버지나 할머니에게 부적을 가져와서 자신의 신도나 손님에게 주어도 무방한지를 알아보기 때문에 함부로 부적을 받기가 어렵다.

결국 자신의 법당이나 신당에 있는 할아버지의 허락이 떨어져야만 부적을 사가지고 가는 것이다. 그런데 선룡보살의 부적은 많은 보살들이 신뢰를 하고 가져간다. 그만큼 하늘에서 내려준 영부적이기 때문이다.

불이 난 후 잠시 아는 보살집에 거처를 정하고 있을 때였다. 이때 평소에 잘아는 그 김보살은 그녀에게 물어보았다.

"선녀야, 할머니 일 좀 떼겠냐?"

선룡보살은 불이 났기 때문에 어느 스님이 가져다 준 승복 비슷한 시커먼 옷을 입고 있었다. 그녀는 색깔있는 옷을 좋아했다. 그래서 그 보살을 쳐다보며 말했다.

"그럼, 나 옷 하나 사주세요."

"그럼, 너는 나에게 뭐를 해줄거니?"

"할머니 일떨어져요."

그 부적을 가져간 보살은 색깔이 있는 옷을 선룡보살에게 사 준 후에 일을 연줄생겨 굿을 6개를 하는 수확을 올렸다. 신글을 쓰는 그녀는 부적도 신에서 내려 잘 쓰는 편이기 때문에 스스로 비싸다고 생각을 한다. 산이나 굿당에서 남의 제가집의 일을 할 때도 영이 맑아 불려간 김보살은 자신의 몫을 톡톡히 한다.

우선 제가집의 가족사항을 일일이 밝혀낸뒤에 축원을 한다. 그리고 각 사람이 어느 줄에 맺힌 것을 풀어주는데 똑같은 보살인데도 이 집에 조상에서 공부를 안하고 도를 안닦은 조상일 실릴 때는 이 집에서 공수가 제대로 안나온다. 그러면 그녀는 산신줄에 맥히고 군웅줄에 맥혔는가를 바로 알려준다. 횡액수가 있는 것도 바로 알려준다. 그러면 그집 할아버지는 "예 맞습니다."라고 하면서 좋아한다.

그러면 굿판의 일이 쉽게 풀린다. 이런 역할을 그녀가 하는 것이다. 아랫녁에서는 이를 천왕대를 잘 잡는다고 하고 또한 고를 잘 푼다고 하는데 그녀가 바로 이런 격이다. 그래서 불이 나서 오갈 때가 없었을 때는 한동안 남의 굿에 잘 불려 다녔다.

그녀 자신의 굿은 길게 하지 않는 편이다. 서너시간이면 족하다고 한다. 굿에서도 이상한 말을 하는데 그것이 또한 그녀의 가장 큰 특징이다. 그러나 제가집 일은 다 다르다. 없는 사람들에게는 일을 하라고 할 필요가 없다고 한다. 다른 보살이 하는 굿은 그녀에게는 산치성 수준이다. 그래서 굿당에 서는 것도 그녀 자신이 좋아하지 않는다.

간혹 예쁜 옷을 입고 일을 할 때도 있지만 손님과 같이 일을 할 때는 흰옷을 입고 일을 했다. 일도 혼자 많이 하는 경우도 이 때문이다. 대신 손님의 맺힌 고를 풀어주어 많이 울리는 편이다.

식당에서 말문이 터져

고향은 서울의 세종로였다. 자라면서 신기를 전혀 느끼지 못했다. 어느날 꿈을 꾸는데 마이산 같은 곳이었다. 그런 험한 산에 올라가는 꿈을 꾸기 시작했다. 비탈길을 올라 하늘을 보면서 소리를 많이 질렀다. 그러더니 45살 때 신이 왔다. 그녀가 가게를 하게 되었는데 밥냄새를 맡기가 싫었다. 그 즈음에 이상한 40대 초반의 여자가 들어왔다.

"밥이나 먹게 해주세요."

불쌍해서 밥을 주었는데 밥을 다 먹은후에 그 여자가 식당에서 있게 해 달라고 졸랐다. 척보니 여자가 좀 덜떨어진 것 같았다. 그래서 주저하였다.

"잘때도 없는데 …."

"괜찮아요. 여기서라도 자게 해주세요."

그래서 그 여자를 두달이나 데리고 있었다. 그 여자가 대신 설거지를 했다. 일하기가 싫었고 움직이기도 싫었다. 몸은 천근 만근 무겁고 아팠다. 아파서 병원에 가면 원장이 이런 소리를 들었다.

"아무 이상이 없어요. 아주머니는 허깨비가 버려놓은 것 같아요."

기절할 노릇이었다. 영양제만 놓아 주었다. 그 뒤 아파 병원에 가면 병명이 나오지 않았고 아무 이상이 없다면서 엉뚱한 소리만 들었다. 몸이 너무 아파 전화가 와도 말조차 하기 싫었다. 그러다 어느날 식당에서 이상한 소리를 하게 되었다. 천지신명에게 하는 말이었다.

"…띠 또삐 한또삐 ….(… 나는 할아버지다 ….)"

전혀 국적 불명의 말이었다. 그러면서 한국말을 전혀 할 수가 없었다. 그럴 즈음 근처에 있던 친동생이 자신이 거느리는 직원들하고 식당에 밥을 먹으러 왔다.

"언니, 밥좀 줘."

이 소리에 감히 할아버지에게 밥을 달라고 한다고 막 화를 내었다. 그러나 어느 순간에는 신명의 말이 막 튀어나오면서 더 이상 한국말이 나오지 않았다. 동생은 식당 옆에서 화장지 대리점을 하였는데 놀래가지고 자리에 일어섰다. 그녀가 신명의 말을 할 때는 한국말을 전혀 할 수가 없었다. 밥도 해놓지도 않은 상태에서 이상한 소리만 하다가 신명의 말이 멈출때야 비로소 동생에게 종이를 꺼내어 글로 10만원을 내 놓으라고 하였다. 한글은 겨우 쓸수가 있었다. 입은 신명의 말 이외에는 벙어리가 된 상태였다.

"언니, 왜 그래?"

동생은 놀라고도 기가 막히는지 누나가 요구하는 돈을 주었다. 그때 이미 그녀는 남동생의 통장에 얼마가 있다는 것까지도 훤히 알게 되었다고 한다. 그녀는 바로 식당을 나왔다. 이후 생활정보지를 보니 단군 할아버지 사진이 나와 가서 보니 오피스텔에서 단군 할아버지를 모시고 있었다. 그곳에서 겨우 신명의 말로 대화를 할수가 되었다. 한마디로 통신이 된 것이었다. 그것은 또한 참으로 신기한 일이었다. 그곳에서 그 사람의 소개로 정박수라는 사람을 만나게 되었다.

그녀는 정박수를 만나자마자 그곳에서 마음껏 대화를 서로 할 수가 있었다. 그곳에 가서는 오히려 정박수의 손님들의 아픈 곳을 만져서 낫게 해주고는 다시 집이 있는 식당으로 왔다. 그리고는 동생에게 전화를 했다. 동생은 그녀의 목소리만 듣고도 바로 식당으로 달려왔다.

"언니, 괜찮아."

그러자 그녀는 다시 할아버지 이름을 부른다면 화를 내면서 동생을 야단을 쳤다. 그리고

동생에게 말했다.

"니네 오빠에게 전화를 해라."

그래서 오빠도 왔다. 식구들을 모아놓고 말을 못하고 달력을 ?어서 글로 써서 의사를 소통했다.

"나는 신의 길을 가야하니까 돈이 있으면 좀 달라."

이렇게 필담으로 일러주면서 돈을 달라고 했다.

"얼마를 해주면 돼?"

그러자 그녀는 동생과 오빠의 통장에 돈이 얼마있는 것 까지도 다 안다면서 이야기를 해주었다. 여자 동생의 남편은 그녀가 말을 이상하게 하자 밥을 안먹어 조금 이상하게 되었다면서 이렇게 말했다.

"처형은 밥 맛있게 잡숩고 내일 병원에 가자."

상대방이 하는 말을 다 알아들었다. 이런 소리에 "이놈" 하고 혼을 내

주었다. 그러나 그 혼내는 소리는 신명의 말이었다. 그 다음날 그녀는 다시 택시를 타고 정박수에게 갔다. 택시를 탈때도 한국말을 못하고 필담으로 했다.

점점 시간이 지나면서 겨우 한글을 한글자씩 말할 수가 있었다. 그래서 한국말을 조금씩 할 때까지 점을 보지 못했다. 그런데 정박수하고는 신명의 말로 서로의 대화를 자유롭게 할 수가 있었다. 그곳에서 정박수의 신도들의 점도 보아주고 병도 치료를 해주었다. 그 결과 그곳에서 3개월을 있었다. 한마디로 그녀는 내림굿을 하지는 않고 자연통신으로 신이 온 경우다.

선녀주력이 강해

처음에 점을 볼때는 무지하게 신기했다. 첫 손님은 남자였다.
"아저씨는 이별수가 있네요. 이별을 했어야 하는데요."
"사실은 어제 법원에 가서 이혼을 하고 왔는데요."
이렇게 하여 처음으로 그 손님의 일을 하게 되었다. 그후에 문제가 있는 정박수와 헤어져서 석관동에 있다가 6개월동안 접었다가 다시 의정부에 왔다. 그리고 불이나서 2개월을 쉬었다가 의정부 역전쪽에서 의정부 북부역쪽으로 가는 길목의 철길 곁에 있는 현재의 자리에 자리를 잡았다.

☂ 경기도 의정부시 208-10번지 031) 848-5540

수원의 영철학 명인 월출산 천황장군당

영비부인 김보살

영철학의 수원 1인자

수원역에서 우측으로 창녀촌의 길을 끼고 옛날 터미널로 가기 일보 직전에 예식장이 나온다. 그곳에서 보면 보이는 간판이 바로 월출산 천황장군당이다. 이곳에는 수원에서 영과 철학을 겸해서 가장 점을 잘본다고 소문난 영비보살이 있다.

영비부인은 대전의 유명한 처녀점쟁이인 곰보만신의 제자이다. 그러니 영락없는 무속인이다. 하지만 그녀는 철학으로도 사주를 풀어 점을 본다. 따라서 영철학을 같이 하는 보기드문 실력자로 수원에서는 점을 잘보는 것으로 소문이 났다. 사주에 관한 책은 읽지 않는 것이 없을 정도로 공부를 많이 했던 그녀는 이미 역술로 인정을 받았지만 나중에 다시 내림을 받고 신점으로 돌아선 경우이다.

그래서 그녀에게 오면 막힘이 없다. 영으로 보는 무당들은 자신보다 영이 센 손님이 오면 영이 떠오르지 않거나 그날의 일진에 따라 영이 막히는 수도 있으나 영비부인은 영이 혹시나 떠오르지 않는다해도 바로 역술로 풀어버리니 그런 고생을 덜수가 있는 것이다. 그래서 젊은 이들이 부담없이 많이 찾고 있다.

어떻게 보면 대전의 신엄마에게 신만 내려받은 상태로 지금은 간혹 연락을 하는 편이지만 오랫동안 준비한 철학을 겸비하여 점을 보는 것이 특징이 되었다. 그럼에도 신어머니인 처녀점쟁이에게는 신의 길을 가면서 답답할 때에만 전화로 문의를 많이 한다. 처녀점쟁이 또한 이미 육갑도 잘 짚어낼 정도로 공부를 하여 일가를 이룬 사람이다.

그녀의 신당에는 글문으로 모셔놓았는데 전부 9분이 모셔져 있다. 일을 할 때 처음에는 절법으로 하였으나 너무 파란이 많아 지금은 절법으로 하지 않고 있다.

32살에 역술공부를

전라도 나주가 고향인 영비부인은 15살까지 초등학교를 마치고 광주로 왔다. 먹고살기 어려운 때는 시골을 떠나 도시로 상경하는 것이 유행처럼 되던 때였다. 그곳에서 직장을 잠깐 다니다가 다시 서울로 올라왔다. 그때가 16살이었다. 아는 언니가 밤무대를 뛰는 가수였기 때문에 그녀는 자연스럽게 언니를 따라 카바레에서 일을 했다. 그곳에서는 연예인들을 많이 보았고 심부름도 종종 하였다.

17살에는 크리스탈 공장에 취직을 하였다. 그곳에서 신랑을 만나게 되었다. 그리하여 19살에 연애를 하다가 아예 같이 살게 되었는데 이후 남편은 변변찮은 직장이 없었다. 직장을 가도 3개월을 버티지 못하고 나왔다. 그래서 결혼후 남편을 따라 시골에 가서 5년동안 숱하게 고생을 하면서 농사를 지으며 살았다. 그러다가 25살에 다시 수원으로 올라왔다. 역전시장에서 노점장사를 시작했다. 그러다 32살에는 역술공부를 하였다. 그 즈음에 몸이 아파왔다.

예전부터 다니는 교회에 나가서 아무리 빌어도 몸이 말을 듣지 않았다. 아버지는 신바람으로 집을 나갔고 친언니가 신병을 많이 앓았다. 남동생은 교도소 생활을 자주했고 자신의 친딸은 도벽이 있는 것을 일았다.

그래서 홧김에 술을 많이 먹게 되었다. 그녀도 자신에게 닥쳐온 것이 신병인데 몰랐던 것이었다. 신병은 처음에 장사로 치고 들어왔다. 처음에는 장사가 잘되었으나 나중에는 안되는 식이었다. 물어보니 장사를 하는데 집나간 조상탓이라고 하여 무당을 불러 일을 해서 풀어주었다.

식당을 차렸는데 손님들을 상대로 역술을 배우면서 어설프게 점도 봐주었다. 그러니 소문이 나니 아예 식당이 역술인 좌담회를 하는 장소가 되어버렸다. 그녀 생각은 '이것을 배워서 팔자땜을 하는 가보다' 라고 생각을 하였다. 그녀는 스스로 물어보았다.

"그래요. 그럼 되는 거에요?"

이런 자문자답과 함께 그는 6개월만 본격적으로 역술을 배운다는 생각에 개태사의 스님으로부터 배웠다. 그때 돈 250만원을 과감히 투자를 하여 선생을 앞에 놓고 본격적으로 배웠다. 돈이 아까와서라도 잠을 안자고 배웠다. 그때 선생은 그녀를 수제자로 키운다고 했다.

그리하여 1년 2개월만에 역술 사무실을 차렸다. 간판은 "광명암"이라고 하였다. 그러나 그때는 이미 신이 가득 차왔다. 아마도 신이 먼저 차올랐으면 역술을 배우지 못했을 것이다. 다행히 역술을 다 배우고 나니 신이 눈에 가득차 온 것이다. 그래서 영점도 보았다.

말문을 튀어라

귀에서는 할머니의 목소리가 자꾸 들렸다. 매일 꿈을 꾸면 누가 목탁을 치면서 쫓아다녔다. 그러면서 이런 말을 하였다.

"할머니가 말문을 트래요."

그러나 그 말뜻이 무엇인지 모를 정도로 정신이 없었다. 이미 동자가 안기고 선녀가 웃고 하는 때였다. 잠을 안재우고 눈만 감으면 폭탄이 터지는 소리가 들였다. 그러자 어느 날 할머니가 직접 고함을 쳤다.

"이 년아! 말문을 튀어라."

이런 소리를 들으니 미칠 것 같았다. 처음에는 역술을 배운 것을 후회를 했다. 그리고 점을 보러가니 무당이 이런 소리를 했다.
"신이야. 철학은 답답해."
"애?"
이런 소리에 체념을 하고 역술사무실을 폐쇄하다시피 하고는 95년도에 500만원을 들여 신굿을 하였다. 그때 아는 보살인 곰보만신에게 찾아갔는데 여간해서는 결코 제자를 내리지 않던 그녀가 순순히 내림굿을 해준다고 하였다. 그래서 굿을 했는데 굿돈이 남는다면서 90만원을 거슬러 주었다.
내림굿을 할 때 조상이 와서 굿상에 앉아있는 것을 보니 참으로 신기했다. 그러나 내림굿을 하고 나서는 더욱 답답했다. 조상은 눈에 보이지만 정작 말문은 터지지 않은 것이었다. 신엄마도 너무 멀리 있어 어려운 형편에 자주 내려가기도 뭐했다. 그리고 점을 위주로 하는 신엄마에게서 굿거리를 충분히 배울 수도 없었다. 단지 신을 내려주었다는데 감사를 해야만 했다.
그녀는 자신의 갈길을 스스로 찾았다. 그 이듬해인 96년에 태백산 천제당에 가서 기도를 하니 말문이 비로소 터지기 시작했다. 그때 합장을 하니 하늘이 열리고 옥황상제가 중앙에 서고 신들이 계단에 맞춰 서 있었다. 그때 108일 기도를 끝냈다.
이후 가리가 들려 고생을 많이 했다. 굿을 하다가 다 털어먹을 정도였다. 생각다 못해 "약수암"이라는 철학을 할 때 달은 그 간판을 모두 불살라 버렸다. 간판은 할아버지 명호가 올라가야 하는데 엉뚱한 것이 올라간 것이었다. 그것을 발견한 그녀는 여지없이 떼어내어 불살라버렸던 것이다. 그 당시 지나가는 손님이 나에게 이런 말을 할 정도였다.
"보살님. 앞으로 굿 하지마세요."
그 사람이 보기에도 그녀는 조상가리가 안잡혀있는 보살로 보았던 것이다. 한마디로 좌정을 못했던 것이다. 그러나 좌정은 본인이 하고 나아가 조상가리도 본인이 열심히 기도를 하여 잡는 것이 아닌가. 그래서 그 이후부터 기도를 열심히 다녔다. 그리고 가리를 잡아 주겠다는 많은 무당들에게 말했다.

"신가리를 확실히 잡을 자신이 있으면 손을 대어라."

그러나 모든 무당들은 다 자신이 있다고 했다. 그러나 결과는 마찬가지였다. 가리굿을 하다가 날이 샐 정도였다. 그러나 때가 되면 모든 것이 해결되어진다는 것을 알았다. 그렇게 가리굿을 많이 하는 것도 다 배움이었다. 결국 3년전부터 좋은 선생을 새로 만나 신가리를 잡고 더욱 안정이 되었다. 하여튼 간판을 바꾸고 나서는 구설이 없어지고 조용해졌다.

2년기한이 되자 그 집에서 나왔다. 짐이 많아서 이사하기 힘들었다. 그래서 6월말께부터 집을 보러다녔다. 주로 터만 보고 왔다. 이후 현재의 이 집을 발견하고는 빚을 얻어갔다.

신가리를 많이 잡아

그녀가 신의 가리가 들려 고생을 많이 했는데 그래서 그런지 신가리를 많이 잡아주는 일을 하는 편이다. 즉 신굿을 많이 하는 편이다. 신굿도 불려서 해먹는 내림굿이 아니라 눌러서 좌정을 시키는 굿을 한다. 그것은 그만큼 불리지 못하는 사람들이 신가물을 겪으면서 찾아온다는 뜻이 되고 아예 자신이 없으면 신을 내물리고 정상적으로 살아가는 뜻도 되는 것이다.

그녀는 또한 함부로 신의 제자들의 굿을 하지 않는다. 그것은 신가리를 확실히 잡을 자신이 있을 때만 손을 대기 때문이다. 일반 손님들도 마찬가지다. 될 수있으면 좌정을 하여 안정을 시킨다. 그래서 요즘은 몸신을 받을 사람들이 많이 온다. 천문은 안열고 말문은 닫아주고 몸주에다가 신을 좌정해야만 한다. 이런 사람들은 결국 신도가 되는데 힘들게 살아갈 수밖에 없다.

"신은 못누른다."

이것은 그녀의 지론이다. 대신 칠성단지만 모시고 몸신으로 좌정시킬 뿐이다. 신가물이 있는 사람은 장사를 하면 된다. 그래서 자신의 신도들은 대부분 장사로 돌려 살아가게 하고 있다.

신도들이 오지 않으면 무슨 일이 생긴 것이다. 그래서 산에 가면 불을 밝혀준다. 왜냐하면 대부분 조상이 따라오기 때문이다. 용궁불사를 위하는데 옥수로 발원을 하는 식이다. 시집쪽으로 용궁불사가 강해서 신장경을 많이 한다.

점사를 볼 때 조상이 많이 앞세운 사람들은 영으로 보아주고 그렇지 않은 사람들이나 젊은 아이들은 사주로 많이 보아준다. 특히 젊은이들의 운이나 진로같은 것은 철학으로 보아주는 편이다.

신당에 모시는 분은 장군쪽이 강하다. 몸주신령은 백마대장군이고 장군이 오면 그 부인이 반드시 따라온다. 점사를 볼때도 같이 온다. 즉 시댁에서 양 대신으로 오는 것이다. 동자도 온다.

주장이 남신령이기 때문에 사업을 하는 여자손님들하고 잘 연이 맞다. 물론 남자손님도 합의 잘 드는 편이다. 그녀가 바로 영비부인이기 때문이다. 그녀는 이렇게 영과 철학을 겸비하고 주장이 남신령인데 영비부인의 타이틀을 가지고 있다. 어떻게 보면 그녀만큼 조화를 이룰수가 있을까 하고 생각을 해본다.

♧ 경기도 수원시 역전 근처 031) 258-6401

울산의 명인 일월정사 영산스님

영산스님 이경락

울산의 골메기 서낭

울산에서 점을 제일 잘본다는 사람은 역술로 푸는 역술인도 아니고 무당도 아니다. 바로 울산의 범서쪽에 있는 진목마을 영산스님이다. 다 퇴락한 조그마한 농가의 집을 세얻어 절을 만들어놓고 있는 그는 예전에는 메스컴을 탄 적이 있는 점쟁이었다. 즉 오래전에 나온 "신점의 명인"이라는 책에 실린 적이 있을 정도로 유명세가 있었다.

필자는 그때 몇 번 연락을 하여 보았다. 그러나 연락이 잘 되지 않았다. 그만큼 그는 당시에 울산과 서울을 오가면서 바쁜 시절을 보내고 있었다. 책을 보고 연락을 하는 사람들은 안중에도 없었다. 그는 그때 다른 일에 열중해 있었다.

"저는 그때 그 책을 보고 연락을 한 사람이 저에게는 거의 없었습니다. 아니 제가 전화를 받지 않았아요. 그때는 하루가 멀다하고 서울로 가는 것이 일과였습니다. 착신을 할줄도 모르고 그냥 집을 장기간 비웠으니까요. 그때는 서울에서 도사로 이름을 날리고 있었습니다. 실력이 있어서 도사가 아니고 운이 좋아 도사가 되어 서울을 활보하고 있었을 때였습니다."

그는 당시 서른 세 살의 젊은이에 불과했다. 그러나 그가 서울행을 그만둔 것은 같이 안면을 트던 많은 도사들의 엉터리 행각을 알고나서 부터였다. 또한 서울에서는 울산에서 올라온 고명한 도사님이라고 바람을 잡아주던 부동산을 하는 여자도 사라지자 더 이상 올라갈 여지가 없었다. 그 이후 그는 계속 울산에 있었다. 그러면서 무려 3만명의 운세를 보아주었다. 젊은 역술인치고는 상당히 많이 본 기록이다.

지금은 세월이 어느덧 8년이 지났고 그는 어느새 40대 초반의 스님이 되어 있었다. 머리를 빡빡 깎고 승복을 입은 모습이 어울리지 않은 면도 있을 정도로 머리를 길렀던 과거의 멋드러진 모습이 아름다운 기억으로 남아있었다. 그때는 아무 것도 모르는 물색좋은 총각법사였다. 아마도 그때도 그랬을까. 그는 찾아오는 사람들에게 연신 차를 권해주는 모습은 이미 마음을 비운 듯 하다. 그는 그런 무심의 모습으로 사주팔자를 짚어준다. 그러나 영 즉 신점도 겸해서 점을 보아주고 있었다.

마침 찾아간 날은 마침 여자 손님이 둘이 와 있었다. 남편을 사별한 여자의 운세에 대해서 스님은 일장연설을 하고 있었다.

"남자가 사고로 죽거나 자살한 경우 그 귀신이 여자를 따라 다닌다. 신랑이 옆에서 따라다니는 것이다. 그래서 만일 내가 그 여자의 손을 잡으면 죽은 남자를 천도하여 주어야 한다. 귀신이 옆에 따라다니면 그 여자와 바람을 피우는 경우 남자도 좋지 않습니다."

이런 자유스럽고도 파격적인 분위기의 대화를 할수 있는 것이 또한 그다. 그만큼 그는 과거에 고생을 많이 한 탓도 있었다. 특히 군에서 고생을 많이 했다.

공수부대로 차출

대학을 다니다 군대에 갔다. 그는 키가 작은 편에도 불구하고 체격이 좋아 공수부대로 차출이 되어 갔다. 아침미다 15킬로미터나 되는 거리를 뛰어가다시피하는 폭풍구보를 하는데 고역이었다. 그는 그때 다리나

뿌러져 병원에 후송을 갔으면 좋겠다고 생각을 했다.

근무중에 담배를 피다가 주번사령에게 몽뎅이로 50여대를 넘게 맞았다. 그러나 맞다가 뚝하는 소리가 났다. 그것도 모르고 그 다음날 점프를 했다. 그랬더니 완전히 다리가 뿌러졌다. 군의관이 물었다.

"자네는 왜 울지 않나?"

"운다고 다리가 낫겠습니까."

후방으로 후송이 되어 수도 통합병원에서 일주일을 있었다. 옆을 보니 팔과 다리가 없는 사람이 있고 눈이 없는 군인 환자들이 있었다. 그들은 서로 죽지 않고 살았다며 좋아했다. 그는 수술실에 가서 수술을 받다가 마취가 풀려 재마취를 하는 촌극을 빚었다.

수술후 오줌이 나오지 않아 고생을 하였는데 간호사관생도가 호스를 귀두의 앞구멍으로 넣어 오줌을 빼냈다. 자대에 복귀를 했으나 다리에 핀을 박아 점프를 하지 못한다고 해서 일반 부대로 전출을 하였다. 그후 맹호부대에서 고생을 했다. 그곳에서는 그가 공수부대에서 사고를 치고 왔다는 소문이 퍼져 요주의 인물로 찍여 따돌림을 당했다.

결국 외곽 근무를 하다가 그는 도저히 참을 길이 없어 자동으로 총을 난사했다. 그러자 부대가 발칵 뒤집혔다. 중대장은 총기난사를 한 이유를 알고는 다행히 다친 사람이 없어 사건을 수습한다면서 없던 일로 하였다.

외할아버지의 기도로

그는 어머니가 10년만에 낳은 아이였다. 외할아버지는 자식을 점지해 달라고 산에서 100일동안 기도를 하였는데 99일만에 쓰러져 돌아갔셨다. 그것은 농담으로 비롯된 시련이었다. 밥을 먹고 밤에 공부를 하고 있는데 "여보게." 하는 소리가 들렸다. 문을 열어보니 동네의 아는 친구였다.

"이 사람아. 자네 안부인이 지금 금방 돌아가셨다네."
"이 사람아. 거짓말하지 말게."
고함을 치면서 문을 닫자 친구가 이런 말을 하였다.
"이 사람아. 사람일이란 모른다네."
그 말을 듣자 홰까닭 돌아서 나오니 앞에는 사람이 없었고 집에서 불이 났고 외할아버지는 놀라서 전신이 개울에 쳐박혔다. 결국 불밝혀 개울에서 건져내니 3일만에 돌아가셨다. 외할아버지가 돌아가시고나서 어머니의 꿈에 외할아버지가 나타났다.
"야야. 내가 우물물을 깨끗하게 퍼놓았으니 빨리 우물물을 먹어라."
그래서 어머니가 잠에서 깨어나 잠자는 아버지를 깨워 물을 먹이고 나서 정신을 차려 관계를 맺었다. 그리하여 그가 안동의 우만동에서 태어나게 된 것이다. 한마디로 그는 외할아버지의 얼굴을 보지 못하고 태어난 것이었다.

그가 안동을 떠나오면서 우물물이 흙탕물이 되어 버렸다고 한다. 그의 아버지는 국민학교도 제대로 나오지 않았으면서도 독학으로 공부를 해서 의사가 되었다. 51년도에 군에 들어갔는데 갑자기 중학교를 졸업한 사람 손을 들라고 하였다. 그래서 그의 아버지가 중학교를 나왔다고 하니 몇가지를 간단하게 묻더니 통과한후 바로 군의관학교를 보내었다.

사실은 아버지는 국민학교도 제대로 못다니고 남의 집에서 일을 해주는 하인이었다. 그러나 남의 집에서 일을 하면서 그 주인집 아들의 중학교 책을 틈나는대로 보았기 때문에 학교를 졸업했다고 자신있게 말을 한 것이었다.

아버지가 군의관학교를 졸업하고 군에서 의사로 있었는데 부하가 불을 내는 바람에 불명예 제대를 하였다. 제대후에는 퇴직금조로 받은 28만원을 대구에 크게 나이트클럽을 차리고도 돈이 남았다.

그러나 아버지는 애가 태어나지 않으므로 친척들 자식을 공부시켰다.

그 돈은 결국 전부 집안의 학비와 식비로 들어갔다. 그러다 정작 그의 아들이 10년만에 태어나자 그는 그의 아들을 공부시킬 여력이 없었다. 학교를 정식으로 나오지 않았기 때문에 사회에 나와서 의사가 될 수가 없었다. 이후 어려운 생활을 하였다. 그런 여파로 그는 대학을 졸업하지 못했다.

사업실패후 울산에서 점을 보다

군대를 제대후 20여가지 넘는 사업을 했는데 나중에 크게 부도가 났다. 이후 그는 사업을 포기하고 역술을 배웠다. 한때는 유명한 경남의 박도사에게 가서 잠시동안 제자로 있었다. 그곳에서 공부를 한 뒤에 그는 울산으로 와서 점을 보기 시작했다.

울산에서 점을 보다가 우연히 서울에 갔는데 분양중인 빌라가 있어 그곳에 갔는데 마침 분양이 안되어 고민을 하고 있었다.

"어, 이거 그림을 이쪽으로 옮겨요."

"누구신가요?"

"울산에서 올라 사람이요."

그런데 그의 말대로 건물 여주인이 그림을 옮기고 나니 미분양된 빌라가 다 나갔다. 그러자 그녀는 그를 울산에서 올라온 고명한 도사로 소문을 내었고 그 여자의 소개로 많은 여자들을 소개 받았다. 이때 그가 부적을 한번 써주고 운세를 잠시봐주면 300만원씩 받았다. 하루에 그 여자의 소개로 3명씩을 보았다. 물론 그 여자에게 소개비를 떼어주는 일도 잊지 않았다.

이렇게 해서 그는 잠시동안에 그 많던 몇억이라는 빚을 다 갚았다. 빚을 다 갚아나갈 시점에서 그 여자와의 인연이 다하여 더 이상 만나지 않았다. 이후 빚을 다갚은 그는 홀가분하게 울산에 당당히 내려와서 점사를 보기 시작했다. 이후 그는 모든 것을 정리하고 산으로 들어

갔다.

법사에서 스님으로

불국사에서 일당을 받고 법난도 지켜보았다. 이후 그는 절에서 똥을 푸는 6개월간 고행을 하면서 스님의 길을 걸었다. 그리하여 다시 울산으로 돌아왔다. 그리고는 범서읍에서 자리를 잡았다. 풍수지리까지 터득한 그는 이미 울산에서는 소문이 나서 울산의 어지간한 사람은 한번씩은 그에게 점을 다 보았을 정도였다. 울산에서 음택이나 양택은 스님에게 자문을 구하는 사람이 많다.

그가 울산에서 얼마나 많은 사람들의 점을 보았는가는 단적인 일이 있었다. 그것은 농협의 간부가 저지른 살인사건이 있었다. 그 간부가 사고를 치기 전에 영산스님에게 찾아왔다. 사주를 보니 여자로 인해 구설이 있을 운이었다. 그래서 다음과 같이 말을 해주었다.

"여자를 조심해라."

이 말을 한귀로 흘려 들은 그 사내는 결국 자신의 부인을 죽여 지금은 구속이 되어 형을 살고 있다. 그의 애인도 역시 스님을 찾아왔다.

"스님, 제가 그 사람의 옥수발을 해야 됩니꺼?"

이런 황당한 질문을 받을 정도로 그는 울산에서 많은 사람의 점을 보았다. 그리고 현재도 울산에서는 가장 유명한 점사로 이름을 날리고 있다.

♧ 울산시 범서읍 진목마을 052) 242-0030

대감거리의 명인 부평의 유원사

대감거리의 김영숙

이북굿의 샛별

신을 받은지 7년이 된 제자인 김보살은 전형적인 조상점을 보는 보살이다. 점을 볼때는 그집 조상을 먼저 뽑아 점을 보기 때문에 점사가 정확하고 대화도 편하게 이어진다. 특히 점을 볼 때 도와주는 분은 신장쪽의 할아버지들이다. 그래서 엄중하고도 힘이 있는 것이 그녀의 점사다.

손님을 한번 보고 할아버지를 한번 보면 이내 점괘가 나온다. 그러면 공수를 주는데 상당히 조심을 하는 편이다. 간혹 옆전점도 치는데 주로 혼자있을 때 신도들의 문제점들을 해결하기 위해 점을 친 뒤에 전화로 일러주기도 한다. 그만큼 그는 세심하고 주의 분별력이 있다.

"조상은 거짓말을 안해요."

그동안 7년이 넘도록 일관되게 느끼는 것이 바로 조상에서 주는 공수는 거짓이 없으며 진실된다는 것이다. 남의 집 조상에서는 거짓말을 하지만 내집 조상에서 후손들에게 내리는 공수는 결코 거짓이 없다는 것이다. 제자치고는 속이 매우 깊은 그녀는 여간해서는 자신의 속내를 드러내지 않는다. 감정의 변화가 없다는 뜻이다. 이런 여유자작한 성격은 굿판에서도 보여진다.

굿을 할 때도 거리에 들어서기 전까지는 자신의 실력을 여간해서는 드러내지 않는다. 상당한 실력의 소유자이면서도 언제나 겸손하다. 그러나 굿판에서의 그녀는 완연히 다른 모습이다. 강약을 조절할줄 알면서도 자연스럽게 굿의 마디마디를 수월하게 이어가는 모습은 보는 이로 하여금 충격을 받게하는 바로 그것이었다.

타고난 신명

그녀의 굿실력은 단아한 청과 멋드러진 가락 그리고 세련된 춤사위는 이북굿의 대가를 연상케한다. 그 어렵다는 청배무가도 자연스럽게 소화를 하면서 굿판을 압도하는 것은 그녀의 뛰어난 노력의 소산이라고 한다. 그러나 필자가 보기에는 타고난 천성이 없고서야 7년된 애동이 이북굿을 저렇게 잘할수 있을까 하는 의문이 생긴다. 즉 타고난 신명이 없으면 불가능하다는 이야기다.

굿은 아무리 열심히 10년이나 20년을 열심히 배워도 청이 나쁘고 자태가 나지 않으면 굿거리를 제대로 헤쳐나갈 수 없는 경우가 허다하다. 그것은 타고난 바탕이 약하기 때문에 어쩔수가 없는 것이다. 그만큼 어색한 굿은 어딘가 모르게 표가 나기 때문이다. 그런 점에서 그녀는 타고난 신명을 자랑하는 것이다. 공수도 잘주는 것을 보니 조상점을 잘 뽑는 명무답다.

그런 점에서 김보살은 머지않아 명무의 자리를 꽤어차고 있는 것이나 마찬가지다. 특히 대감거리와 장군거리는 이북굿을 하는 소장파중에서는 아마도 최고의 수준에 도달해있다고 해도 과언이 아니다. 특히 대감거리와 장군거리를 잘한다는 것은 그만큼 굿판에 신명을 돋구면서 제사집의 성불을 즉식에서 그것도 뻘리보게 하는 여지가 많다는 깃이다. 그만큼 복을 주고 재물을 주는 거리에 능하다는 것은 뛰어난 무당의 자질중에서 으뜸인 것이다.

연애를 하다가 신을 받아

원래는 기독교 집안이었는데 되는 일이 별로 없었다. 초등학교 5학년 때 많이 아팠다. 그녀의 어머니가 내림굿을 했으나 말문이 터지지 않았다. 그러니 집안이 더욱 엉망이었다. 내림을 했으나 제대로 내리지 못한 집안의 꼴은 말이 아니었다. 이후 신의 풍파는 계속되었다. 중1 때는 알 수 없는 신병으로 인해 학교를 다니다 말다 했다. 그때는 어느날인가 스님이 집에 찾아왔다. 그리고는 이런 말을 하였다.

"빨리 이사를 가지 않으면 큰일이 난다."

이 말을 그녀의 집은 대수롭지 않게 여겼다. 단지 어머니만 걱정을 좀 하였다. 그런데 정말 중2때는 아버지가 갑자기 돌아가셨다. 그때 그 사건은 정말 큰 충격이었다. 일찍 찾아온 신병을 무릎쓰고 가까스로 광주의 경신여고를 나와 21살에 인천으로 올라왔다. 언니가 인천에 거주하고 있어 인천으로 왔는데 마침 택시회사에 근무를 하게 되었다.

처녀가 되어서도 그녀가 점을 보러가면 어디서든지 이상하게 점을 보아주지 않았다. 당시는 벽에 할아버지가 보였고 환청도 들렸다. 친구가 어느 무당에게 점을 보러 갔다가 굿을 하게 되었다. 당시 작약도에서 3일 정성을 드린다고 해서 따라가게 되었다. 그곳에서도 그녀는 남들이 보지 못하는 할아버지를 보았다. 친구의 굿을 한 무당은 그녀가 오히려 신기가 있다고 하였고 내림을 받을 것을 권유받았다.

"내림을 받아라."

"돈이 없어요."

"그럼 너희 집으로 가."

돈이 없다고 하니 내림을 해주지 않겠다고 했다. 그녀는 그때 그 무당이 질이 나쁜 여자인줄은 꿈에도 몰랐다. 그러나 전라도에서 아버지

천도제를 하고나서 바로 내림굿을 받았다. 아버지 산소에서 일을 하고 집에 와서 점을 직접 보아줄 정도로 신기가 차올랐기 때문이었다.

그녀는 그 당시에는 연애를 하고 있었다. 그러다가 연애도중인 29살에 신을 받았지만 다행히 애인이 이해를 하여 주었다. 그러나 가족들은 그녀를 인정하지 않았다. 그리하여 신을 받고 나서 1년 동안은 서로 연락도 없었다.

당시에는 부평에서 처음에는 7가구가 사는 다세대집에 1년을 살았다. 그녀에게는 참으로 신이 강하게 들어왔다. 그것은 내림굿을 할 때보면 안다.

그녀는 내림굿을 할 때에는 명도에서 너무나 선명하게 화경으로 보여주었다. 그리하여 보여준대로 석가모니 부처님과 산신 할아버지 그리고 동자와 동녀를 모셨다. 문제는 그 이후였다.

사기꾼 신엄마를 만나

내림굿을 한뒤에도 이런 핑계로 신엄마라는 사람은 3일후에 굿하고 다시 저런 핑계로 7일후에 다시 굿을 시켰다. 그리고 한달이 지나자 다시 굿을 시켰다. 그렇게 하여 한달반만에 무려 5번의 굿을 하라고 강요했다. 핑계도 다양했다. 가리굿에서부터 환불림굿 그리고 불림굿과 솟을굿등 말을 갔다가 붙이면 굿이 되었다. 이렇게 신엄마는 신딸인 그녀는 수탈하면서 무려 2천5백만원이라는 돈을 날렸다.

첫굿을 하고나서 산신할아버지를 모셨는데 단돈 15만원이 손에 쥐여졌다. 그러나 신엄마라는 작자는 그 돈도 10만원을 뺏어갔다. 자기의 동생이 간판을 한다면서 간판값으로 10만원을 가져간 것이었다. 그래서 도저히 힘들고 또한 배겨낼수가 없어 엉터리 신엄마와 정리를 하였다.

이후에도 몇 명의 신신생들을 만났지만 실망이었나. 그것은 배우고 싶어하는 이북굿을 제대로 가르켜주지 않았기 때문이다. 굿을 만들어야지만 겨우 조금씩 그것도 감질나게 가르켜주는 수준이었다. 그것도 어깨너머로 배우라는 뜻이었다. 그렇게 하는 것은 억지로라도 굿을 내여 배우라는 뜻이었고 아니면 생돈을 내서라도 배우라는 것이었다. 한마디로 돈이 너무 들었다. 그러면서도 굿을 배우는 댓가의 소득은 쥐꼬리 정도였다.

전제복 명인을 만나

이후 그녀는 부평에 사는 이북굿의 명인인 전제복 선생을 새로 만나게 되었다. 전명인은 자신이 가지고 있는 모든 굿의 기예를 아낌없이 전수하여 주었다. 그는 기존의 다른 선생들과는 무언가 틀렸다. 하나를 가르켜주는 것이 아니라 열을 가르켰다. 굿이 없어도 전명인은 김보살을 불러 굿거리 전반에 걸쳐서 하나하나 자세한 지도를 하면서 틀을 잡아나갔다. 집에 와서도 혼자서 장구를 치면서 스스로 터득을 해나갔다. 굿판이 끝난뒤에도 전명인은 굿의 자잘못을 지적하면서 더욱 분발하라고 채찍질을 했다. 이후 김보살은 굿실력이 급성장하였고 결국 전명인의 수제자가 되다시피 했다.

"굿을 배울려면 굿의 모든 것을 사랑해야 합니다."

이 말은 김보살의 굿에 대한 예찬이다. 그녀는 전명인을 아예 오빠라 부르면서 따르고 있다. 그러면서 스스럼없이 마음의 벽을 허물고 굿을 배운 것이다. 이런 마음이 있었기에 그녀는 전명인을 만난지 불과 2년만에 이북굿의 열두거리를 멋들어지게 다 소화를 했던 것이다. 사람을 강하게 끌어들이는 마력이 있는 그녀는 현재 나라굿 행사에 초대를 받을 정도로 시선을 한몸에 받고 있다.

이제는 애동제자의 티를 겨우 벗은 그녀는 영검은 신에서 주지만 설법은 배워야 한다는 것을 다시 한번 강조를 한다. 그녀의 굿에 대한 견해는 독특하다.

"부부가 사이가 좋지 않은 경우는 서로의 화해의 의사가 없어서입니다. 그것은 그들의 조상에서 바람이 불고 조상에서 합의를 받자는 것인데 조상대우를 하지 않는 것은 말이 안됩니다. 이럴 경우 굿을 하면 조상에서 그 방법을 일러주고 그 방도를 따르면 결국 조상합의가 이루어져 집안의 화목과 평화가 옵니다."

그래서 그녀는 조상대우격인 굿을 해서 이혼을 목전에 둔 부부들을 많이 결합을 시켰다. 결혼을 못하는 노총각과 노처녀들 맺어주는 역할도 많이 하였다. 그녀는 굿을 하면 반듯이 소원이 이루어진다고 생각하지 않는다. 다만 사고수를 줄이고 문제를 해결할수 있는 길만 열어주는 것이라고 한다. 그 나머지는 굿을 하는 제가집의 몫이라는 것이다. 이런 그녀의 견해에 많은 신도들은 한결같이 지지를 하고 있다.

"남편도 저의 길을 전폭적으로 이해를 하고 지지를 보냅니다. 그래서 저는 무리하게 신의 길을 가지 않고 될 수 있으면 남을 위해 베푸는 쪽으로 가고 있습니다. 오늘보다는 내일을 생각하는 무속인이 되고 싶습니다."

그녀가 이런 마음자세로 진실하게 신의 길을 걸어가자 집안에서는 1년만에 노여움이 풀어졌고 가정을 지키면서 성실하게 그리고 모범되게 살아가는 그녀를 보고는 지금은 모두 머리를 숙이고 시집이나 친정이 잘 받들고 있다. 벌써 제자를 두명이나 두고 있다. 7년이 접어는 제자치고 그렇게 많은 제자도 아니고 그렇다고 적은 제자도 아니다. 그녀는 이렇게 중용을 우선으로 두고 있다.

♧ 인천시 부평구 부평4동   032) 504-9531

제주도의 신점 명인 참새 이보살

이송화 보살

다시 태어나도 이 길을

많은 무속인들은 신의 길을 가는 것을 저주하는 사람들이 있다. 그것은 신의 길로 들어서면서 겪은 무지막지한 풍파 때문에 그러했고 신을 받아도 별반 뾰족한 수가 나지 않았음을 한탄하는 경우에 더욱 그렇다.

무속인들중에서 그 나름대로 밥숟가락이나 제대로 뜨면서 사는 사람은 열에 아홉인 것을 보면 그만큼 신의 길을 가는 것이 어렵다는 것을 단적으로 말해준다. 즉 대부분의 무속인들이 어떻게 하면 신의 굴레를 벗을수 있을까 하고 생각을 하고 정말 그렇게 되면 얼마나 좋을까 하는 생각을 가지고 있다.

그러나 반면에 일부는 신의 길을 가면서 소원이 성취가 되고 뜻하는 바가 이루어지는 경우는 신의 길로 들어선 것이 차라리 잘 되었다고 한다. 그런 분은 많지 않지만 제주도에는 그런 분이 있었다. 그 분은 보살이 된 것을 정말 행운으로 생각을 하는 사람이었다. 다시 태어나도 신의 길을 가겠다고 하는 사람은 별칭도 참새 이보살로 제주도에서는 알아주는 일류 점술가였다.

"만일 내가 이 길을 가지 않았으며 어떻게 살았을까."

이보살은 이런 생각을 하면 두려움에 떨었다. '아마도 다른 길을 갔더라면 크게 인생을 후회하였을까' 하는 생각이 불현 듯 들때가 많다. 그만큼 현재 신의 길이 만족스럽기 때문이었다. 점사를 볼때도 마치 답을 알고 시험에 응하는 것처럼 훤히 보여준다. 이를 주위에서 용하다는 평가와 함께 점을 잘본다고 인정을 하여주니 더욱 기쁘다. 그러니 흥에 겨웁고 굿을 할 때도 너무나 신명에서 겨워 열심히 한다. 어디 한군데 구김살이 없이 일을 하는 이보살을 보면 이렇게 신명이 나서 하는 사람도 있구나 하는 것을 깨닫게 된다.

대표적인 조상만신

이 보살은 조상신을 잘 불러 점도 보고 또한 굿을 하기 때문에 대표적인 제주도 조상만신이다. 즉 굿판에서도 경상도 식으로 대나무를 들고 조상을 실어 공수를 주는 것이 아니라 제주도 식으로 직접 조상옷을 들고 제가집의 조상을 실어 자손들에게 공수를 주는 것은 언제나 이보살의 몫이다. 옷이 50벌이면 50명의 조상을 실어 공수를 줄 정도이다. 갖가지 이유로 죽은 조상이 하던 행동과 말을 그대로 할 정도로 잘하는 편이다. 그래서 본주(제가집 주인)들은 그때 놀란다. 그만큼 조상 점쾌를 잘 뽑기 때문이다.

점사를 볼때도 신령님과 대화를 해서 본다. 즉 손님이 오기 전에도 어떤 손님이 온다고 일러주어 점을 참으로 편하게 본다. 아니면 손님이 들어오면 손님과 관계가 되는 사람들의 모습까지 거울보듯이 자세하게 보여주어 점을 보게 한다. 이런 화경(畵鏡)은 이보살을 제주도에서 최고의 용한 점쟁이로 소문이 나게 하였다.

특이하게 이보살은 남자 손님들을 보지 않는다. 그것은 남자손님 앞에서는 눈을 감아야 하는데 눈이 감기지 않기 때문이다. 일종의 불안한 마음이 있었기 때문이었다. 그러나 남자라노 소개를 받아 예약을 하고 오거나 아니면 여자하고 같이 오는 남자에 한해서 겨우 점을 보아준다.

점 손님은 대부분 젊은 여성들이다. 이들에게 가장 큰 문제점은 낳고 싶은 아이를 어떻게 어느 시기에 잘 낳느냐의 문제였다. 아이를 빨리 갖고 싶은데 들어서지 않고 애를 먹이거나 아예 아이가 들어서지 않는 여자들에게는 삼신을 받아주는데 여러차례 성공을 하였다. 그리하여 제주도에서 아이를 잘 못낳은 여성에게 삼신을 받아 아이를 잘 낳게 한다는 소문도 퍼져 결국은 그 방면에서도 정상의 자리에 올랐다.

기도도 법당에서만 하고 모르는 것도 주위에다 묻지 않고 무조건 법당에서 모르는 것을 알려달라고 빌 뿐이다. 그러니 특별히 작정을 하고 어느 장소에 가서 기도를 하는 편은 아니다. 산에 가서 잘못 기도를 하면 산수비가 걸려 오기 때문에 절대로 그러한 곳을 피한다.

"유명산의 기도터나 굿당에 가면 일반 쓰레기뿐만 아니라 영적인 쓰레기들이 널려 있어 그런 곳에 가고 싶지 않아요."

외부로 가서 함부로 기도를 하지 않는 이유다. 산이나 바다에 가서 기도를 많이 하는 보살치고 잘불리는 사람을 보지 못했다는 것은 바로 이보살의 이런 말이 설득력이 있다는 것을 암시해주는 것이다.

병굿을 하다가 말문이 터져

언니가 일본에서 살기 때문에 일본에서 6년을 살다가 왔다. 그리고 제주도에서는 노래방을 하였다. 어느 날이었다. 속이 미슥하여 참았는데 당시에 화장실이 2층에 있어 올라갔다 오는데 정신이 핑 돌았다. 사흘째는 너무 속이 거북하여 오바이트를 하였다. 병원에 가니 뇌의 고막 신경이 꼬여 그렇다고 했다. 입원하면 곧 풀리니까 걱정을 말라고 했다. 잘하면 3일이면 꼬인 신경이 풀린다고 했는데 열흘이 가도 차도가 없었고 보름이 가도 꼬인 신경이 풀리지 않았다.

낮 열두시만 넘으면 눈이 돌아갔다. 상대방도 그녀의 눈을 쳐다보지 못했다. 그만큼 무서웠다. 이보살 본인은 몸의 중심을 잡지도 못했다.

그러자 그녀의 어머니가 딸을 구할려고 4군데 가서 점을 보았다. 어느 보살이 말을 했다.

"병원에 있을 병이 아니다. 나와서 굿을 하십쇼."

"무엇 때문에 그러냐?"

"산도 멕히고 하니 굿을 해야 합니다."

어머니로부터 이런 말을 들은 그녀는 퇴원을 하겠다고 했다.

"그럼, 어머니. 퇴원하게."

그래도 어머니는 걷지도 못한다며 퇴원을 하지 못하게 했다. 낮 12시만 넘으면 증세가 심해졌다. 그러나 병원에서 뇌에 대한 특수촬영을 해도 별 이상이 없었다. 결국 차도가 없어 퇴원을 했는데 집에 오니 꿈을 꾸면 절간에서 옥수물을 가는데 옆에서 나는 징소리에 시달렸다. 그래서 잠을 자지 못했다. 여름에 어머니가 약간의 코를 골면 그 소리에 징소리나 천둥소리로 들려 잠을 도저히 자지 못했다. 어머니를 피해 발밑에 자면 어머니는 속도 모르고 "더우냐? 나도 그쪽에서 자자." 하며 다시 곁에 붙어잤다. 그래서 더 잠을 자지 못했다. 너무나 우울했다.

걸을 때는 어머니의 부축을 받고 다녔다. 식탁을 갈때도 마찬가지고 화장실도 부축해서 가야만 했다. 어느 곳을 가더라도 항상 어머니의 옆에 붙어다녔다. 답답한 것은 딸이었다. 그래서 부탁을 하였다.

"어머니, 나하고 점보러 딴데를 가봅시다. 어디 잘하는데 있수꽈?"

그리하여 병을 고치기 위해 어머니와 같이 점을 보러 다녔다. 제주도에서 유명하다는 곳을 전부 가보았으나 신통치 않았다. 어느 보살은 동토를 잡아야 하는 일을 해야한다면서 이틀동안의 굿비용으로 400만원의 돈만 요구를 하였다. 점도 엉망이었다.

"어머니, 가게."

자신도 모르게 어머니에게 가자고 했다. 실망만 하고 그곳을 나왔다. 바로 택시를 타려고 하는데 이보살은 근처에 있는 엉뚱한 곳을 가리켰다.

"어머니, 저기 보살집이 있는 것 같은데 저곳에 들어갑소."
"아이고, 알지도 못하면서 뭘 그리 들어가느냐. 저 이왕이면 잘 아는데 들이글라."
"아니우다, 어머니, 저집에 나가 가고싶은데우다."
그곳은 신호등을 넘어가야 하는 곳이었다. 그곳에 갔는데 바로 신랑이 애기를 안고 나왔다.
"여기 점 잘봅니까?"
"잘봅니다. 그런데 저, 보살님이 안에 계시니까 들어가 보세요."
들어가니 차림새는 꽤재재하여 볼품은 없었지만 젊은 보살이었다. 젊은 애동이지만 동토를 풀어야 한다면서 170만원을 불렀다. 점을 보면서도 39살에 죽은 언니 묘가 망가졌다면서 걱정을 했다. 긴가민가하여 점집을 나와 확인차원에서 비오는 날 언니묘를 가서보니 정말로 산이 무너져 있었다. 그러니 묘도 무너질 수밖에 없었다.
그래서 바로 내려 오면서 믿고 그곳에서 (병굿)일을 했다. (굿)일을 하면서 첫날은 기운이 없어 누워있다시피했다. 젊은 보살은 이튿째 되어서 축 쳐져 누워있다시피한 병자인 이보살을 일으켜 강제로 일으켜 춤을 추라고 했다. 언니와 동생이 물었다.
"이런 환자를 어떻게 춤을 추라고 하느냐?"
"춥니다. 춰. 강제로 일으켜 세우세요."
양쪽에서 그녀를 붙잡고 춤을 강제로 추게 하자 그녀는 10분동안 막 울기 시작했다. 바로 말문이 터진 것이다. 그리고는 형부에게 공수를 주었다.
"당신은 금전이 많이 멕혔수다."
"그렇수다."
"그 금전을 풀려면 성주를 내려야 합니다."
그래서 그곳의 선생들이 형부의 일을 하게 되었다. 한마디로 굿을 하는 보살들은 땡잡은 경우였다.

내림굿후 몸이 완쾌

그러나 젊은 보살은 이보살에게 신을 받으라는 말을 하지 않았다. 문제는 형부의 집에서 일을 할 때 몸이 아픈 형부손에 있는 신칼을 뺏고 싶었다. 병을 물리치기 위해서 신칼을 들고 있었던 것인데 이보살은 그 신칼을 가지고 싶었다. 그러나 형부의 입장을 생각해서 노골적으로 요구하지 못했다. 그러나 참을수가 없었다.

"저한테 수건이라도 줍소."

이런 말에 무당은 눈치를 채고 형부가 쥐고 있던 신칼을 주었다. 거기서 크게 한번 뛰면서 신명을 풀었다. 이후 노래방을 계속했으나 몸은 완전히 낫지 않았다. 딸들이 부축을 하여 카운터에 앉아있을 정도였다. 그러나 손님이 아파하는 이보살의 모습을 보고는 도망을 갔다. 당시에는 춤을 추라고 하면 신나게 추었다. 그러나 아직 제대로 걷지 않았다.

결국 나중에 정식으로 내림굿을 하고 나서 완전히 몸이 회복이 되었다. 내림굿을 하고와서 짐도 풀기전에 손님이 몰려 들어와서 바로 크게 불리기 시작하여 제주도에서 손꼽히는 신점의 명인이 되었다.

그녀는 지금까지 신의 길을 걸어오면서 몇가지 원칙이 있다. 그것은 굿을 질질 끌어 굿값을 더 많이 요구하는 '연장걸기'를 하지 않는 것이다. 또한 별비를 20만원이상 받지 않는 것이다. 마지막으로 신의 제자를 두지 않는 것인데 최근에는 제자를 받을 준비를 하고 있다. 이것이 하나의 변화다.

♤ 제주시 일도2동 994-5번지 064) 702-2211

선산의 옥황선녀 장군보살

이북굿의 오보살

이북굿을 하는 경상도 보살

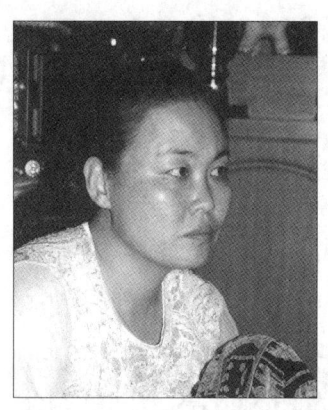

대구 김정식 선생의 소개로 안동에서 오보살을 만났다. 바로 월드컵 16강진출 기원제를 하루 앞둔 6월 1일이었다. 옥황선녀보살을 간판으로 하는 오보살은 구미에서 가까운 선산에서 점술업을 하고 있는데 공교롭게도 이북굿을 하는 분이었다. 다음날이 안동에서 중요한 행사가 있어 행사가 끝나는대로 찾아뵙기로 하였다.

과연 그 다음날 행사가 성공적으로 끝나고나서 약속대로 다음날 선산을 방문하였는데 밤 12시가 넘어서였다.

신당은 이북탱화로 가득하였다. 경상도에서 이북굿을 하는 만신들은 이북탱화가 없는 것이 유행처럼 되어버린 요즈음 그토록 철저하게 신당에 이북탱화를 마련하여 놓고 신점을 보는 분을 보니 신기하기도 했다. 실제로 이북굿을 잘하는 김선생도 이북탱화를 자신의 신당에 걸어놓지 않고 있는 터였다. 그런 차제에 오보살을 만나니 반갑기 그지 없었다.

전형적인 이북굿의 만신이었다. 말할것도 없이 선산에서는 7년을 무업에 종사를 하면서 제일 손님이 많은 오보살이었지만 아직도 자신은 애동이라며 겸손해 하였다.

"내가 그렇게 많은 제자를 보아왔지만 송선생에게 자신있게 추천을 할 수 있는 보살은 오보살밖에 없습네다."

이렇게 단정을 하다시피하며 아끼는 신의 제자라며 소개를 했던 김선생이 추천을 하는 오보살은 과연 누구인가. 고향이 대전이고 충남여고를 나와 크리스천 계통의 대학을 다니다가 중도에 포기를 하였다. 결혼을 하여 종가집 맏며느리로 생활하다가 신을 받아 현재 7년째 선산에서 점사를 보고 있다는 것이었다.

점을 볼때는 그냥 애기씨가 일어주어 점을 본다. 통상 어떻게 무엇때문에 왔다고 일러주기 때문에 그대로 손님에게 전한후에 생년월일과 나이를 적으면서 점을 보아준다. 선녀도 점을 많이 일러준다. 특히 손님들이 온 목적을 잘 일러준다.

아이 때문에 신을 받아

아이가 초등학교 5학년때 정신병자 취급을 받았다. 그러나 사실은 아이가 그렇지 않았다. 신이 일찍 온 것 뿐이었다. 그 아이는 남의 집 아파트에 사는 남자의 옷에 돈이 얼마가 있었다는 말을 할 정도였다. 신기가 강한 아이가 아파트 베란다에서 난동을 부리는 경우도 있었다. 아이 때문에 기가 막혀 점을 보러갔는데 조상 가리굿을 하라고 했다.

"제가 신만 모시면 아이가 낫느냐?"

무당은 그렇다고 했다. 그래서 다시 오겠다고 하고는 다른 곳으로 갔다. 그곳은 부부가 점을 보는 곳이었다. 역시 굿을 하라고 했다. 그래서 정신병원에 들어가는 비용을 계산해서 병이 낫는다는 조건으로 300만에 하루굿을 했다. 그런데 조상굿을 하는데 부부 무당이 싸움을 했다. 경상도굿에서 아침에 산의 정기를 받는 절차인 일광을 받아야 하는데 너 이상 굿을 해주지 않았다.

"없는 돈을 마련해서 한 굿이었는데 이거는 너무한 것이 아니냐? 왜 남의 굿을 끝내지도 않고 중단을 하느냐."

그때 옆에 있는 법사가 딱했던지 다음과 같이 말했다.

"목욕을 하고 와라."

그래서 목욕을 하고 들어왔더니 법사는 아무거나 들으라고 했다. 그 말에 아무거나 들었다. 이때 법사는 고장을 쳤다. 산천 위에서 장군님들이 내려오는 것이 보였다. 천상에서 팔선녀가 오다가 한 선녀가 내려왔다.

"내가 옥황에서 온 선녀에요."

그러자 간판을 옥황선녀라고 해라고 하였다. 그러나 점을 치는 동자가 와야 하는데 막상 시험을 하는데 말이 나오지 않았다. 그러자 아이만 낫으면 된다고 해서 굿을 마쳤다. 대신 신도가 되라고 했다.

"남의 집에서 빌려면 촛대라도 하나 사주세요."

그래서 신의 선생이 촛대를 사주어 오직 정성으로 빌었다. 촛불기도를 하면 그 다음날 일이 보였다. 그리고 굿한 장면이 자꾸만 떠올렸다. 굿의 문서도 자꾸만 머리에 들어왔다. 그러면 시간이 금방 지나갔다.

아이들이 보이면 언제쯤 애가 집으로 오겠다고 생각을 하고 나가면 역시 정확하게 그 시간에 아이가 집으로 오고 있었다. 운전을 하는 남편을 생각하면 신통하게 남편이 보였다. 그 시간쯤 남편이 터미널에서 집으로 오겠다고 생각을 하고서는 나가면 영락없이 남편을 만났다.

촛불기도로 보여줘

10월 초닷새 되는 날에 동네에서 대나무를 천원을 주고 사와서 아파트 마당에서 들고 놀았던 것이 아침에 보였다. 그래서 그 날로 아는 보살에게 전화를 했다.

"아이고 점 볼라는 모양이다."

이런 소리를 하는 아는 보살이 혼자 와서 북을 치면서 풀어주었다.

그러면서 점을 보기 시작했다. 손님들이 몰려오기 시작했다. 3달동안 점을 볼때는 부끄러워 부채로 얼굴을 가리고 점을 보았다. 그러나 손님들이 이상하다고 자꾸 그렇게 점을 보지 말라고 해서 새해에 들어서는 신수점을 보면서 그런 버릇을 고쳤다.

첫굿을 37만원에 했다. 그러니 그 보살이 돈이 너무 작다고 하면서 돈을 많이 부르라고 하였다. 그러나 큰돈을 부르는 것이 쉽지 않았고 그렇게 하기도 싫었다. 그래서 그 보살과 헤어졌다.

이후 굿을 하면서 일광을 받을 때 가슴으로 도저히 참을수가 없을 정도로 큰 충격이 왔다. 그래서 신이 있다는 것을 확연히 깨달았다.

아파트에서 손님이 계속오니 마침내 주민들이 항의를 했다. 그래서 정월이 지나자 인근 교동의 빈터에 조립식 건물을 세웠다. 이후 오늘의 신당이 마련이 되었다. 처음 올때는 집의 담이 없었다. 그래서 허공기도를 할 수밖에 없었다. 그러나 기도를 하면 불덩어리가 마구 가슴으로 날라들어왔다. 베트콩 모자를 쓴 사람들이 파란 옷을 입고 칼을 일자로 들고 저벅저벅 집주위를 돌았다.

어느 날은 날개를 단 말을 탄 사람들이 몰려 왔다. 인시에 일어나 기도를 하면 그 방에 아궁이를 지피면서 노래를 하였다. 그래서 그 분의 성씨를 물었는데 대답을 하였다.

"왜 내 신당에서 이러느냐?"

이런 말을 한 후에 동네 사람들에게 그 할머니가 혹시 누구냐고 물었는데 주위의 사람들은 그런 할머니가 옛날에 살았다고 하였다. 그래서 그분이 터주신이라는 것을 알았다. 그러나 내 부리만 가지고는 터주신을 이겨낼수가 없었다.

할수없이 계룡산을 찾아 들었다. 그곳에서 빌면서 답이 나왔다. 타살굿을 하라고 하였다. 이러한 것을 그곳 선황에서 보여주었다. 이런 식으로 터에 가서 풀어내라고 하였다. 그래서 금오산에서 굿당을 운영하는 사람을 찾아가서 물어보았다.
"팔공산에 가면 그런 굿을 합니다. 같이 구경을 가봅시다."
가서 보니 팔공산에서 하는 굿을 보니 이북굿이었다. 그리고는 장군굿당에서 이북굿을 하는 사람을 만났다. 바로 대구에 있는 어느 보살이었는데 인사만 하고 지냈다. 그러면서 처음에 오보살은 자신이 이북부리라는 것을 알았다. 실제로 그녀의 친정 어머니가 평안도분이고 친정의 아버지도 황해도 분이라 이북굿을 할 수밖에 없었다.

이북부리가 있어

그러나 처음에는 혼자서 이북굿을 해보았다. 타살굿을 하면서 스스로 희열을 느꼈다. 그래서 이북굿을 하는 보살들의 굿을 보았다. 특히 구미에서 만난 대구의 보살굿을 계속 보았다. 그러다가 3년전에 아버지가 실려 밤 10시에 쓰러졌다. 119에 실려가면서도 아버지로부터 말을 들었다. 그 말뜻은 절대로 3년뒤에는 꼭 이북굿을 하라는 것이었다.
"굿당으로 가자!"
정신을 차리지 못하는 상태에서 방향을 돌려 가고싶은 굿당으로 가보니 마침 그곳에서는 대구의 그 보살이 굿을 하고 있었다. 그 보살은 오보살을 보더니 빨리 이북굿을 하라고 해서 그때 정식으로 이북굿을 하였다.
이렇게 재작년에 가리를 잡고 이북굿으로 돌아섰는데 신의 선생은 무리하게 무복을 강요하였고 환도 강요를 하였다. 그리하여 이북굿을 한지 얼마 안되는 애동이 신복이 80벌이 넘었다. 그리고 환도 너무 많이 모셔져 있었다. 신의 선생도 스스로 말했다.
"너는 너무 건방지고 버겁다."
신의 선생으로부터 이런 말을 듣고 신의 선생과 오보살은 서로가 잘못되었다는 것을 깨닫고 결국 그 대구의 보살과도 헤어지게 되었다.

그동안 구미에서 오보살은 항상 주목의 대상이었다. 선산에서 이북굿을 제대로 하는 보살이라서 더욱 그러한 점이 있었다. 많은 보살들이 굿구경을 하러 올 정도였다. 어마어마한 신복만 해도 화제의 대상이었다. 이후 굿도 이북굿과 경상도 굿을 섞어서 하게 되었다.

백마장군이 주신으로 들어왔지만 그 분을 제대로 받을지도 몰랐다. 먼산부군님이 오시지 않은 것에 대해서 의문을 품었다. 그것은 굿청에서 아무리 신복을 입어도 부군님을 모셔도 오시지 않았다. 가슴으로 느껴지고 온 몸으로 느껴지지 못하는 분들이 너무 많은 것이 탈이었다. 오시는 분이 있었고 오시지 않는 분이 있었다.

스스로 너무 많은 신령을 모신 것에 대해서 회의를 느끼고 지금은 그러한 분들을 서서히 내몰고 있다. 금오산 산신제에서 나가 자신의 굿실력을 선보여도 그것이 흉내뿐이라는 것을 알았다. 장군님과 선황님 그리고 애기씨가 오는 것은 정확하게 느꼈다. 그러나 다른 신령님들이 오는 것에 대해서는 회의를 느꼈다.

오보살은 이제 이러한 사실을 다 알고 있다. 그리고 스스로 혼자서 깨닫고 모든 것을 이겨나갔다. 장군줄이 강한 자신을 스스로 발견했던 것이다. 작두장군도 얼마전에 제대로 모셨다. 이후 김선생과 같은 유명한 분들과 교류를 하면서 혼자 일을 하면서 지금에 이르게 되었다.

☬ 구미시 선산읍 교리 753번지   054) 482-3999

연예인 출신의 서울의 다비암

이지연 보살

방송계의 총아

대학을 다니다가 신을 받아 무당이 된 어린 보살이 있다. 그녀는 아역배우로 활동을 한 경력이 있고 이후 아르바이트로 방송국에 근무한 경력이 있어 방송국의 PD를 많이 알고 있었다. 그 결과 그녀는 방송에서 무속프로그램이나 관련 프로그램이 있을때는 자주 소개가 되었다. 남들은 대가리가 터질 정도로 방송을 타려고 노력을 해도 나올까 말까 한데 그녀는 아주 쉽게 방송을 탔다. 다 굳건한 인맥 덕택이었다.

한번 방송을 탈때마다 손님이 몰려들었다. 방송에 자구 나가다 보니 아예 매니저까지 두고 방송관리를 할 정도였다. 그 와중에 출판사의 제의로 자서전적인 책도 내었다. 작가 지망생이었던 그녀는 자신의 끼를 숨길수가 없었다. 그래서 2001년 4월에는 시집도 내었다.

애동으로서 유명하다는 소문이 나자 전화상담회사에서 제의가 들어와서 운세풀이를 직접 녹음하여 전화를 통해서 안내를 내보내었고 그것으로 성공하기도 하였다. 이래저래 그녀는 홍보에 관해서는 자타가 공인할 정도로 앞서갔으며 또한 자연스럽게 이루어졌다. 결코 무리를 할 필요가 없었다. 오는 손님을 받는 것만으로도 벅찼다. 한마디로 애동제자치고는 고생을 하지 않고 편안하게 무속의 길을 걸어갔다.

"제 사주가 무당으로서는 타고 난 경우인가봐요."

이렇게 천운을 타고난 그녀를 처음 본 것은 5년 전이었다. 아는 법사의 소개로 식당에서 우연히 만난 그녀는 그 당시에도 당당했었다. 그날은 연락처만 알고 식사후에 헤어졌는데 그 이후에 만남이 한번도 없었다. 서로 바빴기 때문이었다. 그러다가 5년만에 연락을 해서 새롭게 만난 그녀는 기도를 많이 다니느냐는 말에 다음과 같은 놀라운 말을 할 정도였다.

"기도다니는 것은 싫어요. 법당이 더 좋아요. 그래서 여간해서는 법당을 떠나지 않아요."

꿈에 눈썹까지 밀어

신을 받고 3년차에 나가서 노는 것에 재미를 붙였다. 아무리 참아도 자신도 모르게 밖에서 헤매고 있는 자신을 발견하였다. 그러자 꿈에 눈썹을 미는 꿈을 꾸었다.

"머리를 미는 것은 모자를 쓰면 되지만 눈썹을 완전히 밀면 눈썹을 그려도 환자같이 보이기 때문에 충격적이었어요. 그 꿈 이후에는 밖에 나가지 않았어요."

방송에 여러번 소개가 되고 점을 잘본다는 소문이 나자 여러 부류의 손님들이 왔다. 최근에는 미국으로 밀입국하려는 여자들 3명이 왔는데 점을 보았다.

"이번에는 미국을 못갈 것 같은데…."

"저는 꼭 가요. 우리 내기 할까요?"

캐나다와 미국의 부로커들이 중간에 끼기 때문에 성사가 높다는 것이다. 그리고 이미 돈을 선불로 천오백만원을 지급했다는 것이다.

"만일 못가세 되면 신당에 놀러와."

"알았어요."

여자들이 간지 한달이 지난 어느날 밤에 여자들이 초쾌한 몰골로 찾아왔다. 캐나다 국경에서 미국국경을 건너가는데 실패를 했고 죽을 고생을 했다는 것이다. 국경의 허름한 모텔에서 여장을 풀고나서 조를 짜서 국경을 건넌다는 것이 원래의 계획이었다. 그러기 위해서는 가장 인적이 드문 인디언 마을을 통과해야 한다는 것이었다. 그러나 인디언 마을 근처에 몰래 잠입을 하여 추위와 배고품에 죽을 고생을 하였고 국경을 흐르는 강을 건너기 위해서 늪지대를 밤에 유격 훈련하듯 "앉아!"와 "엎드려!"를 반복하면서 밤새 걸었지만 허사였다. 밀파간첩도 이보다는 나을 것 같았다.

그러다 재수없게 불량한 사람들을 만나면 바로 인신매매되어 성의 노예가 되는 국제고아가 되거나 아니면 국제 창녀로 전락을 하는 비극을 맞이하는 것도 다반사였다. 한달내내 제대로 먹지도 못하고 잠도 제대로 자지 못하면서 똥도 제대로 싸지도 못하는 한심한 처지에서 부로커인 안내인을 따라 인간으로서는 참기어려운 가히 죽음을 방불하게 하는 지옥의 단체생활을 하였다. 급기야 여자들은 폐가의 싱크대나 바지에다 화장지도 없이 똥을 싸는 촌극을 빚을 정도였다. 나중에는 긴 강을 건너는 방편으로 국경의 다리를 지나다니는 트레일러의 밑의 작은 공간에 누워있어야 하는 최후의 수단이 있었다. 그러나 그것도 한번 누워보니 공간이 너무 협소하고 흔들리는 차체에 머리가 부딛혀 숨이 막히고 어질어질하여 당장이라도 오바이트가 나올 것 같았다. 그래서 차편으로 가는 것도 포기하였다.

이후 도저히 인간으로서 할 수 없는 그런 막대한 고생을 한후에 마지막에는 희망도 없이 미국으로의 밀입국을 포기해야 하는 기로에 섰는데 더욱 골때린 것은 나중에는 안내하는 부로커가 여권까지 가지고 몰래 도망을 가는 바람에 더욱 큰 낭패를 당하고 왔다는 것이다. 여권만 있었으면 고생이 되더라도 더 체류하면서 기어코 미국을 들어갈려고 했는데 여자들은 자신의 처참한 몰골을 보면서 느낀 것이 있었고 무엇보다도 보살의 말이 생각나 중도에 포기하고 왔다는 것이다.

"보살님 말만 아니었으면 죽어도 캐나다 국경에서 죽었을 것이에요."

사생결단을 하려는 순간 보살의 말이 이번에는 밀입국을 하기 힘들다는 말에 포기하고 한국에 있는 친구들에게 국제전화로 차비까지 빌려 겨우 귀국을 했던 것이다.

"보살님의 말을 듣고 가지 않았어야 했는데 …."

여자들의 몰골은 완전히 폐인이 되어 있었다. 그러나 사실 미국으로 건너가서 약속된 유흥업소에 갔더라도 어디서 못쓰는 폐인이 왔느냐며 쫓겨날 정도로 보였다.

"몸을 추스르기 위해서 왔는데 다시 기회를 노릴거에요."

호모도 찾아와

신당에 있으면 특이하게도 점손님들중에서 호모들이 많이 왔다. 그것은 방송을 타고나서의 일이었다. 대학을 중도에 그만둔 20대 초반의 젊은 보살이 운영하는 점집이라서 그런지는 몰라도 처음에는 젊은 이들이 많이 몰려 들었다. 그중에서 약간 느끼하다고 생각을 하면 영락없는 호모였다. 그들은 대부분 남자들끼리 사랑을 하는 부류였다. 한마디로 모양은 남자지만 하는 행동은 영락없는 여자였다. 이런 손님들은 대부분 점사가 끝나고 난뒤에 찾아온다. 그것은 그들이 다니는 미용실이나 까페 그리고 술집등의 영업시간이 끝나고 난 뒤에 오기 때문이다. 이들이 오면 대번 신에서 호모라고 일러준다. 그러나 말을 조심하면서 대할 뿐이다. 어떨 때는 전화도 온다.

"늦게가면 안되지요."

일전에 한번 온 기억이 있어 말했다.

"오빠 아니에요?"

"어머, 자기 나 기억하는구나? 나 퇴근 시간이 늦어서 그런데 늦게가도 돼지. 응."

"할수없죠, 뭐. 너무 늦지 마세요."

결국 밤 10시가 훨씬 넘어 왔다. 원래는 밤늦게는 점을 보지 않는데 일부러 전화를 하고 오는 것은 막을 도리가 없었다. 와서 하는 말은 다음주에 여자 연예인과 잠자리를 같이 하기로 되었는데 성사가 되겠느냐는 것이었다. 그러나 이미 성사가 된 것을 자랑하러 온 것이었다.

아역배우로 활동

서울의 회현동이 고향이고 남부럽지 않은 집안에서 태어나 욕심을 부리지 않고 생활을 했다. 초등학교에서부터 고 2때까지 아역 배우로 방송에서 오랫동안 활동을 하였다. 청소년 프로는 거의 다 맡아서 했을 정도였다. 그 당시에 같이 알고 지내던 새끼 PD들이 어느덧 중견 PD나 왕PD가 되어 있었다.

특히 어머니가 방송국에 발이 넓어 또한 나중에 신의 길을 가는데 큰 도움이 되었다. 재수를 해서 서대문에 있는 대학에 들어가서 한학기를 다니다가 신이 와서 대학을 과감히 그만두었다. 아르바이트로 근무하던 인터넷 방송국도 그만두었다. 그리고는 신정동에 있는 40대 초반의 보살에게 내림을 받은 그녀는 방송계에서는 화제가 되었다. 아역탤런트로 활동하던 이지연이 신을 받은 것은 당시로서는 충격이었다. 이런 소식에 방송국에서는 출연섭외가 계속적으로 들어왔다. 방송국에 가서는 당당하게 아예 출연료까지 받아왔다. 방송이 나가자 마자 손님이 밀려들었다. 이렇게 하여 말 그대로 큰 어려움이 없이 신의 길을 갔다.

남들은 돈을 물쓰듯이 하면서 방송을 타려고 해도 힘드는 처지에 그녀는 돈 한푼 안들이고 방송에 출연을 하는 계기가 되었다. 그것은 신의 제자로서는 어마어마한 기회였다. 그럼에도 천성이 낙천적인 그런 면모는 시종일관 방송을 타기위해서 아둥바둥하지도 않았고 굿을 하기 위해서 아둥바둥 하지 않았다.

자서전도 내었지만 출판사는 별로 재미를 보지 못했다. 그래서 어머니도 책같은 것은 앞으로 쓰지도 내지도 말라고 하였다. 그런데 나중에 늙어서라도 점을 보게되면 무속에 대한 책이라도 쓰고 싶은 생각이 있었다. 어느 날인가 손님이 점을 보러왔다.

"아저씨, 종이가 이만큼 보이네요."

그 사람은 웃으면서 대답을 했다.

"그런데요."

"혹시 인쇄소 같은 것 하세요?"

"예, 비슷한 것을 합니다."

"종이가 너무 많이 쌓여있네요."

"그래요. 종이가 너무 많이 쌓여 있어요. 창고에는 책도 쌓여 있고요."

그제서야 그는 출판사를 운영한다고 하면서 책이 안팔려 고민이라고 했다.

"출판사의 이름을 바꿀려고 하는데요."

그래서 적당한 출판사의 이름을 정해주었는데 그 출판사 대표는 이름이 마음에 든다며 좋아했다. 그러면서 온 김에 책을 내자고 권유를 했다. 그래서 흔쾌히 동의를 하고 그동안 끄적거려 놓은 시들을 모아 시집을 내었다. 자서전은 절판이 되었고 시집도 그냥 그런데로 체면 유지만 했을 뿐이다. 원래 기대를 하지 않고 쓴 글들이었다. 메스컴을 워낙 자주 타니 출판사가 대든 것이었다.

☏ 서울시 강서구 화곡동 02) 2648-7515

전주의 처녀보살 청룡암 김보살

김은주 보살

전주천의 처녀보살

전라도에서 전주는 예로부터 신의 고향이라고 일컬을 만큼 점을 잘보는 이들이 많다. 사실상 상계점의 고향이기도 한 전주는 수천년의 한이 서린 곳이라서 그런지는 몰라도 전라도에서도 가장 신기가 강한 곳으로 평가를 받고 있다.

이런 전주에서 젊은 보살로는 가장 점을 잘본다는 처녀보살인 김보살은 뚝방쪽에 있는 동완산동에 자리를 잡고 있다. 전주천이 흐르는 길 한편에 자리를 잡고 있는 그녀의 집은 동완산동 사무소 바로 옆으로 언제나 사람들로 붐빈다. 그것은 전주에서 가장 점사를 힘있게 그리고 맑게 보는 탓에 얻은 명성 때문이었다. 그녀의 외모는 전형적인 대신할머니의 젊은 시절의 모습일 정도로 자태를 타고 났다. 긴 머리를 뒤로 넘기면서 앉아있는 모습은 엄숙함 그 자체이다.

"호 — 잇."

긴 휘파람 소리를 내면서 산점을 치는 그녀는 유난히 옆전을 짤랑거리면서 대신상에 옆전을 뿌린다. 그러면서 공수는 쉴새없이 쏟아져 나온다. 긴머리의 젊은 미모의 김보살은 입에서 걸걸한 목소리가 마구 쏟아져 나온다. 접신의 모습은 더욱 근엄하기 짝이 없다.

"당신 배신을 당한다. 그것이 다 인간의 풍파다."

탐탁치 않은 남편외에 애물단지 스타일인 애인을 둔 어느 젊은 여성이 그녀에게 와서 자신의 처신에 대해서 묻는 상황이었다.

"그럼, 언제 정리가 될까요?"

"끊기가 힘들다."

"…"

"그 사람으로 인해서 귀주생이 또 다른 아픔을 겪게 될 것이야. 그러니 애인을 끊고 앞으로 만나지 말아."

"그래도 한번은 만나고 싶어요."

여자는 그래도 그 애인에게 미련이 있는 듯 싶었다.

"저쪽에서야 오며 가며 하니 손해가 없어. 가는 곳이 내 가정이야. 그것은 남자의 사주치고는 제일 안좋은 것이야. 그 남자는 여복은 있지만 좋지 않아."

점을 보러 온 여자는 그러면 남편외에 다른 남자는 또 없겠느냐고 물어 온다. 이미 남편에 대해서는 포기를 하고 다른 길을 찾으려는 전형적인 40대 초반인 한국 여자의 모습이었다.

"인간 바람이 또 있어. 접근을 해도 하나 필요치 않은 해만 주는 사람들이야."

"저는 왜 그래요. 하나같이…."

"당신은 처음부터 머리 올리때부터 잘못되었어."

한마디로 인간문서가 잘못되었다는 것이었다. 인간문서란 누가 시집을 가는 것이며 장가를 가는 것이며 또한 애를 낳는 것을 말하는 것이다.

"그럼 모두 정리를 해야할까봐요."

"그럼, 끊어야 하는 거여. 그래야 자손들이라도 거느리지 그렇지 않으면 하나도 거느리지 못해."

결국 그 여자는 애인을 끊으라는 공수를 받고 나갔다. 이 대목은 필자가 찾아갔을 때 목도한 전주의 처녀보살인 김보살의 점치는 광경이었다. 대신할머니나 동자가 실려 점을 보는데 나이나 생일을 가리지 않는다. 기도를 할 때는 창을 하는 신명도 있다. 그래서 창부나 호구가 들어올때면 창을 하기도 한다. 혼자서도 처량하게 하기도 한다. 그러면 기분이 좋아진다.

그녀는 손님하고 영적인 대화를 하는 것이 좋아한다. 즉 신명이 접해서 대화를 하면 형언할수 없는 쾌감을 느낀다고 한다. 이는 천생 신의 제자라는 것을 증명하는 것이기도 하다. 그래서 얼마전까지 요즘 유행을 하는 전화 운세를 하기도 했다. 그러나 그 전화운세의 비용은 손님들이 부담하는데 그 비용이 만만치 않은 것을 알고는 더 이상 전화 운세를 하지 않는다.

가정보다 신령이 우선

그녀는 전주에서 처녀보살로 이름을 날렸다. 그러나 결혼을 하고부터는 고력의 시작이었다. 혼자 지내기가 힘들어 병으로 다죽어가는 사람을 정성껏 치료를 해주면서 살려내었고 급기야는 결혼을 하였는데 그것은 불행의 또다른 시작이었다. 결혼을 했는데 오히려 부부생활의 트러블도 많았다. 성관계가 도저히 법당에서 용납이 되지 않았다. 아니 관계를 한후에 몸을 씻고 법당에서 신령님을 뵙는 자체가 너무나 싫었다. 그래서 기도를 한다는 핑계를 대고 아예 법당에 들어오면 그만큼 남편과는 사이도 나빠졌다.

남편과 사이가 결정적으로 나빠진 것은 그렇게 물심양면으로 도움을 받던 남편이 자신몰래 외도를 하는 것을 신에서 먼저 알았기 때문이었다.

"남편의 외도 장면이 나의 눈에 선연히 보여주었어요. 그래서 그 다음날 추궁을 하니 사실이었어요. 그것이 자꾸 반복이 되어서 결심을 하게 되었어요."

그녀에게는 나이가 어린 아이가 하나 있다. 그녀가 키우고 있는 관계로 모든 부담을 감내하고 있다. 그녀는 남편에게 말했다.

"내가 당신을 만난 것부터 악연이다. 그러니 애도 정이 없다."

단지 자신이 낳은 죄로 아이를 키우고 있는 중이다. 그래서 현재는 같은 점술업을 하는 남편과 별거 중이고 한편으로는 이혼을 준비중이다.

그래서 그런지 그녀에게는 이별수가 있는 손님들이 많이 와서 상담에 응하고 있다. 아마도 원앙에 한이 맺힌 사람들에 관한 점들이리라. 그녀 자신도 원앙에 한이 맺힌 꼴이 되었다. 그렇게 남편에게 살뜰하게 잘해 주었던 그녀가 받은 배신감은 이루 말할 수가 없었다.

처녀의 몸으로 짐보따리를 이고 지면서 산기도를 다니면서 피눈물을 나는 고생을 했지만 이때 남편을 만나 한 가정을 이루었지만 그 결과는 후회와 고민뿐이었다. 아이를 낳았지만 아이를 이뻐하면 법당에 있는 동자가 셈을 하면서 삐지기 일수였다. 그러니 동자를 위하여서 점을 보는 그녀로서는 기가 막힐 수밖에 없었다. 그래서 그녀에게 남겨진 것은 오로지 가시밭길이었다.

"신명을 모시고 있는 사람은 더욱 깨끗해야 하는데 그렇지 못한 것에 정말 혐오감을 느낍니다."

젊은 나이에 신을 받아 고생을 많이 한 그녀는 멋모르고 얼음을 깨고 들어가 산에서 기도를 많이 한 탓에 편두통에 시달리기도 했다. 그녀는 신받기 3년전부터 신기를 없애기 위해서 담배를 피웠다. 그러나 소용이 없었다. 누구라도 술을 사주면 말을 한마디씩 했다. 일종의 주점(酒占)이었다. 그 결과 그녀는 어느새 술에 취해서 신점을 보는 처녀가 된 것이었다.

17살부터 신이 와

진정한 무당이면 누구나 신을 받기 위해서 수많은 고초를 겪지만 그녀도 예외는 아니었다. 17살부터 신이 왔지만 받지 않았다. 그때는 신병을 이겨내기 위해 타이밍을 한 주먹씩 입에 털어 놓았다. 어떨 때는 눈만 감으면 신장님들이 몰려왔다. 그것이 무섭고 싫었다.

"어머니의 눈에도 이런 신장님들이 나에게 들어오는 것을 보인다고 했어요."

이런 분위기에서 해마다 3년에 한번씩 굿을 했다. 굿을 하면 너무나 좋았다. 그러나 어머니가 하지 않으면 딸이 물려 받는다는 무시무시한 말도 들었다. 신을 받기전 5년전에 좋아하는 동갑내기와 헤어졌다. 그녀가 신에 쩔어있을 때 그 친구는 자신의 누나와 함께 그녀를 잘 위해 주었다. 천방지축인 남자친구는 오히려 그녀 때문에 순해졌다. 그러나 그 남자친구와 결혼하면 그녀 때문에 그 친구가 더 안좋아진다는 것을 알고는 헤어졌는데 그 친구는 그 충격으로 절에 들어갔다. 그리고 스님이 되어 지금도 그녀를 잊지 못하고 찾고 있다고 한다.

그녀는 최근에서야 상문을 벗었다. 자신이 낯설고 물설은 강원도에서 내림을 받고 다시 재차 경상도 울산에서 내림을 받고 무당이 된 것을 아버지에게 속인 것이었다. 그런 아버지가 돌아가시고 나자 이제는 가끔 와서 꿈에 자신을 보여주신다. 그리고 재작년에는 시댁쪽에서 할머니가 돌아가셨다. 그 와중에 아이도 낳아 커나가고 있었다. 그래서 상을 당한 이후에 몇 년을 정신없이 보냈다. 그만큼 김보살에게는 고력의 세월이었다.

다행히 아이는 친정의 어머니가 키워주고 있지만 이렇게 젊은 나이가 다시 혼자가 된 것이 너무나 서러울 때가 많다. 그런 설움을 그녀는 손님을 맞으면서 잊고 지내고 있다. 신은 언제나 몸으로 시도 때도 없이 치고 들어온다. 그런 신가물이어서 그런지 요새는 몸이 많이 아프다. 대선을 앞두고 있는 해를 바라보고 인지 더욱 마음도 어지럽다. 더구나 시국도 어수선해서인지 더욱 마음이 심란한 때가 많다고 한다.

전라도 사람인 김보살은 지난 대선때 당연히 김대중 후보가 대통령에 당선이 될 것을 알고 있었다. 그것은 오랜 전라도민의 바램이었지만 감이 빠른 대다수의 무속인들은 다 알고 있었다. 김보살도 그런 예지력이 뛰어난 무속인의 전형이었다.

예리한 나랏점

그래서 이번에도 대선을 앞둔 시점이라 다시 한번 부탁을 했다. 그동안 정치점을 주문하면 평소에는 자제하던 김보살이었지만 선뜻 응해 주었다. 그녀는 개인적으로는 같은 지역의 정당인 민주당의 이인제 후보를 좋아한다고 한다. 그러나 안타까운 것은 현실인 것이다. 그래서 그녀는 올초에 이런 공수를 주었다.

"이인제가 여권의 후보로 나오면 야권의 이회창의 우세는 누구라도 예상을 할 수가 있다. 천만표의 고정표에 추가로 경상도의 몰표가 쏟아질 것이다. 그것은 최악의 지역대립이 올수가 있는 힘든 상황이다. 신에서는 노무현씨가 경선에서 유력하다고 일러주었어요."

그러나 그녀는 정권교체에 대해서는 무관심하다고 한다. 누가 되던 나라가 잘살고 국민들이 편하면 된다는 생각이다.

"우리 무속인들이 기도를 하는 것은 어느 특정한 개인에게 하는 것이 아니고 바로 우리 나라인 국가 전체에 대해서 하는 것이 대부분입니다. 저도 예외가 될 수는 없습니다."

그녀는 민심은 천심이라고 한다. 하늘의 마음을 달래는 일에 종사하는 그녀로서는 누가 되던 나라를 잘 이끌었으면 하는 바램을 오늘도 하고 있다.

☏ 선주시 완산구 동완산동 33-15호 063) 288-5241

부평의 정수사 금동보살 배영애

금동보살 배영애

이북굿으로 머리를 풀어

부평역에서 백운역 방향으로 얼마 떨어지지 않은 곳에 신을 받은지 얼마되지 않은 애동제자가 있었다. 청풍상회를 끼고 롯데백화점 후문 골목으로 자리를 잡고 있는 정수사가 바로 그곳이었다. 그러나 얼마전에 그녀는 부평역에서 부평시장쪽으로 가는 부평 5동쪽의 빌라로 신당을 옮겼다.

신을 갓내려 인천지역에서 점을 잘본다고 소문난 배보살은 영이 맑고 예리하다. 신당도 정갈하다 못해 아주 섬세할 정도로 정성이 가득하다. 나비 연초를 연상시킬 정도로 신당이 아름다워서 원앙을 잘 푼다는 인상이 강하게 느껴졌다.

그녀는 전형적인 이북굿으로 내림을 받은 무녀다. 바탕이 이북굿을 한 무녀들은 이남굿을 한 무녀들보다는 자질이 대부분 출중한 것이 특징이지만 배보살도 예외는 아니었다. 그러나 어린 나이에 이북굿으로 신을 받아 아무것도 모르는 그녀는 상당한 시련을 겪었다. 그것은 잘못된 신엄마를 만났기 때문이었다. 실력이 있으면서도 인품이 받쳐주는 신엄마를 만나야 되는데 인품은 둘째치고 이북굿을 제대로 할줄 모르는 엉터리 무당을 만난 것이었다.

그러니 처음부터 엉망이었다. 이북거리는 서서 공수를 주더라도 흘림 공수를 주어 애동들은 쉽게 흉내를 내지 못한다. 즉 연주식으로 노래가락을 실어서 하는 공수는 무척 어렵다. 그래서 이북굿으로 내림을 받을 시는 신엄마나 신아버지가 이북굿을 제대로 가르켜줄수 있는 실력이 있는 분이어야 한다.

처음에 이북굿으로 고생을 할 때 할아버지가 나서서 일러주었다.

"이 길이 아니다. 이 길이 아니다."

이런 말을 듣고는 주위에 수소문을 하여 결국 이남굿으로 바꾸었다. 자신의 굿 스타일을 바꾸는 것이 얼마나 어렵고 힘든 가는 모르고 있는 제자들이 더 많다. 아마도 그녀는 다시 자리를 잡으면 이북굿을 돌아설지도 모른다.

일찍 신을 받아야

"신을 받을려면 일찍 받는 것이 좋아요."

이런 말을 평소에 하는 지론으로 삼는 그녀는 오히려 신을 늦게 받은 것을 후회할 정도이다. 지금 그녀의 나이는 30대 초반임에도 불구하고 이렇게 당당히 말한다.

"저는 도줄이 높아 선걸이는 맞지 않는 것 같아요."

그래서 그녀는 원래 이북굿의 선거리에서 이남굿의 앉은 거리로 바꾸었다. 1년동안 이북굿으로 고생을 한 그녀는 앉은 거리로 바꾸어 지금은 경문을 읽고 고장을 치는 스타일로 바꾸었다. 그래서 비나리를 잘한다.

그녀가 앉은거리를 택한 것은 이북굿에서 하는 타살을 싫어했기 때문이었다. 닭이 목을 물고 춤을 추다가 급기야는 닭의 목을 비틀고 아예 물어 뜯어 버리는 군웅을 푸는 타살은 피가 뿌려지는 전형적인 대탁이다. 그러나 간혹 가다가 타살을 하는 무당이 잘못하여 자신의 이빨이 빠지는 경우도 허다하다. 당시에는 신이 실려 이빨이 빠지는 것도 모르고 하다가 나중에는 큰 낭패를 보는 경우이기도 하다. 이를 본 금동보살은 기겁을 하고는 선거리 굿을 경원시 하게 되었다.

그래서 돌아선 굿에서는 앉은 거리가 태반이다. 앉은 거리에서는 고를 푸는 것이 가장 중요하다. 고는 대부분 천으로 고를 만들어 천을 흔들면 고가 메어진 천의 매듭이 하나 하나 풀려지게 되는 것이다.

"저는 제가집의 고가 완전히 풀릴때까지 일을 계속하는 편입니다."

일을 잘하는 편인 그녀는 신을 받고 나서 많은 고력을 겪었다. 그것은 신엄마 때문이었다. 나중에 알게 된 것이지만 내림굿은 일종의 사기였다.

빚을 내서 내림굿을

작년에 점촌에서 친구 시어머니와 같이 점을 볼 때 그곳의 무당은 신이 실려 하염없이 울면서 물었다.

"아가씨, 당신은 술집을 할거요, 아니면 신을 받을거요?"

무당의 말은 팔자가 그러하니 양자택일을 하라는 것이었다.

"그러면 차라리 신을 받겠어요."

그러자 그 무당은 양심적으로 말을 했다.

"내가 인천을 못올라가니 어느 곳에서 신을 받아도 상관이 없다. 너는 신이 온 상태니 굳이 내림굿을 안해도 된다."

이런 말을 듣고 올라온 그녀는 갈비집에서 일하는 아줌마의 친구가 무당이어서 그곳에 가서 내림을 받았다. 내림굿은 이북굿이라 3회에 걸쳐서 한다고 하면서 한꺼번에 무려 1000만원을 받았다. 그것도 돈이 없어 친구가 카드로 천만원을 빌려줘서 내림을 받았다. 그러나 실상 내림굿은 한번에 끝이 났다.

이렇게 그녀는 이북굿으로 내림을 받았는데 이미 삼산을 돌 때 이미 신령이 다 들어왔던 것이다. 특히 오방신장님과 선녀가 주관해서 천상문을 열어 주었다. 계룡산에서 백마장군과 벼락대신이 들어왔다. 그래서 그곳에서는 하룻밤만 자고나서 팔공산에 갔는데 갓바위에서 108배를 하고나니 약사여래 부처가 들어왔다.

"앗 뜨거워."

그녀도 모르게 비명을 지른 후에야 백팔배후 불덩이가 손으로 들어온 것을 알았다. 태백산에서는 산신령과 옥황상제 그리고 글문신장등 열두 신령님을 모두 받아들였다. 이렇게 신명을 다 모시고 나서 내림굿을 하였는데 돈에 눈이 어두운 신엄마 때문에 내림굿을 제대로 하지 못했다.

그래서 내림굿을 한후에 바로 가리가 들었다. 그것은 신엄마의 엉뚱한 주문탓도 있었다. 돈을 벌기위해서는 식당이라도 나가서 일을 하라는 것이었다. 그래서 멋모르고 신을 받을 즈음을 전후해서 숯불갈비집에서 6개월간 일을 하였다. 그때는 고생을 많이 했다. 이후 신엄마는 아예 유흥업소에 나가서 일을 하라는 것이었다. 이런 주문을 하는 신엄마들은 가장 질이 나쁜 보살들인 것이다.

한심한 신엄마

이런 한심한 엉터리 신엄마는 신을 받고나서 계속해서 그녀에게 노래방 도우미로 나갈 것을 권유했다. 노래방 도우미는 요즘에 유행을 하는 신종 윤락이나 다름없었다. 한시간만 손님과 같이 놀아주면 많게는 2만원 정도를 벌지만 손님이 원하면 반드시 2차까지 가서 몸을 허락해야 하는 그런 험한 일이었다.

신엄미는 한술 더떠서 "술집에 나가라. 그러면 한달에 200만원을 받을수가 있다."며 은근히 강요를 하였다. 작부생활을 하면서 돈을 벌으라는 주문이었다. 이러한 주문뒤에는 금동보살의 미모도 한 몫을 했다. 이런 엉터리 신엄마의 권유에 그녀는 기도를 하였다.

"할아버지, 정말 할아버지가 계시면 저를 도와주세요."

이렇게 간곡히 빌은 그녀는 결국 도우미로 나가지 않았고 술집의 작부로 나가지도 않았다. 내림굿을 하고나서 말없는 고통속에 나날을 보내다가 불교상회에 가서 고민을 털어놓고 새로운 신선생을 부탁을 했던 것이다. 그러자 그곳에서는 선뜻 좋은 보살을 소개를 해주어 그 선생에게서 가리굿을 하고나서 많이 진정이 되었다. 가리굿은 경을 읽고 한양 선거리를 들어가는 이남식이었다. 그리고는 점사를 보게 되었다.

가리굿을 한 후에 안정

첫손님은 친구였는데 자식이 5살인데 말을 못했다. 그 아이는 화장실만 가면 울었다. 그래서 무심결에 그 집의 화장실을 보니 화장실에 귀신이 보였다. 아이도 칠성줄이 강한 면이 있어 그 귀신을 보았던 것이었다. 그래서 화장실만 가면 무섭다고 난리를 핀 것이었다. 그래서 그 아이를 수양아들로 삼고 굿을 하였다.

병굿과 칠성굿을 같이 하였는데 굿을 하고나서 아이는 한달만에 말을 했고 더 이상 화장실에 가서 울지 않았다. 그리고 귀신이 있는 집도 쉽게 팔려 친구는 다른 곳으로 이사를 가서 지금은 잘 살고 있다.

"조상을 잘 푸는 것이 중요하지 굿을 잘한다고 좋은 것은 아니다."

이런 신조를 가지고 있는 배보살은 선거리 굿에 연연해 하지 않는다. 따라서 그녀는 조상을 푸는 것에 신경을 쓰고 있다. 배보살은 자신만의 특기를 가지고 있다. 그것은 원앙을 잘 맺어주는 것이다. 즉 인연을 밝힐때는 쌍초를 켠다. 그래서 인연이 될 사람은 양쪽에서 자연스럽게 붙는다. 신당에는 다양한 종류의 촛불들이 있었다. 이는 그녀가 촛불발원에부터 각별히 신경을 쓴다는 것을 의미하는 것이다.

그녀는 인연부적도 잘 쓴다. 이 인연부적은 이부자리나 베개의 밑에 깔아놓는 것인데 불화가 있는 부부나 애인사이에서 효험이 나타난다고 한다.

방울부채를 들고

점은 방울부채를 들고 본다. 대신 할머니 줄이 강하기 때문이다. 어떨 때는 연륜이 많은 대가들이 많이 하는 쌀점을 치면서 점을 보는 경우도 있고 어떨 때는 아무것도 안들고 바로 영에서 일러주어 점을 볼 때도 있다.

그러나 요즈음은 사주를 조금씩 풀어서 점을 보기도 한다. 그러니 더욱 인기를 끌고 있다. 사주를 풀어서 하는 것은 좀더 객관적인 면모가 있고 나름대로의 점의 격을 높일 때 유용하다.

"우리들의 입은 칼이고 도끼입니다. 세치 혀로 사정없이 찌르고 자르고 아예 찍기도 한다."

이런 신조가 있어서인지 참으로 조용히 지내고 있다. 그리고 한마디 말한마디도 교양있게 답변을 하는 편이다.

☎ 인천시 부평구 부평5동   032) 524-2457

부산의 천상 각시선녀

각설이 춤의 정미경

미모와 예리한 점사

부산에는 태어나면서부터 자신이 신의 자식임을 스스로 알았던 놀라운 보살이 있다. 나중에 쾌로 풀어보아도 신의 자식이라는 것을 알게 되었다. 바로 각설이 춤으로 유명한 정미경 보살이다.

그녀는 자신을 타고난 무당으로 알고 있었던 몇안되는 젊은 보살이다. 나이는 이제 갓 30대 초반에 접어들었을까로 보이는데 실제는 병오생 말띠로 37살이다.

연산동 연동시장 쪽의 산비탈 도로에 신당이 있는 각시선녀 보살은 부산에서 점을 잘보기로나 미모로나 가히 빅3에 드는 전형적인 강신무계의 뛰어난 무당이다. 필자가 보기에는 부산에서 젊은 보살들의 신점으로는 최고로 평가를 받아도 과언이 아니다.

무당에게 일이 많다는 것은 점을 잘본다는 것과 다름이 없다. 일을 할 때는 크게 하는 것이 또한 그녀다. 부산에서 천만원 단위의 굿을 대수롭지 않게 하는 것이 그녀이고 보면 젊은 나이로 치면 보통내기가 아니다. 그 정도로 점을 잘본다는 이야기다.

점을 볼때는 신을 부른다고 휘파람을 "호익"하고 부는 것도 예사롭지 않고 눈을 크게 뜨고 부라릴때면 영락없이 접신을 한 모습이다. 이쁜 자태에도 불구하고 말이 걸걸하여 상당히 위압적이다. 그러면서도 아기

신이 실려 바로 응석을 부리는 모습은 또한 놀랄만하다. 이런 모습을 보이는 것도 요즘 무당에게는 또한 흔치 않는 일이다.

일을 할 때도 영락없는 프로다. 춤도 잘추고 창도 잘하고 일을 할 때면 일류 무당들을 불러 굿을 하는 모습을 보노라면 영락없는 창부대신이 들어와 있는 것 같다. 그러나 점을 볼때는 휘파람을 휘휘 불면서 상대방을 압도하는 것을 보면 동자신도 강하게 들어와 있는 것도 알수가 있다.

친동생도 무당

얼마나 집안에 신기가 있는가 하면 친동생도 34살로 애동이면서도 무당이다. 비록 각시선녀와는 사이가 좋지 않고 또한 각시선녀보다 크게 불리지는 못하지만 그래도 같은 핏줄이고 보면 신의 길도 남달라 보인다. 그녀가 다른 무당들과 차이가 있는 것은 하나둘이 아니다. 우선은 각설이 신령이 들어있어 굿판에서는 반드시 각설이 신령을 풀어주는 것이 일이다. 그래서 각설이 옷을 입고 각설이 타령을 하면서 제가집을 웃기고 악사들을 웃기고 같이 일을 하는 무당들을 웃기는 것이다.

"각설이는 돈 많이 얻으러 다닌다 아입니꺼. 돈을 후아주는 것입니다."

굿판에서 그녀가 선보이는 춤은 각설이 춤이외에도 곱사춤도 추고 어우동춤도 추고 이밖에도 다양한 춤으로 신명나게 논다. 특히 곱사춤과 어우동춤은 악사들이 제대로 잡혀주어야 하기 때문에 500만원 이상의 일에 선보인다.

제가집의 조상중에서 그런 한량신이나 어우동 신령이 있으면 반드시 어우동 춤을 춘다. 그러나 각시선녀도 조상에서 어우동 신이 있다고 한다. 한마디로 험하게 죽은 사자를 푸는것인데 예를 들면 창부신이 실려 신명나게 노는 깃이다.

스스로 전공을 사자풀이라고 하는 그녀는 평판도 역시 같다. 부산에서 그녀를 아는 보살들은 "각시선녀가 사자풀이를 가장 잘한다"고 입을 모은다. 사자풀이란 한마디로 그 집에 농약을 먹고 죽은 조상이 있으면 그 사람의 흉내를 다 내면서 그 사람의 고를 푸는 것이다. 조상밑에 사자들이 있는데 사자들은 다 애를 먹이는 귀신들이다. 그런 귀신들을 풀어내는 것이 중요한 것이다.

대표적인 천신줄

그녀는 스스로 자신은 조상신이 부려주는 것이 아니라 천신줄에서 부려준다고 한다.

"조상신이 없는 제자가 없다고 생각합니다. 그러나 저는 조상이 제 몸에 실리다고 말할 수는 없습니다. 다 하늘에서의 어떤 장군이고 어떤 신령이고 어떤 대감입니다. 즉 대감도 천상대감이고 할매도 골메기 할매인데 특히 저에게는 천상 골메기 할매입니다. 조상신이 없다고는 할 수없지만 저는 하늘신입니다."

그녀에게는 여장군이 있다. 그래서 일을 할 때는 긴소리가 잘 안나온다. 대신 "어이, 야야 이리 와봐라."하면서 공수를 먼저 주어 버린다. 그러므로 굿을 멋들어지게 하는 것이 아니라 꼭 필요한 공수만 주는 것이다. 그래서 그녀는 멋드러진 굿을 하기 위해서 굿을 잘하는 일류만신들을 불러 일을 같이 한다.

천신줄이 강한 무당들은 굿을 하면 상대적으로 성불을 많이 본다. 또한 굿의 단위도 크다. 그러나 워낙 양심적인 보살인 각시선녀는 결코 무리한 욕심을 부리지 않는다. 가장 큰 굿인 3000만원 짜리 재수굿도 해보았으나 최선을 다했다.

작을때는 100만원짜리의 일도 한다. 미친 영가가 실린 손님이 오면 바로 굿을 할 날짜를 잡아 놓고는 영가를 떼어주면서 자신의 몸에 실려 고생을 하기도 한다. 그래서 대신 미친 행각을 하면서 다니기도 하였다.

나중에 굿을 하면서 천황을 잡으면서 그런 이유를 깨닫는 것이 흔한 일이다. 즉 미친 영가가 따라붙어 그렇게 그녀를 괴롭히는 것이었다.

점을 보러 온다고 하는 사람들의 예약을 받아놓고 배가 아픈 일이 한 두번이 아니다. 그것은 유산을 하여 죽은 사자나 죽은 아기신들이 있는 경우인 것이다. 이런 아기신들이 사자가 되면 꼭 풀어내야 할 정도로 산 사람들을 괴롭히는 것이다. 그런 지기를 바로 받아 고생을 하는 것도 한두번이 아니다.

각시선녀는 굿의 크고 작음을 가리지 않고 일을 할 때는 최선을 다하여 일을 한뒤에 제가집으로부터 항상 감사의 말을 듣는다. 그것은 사자를 험하게 풀때부터 제가집이 기겁을 하면서 굿을 잘했다고 수긍을 한다.

사자들은 원한이 맺혀있다. 그런 원한을 풀어내면 일이 훨씬 쉬어지는 것이다. 조상에서 맺힌 원한을 잘 푸는 것은 그녀의 장기다. 그만큼 사자를 확실하게 풀어내는 것이 특기다. 그래서 그녀에게 하는 일은 나중에라도 대부분 성불은 보았다고 한다.

신의 자식

그녀는 태어날때부터 말이 많았다. 태몽도 대단했다. 큰 용이 입에 여의주를 물고 하늘로 승천을 하였다고 한다. 영락없는 제자라는 뜻이었다. 집안에서는 하도 뱃속에서 애기가 성화를 부리고 힘이 있게 놀길래 태어날 갓난아이를 아들인줄 알았는데 태어나보니 딸이었다. 집안의 실망은 말할 것도 없었다.

고향은 경북 김천으로 3살 때 부산으로 왔다. 그리고 7살 때 신이 온 것을 느꼈다. 그래서 어릴때부터 많이 아팠다. 17살때부터 고비가 찾아들었다. 먹지를 못하고 열만 나고 잠도 제대로 자지 못했다. 전형적인 신병 초기 승세였다. 그래서 학교를 일주일에 두 번내지 세 번정도 밖에 가지를 못했다. 고등학교를 부산에서 겨우 나오고 직장생활을 다녔다.

23살에 약혼을 했지만 신의 풍파로 심하게 아팠다. 잠이 도통 오지 않았다. 밤새껏 애인과 같이 있는 것도 지겨웠고 도저히 참을수 없는 한계점에 다달았다. 한마디로 그녀가 농담으로 하는 "좆도 처지고 젓도 처지는" 그런 상태였다. 사실 이 농담은 필자가 처음 들었을 때 황당했지만 자꾸 들을수록 새로운 묘미를 느꼈다. 즉 그녀는 점사도 이런 식으로 핵심을 짚어 말을 하는 것이 은연중에 느낄수가 있었다. 그렇다고 점사가 음탕한 것이나 농담식의 언어는 결코 아니다. 필자에게 한 말은 그냥 여러 가지 이야기를 하면서 농담삼아 한 것이었다.

결국 7개월을 넘게 잠을 한숨도 제대로 자지 못했다. 그러자 아프기 전까지는 이뻐하며 죽자하고 따라다니던 남자가 그만 놀라서 파혼을 선언했다. 한마디로 그 남자는 무당의 남편이 될 자격이 없는 사람이었다.

결국 조상굿을 하기도 했다. 그 당시는 굿을 해 보았지만 조상가리를 제대로 못잡아 준 것 같았다. 그래서 나중에는 대감굿을 하기도 했다. 당시 신을 받기 직전의 직장은 미용실이었다. 그곳에서 8개월을 근무하였다.

그러나 30살에 신을 정식으로 받았다. 부산의 적기에 있는 보살에게 결국 내림굿을 했다. 이후 7년을 넘게 신의 길을 가면서 지독하게 공부를 많이 했다. 그리하여 일을 할 때에도 긴소리만 못하고 다 할줄아는 숙무(熟巫)가 되었다. 그녀가 긴소리를 잘 못하는 것은 여장군이 먼저 실리기 때문에 긴소리가 안나온다고 한다. 대신 그녀는 천황을 잘 잡는 것으로 유명하다.

"그 집 대감을 제대로 실어서 하는 것이 진짜 천황보살이다."

부리가 있어

신을 받고 나서야 자신에게 부리가 있는 것을 알게 되었다. 김해 대동에서 큰무당으로 한때 이름을 날렸던 최도사가 바로 자신의 고모였다. 신의 길을 한사코 외면했던 외할머니도 그 방면으로는 유명한 무당이었다. 외할머니가 옥황선녀 할머니로 들어왔다. 그리고 자신의 몸주 신령은 도사 할아버지라는 것을 알게 되었다. 그래서 신도 내림이라는 것을 깨닫게 되었다.

필자가 정보살을 책에 실으려고 무진 애를 썼으나 그녀는 할배가 원하지 않는다면서 한사코 거절을 하였다. 그래서 부산에 있는 그녀를 만나려고 무려 7번을 왔다 갔다 했다. 그러나 7번을 부산에 내려가서 정작 만난 것은 3번밖에 되지 않았다. 그것은 내가 부산에 내려가서 전화를 했을 때 그녀가 바쁜 일이 있었고 무작정 내려가서는 그녀의 전화번호를 갖고 가지 않았었다. 그리고 그녀의 신당도 한번 찾아갔지만 연산동이라는 이상한 동네는 그 면적이 워낙 넓게 그리고 불규칙적으로 분포되어 있어 한번 갔던 곳도 찾기 힘든 곳이 많은 것을 그때 처음으로 알았다. 그래서 집을 근처까지 갔다가 찾지 못하고 헤매다가 돌아왔다.

창원에서 취재를 하고 있을 때 그녀에게서 한밤중에 전화가 왔다. 약간 취해서 욕을 하는 것이었다. 그래서 같이 욕을 하였으나 뒤에 오해는 풀렸다. 하도 가짜 작가나 기자들이 설치고 다녀 오해를 했다는 것이었다. 그후에 서너번 더 만난후에 그녀의 마음은 풀어져 인터뷰에 응했다.

♧ 부산시 연산동 051) 861-0734

의정부의 스타 천신암 조보살

조화자 보살

의정부의 간판 무녀

　오로지 한길로 가면 성공을 한다는 무녀가 의정부에 있다. 그녀는 신의 길을 접어들고나서 그 좋아하던 사치도 버리고 근검절약을 하면서 철저히 기도를 통해서 신의 말을 듣고 사람들에게 전해주어 그것으로 성공했다.
　6년동안 신도들도 한결같고 가족적인 분위기에서 조보살을 중심으로 단결을 하는 모습을 보이고 있다. 집도 절도량은 아니면서 번듯하지만 알차게 꾸미고 있다. 지방에서 무속인이 그렇게 번듯하게 집을 잘 가꾸고 있는 보살이 그렇게 많지 않다. 필자는 얼핏보기에도 그것이 철저한 자기관리에 의한 성공이라고 보았다.
　일도 크게 하지 않고 소리소문없이 작지만 작은대로 성의를 가지고 제가집을 대하고 그들이 원하는 것을 아주 작은 굿의 형태로 풀어주니 제가집들은 일회성 손님으로 그치지 않고 집안의 대소사를 항상 그녀와 상담을 하는 신도의 관계로 굳어졌다.
　그녀의 처세는 굿판에서도 쉽게 볼수가 있다. 굿을 하면서도 그집 조상이 실려 노잣돈같은 돈을 요구하지도 않고 오히려 다른 보살들이 돈을 뜯어내는 것을 말렸다.
　"왜 없는 돈을 자꾸 내라고 합니까."
　굿판에서 당주가 이렇게 말하니 다른 손잽이들은 처음에는 시선이 곱지 않았다. 원래 없이 굿을 하는 제가집인데 그녀가 그 제가집의 조상이 되어 공수를 주고 한을 푸는 것인데 왜 자꾸 돈을 달라는 것이었다.

"우리가 조상이면 그 집을 조금이라도 도와주어야지 왜 없는 돈을 요구합니까. 왜 그런 마음이 없나요."

그러나 굿을 하더라도 제가집을 철저히 위하는 마음은 점차로 인정을 받아 오늘의 그 많은 단골을 유지하고 있다. 대신 그녀는 철저한 자기 관리로 모범을 보이면서 작은 돌을 쌓듯이 오늘의 명성을 쌓아왔다. 그래서 의정부에서는 짧은 기간에 가장 성공을 한 무속인이라는 평을 듣고 있다.

그녀의 이런 행동은 일을 하는데서도 쉽게 알수가 있다. 같이 일을 하는 법사도 서울의 장법사로 지금까지 바뀌지 않고 그대로 유지하고 있다. 그녀는 한번 맺은 인연은 곱게 간직하며 서로 도움을 주려고 하고 있다.

몸주신령은 산신도사 할아버지고 금불로는 관세음보살님이다. 장군줄로는 작두장군이 들어왔다. 그래서 아프다고 하면 오방신장기로 휘한번 휘둘러도 사람들은 아프지 않다고 한다. 다른 무속인들처럼 기도를 하면 자꾸 신이 바뀌어 들어오는 편이다.

지금 점을 볼 때 도와주는 분은 대신 할머니이기 때문에 방울과 부채를 들고 점을 본다. 일종의 조상점으로 기도갈때에도 반드시 방울과 부채를 가져간다. 동자방울과 대신방울이 주를 이루는데 대신방울은 기도를 할 때 꼭 가지고 간다.

복수가 차는 신병으로

어려서 잠실에서 자라 의정부로 시집을 왔다. 그러나 아이를 키우면서 신병이 찾아왔다. 그만큼 신이 오기는 오래 전에 왔다. 신을 받지 않은 상태에서도 여러 사람들의 점을 보아주었다. 그러면서 신병으로 몸이 빼빼 말랐다. 가장 심한 것은 병명도 없이 배에 물이 차서 21일 입원을 하였다가 퇴원을 한 것이었다. 그러나 그녀는 신을 받지 않았다. 꿈에 전봇대만한 하얀 뱀이 그녀 앞에 섰다. 그러자 그녀는 겁도 없이 그 뱀에게 더러운 세상에 왜 왔느냐며 가라고 빌었다.

　그녀는 그때 신에 대한 생각을 했다. 그녀는 짧은 기간이지만 의정부에서 수퍼도 해보고 주점도 해보았고 갈비집과 공장도 직접 해보았으나 되는 일이 없었다. 그러나 몸으로 치고 들어오는 매에는 장사가 없었다.

　계속적으로 몸으로 신병이 치고 들어오고 가족들에게도 인다리가 오자 결국 43살에 신에 굴복을 하였으나 내림굿도 제대로 하지 못하고 사기를 당했다. 그래서 낙심하고 있는 차에 신에서 "패물을 팔아라."는 말에 그대로 실행을 하였고 그 돈으로 기도를 다녔다. 기도법도 모르고 무조건 산에 가서 살려달라고 했다. 그런데 산에 가면 신령이 보였다. 즉 이미 무불통신을 한 셈이었다.

　이후 산에만 가면 신령님이 보였다. 주로 선녀가 보였다. 계룡산에 가면 산에서 할아버지가 웃으셨다. 그래서 그 쪽으로 가면 기도터가 나왔다. 산에 가면 그렇게 편안하고 즐거울수가 없었다. 잠도 자는둥 마는둥 기도터를 찾아 다녔다.

　기도를 하다가 신령에서 방울부채를 거꾸로 세우라고 하면 정말로 세워졌다. 장군님이 바위에다 돌을 붙여봐라고 해서 붙여보면 정말 돌이 바위에 붙었다. 속으로 '붙나봐라' 하고 붙여도 신령에서 붙여라고 하면 정말 지남철이 쇠에 붙듯이 턱턱 붙었다.

　"3개를 붙이고 가라!"

　이런 말을 듣고 바위에 돌을 3개를 붙이고 오면 일이 3개가 떨어졌다. 굿을 못해서 고민하고 있으면 신령에서 굿을 하는 방법을 여러 가지 방법으로 일러주었다.

아직도 친정집에서는 그녀가 무당이 된 줄을 모른다. 잠실이 고향이라 대부분 부동산으로 부유하게 된 친정집이지만 그녀는 발을 끊었다. 자신이 무당이 된 것을 알리고 싶지도 않았고 친정에서는 자신을 받아주지도 않는다는 것을 알았기 때문이었다.

신의 길을 가면서 전안에 올리는 쌀이 많이 남았다. 쌀도 없는 사람들에게 갖다주라고 남편에게 말해서 5년이 넘도록 가져다 주었다. 할아버지가 이렇게 봉사를 하라고 일러주었다.

기도로 성불을 봐

과거에는 기도를 많이 했다. 대신 누구한테 배운 것이 없다. 기도로 모든 것을 받아서 했기 때문에 굿도 정형화되어 있는 것이 아니다. 기도를 가서는 신령과 대화를 많이 했지만 지금은 모든 것이 익숙해져서 인사만 해도 다 산신님과 통한다. 그래서 지금은 기도도량에서 청소를 하고오는 편이다. 남이 안하는 것을 하고 오는 편이다. 주위를 더럽힐까봐 그녀는 켜고 싶은 초도 안켠다.

할아버지를 받고나서 신의 살이 쪄서 10킬로가 금방 쪘다. 할아버지를 받고나서 너무나 행복했다. 그것은 기원하는대로 모든 것을 이루어지는 것을 볼 때 너무나 신의 길이 소중함을 느꼈다. 항상 신령님과의 대화를 통해서 모든 것을 해결하는데 무엇을 하는데 돈이 필요하면 바로 말을 한다.

"할아버지 나 돈이 필요해요."

"얼마가 필요하냐?"

그럼 보살이 꼭 필요한 액수를 말해준다. 그러면 얼마뒤 바로 그 돈이 들어왔는데 꼭 필요한 돈만 왔다. 그리고 더 이상의 돈이 들어오지 않았다. 그래서 조보살은 간혹 다음과 같이 말을 한다.

"할아버지는 귀도 밝어."

그래서 집에서도 조보살의 말은 법이다. 신령에서 주는 말을 받아 신도들에게 주의를 주는 때는 반드시 그렇게 되기 때문에 신도들도 그녀의 말을 받들고 상당히 조심을 한다. 이런 영향으로 집안에서는 남편이나 아이들도 그녀의 말을 겁낸다.

내림을 통해서 병을 고쳐

그녀는 그동안 제자를 서너명 두었다. 그러나 제자들은 대부분은 점상을 펴지 않고 있다. 미국으로 간 신딸은 현재 신당을 모시지 않고 잘 살고 있다. 또한 당뇨로 고생을 하던 신딸은 내림을 받고 나서 당뇨를 고쳤다. 그래서 고맙게도 신의 길을 가지 않고 옥수발원만 하는 편이다. 이렇게 그녀는 신의 길을 갈 사람이 아니면 신굿을 통해서 신병을 고치고 옥수발원으로 살게 하고 있다.

아마도 다른 보살 같았으면 충분히 신당을 차리고 점을 보라고 강요를 했을 것이다. 그래서 요즘 애동제자들은 영이 예전만 못하다는 평가를 받고 있는 것이 아닐까. 사실 무불통신을 한 보살들이 영이 강하고 맑은 편이다. 얼마나 영이 강하게 내비치면 내림도 하지 않고 스스로 신당을 모시고 신의 길을 갈까.

조보살은 바로 그런 케이스다. 그래서 무불통신으로 신의 길을 가지 않으면 온전한 제자가 아니라는 생각이 지배적이다. 그러니 제자들을 두었지만 그들이 원한다면 모두 신가물만 벗기고 정상적인 생활로 유도를 하는 것이다.

보살치고는 흔친 않은 행동을 하는 것이다. 기도시도 유별나다. 산에 올라가다가 발이 떨어지지 않고 오바이트가 나오면 역시 그 주위의 물가인 용궁에 누가 날고기를 던져놓고 간 것이었다. 그만큼 지기를 빨리 받아들이면서 부정한 것을 물리치는 것이다.

많은 신령을 받아들여

요즘은 부처님을 자꾸 모시고 있다. 아들이 네팔에서 부처님을 모시고 와서 모시고 있고 신도가 중국에서 달마대사를 모시고 와서 할수없이 모셨다. 그 달마대사를 모시고 말도 못하는 풍파를 겪었다.

"이 놈아 내가 있고 달마대사가 있는 것이지 왜 함부로 모시냐."

법당에서 이런 야단을 맞았을 때는 정처없이 법당을 벗어나 몇일을 헤메였다. 그때 그녀는 할아버지에게 말했다.

"할아버지 그렇다고 달마대사를 버릴수는 없잖아요."

그러면서 맨처음 신을 받은 동두천의 칠공산에 올라가서 돌부처님에게 빌고 빌었다.

"야 임마. 내가 있는데 왜 달마를 모시냐. 제자치고 달마대사를 모시는 사람이 너밖에 없다."

이런 야단까지 맞으며 빌고 또 빌었다. 나중에는 굿을 하고나서 원효사를 찾아가라는 말을 들었다. 그래서 원효사를 찾아가니 그곳에는 원효대사도 모셨다. 그분을 모시고나서 법당이 완전히 좌정이 되었다. 또한 기도로 주역 할아버지인 곽곽선생도 모셨다. 이렇게 많은 분을 모시니 법당에서 할아버지가 포기를 했는지 더 이상 나무라지 않았다.

♣ 경기도 의정부시 의정부 1동　031) 846-0144

창원의 대표 신점 옥선 보살

추윤지

굿을 하지 않는 보살

마산과 이웃을 하고 있는 창원은 경상남도 도청 소재지가 있는 곳이다. 구마산의 선창가에서 통영가는 배를 기다리던 시인 백석이 옛날에 다녀갔을 법한 곳이기도 하다.

지금은 세월이 변하여 창원 공단이 생겨나고 그 덕분에 경남에서는 가장 번화한 도시로 변모한 창원은 공단을 끼고 있는 덕택에 공단다방을 탄생시켰다.

한때는 이 공단다방의 주인이었던 추보살은 물론 지금도 실질적인 다방의 주인이지만 임대를 하는 형식으로 남에게 맡겨 놓은 상태이다. 대신 그녀는 창원병원이 마주보이는 내동 상가의 4층 한켠에서 점을 보아주는 말 그대로 신점의 명인으로 변신을 했다.

아직 3년차의 애동에 불과하지만 그녀의 놀라운 신점은 소문이 나서 마산과 창원 일대에서는 가장 점손님이 많다. 신점에다가 육갑을 집어내면서 점을 보는 그녀는 점의 명인답게 굿을 하지 않는 것으로 유명하다.

"제가 옛날에 모르고 굿을 많이 해서 그런지 저에게 찾아오는 사람들에게는 굿을 권하지 않아요. 그리고 권할 생각도 없구요. 형편이 없는 사람들이 많은 요즘에 굿을 해서 무슨 덕을 보겠다는 것입니까. 그리고 굿을 해서 될 것 같으면 우리 국민들 모두가 한번씩은 했을 것이 아닌 가요."

그 흔한 깃대도 없고 간판도 없고 단지 아파트 정문앞에 인등 하나만 켜둔 것이 고작이다. 경상도 굿을 하면서 신을 처음 받았고 다시 이북굿을 하면서 내림을 재차 받았다. 한마디로 가리를 잡은 셈이었다. 그러나 창원이나 마산에는 이북굿을 같이 하는 굿패가 형성이 되지 않았고 분위기도 경상도 굿이었다. 그래서 자연히 이북굿을 하지 않게 되고 지금은 굿을 집전하는 자체를 썩 달가와 하지 않는다.

상담을 하는 신점

그녀가 점사를 보는 방법은 다양하다. 그중에서도 손님이 오면 상담식으로 이야기를 하면서 점의 머리를 풀어나가는데 간혹 구궁법에 의한 육갑도 짚어내고 전생점도 보아주면서 오는 손님들의 시름을 달래준다.

"직성이 강해서 신점이 안나오는 경우는 육갑으로 점을 보기도 합니다."

그녀는 다양하게 오는 손님들을 상대하면서 점을 보아주다보니 들어올때는 혹시나 하는 마음에 조급하게 들어왔다가 나갈때는 환한 웃음을 지으면서 나온다. 그만큼 오는 사람들을 만족 시키는 점을 보아주기 때문이다.

굿을 강요하는 무당에게 가면 신수점을 보러갔다가도 큰 고민을 하나 안고 나오는 수가 많다.

교통사고로 "니 남편 올해 죽는다."는 섬뜩하고도 무시무시한 공수를 받고 나오면 기분이 좋을 리가 없다. 아니면 병이나 사고로 "니 자식새끼 죽는다."는 말이나 정작 당사자에게 교도소를 간다는 관재수나 구설수에 오른다는 말을 들으면 대부분 굿이나 지성을 해야 한다는 깅박괸념에 시달리게 된다. 이런 말을 들은 사람들은 열이면 일곱은 고민을 하다가 무당의 꼬임에 빠져서 굿이나 치성을 하게 된다.
"굿을 여러번 한 손님들중에서 망하지 않은 사람이 없어요. 그래서 제게로 오는 손님들은 일년에 한번씩 보는 신수점에 만족을 하게끔 합니다."

그녀의 손님들은 신수점을 보러 오는 사람들외에는 사업을 하는 이들이 많다. 그것은 그녀가 사업점에 유난히 강하기 때문이다. 특히 어음수표와 관련된 사업점에 대해서는 가히 귀신점으로 소문을 날리고 있다. 다 그녀의 이력에 걸맞는 점사로 변형이 되어 나온 탓이다. 즉 신의 길로 들어서기 전까지 그녀는 창원에서 가장 유명하다는 공단다방을 직접 운영하기도 하였으며 어음에 관련된 사업을 오랫동안 하기도 하였다.

단신의 몸으로 수십억원의 어음을 만지며 사업을 하는 그녀에게 돌아온 것은 막대한 부와 전도 양양한 사업운이었다. 그러나 어느날 갑자기 찾아온 신은 그녀를 그렇게 내버려 두지 않았다.

사업을 하다가 신이 와

갑자기 모든 일을 마비시킨 것이었다. 몸을 아프게 하면서 무당집을 전전하게 만든 것이었다. 굿을 여러번 하면서 정신을 혼란하게 하였다. 그러니 맞겨놓은 어음사업이 제대로 될일이 없었다. 그러더니 어음의 부도를 초래 하였다.

지금도 간혹 돌아오는 어음에 과거의 일을 회상하는 단서를 제공하지만 신의 길은 오히려 이런 과거의 추억을 과감히 단절하게 하는 묘한 역할을 하고 있다. 우선 재물에 대한 마음을 비운 것이 그것이었다.

"재물에 대한 욕심을 비우고 나서는 굿을 하지 않기로 작정을 했습니다."

그녀가 이런 결심을 한 것은 내림굿을 한후 멋모르고 제가집의 굿을 몇 번 한뒤에 내린 결정이었다. 굿을 한 제가집이 오히려 뒤집어 지는 것을 목격한 그녀는 과감히 굿을 하지 않기로 결심을 한 것이었다.

마산과 창원의 그 많은 무당집중에서 굿을 거의 하지 않는 옥선보살의 결정은 지역에서 상당히 돋보이는 행동이었다. 점을 잘보면서도 굿을 하지 않는 그녀의 행동은 어느새 단골들이 인정을 하게 된 것이다. 사업을 하는 단골들중에서도 유흥업소에 있는 사장들이 많다. 그것은 그녀의 이력중에 다방 즉 물장사를 한 이력과도 무관하지 않다.

"아가씨 구하기가 여간 어렵지 않다고 해요. 그래서 업소마다 난리가 났는데 간혹 아가씨를 구해달라는 점사도 요구합니다."

이런 부탁도 들어주는 그녀이지만 그녀와 인연을 맺은 업주들은 현재 잘 사업을 꾸려나가고 있다. 여자로써 손이 굵은 탓도 있어 지역의 봉사단체에서도 활발히 활동을 하고 있다.

나랏점도 유명

선거를 앞둔 시기에는 지역의 예비 단체장들이 많이 오는 편인 그녀는 정치점도 상당히 예리하다. 그래서 2002년의 대선에 대해서 물어보자 더욱 중요한 것은 여당의 경선이라는 것이었다. 경선에서 대선의 향배가 결정이 된다는 것이었다.

"정치점은 신점이기 이전에 점을 치는 사람이 민심의 향배를 먼저 아는 것이 우선입니다. 그래서 신령에게 물어보지 않고도 제가 말을 할수 있는 것은 민심의 추이를 알고 있기 때문입니다."

"누가 대선에서 승리를 하겠습니까?"

그녀는 이런 질문에는 대답을 하지 않았다. 대신 승리보다는 과정에서의 변화에 말의 무게를 두었다. 그러면서 신점보다는 역술점을 치는 것이었다.

"이인제씨는 아직 때가 아닌 걸로 나옵니다. 반면 노무현씨는 아래

심복을 잘두어야 합니다. 즉 밑에 사람을 많이 거느려야 제왕에 등극을 할수 있는 것입니다. 지금은 현재로서는 당내에서 그를 지지하는 세력이 약하는 뜻입니다. 현재 1월초의 입장에서 보면 가장 운세가 좋은 분은 이회창씨입니다. 그러나 그는 병역문제나 돈 문제가 불거져 나오면 대선에서 다시한번 이기기 힘든 형국입니다. 반면에 그것을 조심하면 가능성이 있습니다."

"그럼 누가 여권의 후보로 나옵니까?"

참고로 이회창 후보는 35년 6월생이고 이인제 후보는 48년 12월생이고 노무현 후보는 46년 8월생이다. 따라서 이회창 후보는 60대 후반이고 이고문과 노고문은 50대 중반인 셈이다.

"역술적으로 보면 이인제 후보는 행정쪽에 비중이 있기 때문에 장관감으로 아직은 제왕의 운세에 가까이 있지 못합니다. 노무현 후보는 정치쪽에 비중이 있으나 국민의 지지가 관건입니다. 즉 지금 현재로서는 제왕의 운세에 역시 가까이 있지 못합니다. 그러나 앞으로 큰 변수가 있기 때문에 섯불리 단안을 내릴수가 없는 형국입니다."

1월 초에 내린 그녀의 이런 말은 연말 대선을 앞두고 그만큼 변수가 많다는 것을 암시해 주고 있었다. 즉 그녀는 노무현 변수를 염두해 두고 있는 듯 했다.

"노무현씨는 이번 대선에서 가장 강력한 다크호스입니다. 경선에서는 이인제 후보를 이긴다고 봅니다. 그는 한마디로 강력한 대선후보감이지만 당내의 지지가 우선이기 때문에 지금 단정지어 말할 단계는 아닙니다."

"누가 여권의 후보가 되면 유리합니까?"

"지금 여권은 딜레마에 빠져있습니다. 그러나 결정적인 문제는 경상도에서 표가 많이 나올 여권후보가 유리하지 않겠습니까."

그러니 정작 누가 대선에서 승리를 한다는 것은 말하지 않았다.

"우선 여권의 후보가 누구냐에 따라 대선의 판도가 바뀝니다. 그러니 섯불리 말할 수가 없군요."

민심을 대신 전해

대신 그녀는 경상도 지역의 민심을 전하고 있었다.

"이번 대선은 민심의 향배를 읽어내는 것이 중요합니다. 여당이 대선에서 이길려면 훌륭한 후보 보다는 이길수 있는 후보를 내어야 하는 실정입니다. 야당도 그런 점에서는 마찬가지입니다. 이회창씨는 영남권에서는 가히 아성입니다. 그러나 그의 약점은 바로 같은 지역의 기반을 둔 노무현 후보입니다. 이곳은 경상도라 아마도 대선에서 노무현 후보가 경상도 표의 절반을 쓸어갈 분위기입니다. 그러나 경상도 권에서 새로운 후보도 가능성이 있으나 당선은 안됩니다."

그녀는 개인적으로는 경상도 출신이 노무현 후보를 좋아한다고 하였다. 그럼에도 불구하고 요즘은 대선과 관련하여 점을 보러 오는 사람들이 많은데 대놓고 자신의 말을 할수도 없다고 한다. 그것은 천기누설이기 하기 때문이다.

예지력이 뛰어나고 사업점에 강한 그녀의 판단을 대선후에 평가를 해 보는 것이 바람직할 것이다.

☂ 창원시 창원병원 맞은편 내동상가 4층   055) 287-5500

수원의 신점 명인 수덕암 청도보살

청도보살 김희숙

수원의 신점 스타

수원에서 가장 멋들어지게 점을 보는 보살은 바로 수덕암의 김보살이다. 할아버지와 할머니의 타입으로 엄중하고 그리고 무섭게 점을 보다가도 갑자기 귀여운 동자가 튀어나와 재미있게 점괘를 말해주고는 한다. 그녀의 동자는 매우 똑똑한 동자다. 빠른 말소리로 제법 잘맞추는 소리를 하고 들어가기도 한다. 그래서 점을 보러 온 손님들이 매우 즐거워하며 그 동자를 맞는다.

그녀는 부리가 있는 만신이다. 친어머니가 광명시에서 노무당으로 있지만 친교는 없다. 그것은 친엄마이자 노무당인 엄마에 대한 복수심 때문이었다.

모든 것은 신의 바람

그 발단은 아버지 때문이었다. 태인에서 멋쟁이인 아버지는 결혼을 하기전에도 수많은 염문을 뿌릴 정도로 외모가 출중한 인물이었다. 어쩌면 신을 받아 박수가 되어야 할 정도로 끼가 많고 놀기를 좋아하는 그녀의 아버지는 신을 받지 않고 평범한 길을 택했다.

그래서 결혼을 한 뒤에도 바람기는 여전하여 툭하면 외박에다 심하면 한동안 다른 여자의 집에 가서 살다오곤 했다.

그는 부인인 새댁을 마다 했다. 그만큼 주위에 좋은 여자들이 들끓다

보니 마누라를 아예 뒷집의 개 취급을 했다. 집에 와서는 부인이 조금만 마음에 들지 않으면 욕을 해대었고 심하면 손찌검까지 하였다.

어린 희숙은 지금도 기억하고 있다. 아버지가 당시에 대학원을 나온 부잣집 여자를 둘째 마누라로 거느리고 있었던 것을…… 결국 그녀의 어머니는 더이상 참을수 없었던지 젊어서 어느 스님과 눈이 맞아 집을 나갔다. 그래서 집안이 풍지박살이 난 상태에서 그녀는 어린 시절을 외롭게도 할머니의 도움을 받아가면서 혼자서 살았다.

나중에 어머니가 무당이 되었다는 것을 알았다. 이후 그녀도 수원에서 점을 가장 잘보는 사람중에 대표적인 무당이 되었다. 오목동에서 비교적 잘나간다던 어느 보살도 김보살과는 게임이 되지 않을 정도이다. 현재 그녀는 떠오르는 수원의 스타다.

신을 받은지 채 몇 년이 안되는 애동뻘이지만 산전수전을 다 겪은 그녀는 결과적으로 뼈대있는 보살가문의 후예답게 올바르게 신의 길을 가고 있다.

"보살은 입이 무거워야 하고 가슴에 묻어두어야 하며 대신 신령님께 고해야 합니다."

애동제자로서 이런 당찬 말을 하는 보살은 많지 않다. 그만큼 자기수련이 되어야 하고 또한 받쳐주는 실력이 있다는 것을 말함이다.

조상신령이 앞장을 서

그녀는 대표적인 조상신이 앞을 선 경우였다. 그래서 점쾌가 정확하다. 할머니가 몸주신으로 왔다. 그 할머니는 65세에 돌아가셨는데 생전에 이런 말을 하였다.

"우리 새끼 시집 보내고 죽어야 하는데 …."

그녀의 할아버지도 약사도사줄로 들어오셨다. 그리고 4년전에 돌아가신 아버지는 창부대신으로 곧 오실 것이다. 집안은 신을 거부하다가 풍지박살이 났다. 그녀의 고모는 미쳐서 대꼬챙이처럼 말라 죽었다. 어머니는 결국 보살이 되었고 막내삼촌은 다리를 잘랐다. 오빠는 잿물을 먹고 죽었다. 이런 신기가 가득한 집안 분위기에서 그녀는 도저히 있을 수가 없었다.

어려서부터 그녀는 자살을 꿈꿔왔다. 그것은 7살 때 부터였다. 그러나 실제로 꿈을 꾸는 것은 남자들과 어울려 잠을 자는 내용이었다. 일종의 신기였다. 절에서 호기심으로 가재를 많이 잡았는데 꿈에 남자들과 자는 것도 꼭 그런 느낌이었다. 그때가 바로 9살 때였다.

자살은 할머니가 죽고나서 중2때 바로 시도를 해보았다. 유황을 한대접 먹고 죽은체 하였다. 그만큼 감수성이 예민한 초등학교 학생이었다. 그녀는 글을 잘써서 학교에서도 이름을 날렸다. 특히 그녀가 쓴 내용을 낭송하면 모두가 울었다. 당시에 글쓰기를 지도했던 분은 김현수 교장선생님이었다.

그러나 죽은 오빠는 친오빠가 아니었다. 아니 반은 오빠였으나 반은 아니었다. 그것은 옆집 할머니의 딸과 아버지가 관계를 하여 낳은 아이였다. 그 오빠는 중 2때 죽은 것이었다. 오빠의 친엄마였던 옆집의 딸도 결국은 자살을 했다.

고모는 이뻐서 모두들 탐을 내었는데 결국은 집안에서 종노릇하던 4대 독자와 결혼했다. 딸을 하나 낳았으나 죽고 고모는 기도원에서 미쳐 죽었다. 자손이 없던 고모는 죽을 때 그녀만을 생각했고 죽을때는 그녀의 이름을 불렀다.

"희숙아!"

할머니와 함께한 중 2때 까지는 정읍에서 가까운 태인에서 살았다. 그곳에서는 태인의 옥천사에 자주 놀러갔다, 산과 들을 쏘다니며 외로움을 달래기도 하였다.

그러나 할머니가 돌아가신후 더이상 태인에 있기가 어려웠다. 시골집에는 아무도 없었기 때문이었다. 남동생은 이미 오래전에 아버지가 데리고 간 터였다. 그래서 작은 아버지가 있는 안양으로 왔다.

학창시절 혼자 살아

중3때까지 한번도 집에서 밥을 먹은 적이 없었다. 공부와 운동을 잘했으나 할머니 집에서 살았기 때문이었다. 고 2때 14년만에 어머니를 영등포역에서 만났다. 어머니는 "또와"라고 했지만 그녀는 답변을 못했다. 그것은 노년을 자신을 위해 산 할머니 생각 때문이었다. 당시 집은 안양의 덕천마을 빌라에 살았다.

고등학교때에는 일요일만 되면 관악산에 올라갔다. 또한 아버지가 사는 동네인 불광동의 인왕산에도 혼자 책을 들고 올라갔다.

19살에 6살 차이가나는 남자를 이성으로 처음 알았다. 그것은 집을 나간 어머니에 대한 오랜 반발의 끝이기도 했다. 고등학교때는 공부도 잘했다. 그러나 아르바이트를 하면서 공부를 하던터라 힘이 들었다. 그래서 혼자 살면서 시청에 다니다가 동사무소에 근무를 하기도 했다.

동사무소에서 근무하던 첫 남자와 교제를 하였으나 그는 결혼에 마음이 없었다. 임신을 하였으나 애를 지우라고 하였다. 그러나 너무 어려 애를 지우는 방법도 몰라 오랜만에 어머니를 만나 상의를 하였다. 신기가 가득한 어머니는 애를 지우라고 하였다.

"배가 너무 불러요."

"그래도 지워라."

그말에 갑자기 화가 났다.

"이년아, 너처럼 애를 낳아 버리지는 않는다."

이런 욕을 하고는 어머니와 영영 헤어졌다. 이후 애를 낳아 혼자 키웠다.

23살때는 산신을 만나는 꿈을 많이 꾸었다. 그때는 호랑이를 많이 보앉는데 하얀 도사 할아버지가 그녀는 완전히 안아 다른 곳을 옮겨가는 꿈이었다. 25살에 교통사고를 크게 당했다. 이후 옷장사를 하였고 꽃장사도 하여보고 수퍼대형유통센터를 하기도 하였다. 그 와중인 88년도에 그 남자와 결혼식을 뚝딱 했다. 엄마에게 복수를 하는 심정으로 가정이 포기단계에 와있는 시점에서 애를 낳았다. 애를 낳고 바로 그 신랑과 헤어졌다. 즉 31살에 모든 재산을 다 주고 나와버렸다. 그리고 술장사를 하였다. 이후 7년을 산악회를 통해 산에만 다녔다.

눈을 뽑는 신병으로

36살이 되던 해는 잠자고 일어나면 1000만원을 잃어버렸다. 신병의 시작이었다. 하여튼 모아 놓은 돈은 자꾸 없어졌다. 그러다 눈은 압축기로 뽑아내듯이 아팠고 몸은 뒤틀리고 아픔은 계속되었다. 꿈만 꾸면 할머니와 하는 이런 대화 내용이 반복되었다.

"머리깎고 절로 들어갈래?"
"싫어요."
"그럼 열두방울 흔들래?"
"싫어요."
"그럼 할머니와 같이 살아."
"예."

그녀는 결국은 할머니 때문에 무당이 되었다. 일월성신에 매화부인의 손을 잡고 이 세상에 환생을 하였다. 그래서 그 할머니가 그녀의 몸주로 들어온 것이다. 김해 김씨의 업을 씻어주려고 왔다고 한다. 김현수 교장선생님은 글문대감으로 들어오셨다. 한때 입원했던 병원의 병원장이 대감으로 들어왔다. 계룡산에서 합의 받은 무학대사줄인 도사남신령이 들어왔고 선황불사도 들어왔다. 또한 천상선녀가 몸주이다. 그녀에게는 몸주가 두분인 셈이다. 즉 천상선녀와 할머니신 매화부인이 바로 그것이다.

　이후 그녀는 3년동안 돈은 번것이 아니고 집 두채를 팔아먹었다. 그것은 그만큼 양심적으로 점을 보고 일을 했기 때문이다.

청도보살에서 수덕암으로

　이를 딱하게 여긴 신에서 그녀에게 간판을 바꾸라고 했다. 그래서 바꾼이름이 "수덕암"이었다. 덕을 닦고 덕을 받으라는 의미였다. 처음에는 청도보살이라고 하였으나 처음에 신을 내려준 신엄마가 풋과일의 이름과 같다하여 바꿀것을 종용했던 택호였다. 그러나 계속적으로 그 택호를 썼지만 너무 힘든 신의 길의 연속이었다. 즉 이사를 가고 싶어도 가지 못하고 2년이 넘도록 매교동에 있었던 것이다.

　손님들은 하나같이 어렵고 힘든 사람만 왔다. 그러니 그런 딱한 사람들을 도와주다가 볼 일을 다 본 경우였다. 그래서 아는 스님의 절에 가서 기도를 하는데 그곳에서 신령님이 다시 택호를 정해주었다. 그 정도로 그녀는 성실하게 신의 길을 가려고 노력을 하는 분이다.

　그녀가 올바르게 신의 길을 가자 남편도 그녀를 전폭적으로 도와주고 있고 지금은 아예 장구를 배우면서 장래를 기약하고 있다. 그래서 나중에 굿판에서 장구를 치면서 뒷수발을 하겠다는 뜻을 펼치고 있다. 이런 상황에서 그녀는 다음과 같이 자신의 꿈을 당당하게 말하고 있다.

　"저는 다시 태어나더라도 장군으로 특히 남자로 태어나고 싶어요. 또한 부잣집의 옥동자로 태어나고 싶어요. 부모의 사랑속에 자라고 싶어요. 그리고 나중에는 정치가가 되는 것이 꿈입니다."

　🌳 경기도 수원시 권선구 매교동　031) 225-5176

안동의 오방신장점 용왕장군 송보살

오방기점의 송옥순 보살

안동 제일의 별점

안동에서 특이하게 점을 보는 즉 경상도 말로는 별나게 점을 보는 "안동 제일의 별점(別占)"이라고 하는 칭호를 받고 있을 정도로 점을 잘본다고 소문난 송보살은 거의 숨어 있는 인물이었다. 아니 무속으로는 숨어 있는 인물이었지만 세속으로는 유명한 인물이었다. 즉 안동에서 계 오야(계주)를 무려 25년동안 한 인물이었다. 그래서 안동의 금융권에서는 모르는 사람이 없을 정도였다. 그녀는 그 긴 세월동안 신용으로 계주의 자리를 지키고 있었다. 계원들 중에서는 보살도 서너명이 항상 되었고 많게는 25명정도 까지 있었다. 이런 연유로 그녀는 무속과 상당히 가까이 있었다.

25년 이상을 성공적인 계주로 무속과 자연스럽게 인연을 맺어오다 어느 날 갑자기 신을 받고 무당이 된 것이었다. 그것도 안동에서는 가장 유명한 권보살에게 받은 것이었다. 필자가 처음 그녀를 만난 것도 권은도 보살이 하는 굿을 구경하기 위해서 간 굿당에서 였다. 그곳에서 한거리를 들어서서 하는 그녀는 첫눈에도 예사롭지 않았다. 무속단체의 협회지부장도 안동에서 점을 잘보는 분중에서 대표적인 인물이라는 소개가 있었다. 그것도 눈을 감고 손님과 대화를 하는 전국에서 몇안되는 점쟁이라는 것이다.

오방기점의 특이한 점사

점사는 너무나 특이하다. 일단 손님이 오면 무조건 오방기를 든다. 그리하여 신령님 청배를 한후에 자신의 오방기점을 뽑고 나서 손님의 점을 보아준다. 왼쪽에는 작은 오방기를 들고 있고 오른손으로는 생년월일과 주소나 나이를 넣으면 자신도 모르게 눈을 감고 온몸을 흔든다.

"휘 ~잇"

동자가 실리면서 강한 휘파람을 불기도 하고 허공에 오방기를 흔들면서 공수를 준다. 휘파람 동자가 강하게 접신을 하는 경우였다. 눈을 감고 대화를 할 때는 연속적으로 휘파람을 불면서 점을 보아주었다.

대화식으로 거의 핵심만 짚어서 말을 하고는 눈을 뜨고 부연설명을 하는 것이 가장 큰 특징이었다. 필자가 보기에도 앉아서 손을 흔드는 손짓을 하면서 춤을 추듯이 하는 것은 선녀가 들어오는 것이며 휘파람을 부는 것은 동자가 부는 것이라는 것을 대번에 알수 있었다. 선녀와 동자가 이렇게 합수를 하여 점을 보아준다. 이렇게 점을 별나게 보는 그녀의 점사는 예리하기 짝이 없다.

그녀에게 오는 손님들은 언제나 자신이 가지고 있는 궁금한 것을 물어 본다. 그러면 송보살은 오방기를 가지고 여지없이 그 궁금증을 풀어준다. 이런 연유로 그녀는 안동에서도 인기가 높다. 그녀는 밖을 외출을 할 때도 오방기를 들고 나간다. 신당에서 잠깐 볼일을 볼때를 제외하고는 결코 오방기를 손에 놓는 일이 없다. 심지어는 손님들을 위해서 커피를 탈때에도 한손에는 오방기를 들고 있었다. 그리하여 얻은 별명이 "오방기 점쟁이"였다.

어쩌다 한번씩 쌀점을 보지만 주로 오방기를 가지고 점을 본다. 오방기를 들고 하는 점은 고래부터 내려오는 대표적인 신장점인데 그녀는 한마디로 그것이 상기다. 손님이 오면 반드시 두 번을 뽑으라고 한다. 그리고서는 그 기를 뽑은 의미를 설명해준다. 이것이 바로 그녀에게 가서 보는 점의 대강이다. 특이한 것은 그녀는 눈을 감고 오방신장기를 가지고 점을 본다. 그래서 같은 기를 뽑아도 다 의미가 틀리다. 즉 눈을 감고 오방신장기를 흔들고 있으면서 점을 본다.

눈을 감고 보는 것은 그만큼 중요하다. 대부분 점을 보는 사람들은 눈을 뜨고 상대방의 안색을 살피면서 눈치점을 보는 경우가 많기 때문이다. 그러나 송보살은 결코 눈치점이 없다. 아예 눈을 감고 점을 보기 때문이다.

보살아닌 보살행

신을 받은지 12개월 정도 되었다. 신은 10년전에 왔다. 산을 많이 갔다. 아침만 되면 산에 기도를 갔다. 일월산 청양산 소백산 팔공산 …. 산뿐만 아니라 선황도 갔다. 바다 용신 장군당 등 무속인이 갈수 있는 모든 곳을 다 갔다. 부처님 앞에는 가지를 않았다. 계를 하면서 계속 다녔다. 어디가면 신을 받으라고 했지만 그녀는 신을 받지 않고 대신 보살들이 하는 행동을 했다. 새벽 4시에 산을 탔다. 일요일에는 멀리 가서 산을 탔다. 산에 가서는 기도를 했다. 기도를 하면 그리 좋을수가 없었다. 촛불을 켜고 재물을 갖다놓고 밤에 산이나 용궁터나 앉아있으면 기쁨에 저절로 울었다. 어쩔때는 웃기도 하였다. 몇시간을 그렇게 하면 기분이 너무나 좋았다. 신을 받지 않았지만 완전히 보살행을 하고 있었던 것이었다. 그것도 혼자서 콧노래를 부르면서 밤길을 해안가나 산을 헤메고 다녔다.

차에는 사탕이나 소주 그리고 초는 항상 가지고 다녔다. 몇 년동안 미친 듯이 기도를 다녔다. 그녀가 그렇게 한 이유는 두가지라고 한다.

첫째는 돈 장사를 하니 사업에 실패를 안하기 위해서 공을 들였다. 둘째는 애들이 훌륭하게 커가게 해달라고 공을 들였다. 그렇게 하여 십 몇년을 닦았다.

원래 그녀는 몸이 아파서 신을 받게 되었다. 재숫굿을 해마다 하다가 몸이 너무 아파서 삼월 삼짓날 신굿을 해버렸다. 그 정도로 몸이 아팠다. 눈알이 빠질 것 같이 아팠다. 우울증까지 왔다. 졸리는 것 같은 느낌을 겪었다. '이것이 신병이다' 라고 생각을 했다. 음력으로 2월 23일 날 할아버지 대우를 하면 몸이 낫을줄 알았다. 그런데 그 굿을 하고 나니 더했다. 약을 먹어도 약발이 받지 않았다. 눈이 빠질 것 같았다. 잠을 안자서 그렇지만 일종의 신의 단련이었다. 그래서 더 이상 참을수가 없어 3월 초하룻날 아는 권보살에게 쫓아갔다.

"왜 굿을 했는데 몸이 더 아픕니까?"

"너는 신이다. 왜 신인데 엉뚱한 곳에 가서 재수굿을 했느냐. 너는 신굿을 해야한다."

그 말은 완전한 신탁의 말이었다. 그동안 다른 보살들에게 재수굿을 많이 했는데 3년만에 다시 권보살을 찾아오게 된 것이었다.

무당이 되라는 권보살의 말을 듣고는 자신의 살아온 과거를 다시끔 떠올리게 되었다. 그리고는 이내 수긍을 하였다. 만일 신이 없으면 그녀가 새벽 4시가 되면 어김없이 일어나서 가까운 산이나 멀리는 일월산 아니면 청양산 아니면 소백산을 간 이유를 설명을 못했다. 굿도 1년에 두세번했을 했을 정도로 무속에 깊이 빠져 있었던 것이다. 그제서야 그녀는 모든 것을 깨닫게 되었던 것이다.

권보살의 신기어린 그 소리에 더 이상 참을수가 없어서 결국 서둘러 남편몰래 내림굿을 하게 되었다. 권보살에게는 남편에게 알리고 굿을 한다고 했다. 때는 바야흐로 삼월 삼짓날이었다.

"천지신명이다."

내림굿을 하면서 처음으로 그녀가 웨친 말이었다. 그리고는 장군이 친정줄기에서 강하게 들어왔다.

신굿을 하고 나니 그 다음날부터 잠이 잘오고 밥도 잘 먹고 하나도 아프지 않았다. 신을 받고 나니 두달정도의 아픔의 고통이 씻은 듯이 사라졌다. 그러나 무당이 된 것에 대해서는 처음에는 부끄러워서 혼났다.

　남편은 그녀가 신을 받은지는 몰랐다. 새벽마다 부인이 나가는 것을 뒤따라 가서 보니 작으마한 방에 신당을 모신 것을 보았다. 기가 막혔다. 달반만에 남편이 안 것이었다. 정식으로 신을 받은 것을 알고는 저녁때 부인에게 가니 송보살이 오방기를 들고 있었다. 남편은 더욱 기가 막혔다.

　"뭐 이런 것이 다있노. 지금 여서 뭐하고 있노, 응?"

　"…."

　그러자 남편은 밖에 있는 커다란 벽돌(브로꾸)을 가져와 신당에 던졌다. 두장을 연거푸 신당에다 던졌는데 할아버지 단지는 깨지지 않았다. 너무나 신기한 현상이었다. 그러나 그녀는 부셔진 신당에 계속 지키고 있었다. 그러자 열흘만에 남편은 숙이고 들어왔다. 신당을 꾸미고 나서 보니 돈이 쪼들렸다. 그도 그럴 것이 애초에 그녀가 신을 받은 것을 아무도 몰랐던 것이다. 남의 도움없이 돈을 마련하여 굿을 하고 신당을 꾸미고 하니 더욱 힘들었다.

　노래방은 계속 운영을 하였는데 손님들은 노래방에 와서까지 점을 보아달라고 했다. 그래서 고민을 하고 있었는데 신령에서 할아버지가 "치워라"는 말을 했다. 그래서 할아버지에게 빌었다.

　"할아버지, 힘이 드니 땅 두덩어리를 팔리게 해주세요. 그리고 노래방도 팔리게 해주세요."

　그러자 갑자기 신당에서 목소리가 들렸다.

　"오냐."

　이런 말을 들은지 얼마되지 않아 땅이 팔리고 노래방이 팔렸다. 그래서 작년 7월에 노래방을 정리했다. 이에 용기를 얻어 대문에 절마크를 붙이고 천왕대를 세우고 손님을 보기 시작했다. 그러자 지나가는 사람들이 행여나 하고 들어와서 점을 보게 되었다.

결국 땅 두동과 노래방은 할아버지의 덕분으로 쉽게 팔리게 되었다. 그러나 신통하게도 그때부터 손님이 들기 시작했다. 일도 떨어져서 굿을 하는 중간에 권보살님이 작두를 타라 그래서 작두를 탔는데 요즘은 꿈에 자꾸 작두를 타는 꿈을 꾸고 작두신이 자꾸 차고 들어온다.

신을 받은지 얼마 안되는 시점에서도 신도들이 80명이 넘을 정도로 많은 사람들에게 인정을 받고 있다. 처음으로 오는 손님들도 사업을 하는 분들이 많아 사업을 위한 굿은 용신줄로 오는 대감굿을 많이 한다. 그녀가 그렇게 신도들이 많은 이유는 장사를 하는 신도들의 집을 일일이 찾아다니면서 애로사항을 듣고 해결방안을 제시하기 때문이기도 하다. 그것 또한 다른 보살들과 다른 점이다. 다른 보살들은 초하루나 보름때 신도들을 받아서 액막이나 액풀이를 해주는 것이 통상적인데 그녀는 직접 오방기를 들고 신도들의 집을 방문하여 점을 보아주고 그들의 근황을 파악하고 같이 기뻐하고 또한 고민한다.

이런 행동은 그녀가 오랫동안 지역에서 계를 한 것과 연관성이 있다. 이는 또한 신을 받은 사람들은 신을 받기 전의 습관과 밀접하게 연관이 되는 것을 알수 있는 경우이다. 돈을 많이 만져 더 이상 돈에는 원이 없다는 그녀는 복채도 정해지지 않았고 부적값도 성의껏 놓고 가라고 한다. 그만큼 마음이 폭이 넓은 점사(占嗣)라는 것을 의미한다.

♧ 안동시 운안동 400-59번지   054) 841-9153

제천의 제1점 촛불 보살

이쁜이 보살 김금숙

유명한 촛불보살

충북 제천은 강원도와 인접한 곳이다. 평택에서 국도를 통해서 태백이나 삼척을 갈려면 반드시 제천을 거쳐야 한다. 같은 충북인 단양과 강원도인 영월이 가까이 있고 북서쪽으로는 원주가 있다. 산세가 높고 물이 깊어 만신들이 많이 있을 법한 그런 곳에 점을 기가 막히게 잘보는 이쁜 보살이 있다.

점을 볼때는 특이하게 꼭 장초에 촛을 켜놓고 향도 피우면서 점을 본다. 그래서 필자도 촛불보살이라는 별명을 붙일 정도로 제천의 일등점이라고 해도 과언이 아니다.

촛불이 타면서 영적인 능력이 더욱 집중이 되는 편인데 손님이 계속적으로 오면 낮이라도 하루종일 촛불을 켜놓을 때가 있다. 처음에는 동자가 실려 방울점을 많이 보았는데 지금은 염주를 목에 걸고 점을 보는 편인데 빨간 염주를 멜때가 많다고 한다.

그러나 통상 찾아오는 손님의 얼굴만 봐도 점이 술술 나오는데 이는 대신할머니가 일러주는 것이다. 아무래도 그녀의 부리는 친가쪽이다. 그래서 친정식구들이 대신 꿈을 꾸어주는데 이런 선몽은 정확하기 짝이 없다.

점을 보다 보면 자꾸 방울도 들고 염주도 목에 걸고 하는데 이는 각

신령들을 찾아주어야 명기도 주고 서기도 주는 것이기 때문이다. 그럼 점에는 그녀는 신을 진정 사랑하고 아끼는 편이다.

기도를 많이 하는 편인 김보살은 기도기간에는 점을 보지 않는다. 그래서 일전에 40일 기도를 할 때는 찾아오는 많은 손님을 간곡하게 물리치며 받지 않았다. 그것은 또한 그녀가 돈을 목적으로 점을 보는 것이 아니기 때문이다.

맑은 기와 영을 받는 것이 그녀에게는 더욱 중요하기 때문이었다. 그녀가 더욱 기도에 정진하기 위해서 기도시에 청포묵을 먹는 것만 보아도 알수가 있다. 정신이 맑아지기 위해서 그녀는 할 수 있는 것이면 다 한다. 그러니 금전에는 안중에도 없는 것이다.

"돈을 벌라면 지금도 사업을 하였을 겁니다."

이런 말을 하는 그녀는 신을 알고부터는 굴복을 하고 어쩔수 없이 제자가 된 것이다. 작년에는 집을 옮겨 길가에서 뒤로 더 들어갔다. 깊이 앉은 탓에 지금도 찾을수가 없는 작은 골목을 헤집고 들어가면 나오는 그녀의 신당. 누가 보아도 호감이 가는 분위기의 집터와 그녀의 신당이다.

살다기 힘이 들면 절에 와서 ….

신을 받기 전에 그녀는 참으로 멋진 여성이었다. 고향이 제천으로 시골출신치고는 드물게 서울의 장충동에 있는 국악예고를 나왔고 거기에다가 대학도 다녔다. 어릴적부터 무용으로 단련된 탓에 대학은 무용과를 나왔다. 이후 결혼을 하고 가구점을 제천에서 크게 했는데 6개월만에 불이 났다. 그때가 36살경이었다. 하도 기가 막혀 점을 보러 갔는데 거기서는 더욱 기가 막힌 소리를 들었다.

"당신은 37살에 죽는다. 그러나 당신이 나에게 육보시를 하면 산다."

그곳은 절인데 스님이 점을 보아주는 곳이었다. 그 말에 웃고나왔지만 나올 때 등뒤에서 하는 스님의 말이 더욱 걸작이었다.

"살다가 힘이 들면 절에 와서 춤이나 춰라."

그 말은 참기 힘든 유혹이었다. 그녀는 무용을 계속 하고 싶었다. 그러니 절에 와서 마음껏 무용을 하면서 자신과 영원히 살자는 이야기였다. 자신이 무용과를 나왔고 10년을 넘게 춤을 배웠기 때문에 그럴수도 있다고 생각을 했지만 나중에 알고보니 그 스님은 젊거나 이쁜 여자만 오면 상습적으로 그런 말을 하며 또한 그런 말에 넘어가는 여자는 강제로 관계를 맺는 저질의 사기꾼이었다. 한마디로 입으로 여자를 농락하고 몸으로 여자를 유린하는 그런 부류의 악질 스님이었다. 그녀는 그 곳을 나오면서 생각을 했다.

'도량의 명기는 좋은데 왜 저런 말을 할까.'

하여튼 그 스님은 육보시를 많이 해서 그런지 신도들이 많았지만 나중에 들어보니 소문이 별로 좋지 않았다. 그러나 그 스님의 말이 100프로 허황된 것은 아니었다. 즉 그녀는 죽음을 경험을 한 것이다. 그것은 바로 신내림이었다.

37살 겨울에 그녀는 결국 신을 이겨내지 못하고 신을 받았다. 신을 받는다는 것은 곧 죽음인 것이다. 일상적인 삶은 없어지고 즉 평범한 삶은 죽고 신의 삶으로 거듭나는 것이다. 그래서 그녀는 그것도 일종의 죽음이라고 생각을 해보았다.

새로운 죽음 신내림

사실 죽음의 문턱가지 가지 않고는 신을 받을 이유가 없다. 돈을 목적으로 하면야 가짜로 신을 받을수도 있겠지만 돈이 목적이 아니고 무당이 되는 길이 죽는 것보다 싫을 때는 반드시 한번은 죽음을 겪어야 한다. 그리고 재생의 길을 걸으면서 무당이 되는 것이다. 재생의 길을 걷지 않고 어떻게 삶과 죽음의 세계를 오가면서 인간들을 위해 노력을 할수 있는 것인가.

그녀는 엉터리 가짜 스님의 말도 좋게 해석을 했다. 자신이 죽는다는 것은 피안의 꽃밭에 있다는 뜻이고 절에 와서 춤을 추라는 것은 그 꽃밭에서 마음껏 춤을 추라는 것이었다. 즉 피안의 꽃밭에서 춤을 추는 무당이 되라는 것을 상징적으로 표현을 한 것으로 본 것이다. 그러니 살다가 힘이 들면 절에 들어오라고 말을 했던 것이다.

내년에 죽는 사람이 어떻게 살다가 힘이 들수가 있겠는가. 하여간 그 가짜 스님의 말은 무당이 된다는 면에서는 맞는 공수를 준 것이다. 물론 그 나머지는 전부 엉터리요 약한 여성을 파괴하고 가정을 파괴시키는 사기꾼보다 더 나쁜 악한이지만….

"니가 나와 관계를 맺으면 신랑이 죽지 않는다."

이런 말을 하면서 관계를 요구하면 대다수의 여성이 넘어간다. 그 가짜 엉터리 스님은 이런 것을 노리고 상대방 여성이 죽는다 아니면 "남편이 죽는다"로 여성들을 유혹하고 결국은 신도로 만들어 버리는 것이다. 그녀는 신의 길목에서 벼라별 경험을 한 셈이다.

사채를 빌려 내림굿을

남동생은 15살에 신이 왔지만 그것을 몰라 지금은 폐인이 되었다. 언니는 절에 열심히 다니지만 그녀는 다가온 신을 거부할 수가 없었다. 그래서 급히 한 내림굿은 정상적으로 한 것이 아니었다. 이미 신기가 차오자 그녀는 사채이자로 돈을 550만원을 빌려 굿을 했다. 다급한 쪽은 그녀였다. 좀 더 사려깊게 주위를 살펴보았으면 사채이자까지 빌리지 않아도 저렴한 비용으로 내림굿을 할수 있는 무당을 찾을 법도 했을 것이다. 그러나 그녀는 그럴 겨를이 없었다.

이렇게 비정상적인 방법을 통해 돈을 조달하여 내림굿을 하였지만 그렇게 유도한 신엄마와는 결별을 했나. 한마디로 살실이 틀리는 실이라 신엄마와 결별을 했던 것이다. 돈을 우선으로 하는 무당과 그렇지 않은 무당은 같은 길을 갈수가 없었다.

또한 인간의 정을 붙이면 부처님이나 신령님이 멀어진다는 것을 스스로 알았다. 창부거리를 잘하는 사람은 정이 없다. 그것은 같은 무당이라도 창부거리를 잘하는 무당은 신딸이나 신아들을 막가는 식으로 부려먹는 경향이 많기 때문이다.

신을 받고나서 남편과 사이가 멀어졌다. 그것은 부부라는 개념이 없어진 탓도 있었다. 몸을 정히 하고 항상 기도를 하면서 영을 맑게 해야 하는 사제자로서 함부로 몸을 다룰수가 없었다. 1년에 서너번씩 하는 잠자리로 만족을 할 수 있는 남편이 어디있겠는가. 그래서 지금은 직장이 다른 곳에 있다는 핑계로 남편과 떨어져서 살고 있다.

그녀는 마음을 비우고 사는 편이다. 그것은 떨어져 있는 남편이 바람을 피우는 것이 보이기 때문이다. 영적으로 보여주는 것은 거의 정확하다. 그래도 그녀는 모른척하고 지내는 것이 편하다. 남편이란 존재는 무당에게는 있어도 피곤하고 없어도 피곤하기 때문이다.

목욕탕에도 못가

그녀가 점을 잘 본다고 소문이 나자 못가는 곳이 있다. 바로 목욕탕이다. 하도 주위에서 물어봐서 목욕을 할 수가 없고 그렇다고 신당을 비워놓고 목욕탕에서 할 일없이 남의 점을 일일이 봐줄수도 없는 입장이다. 그래서 목욕탕에 가지 않고 집에서 한다. 법당에서야 신의 제자로 점을 봐줄수가 있지만 밖에서는 아니다. 그러니 사람들을 피하는 자체가 더욱 그녀의 외로움을 깊게 할 수밖에 없다.

그녀에게는 술을 많이 먹는 여자와 남자관계가 많은 여자들이 주로 찾아온다. 그것은 하나의 세태로 받아들이지만 신당에서는 싫어한다. 그것은 남자 동자가 불사동자로 들어와 있기 때문이다. 애어른인 동자는 그런 지저분한 것을 싫어하는 편이다. 그래서 그 동자를 위해서 신발은 하얀 고무신이 놓여져 있다.

그녀는 여자 손님들에게만 인기가 있는 것이 아니다. 남자 손님들에게도 인기가 있어 오히려 그것이 부담이 되고 짐이 되는 경우이다. 점 손님으로 한번 오면 계속 찾아오는 것이 보통이다. 점사가 너무 정확하다는 말을 하면서 단골로 찾아오기도 하고 바쁘다면서 전화를 계속하고 그야말로 생 난리를 핀다. 그래서 굿을 할 수가 없을 정도다. 굿을 하다가 전화를 계속 받기가 힘들기 때문이다. 그래서 그녀는 명함을 돌리지 않는다. 명함을 돌리면 더욱 전화가 많이 오기 때문이다. 얼마전에는 전화번호까지 바꾸어버릴 정도였다.

"점사가 잘 맞다고 찾아오거나 연락을 하는 것은 좋은데 …."

혹자는 이런 현상을 좋아하는 경우도 있지만 그녀는 결벽증이 있을 정도로 깨끗한 면을 보이고 있다. 남의 구설수도 두렵고 신의 길을 가면서 자신의 주위를 어지럽히고 싶지 않기 때문이다.

그래서 신딸을 서너명 내었지만 기도를 중요시하며 기도를 열심히 하라고 말한다. 그러나 기도를 하지 않고 돈에만 집착을 하는 자신의 제자 한명은 곁을 떠나가 버렸다. 제자를 잘 건사하고 이끄는 편인 그녀도 이 정도인데 제자를 제대로 이끌지 못하는 많은 제자들은 어떤 경우일까.

☘ 제천시 남천동 680번지   043) 643-6769

속초의 처녀보살 애동제자 이보살

칠성처녀보살 이은화

속초의 1등 애동제자

속초의 중앙시장을 가면 칠성처녀보살을 만날 수 있다. 그곳은 바로 만신골목들이 포진하고 있어 물으면 쉽게 알수가 있는데 아마도 속초에서는 가장 나이가 어린 보살이다. 인물도 청초하고 단아한 편이고 나이도 아주 젊은 편인 20대 중반의 그녀는 현재도 속초에서는 손님이 가장 많은 편에 속한다. 한마디로 속초에서는 대가들이나 중견무속인들을 제외하고는 1등 제자인 셈이다.

점을 볼때는 동자가 들어서면 방울을 들어서 점을 보고 나머지는 염주를 목에 걸고 점을 본다. 그녀의 특기는 병점이다. 즉 아픈 사람이 오면 점을 보는데 더욱 자신이 있는 것이다. 점은 주로 할아버지가 얘기를 해주는 편으로 대표적인 조상점으로 보는데 그녀 스스로 느낄수 있게 영을 받아 점을 본다. 그러나 일을 하고 난 3일 정성때는 일한 손님 외의 다른 점손님은 보지 않는다. 그러한 점이 특이하다. 그녀는 말명 할아버지가 풍수로 들어와서 지관까지 볼 줄 안다.

현재의 신선생은 탁보살이다. 속초에서는 이름이 있는 노무로 청이 좋은 것이 특징이다. 그러나 정작 그녀는 나이가 어려서 그런지 아직 목이 터지지 않아 고민이다. 속초에서는 청이 제일 좋다는 선생밑에서 목이 안터지는 제자는 마음 고생이 심하다. 그래도 그녀는 탁보살로부터 아낌없는 정성을 받아가면서 동해안 굿을 배우기에 여념이 없다. 특히 탁보살은 애제자인 칠성처녀보살을 마치 남에게 빼앗길세라 아예 치마폭에 감싸며 애지중지 지도를 하고 있다. 그만큼 그녀가 장래가 촉망되는 제자라는 것을 말해주는 것이며 신선생에게는 일을 많이 하는 이쁜 제자가 가치가 있어 보이는 탓이기도 하다.

하기야 담배도 하지 못하고 술도 하지 못하는 애동제자이니 얼마나 깨끗한 제자인가. 아마도 속세에 물들지 않은 그런 제자인 것이다. 그래서 그런지는 몰라도 그녀에게는 남자 손님이 많이 몰리는 편이다.

16살에 신이 서서히 다가와

고향은 속초의 청호동으로 속초에서 초등학교와 중학교를 다녔다. 부모의 원고향은 원산이지만 실향민으로 속초에 정착을 한 것이다. 그녀가 신이 처음 온 것을 느낀 것은 중학교때였다. 바로 16살에 맹장수술을 했는데 실밥을 뽑고나서도 계속 아팠다.

학교에서는 아픈데 집에 오면 언제 그랬냐는 듯이 멀쩡했다. 그래서 정신과에도 가보았다. 그곳에서는 뇌파검사도 해보았다. 그러나 별 이상이 없었다. 뾰족한 해법이 나오지 않자 점을 보러갔다. 갔더니 신을 빋기는 굿을 해야 한다고 했다. 이런 말을 무시하고는 고등학교를 갔다.

17살에는 할아버지가 약을 먹고 돌아가셨다. 뒤이어 70일 뒤에는 엄마도 교통사고로 음력 9월 14일 오후 5시 10분경에 39살의 나이로 갑자기 돌아가셨다. 그러나 그녀는 놀랍게도 어머니의 죽음을 예감하고 있었다. 그것은 학교에서였다.

"얘들아. 나 내일 학교 못 온다."

"그래?"

아이들은 무슨 이유가 있느냐고 물이왔다. 그러니 답변이 궁했다. 내일은 무슨 큰 일이 있어 못나올것만 같았기 때문이지 그 시간에 어떤 일이 일어나는 것을 아는것은 아니었다.

"내 동생도 학교 보내지 말아야지."

아이들에게 이렇게 자랑하듯이 말하고서는 집에 왔다. 그리고서는 그 다음날 그녀의 어머니는 교통사고를 당해 바로 돌아가신 것이다. 그 다음해인 18살에는 삼촌이 어머니 제사 바로 전날에 죽었다. 바로 죽기전에 그녀는 꿈에 삼촌방에서 노란 장화가 있는 것을 보았다. 이미 삼촌의 죽음을 꿈에서 미리 본 것이었다.

집안에서 이렇게 사람들이 해마다 한두명씩 죽어나가자 진혼굿이나 조상굿을 하기 시작했다. 그런데 굿을 하는 중간에 무당들이 자꾸 그녀에게 부채와 방울을 안겨주었다. 그러나 옆에 있던 할머니는 "그것을 받지 마라."고 했다. 그래서 무당의 물건을 받지 않았다. 그러자 무당은 그녀에게 계속 겁을 주었다.

"니가 안받으면 배도 안나가고 니도 죽는다."

배가 안나간다는 것은 굿이 제대로 끝나지 않는다는 뜻이었다. 즉 끝내더라도 엉터리로 끝나는 것을 말한다. 그래서 할수없이 받았다.

둘째 고모는 신이 왔는데 거부해서 지금도 아프다. 대신 굿은 신할머니가 했는데 주로 앉은 비나리로 했다.

직장생활후에 점사가 보여

고등학교를 졸업하고 직장에 들어갔다. 그녀는 이후 굿을 좋아하는 꿈도 꾸었다. 아이들과 노는 꿈도 꾸었다. 어머니를 모셔놓은 화엄사에 갔는데 스님이 말했다.

"니 눈에 귀신이 꽉 차있는데 어떻할래?"

이 말을 아버지에게 했더니 막 화를 냈다. 삼성콘도에서 1년정도 일을 하다 교통사고가 난뒤에 그만 두었다. 이후 제2 금융권에 잠시 있다가 일을 하기 싫어 그만두고 집에 있었다. 이때부터 사람을 보면 점을 보아주었다. 그런데 더욱 놀라운 것은 사람들의 뒤를 따라다니는 귀신도 보였다. 금방이라도 누가 죽을 것 같은 사람이 보이면 가서 말을 해주고는 하였다. 또한 자다가 눈을 뜨면 생시처럼 서있는 자신의 모습을 보았다. 그러나 그러한 것이 이상하게 싫지 않았다. 이후 조그만 방에 청수만 갖추고 지냈다.

그러다가 어머니가 다니던 보살에게 가서 점을 보고는 22살에 내림굿을 하게 되었다. 그리고는 3개월 동안 금호동에서 점을 보았다. 그러나 신엄마라는 사람이 일을 하면서 자꾸 속여 손을 끊었다. 무속세계에서 애동을 속인다는 것은 정당한 굿을 뗀 애동에게 정당한 대우를 하지 않고 약간의 돈만 쥐어주는 것을 말한다. 아니면 굿의 재물이나 신복을 장만하면서 가격을 속여 많은 차익을 남기는 것을 말한다.

23살에는 부처님도 관세음보살로 모셨다. 돌아가신 어머니도 올해에 비로소 서인으로 들어왔다. 서인이란 전안에 앉을 수 있는 조상신령을 말한다. 신을 받은 후에는 어린 나이여서 처녀보살로 소문이 났다.

굿을 배우기에 전력

속초의 다른 무당들보다는 턱없이 어린 나이지만 그녀는 못하는 거리가 없을 정도로 굿을 잘하려고 열심히다. 그만큼 강원도의 동해안 굿은 배우기가 어렵고 힘들기 때문에 미리미리 공부를 하는데 주저하지 않는다. 실제로 잘 불릴 때 배우지 않으면 배우기도 힘들고 못불릴때는 제대로 가르쳐주지도 않는 것이 신선생과 신제자 사이의 관계가 무속계의 일반적인 정서다. 그러니 그녀가 잘불릴 때 하나라도 더 배우는 것이 최선이라는 것을 잘 알고 있다.

그녀가 현재 배우고 있는 굿거리의 대강은 다음과 같다. 우선 부정을 치는 부정굿에서부터 낭산 선황문을 열고 조상굿을 한다. 그 다음은 망자굿을 하고 세존굿과 성주굿을 한 다음에 칠성과 산신굿을 놓고 뒤이어 대감굿과 꽃놀이와 뱃놀이를 하는 것이 전체 굿의 줄거리다.

이런 기본 줄기에서 신맞이 굿은 말명굿과 신장굿이 대감굿의 뒤에 들어가는 것이고 영혼결혼식은 칠성과 산신굿전에 결혼을 시켜 재우는 것이 특징이다. 진굿은 오구대왕굿으로 바리떼기를 당금애기굿인 세존굿대신 집어넣으면 된다. 뱃굿 즉 천왕굿에는 심청굿도 들어가고 설악제같은 공연굿에는 축원굿이 들어간다.

꽃을 만드는 일로 소일

굿이 없는 날이거나 아니면 굿을 받아놓으면 동해안 굿에서 제일 중요한 것은 꽃을 만드는 것이다. 그래서 동해안 굿에서는 전통적으로 꽃값을 굿값외에 따로 받는 경우가 많다. 밤에 하는 굿을 위하여 미리미리 꽃을 만들어 놓는데 무려 5단지씩 해 놓는다.

꽃을 만드는 순서는 다음과 같다. 우선 꽃을 피우는 장소를 만들기위해 원판인 도래를 뜬다. 도래 한판에 60장의 종이를 겹친 것을 가위로 사방 8개의 살을 치면 꽃잎의 원판이 나온다. 이 꽃잎의 원판을 풀이나 실로 한 장씩 겹치게 붙여 놓으면 한개의 꽃잎 봉오리가 된다. 여기에 꽃받침으로 쓰는 종이를 따로 만들어 붙이면 된다.

강원도 동해안의 꽃들을 "칠도래꽃"내지는 "칠도리꽃"이라고 하는 것이 여기에서 유래가 된 것이다. 즉 통상 큰 굿에서는 7개의 도래를 뜨면 되기 때문에 칠도래꽃이라는 말이 나온 것이다.

도래를 뜬 한판에는 60장을 가지고 12송이의 꽃을 만든다. 따라서 5장에서 6장의 꽃잎종이를 가지고 한 개의 꽃이 만들어지는 것이다. 한 개의 꽃이 완성되면 귀파기 형식의 끝이 약간 뭉뚱한 가는 대나무 살을 꽃의 중앙을 뚫어 위에서 아래로 고정을 시킨후에 그렇게 만든 꽃을 큰 판에 씨를 박듯이 고정시켜 12개의 꽃이 한 무더기를 이루도록 하면 꽃이 다 만들어져서 굿당에 진설되어 지는 것이다.

통상 흰꽃은 칠성꽃을 의미하고 빨강꽃은 조상꽃을 의미하고 노랑꽃은 대감꽃을 의미한다. 꽃에는 많이 쓰이는 연봉(蓮棒)도 있다. 꽃이외에도 종이로 만드는 것은 용선과 등이 있고 호롱불등과 초롱등 그리고 굇대등과 탑등이 있다.

그녀가 이렇게 꽃을 만드는데 진력하고 정성을 다하는 것은 기초부터 착실하게 다져 나중에 큰 무당이 되는 것이기 때문이다. 또한 나랏굿을 하고 싶은 것이 소원이다. 여신줄이 쎄고 팔선녀줄이 강해 굿을 잘해야 한다는 마음도 강하다. 그러한 면은 굿을 할 때 선녀가 많이 실리는 것을 보면 쉽게 알수가 있다.

산기도는 많이 가는 편은 아니고 대신 산신 할아버지들이 많이 산으로 가서 빌고오는 편이다. 따라서 그녀는 법당 기도를 많이 하는 편이다. 대신 서인을 몸에 싣고는 다닌다.

단골들은 신을 받고 나서는 업소사장들이 많았는데 지금은 일반손님들도 많다. 이제는 내림굿을 주관할 정도의 신의 나이가 되어 제자가 오면 받는다고 한다. 대신 산에 먼저 데려가서 산기도를 시키고 대를 잡아보아 가능성이 있는 제자만 엄선하여 받아들일려고 한다. 삼산을 밟고 용궁을 가보고 제가집일이 있으면 그때 한번 뛰어보라고 해서 놀려본다. 이렇게 테스트를 하여 내림을 하여 자신을 받쳐줄수 있는 제자를 낼 생각이다.

♧ 강원도 속초시 중앙동 033) 638-6005

파주의 족집게 도사

애동박수 김두수

굿을 싫어하는 제자

그는 신의 길을 가면서도 기존의 굿에 대해서 회의를 느꼈다. 그것은 굿판에서 신선생들을 불러 한양굿을 하면 그 내용이 그 내용이고 놀랍게도 공수가 거의 같다는 것을 알았다. 또한 자신이 남의 굿에 가서 참여하거나 구경을 하더라도 내림굿이나 신사굿이나 진오기굿이나 굿의 내용이 비슷했다.

"니 집안에 색깔이 울긋불긋한 것을 갖다버려라."

이런 공수는 집안에 한복을 갖다 버리라는 뜻이었다. 집안에 옛날 한복이 없는 집이 어디있겠는가. 너무 뻔한 말이었다. 왜 애꿎은 한복을 버리게 하느냐는 것이었다. 그래서 그 신선생을 몇 번이나 교체를 하다가 지금은 굿을 하지 않고 있다. 그만큼 자기 주관이 뚜렷하기 때문이다. 그의 이런 칼같은 성격은 신의 길을 가면서 계속적으로 부닥쳤다.

그런 만큼 세상의 경험을 누구보다도 많이 했다. 나이는 현재 39살 용띠지만 세상의 모든 풍파는 혼자 짊어진 느낌이었다. 그만큼 그는 신의 길을 걸어오면서 불의를 참지 못하고 조금도 어긋나는 것을 용납을 하지 못했다. 그의 어머니을 위한 굿을 하는데 청배를 온 무당들이 조상를 노는데 그의 조상이 들어오지 않았는데 청배무당들이 울고불고 하면서 쑈를 하는 것을 보고는 화가나서 그 무당을 쫓아낼 정도로 용납을 못했다. 그의 입장은 단호했다.

"무당이 모르면 당주인 나에게 물어서라도 해야되는 것 아니냐. 왜 오지도 않는 조상을 실어 엉터리로 하느냐고 저는 따졌어요."

그리고 그 무당을 집으로 보냈다. 다음날은 다른 무당을 불러 굿을 끝마쳤다. 그런데 무당마다 굿의 절차나 방식 그리고 설법이 다 틀렸다. 그래서 애동인 그는 충격을 받았다. 굿을 배우는데 있어서 상당한 난관이 봉착했던 것이다. 신의 어머니가 없는 상태에서 이 무당 저무당을 쓰는 입장에서는 어떤 스타일을 배워야 하는지 정말 난감했다. 그래서 그는 굿을 배우는 것에 더 이상의 욕심을 버리기로 하였다. 대신 굿판에서는 신앞에 예의는 물론 인간끼리의 예의도 매우 중시를 했다. 그래서 정상인이면 대수롭지 않게 넘어갈 것을 그는 아주 사소한 문제도 따지면서 한마디로 물고 늘어지면서 신의 길을 갔다.

남들은 점을 보는데 도움이 된다는 잡신을 어느 정도 인정을 하지만 그는 그것도 용납을 하지 못했다. 그의 신조는 한마디로 깨끗하게 살자는 것이다. 쌀을 가지고 떡을 해서 양로원에 갔다주는 정성을 그는 잊지 않았다.

쌀점을 보는 박수

그는 쌀점을 잘보는 박수이다. 지방치고는 점돈이 5만원으로 고액이다. 그럼에도 불구하고 많은 사람들이 그에게 와서 무꾸리를 한다. 얼마 전까지는 족집게도사라는 간판이 붙은 대형버스를 운행을 할 정도였다.

점을 볼때는 주로 대신할머니가 들어서서 도와준다. 그중에서 용궁불사 대신하고 양씨 대신이 와서 도와준다. 또한 일월도사도 와서 도와준다. 내부분 집안의 조상들이있다. 집안은 사실 유명한 박수가문이있다. 그래서 부리가 있는 것이었다. 매형벌되는 그 박수는 까만 양복에 선그

라스를 끼고 다니는 것이 선망의 대상이었다. 물어보니 박수라고 하길래 박수가 뭐하는 사람인지는 그때는 몰랐다.

나중에 그는 박수라는 말을 또한번 들었다. 그것은 당시에 사업을 하면서 교회에 다니던 때였다. 그는 18살짜리 다방 아가씨와 사귀고 있었다. 상당히 미인인 그녀는 신가물에 젖어 유흥업소를 전전하던 여자였다. 초등학교부터 신이 와서 고생을 하던 그녀는 몸에 살이 있어 사귀는 남자가 죽는 형국이었다. 이후 22살에 다른 남자를 사귀다가 그 남자가 사고로 죽고는 얼마뒤 신을 받았다. 지금은 25살인 어여쁜 무당이 되었을 그 여자는 당시 23살때 그를 보고 말했다.

"당신은 2년후에 큰 박수가 될겁니다."

그 말에 그는 화가나서 말했다.

"이 미친년아. 내가 지금 예수를 믿고 있는데 무당이라니 …."

결국 그 여자의 말이 맞은 것이었다. 그리고 시간이 지남에 따라 그녀의 말이 다 맞는다는 것을 새삼 느꼈다. 그리고 나중에 그가 신을 받고나서 가까운 친척인 그분이 유명한 박수라는 것을 알게 되었다.

그가 현재 모시는 용궁대신은 처음에 신내림을 할 때 공중에서 고깔을 쓰고 내려다 보았다. 그때 휘장을 주었다. 방울이 아니고 은으로 된 방울꽃을 주었다. 그러면서 "나는 용궁불사다."고 하면서 들어왔다.

양씨 대신은 포항의 감포에 가서 그곳에 있는 문무대왕묘에서 받았다. 그곳에 가니 갑자기 뜨거워지더니 눈물이 흐르더니 "내가 양씨대신이다."라고 웨치면서 들어왔다. 최근에는 인왕산 대신할머니도 들어왔다. 그러면 시루떡이라도 해서 빌어야 되는데 몰라서 그러지도 못했다. 모두 신어머니가 없는 탓이었다.

기도는 강릉의 국사당과 감악산 그리고 속초와 태안반도를 많이 다녔다. 작년 2월달에 눈이 많이 온 날 태백산을 새벽 4시에 간 것이 가장 기억에 남는다. 일부는 입산을 통제하던 때였는데 몰래 산에 오르면서 과거의 잘못했던 것에 대한 반성을 많이 했다.

유명한 전도사가 무당으로

그는 한때 방배동의 신학교를 나오고 안양의 어느 교회에서 전도사로 있었다. 한때 교도소 생활을 했기 때문에 거듭난 삶이라면서 큰 교회의 간증기도를 많이 다녔다. 그는 그때 큰 교회에서 열변을 토했다. 그러자 많은 사람들이 감동을 하고 많은 헌금을 하였다. 그러나 알고보니 재주는 그가 부리고 돈은 그 교회의 목사가 버는 꼴이었다. 헌금을 착복하는 것이 바로 목사들이었다. 그러나 그는 개인적으로 헌금을 하는 사람들을 설득하여 교회에 헌금을 하라고 권유를 하였다. 그 정도로 그는 멋모르고 열심히 교회활동을 하였다.

그는 지금도 성경의 많은 구절을 술술 외울 정도로 독실한 크리스천이었고 나름대로 유명한 교역자였다. 같이 간 목사들은 자는 시간에 그를 비롯한 전도사는 새벽기도를 열심히 했다. 깨어있으라는 말은 그를 그렇게 만들었다. 신을 받은 지금은 모든 것을 알수가 있었다.

"예수를 믿으면 천국을 간다는 말을 말을 하는데 저는 그것보다는 예수의 뜻대로 행하는 자들이 천국에 가는 것이다라는 말이 더 가슴에 와 닿습니다. 무속에서 신을 받은 것보다 신령의 뜻에 따라 행동을 하는 제자가 진정한 무속입니다."

이런 말을 하면서 그는 성경의 무수한 구절을 인용하면서 설명을 하고 있었다. 그를 보면 마치 훌륭한 목사나 전도사가 무당이 된 것 같았다.

경찰과 싸웠던 도사

그는 자라면서 건달생활을 하였고 26살에는 연예인 매니저로 있었을 때 연예인들하고 생활을 할 때 처음으로 신이 왔다. 당시 건달들이 형님하면서 쫓아다녔고 경찰들하고도 상당히 친했다. 그러나 신이 왔을

때 그는 주체를 하지 못했다. 그가 30대에 레카사업을 하면서도 신가물로 부도가 났다. 이 와중에 신기가 강하게 발동하여 그는 경찰들하고 부딪혔다.

　신기가 발동하면 특히 경찰들의 부정과 비리를 그는 참지 못했다. 그래서 툭하면 경찰들 하고 싸움을 하였다. 신을 받기 전에는 경찰들하고 형님 동생하면서 친하게 지냈었는데 신이 오고부터는 경찰들하고 사이가 너무 안좋았다. 그것은 경찰들의 비리가 훤히 다 보였기 때문이었다.

　경찰들에게 찍힌 그는 한때는 경찰서에서 12시간을 맞았다. 그런데도 신이 내려 그런지 맞아도 아프지 않았다. 수갑을 채우려 해서 반항을 하였더니 아무도 수갑을 채우지 못할 정도였다. 경찰서장이 냉장고에 돈을 숨겨놓은 것이 언론에 들통이 났을 때 그는 그 경찰서장에게 대놓고 직접 욕을 했다. 그러니 경찰들은 눈에 가시같은 그를 과대망상으로 몰아가면서 정신병원에 집어 넣었다. 그래서 정신병원에 2주동안 감금이 되었다.

　정신병원에서도 그는 간호사들의 나태한 근무를 용서못했다. 정신병원에서 제일 무서워하는 것은 신을 내린 사람이다. 정신병원에 있는 환자들중에서 신이 들려 온 사람은 사실 매우 똑똑한 사람들이다. 그는 거기서 금강경을 읽었다. 한번은 밤에 병원의 카운터에 아무도 없었다. 또한 금고문이 열려 있었다.

　"너 이년 근무를 똑바로 서지 못해."

　이런 고함을 질렀던 그는 오히려 그것이 구속이 되는 계기가 되었다. 금고문을 열고 돈을 꺼내려 했다는 이유에서였다. 그래서 교도소에서 8개월 동안 한문 공부만 하였다.

　파주에 이사를 와서도 문제가 생겼다. 처갓집인 밀양에 갔다. 그곳에서 신기가 발동을 하여 난리를 피우자 처갓집에서는 모르고 파출소에 신고를 했다. 그래서 백차가 오고 그 와중에 차로 백차에 들이받는 실랑이가 벌어지고 결국은 일산 경찰서에 까지 신고가 되었다.

"너희는 인권유린이다."

밀양에서는 하도 그가 날뛰니까 그냥 방면을 하였다. 그는 망가진 차를 놓고 공항에 가서 비행기로 상경을 하였다. 그리고는 다시 일산경찰서에 가서 항의를 하니까 바로 정신병원에 감금을 시켰다. 의사는 주사를 놓을려고 하였다.

"나를 여기 왜 데리고 왔느냐?"

"…."

의사는 안정제를 놓을려고 할 때 그는 말했다.

"당신 지금 파라핀을 놓으려고 하는거지."

"맞아요. 맞으면 잠이 오니 좋을 겁니다."

주사를 강제로 맞고나서 깨어나니 그 다음날이었다. 동생이 와서 형이 미치지 않았는데 왜 강제로 입원을 시켰느냐며 항의를 해서 그 병원을 나올수가 있었다. 경찰에서는 그 환자를 퇴원시키지 말라고 신신당부를 한 상태였다.

그는 이런 식으로 경찰들과 많이 부딛혔다. 그는 스스로 자신이 날쳐서 그렇다고 했다. 즉 사고가 생겨 그가 미쳐서 날뛰니까 인근의 파출소에서 와서 그를 마구 구타하였다. 민주경찰이 무고한 사람을 패느냐고 그는 길길이 뛰면서 항의를 했다. 그래서 나중에는 파출소장에게 사과를 받아내었다. 그는 불의를 참지 못하는 양심적이면서도 특이한 무당인 것이다.

☏ 파주시 월롱면 영태6리 031) 941-0025

구미의 기점(氣占)태극신당

열혈청년 김현규

집안에서 부리가 있어

구미의 보살집들은 한 동네에 몰려 포진하고 있었다. 즉 금오산 4거리에서 3번도로로 빠지는 원평1동에 보살들이 운집하고 있었다. 그중에서 간판에 태극신당이라고 크게 적힌 집이 있다. 그곳이 바로 젊은 박수 김현규가 있는 곳이었다. 만나본 그는 한마디로 꿈을 꾸는 착한 초능력자였다.

집안에는 신기가 가득했다. 첫째 여동생도 신기가 있어 음악을 했고 둘째 여동생도 신기가 있어 미술을 하고 있다. 그는 장남이면서 무술을 하였다. 음악이나 미술 그리고 무술은 신기가 없으면 할수 없는 직업들이다.

집안이 부유하지 않으면 이런 길을 갈수가 없었으나 갑자기 가세가 기울어 첫째 여동생은 학교를 중도에 그만 두었다. 결혼식장에서 피아노를 치면서 아르바이트를 하면서 돈을 벌다가 먼저 결혼을 하였다. 이후 그녀들은 오빠의 지원자이자 지지자들이 되었다. 그들이 없었다면 그가 신의 길로 들어서는데 더욱 많은 시련이 있었을 것이다.

동생들의 절대적인 도움으로 2001년 2월달에 내림굿을 하게 되었다.

신선생은 구미에 있는 보살이지만 지원차 대구에 있는 조보살도 왔다. 그녀는 매우 괄괄한 성미의 보살이었는데 결국 그의 신선생이 되었다.

내림굿시에 4대 할아버지가 와서 몸에 실렸다. 그때는 몰랐지만 지금 생각해보니 23대 할아버지의 심부름으로 오신 분이었다. 4대 할아버지가 대리로 그의 몸에 들어왔는데 굿판에서는 난리가 났다.

"건방지다. 겨우 돈을 밝히는 무당주제에 단군할배인 하느님을 모시는 제자에게 못하는 소리가 없다."

그러면서 굿당에 있던 상을 다 엎어 버렸다.

신할배가 통곡을 하자 옆에서 신아버지와 신어머니가 물었다.

"지금 오신 할아버지는 옥황상제님을 모시고 있었습니까?"

그러자 그는 노발대발하였다.

"옥황상제 따위가 뭔데…. 나는 단군 신선님을 모시고 있는 사람인데 왜 옥황상제를 들먹이느냐. 옥황상제는 단군신선보다 두단계나 낮은 분인데 …. 너희 같은 잡무당이 무엇을 아느냐?"

그러면서 다음과 같이 나라공수를 각각 주었다.

"우리 나라의 정세가 미국의 기독교에 잡혀 있는 형국이라 힘을 못쓰고 있다. 20년만 지나면 우리나라도 드디어 선진국이 될 것이다. 지금은 미국의 식민지다."

"현규 니가 무속인이 된 것이 한스럽다. 현규는 단군의 제자다. 무속인들은 무식하다."

그런 소리를 듣자 굿판의 무당들은 자존심이 상한지 잡귀가 왔다고 내림굿판은 중단이 되었다. 그러면서 즉시 구수회의를 했다. 말은 맞는 것 같은데 자존심이 상한 무당들은 허주가 들어온 것을 파악을 하고는 마구 때리기도 하였다. 그러자 억울하게 맞는 현규를 조상들은 동정을 할 수밖에 없었다.

결국 내림굿을 한뒤에 가리를 잡는다는 핑계로 굿을 5번이나 더했다.

그것은 모르는 애동제자를 이용해서 돈을 요구하면서 굿을 강요한 것이었다. 그러나 그때까지도 점을 보지 못했다. 그래서 이후에도 계속적으로 굿을 하여 거의 한달 간격으로 아홉 번이나 했다. 나중에 계산을 해보니 억대가 나갔다. 아무것도 모르는 제자가 노련한 무당들에게 휘둘린 경우였다. 돈이 없어 시집간 여동생이 몰래 대준 것이었다.

꿈을 꾸는 청년

당시 잠을 자니 딱한 처지에 울고 있는 현규를 보고 하늘에서 신부님이 내려왔다.
"당신은 하느님의 아들이기 때문에 이런 고난 정도는 쉽게 이겨내야 한다. 울지마라. 하늘에서 다 보고 있으니 전세계에 이름을 날린다."
이후 그는 대표적인 꿈을 꾸는 청년이다. 착하디 착한 그는 오로지 꿈을 통해서 모든 신을 받아들였다. 신을 모시는 것이 너무 힘들어 포기하고 싶을 때는 꿈에서 신부님이나 옥황상제 그리고 부처님 같은 분이 직접 내려와서 위로를 해 주었다. 단 예수는 오지 않았다.
한번은 구미의 금오산이 명산이었는데 산에 올라가 기도를 하니 어떤 사람이 자리에 앉아 있었다. 산신령 같았다.
"저는 점도 못보겠고 하니 어떡하면 좋겠습니까?"
그러자 그 분이 웃으면서 다음과 같이 말했다.
"참 웃기는 구나. 너는 무속의 왕이 될 사람인데 뭐 점을 못본다고 한탄을 하느냐. 내가 너에게 능력을 줄테니 걱정을 하지 말라."
그때 산신령이 명함을 주었다. 거기에는 "95"라는 글자가 적혀 있었다.
"너는 예언 적중률이 95프로다. 전세계를 통틀어 이 정도 능력이 있는 사람은 없을 것이다. 그러니까 너는 이것을 받아 가지고 열심히 수행하면 된다. 자신감을 가지고 살아라."

산수화도 받았다. 이러한 것들은 일종의 신에서 주는 명패였다. 이후 그는 점을 치는데 자신감을 갖지 못했다.

오전 중에 선몽을 많이 받았다. 꿈에 선녀가 내려왔다. 그래서 대화를 했다. 그때 선녀가 이런 말을 했다.

"박희준."

"박희준이 뭐냐?"

선녀가 아무말을 하지 않고 호박엿을 던져 주었다. 그때 놀라 꿈을 깨고 나서 생각해보니 박희준이라는 사람을 찾아가라는 뜻이라고 생각을 하였다. 호박엿은 병을 고칠수 있는 능력을 말하는 것이었다. 이후 책방에 가니 어느 책에서 박희준이라는 기치료를 하는 사람을 발견했다. 영하고 기하고 같이 치료를 하는 일종의 힐링이었다. 직접 찾아가니 도인이라는 것을 알수 있었다. 3일동안 그분에게서 기치료를 전수받았다.

힐링을 하는 과정에서 여러 가지 체험을 했다. 몸의 나쁜 쓰레기 같은 것들이 사라지고 모든 것이 고속도로가 보이고 남색이나 푸른 빛으로 보여주었다.

"무속인들은 나에게 와서 기를 받아보고는 다들 도망가는데 자네는 견디어 내니 기쁘다."

이런 말을 뒤로하고 구미로 내려왔다. 이후 꿈을 꾸는데 대부분은 가수면 상태에서 보는 것들이었다. 그는 여의주를 들고 사람들의 잡귀를 뽑는 장면이 반복이 되었다. 그후 자신은 굿을 하지 않고 몸에 있는 영을 충족시키고 또한 뺄수가 있는 경지에 오른다는 것을 알게 된 것이다.

스스로 부족한 것을 느껴

몇 달전에는 잠을 자니 할머니 두분이 내려와서 대화를 했다.

"저놈은 지가 단군님 모신 할배가 최고 높은 줄 알고 있다. 저 놈이. 아직 잘 모른다."

"지는 하느님 바로 밑에 있는 할아버지가 오시는데 단군 할아버지를 모시는 할아버지가 오시는줄 알고 있다. 하느님 바로 밑에 있는 분이 내려 올 것도 모르고 있다."

이런 책망겸 나무람을 듣고 있으면서 할머니들은 21일 기도를 하면 그 할아버지가 내려 온다고 하였다. 그러면 세계 최고의 영적인 지도자가 된다고 하였다. 이런 선몽을 받고도 그는 신기하다고 생각하였고 때로는 긴가민가 하였다. 대신 울면서 "지구상에 존재하는 모든 인간들이 모두 행복하게 살게 해달라. 가난하고 병고에 시달리는 사람들을 도와달라."고 빌었다. 빌다가 오후 2시쯤 잠이 들었는데 거대한 존재가 내려왔다. 상이 거의 안보였다. 연기처럼 거대한 빛이 내려왔는데 자신도 모르게 무릎을 꿇었다. 그러면서 빌었다.

"하늘의 아버지 불효자를 용서해 주십시오."

그 순간에 갑자기 투시가 되면서 백혈병 환자들의 모습이 보였다. 사창가들의 아가씨들의 모습도 보였다. 그러면서 오른쪽 손바닥에 기운이 들어왔다. 내림굿 할 때보다 더 대단한 기운이 들어오는 것을 느꼈다. 깨어나고 나서 서울에 갔다. 그것은 하늘에서 기를 주었더라도 기의 운용법을 몰랐기 때문이었다.

이후 기수련에 관심을 돌렸다. 그러나 신의 운때가 아니기 때문에 서두르지는 않고 있다. 그는 무당에게는 하느님의 얼이 올수가 없다고 알고 있다. 그래서 하루속히 무당의 수준을 뛰어 넘을려고 생각을 하고 있다.

"다방의 아가씨들이나 사창가의 아가씨를 나의 배필로 맞을 수밖에 없다는 생각이 종종 들 정도로 그들이 불쌍해 보입니다. 어릴때부터 남을 때리기 보다는 맞는 것을 즐기는 편이었습니다. 이유는 내가 그들을 때리면 그들이 불쌍할까봐 차라리 맞았습니다."

어려서부터 무술에 열중해서 지금은 3단의 실력임에도 불구하고 사람들을 결코 억압하지 않았다. 그래서 부모로부터도 바보라는 소리를 들을 정도였다. 그렇게 착한 심성을 가진 청년이었다.

천상의 대장군

최근에 그는 일을 하면서 안 것이 있다. 그의 신당에서 제일 오른쪽에 있는 별상장군은 전에 조선 총독부에서 경호실장을 하던 분이었는데 자신이 조선족이라는 핑계로 일본군 헌병들에게 총살을 당했던 분이다. 외가쪽의 별상장군이 꿈에 나타나 말을 했다.

"내가 맨손으로는 한국이나 중국을 통털어 가장 실력이 있는 사람이나 우리 손주님에 비하면 아무 것도 아니다. 왜 그런고하니 손주님은 천상의 대장군이었다."

전생에 대장군이었다는 사실은 꿈으로 계속 알려주었다. 얼마전에는 꿈에 선녀가 먼저 들어오고 용궁동자가 뒤이어 들어왔다.

"나는 용궁동자다. 용궁동자다. 나는 점치러 왔다. 점치러 왔다. 점보자. 점보자."

그 다음 꿈은 약명도사가 들어왔다. 마지막에는 산신님이 들어왔다.

"내 누군지 몰라 이놈들아! 내가 금오산의 주인이 아니가. 내가 산신장군 내리고 내가 직접 왔다. 내가 현규 이 제자를 키우러 왔다."

그는 꿈으로 선몽을 주는 기치료에 특히 용한 총각 점쟁이로 구미에서는 유명하다.

♣ 경북 구미시 원평 1동   054) 452-3590

용인의 총각도사

셀프 부적의 문용택

용인 최고의 점쟁이

　용인 사거리에서 술막다리를 지나서 에버랜드 가는 쪽의 좌측에 총각도사라는 간판이 있다. 그곳의 2층에는 용인에서 점을 잘 본다고 이미 소문이 파다하게 난 총각도사가 있다. 하루에 열명의 손님을 보는 것을 힘겨워하고 있었다. 아직 애동이라 손님을 다루는 테크닉도 없다. 단지 30대 초반이라는 젊은 하나와 필름을 보듯이 점사를 보는 영이 맑고 강한 뛰어난 실력을 가지고 버티고 있었다.

　잘생긴 외모에 대학까지 다닌 총각도사는 전국에 산재하며 활개를 치고 있는 가짜 총각도사들이 아닌 진짜 총각도사였다. 그가 그렇게 광고 한번 하지 않았는데 손님이 많은 것은 나름대로 이유가 있었다. 한마디로 진솔하게 점을 보아주기 때문이었다.

　"복채는 얼마지요?"

　"형편대로 놓으세요."

　그러면 꼭 3만원 정도를 놓고 나간다.

　그는 굿이나 부적을 강요하지 않는다. 그래서 오는 손님들이 오히려 굿을 해야되지 않느냐고 총각도사에게 묻는다.

　"당신은 그거 할 필요없어요."

이렇게 간단히 말해 버리고 다음 손님을 받는다. 부적도 하도 해달라는 사람이 있으면 다음과 같이 말을 해버린다.

"당신이 직접 제가 보는 앞에서 부적을 쓰세요."

"예?"

너무나 황당해 하는 아주머니를 보고 총각도사는 다시 말한다.

"부적에 쓰는 종이하고 경면주사는 옆에 있으니 아무렇게나 쓰시면 됩니다."

그 아주머니는 결국 부적을 쓰지 못하고 갔다. 그러나 몇 번 찾아오다 보면 자신이 써가는 신도들이 많다. 그래도 효험이 있다나. 그러나 그는 부적값을 받지 않는다. 이름하여 셀프부적이므로….

신병을 다가온 신의 길

대구에서 대학을 다닐때 그의 주량은 맥주 한모금이었다. 그러나 몇 년전부터 주량이 소주 10병이 되었다. 그러면서 귀신이 보이기 시작했다. 또한 침대위에 누가 좌정을 하고 있는 것이 자꾸 보였다. 심한 갈증도 느꼈다. 집에 물이라고 있는 것은 더 먹고 싶었다. 생활도 복잡해졌다. 애인도 많아지기 시작했다.

그러다가 작년 1월 16일은 손가락도 움직이지 못하고 침대에 누워있었다. 온 몸이 찢어질 것 같은 아픔을 수반한 일종의 신병이었다. 그동안 신에서 신호를 주었건만 제자가 모르고 계속 지나가자 여지없이 엎어버린 것이었다. 그러나 병원에서는 병명도 없었다. 그냥 아파서 온몸을 움직이지 못하고 숨만 쉬고 있었다. 그래 수소문하여 시골에 있는 무당에게 점을 보니 신병이라고 하였고 내림을 받으면 낫는다고 하여 바로 날을 잡았다.

1월 24일날 날을 잡는 순간부터 몸이 아프지 않았다. 그리고 서서히 신의 매듭이 풀리기 시작했다. 몸이 풀리면서 일어날 수 있게 되었다.

일을 해보니 엄마가 받을 것을 거부하다가 결국은 그가 받은 것이다. 내림굿을 하니 몸이 열리는 것을 처음으로 느꼈다. 그러나 내림굿을 해보니 좋은 것만은 아니었다. 당장에 시련이 닥쳐왔다.

그것은 그동안 사귀던 애인들의 모습이 보여주기 시작했다. 자신과 깊은 인연을 맺었던 여자들이 다른 남자를 만나고 술을 마시고 놀고 나중에는 여관에까지 들어가는 것을 아주 선명하게 보여주었다. 전화를 해서 만나보니 사실이었다. 연락이 안되는 여자친구도 있었다. 남자와 놀아나는 중이었다.

법당에서 고장을 배우면서 얼마나 화가났던지 북을 치는 고장나무가 뿌러졌다. 그리고는 가출을 해버렸다. 차를 몰고 거제도와 충무 그리고 지리산등 전국에 발닿는 곳까지 다 가보았다. 이렇게 바람을 쐬고나면 마음을 가라앉힐수가 있었다. 그리고는 다시 손님을 보다가 그런 현상이 일어나면 다시 법당을 비우고 가출을 했다. 일종의 여행이기도 하였다. 도저히 법당안에 있을 수가 없었다. 가출여행에서 돌아오면 손님들이 어떻게 알고 구름같이 몰려왔다.

착한 만신의 행로

그가 이렇게 참을수없을 정도로 화가나면 여행을 다닌다. 이것은 만주에서 말을 타며 노시던 한량인 할아버지를 연상케한다. 여행을 다니면서도 술은 즐기지만 여자는 멀리한다. 그래서 그는 천상 깨끗한 만신일 수밖에 없다. 한마디로 착한 만신의 대표주자인 셈이다.

그동안 그의 새로운 신의 역사는 이용만 당했다는 것으로 요약이 된다. 신을 받고나서 법당을 차려놓았는데 도저히 신의 세계가 궁금해서 참을수가 없었다. 그래서 차를 몰고 깃대가 있는 집에 들어가보니 왜 왔느냐고 물었다.

"산에 기도가는 방법을 알고 싶어서요."

"그럼 잘됐군. 마침 산에 기도가는데 따라와요."
"어떻게 하면 되나요?"
"50만원을 가지고 와."

상대를 완전 초보로 본 보살은 반말조로 말했다. 그래서 50만원을 주었다. 그래서 같이 산에 기도를 가보았다. 알고보니 자신의 신딸 신아들을 다데리고가는 기도였다. 갔다오니 산에 가는 비용치고는 너무 터무니 없는 금액이었다. 5만원 정도면 되는 비용을 열배나 바가지를 씌운 것이다.

어느 집에 가보니 역시 같은 말들이었다. 산에 가서 뚜들기는데 150만원을 가지고 오라고 해서 갔다줬더니 간단하게 뚜들기는데 그것은 바로 배우는 값이었는데 너무 터무니 없었다.

가장 황당한 이야기는 선생을 구하는 대목이었다. 그는 올바른 선생을 얻기 위해서 노력했는데 보살들은 아무것도 모르는 그를 다음과 같이 유혹을 했다.

"선생을 잡을려면 굿을 해야 하는데 …."
"굿을요?"
"응, 합의굿을 해야 서로 신끼리 동참이 된다구."
"알았어요."

이렇게 하여 그는 그 보살이 요구한데로 500만원을 주었다. 선생은 시골에 있으니 모셔와야 한다는 것이었다. 그러나 그는 500만원짜리의 굿이라면 최소한 장구잽이와 피리나 대금을 불러야 하는데 그것도 아니고 밀양에서 온 선생이라는 작자를 불러 간단히 치성식으로 하고 말았다. 나중에 그 선생은 그 이후 한번도 오지 않았다. 한마디로 그 보살이나 그 선생은 다 사기꾼이었다.

도둑 보살까지 만나

손님이 많으니 굿을 하지 말라고 해도 억지로 해달라고 요구하는 사람이 있었다. 그런 사람은 미리 돈을 준비해와서 굿을 해달라고 사정하는 여자들이었다. 그래서 할수없이 굿을 하기로 했는데 손님이 돈을 법당에 300만원을 갖다 놓은 것을 안 어떤 보살이 사주를 보자며 수선을 피우고나서 돈을 백만원을 훔쳐갔다. 그 도둑보살은 그 다음날 천연덕스럽게 굿판에 나타났다.

마음씨가 착한 총각보살은 남은 200만원을 가지고 재물을 차리고 남은 돈중에서 40만원을 제가집을 주면서 뒷돈으로 쓰라고 주었다. 그러자 제가집에서는 그 돈을 마구 썼다. 그러자 이 도둑보살은 그 뒷돈을 제가집에서 나온 돈인줄알고 받는 족족 버선발 안으로 돈을 꾸겨 넣었다. 그러니 걸을때마다 돈소리가 났다. 알지만 참았다. 그래서 굿이 끝나고 뒷돈을 찾으니 그 도둑보살은 모른체했다. 자신은 뒷돈을 한푼도 챙기지 않았다고 하면서 오리발을 내밀었다. 그러면서 그날의 일당을 챙겨갔다.

다음날 전화로 버선속에 돈을 무었이냐고 따지자 그때서야 신이 올라 몰랐다면서 37만원이 버선속에 있다며 이 돈으로 나중에 회식이나 하자며 약속을 하였다. 그러나 그 약속은 지금까지 지켜지지 않았다.

"한명을 잡으면 사돈의 팔촌까지 굿을 해처먹어야 한다."

이런 말을 자랑으로 하는 이 도둑보살은 나중에 총각도사가 작성한 사기꾼 선생의 목록에 편입이 되었다. 이렇게 하여 뜯긴 돈이 무려 8000만원이 되었다.

착한 만신

그는 이렇게 당하고도 당당히 버틸수가 있었다. 그것은 손님들이 인정하고 간 탓이었다. 점값에 대한 시비도 없었고 부적값을 받는 것도 아니었고 굿을 하라고 강요도 하지 않고 점을 잘보아주니 소문이 아니날수가 없었다. 도둑보살이나 그밖의 사기꾼 보살들이나 박수 그리고 법사들은 사기를 치니 손님이 금방 끊기지만 그는 손님이 들면 그 손님이 손님을 데리고 오고 그런 소문이 자꾸 퍼져서 나중에는 떼거지로 몰려왔다.

여자관계도 깨끗하고 점도 깨끗하게 잘 본다는 소문에 마음씨까지 착하다는 소문은 아는 사람들의 입을 통해 비록 소규모지만 전국적인 점 손님을 이루었다. 필자가 문도사와 같이 긴 여행이 아니고 서너시간의 짧은 여행은 같이 했는데 그때 놀란 것은 그의 뛰어난 예지력이었다. 지방의 어느 굿당에 지금 굿을 하나 안하나로 내기를 한 적이 있었다. 그는 없다고 하였고 나는 최소한 한팀이라도 굿을 하고 있다고 하였다. 그 내기에서 보기 좋게 지고 말았다.

그런 내기를 두어번 했는데 내가 지고 말아 더 이상 내기를 하지 않았다. 전국에 이런 착하고 실력있는 총각도사들만 있다면 얼마나 사회가 좋아질까. 날탕 사이비 총각도사들만 있어 여자들만 등쳐먹는 그런 시대에 살고있는 필자는 그나마 문용택이라는 젊은 이를 알고 있는 것만으로도 사실 행복하다.

♧ 경기도 용인시 011) 336-9658.

서울 구의동의 연화암

처녀보살 정경화

꽃다운 애기 무당

옛날에는 애동제자를 애기무당이라고 했는데 그 애기무당이 그중에서도 특히 나이가 어린 애기무당이 작두를 탄다면 여러 동네에서 많은 사람들이 호기심에라도 몰려 오는 이유도 바로 그 때문이다.

서울 구의동에 있는 연화암의 정경화도 바로 그런 케이스이다. 신을 내린지 얼마 안되는 탓에 그리고 어리며 용모도 이쁜 탓에 많은 사람들이 와서 점을 보고 있다.

처음 6개월 동안은 손님을 매일 4명에서 5명씩 꾸준히 보았다. 더 이상 보면 영이 흐트러졌다. 그래서 그 정도의 인원에 만족을 하고 점을 보아주었는데 그 인원이 하루에 볼수가 있는 자신의 한계라는 것을 깨달았던 것이다.

노무나 중견 무당같으면 그리 힘든 경우가 아니나 신을 받은 지 얼마 안되는 애동제자라 그녀는 그런 손님 조차도 벅찼다. 그것은 한 사람당 점을 한시간씩을 보아주었기 때문이었다. 앞일에 일어날 일까지 세세하게 보아주다 보니 시간이 훌쩍 가버리고 그만큼 한사람당 할애하는 시간이 많기 때문에 지친 몸을 이끌고 저녁이나 밤에 간단한 치성이나 일을 하더라도 다시 그 다음 아침에는 손님을 보아야 하기 때문이었다. 그래서 요즈음은 저녁 7시 이후에는 점을 보지 않는다. 그 이유는 간단하다. 그만큼 체력이 딸리기 때문이다.

집안은 목사집안

집안에는 무당이 없었다. 대신 고모부가 목사였고 삼촌도 작년에 목사가 되었고 형부도 목사였다. 그런데 어머니는 특이하게 절에 다녔고 업성주도 모신 분이었다.

고등학교는 전교에서 20퍼센트안에 드는 학생들이 시험을 쳐서 들어가는 상고를 갔다. 장학금을 준다고 유혹을 하여 간곳이 상고였는데 그곳은 기독교 계통의 유별난 미션스쿨이었다. 그래서 자연스럽게 교회를 다니게 되었는데 교회에 나간지 3개월만에 방언이 터지고 귀신도 보았다. 그러자 목사는 다음과 같이 말했다.

"너는 반드시 목회자가 될 것이다."

그러나 대학을 준비해야 할 시기에 계속 아팠다. 꿈을 꾸면 계속 가위를 눌렸다. 또한 눈만 감으면 벼라별 귀신이 다보였다. 이러면 죽겠다는 생각에 학교나 교회를 못다니겠다고 했는데 마지막으로 집회에 참석을 하라고 해서 참석을 했다. 예배중 기도를 끝나고 정신을 차리니 교복인 흰색옷이 다 피로 물들었다. 입이나 귀 그리고 코등 몸에 뚫린 곳에서는 모두 피가 뿜어져 나왔다. 곧바로 양호실로 갔고 병원으로 가서 보니 진단이 의부스라는 아주 희귀한 병이라고 하였다. 일종의 면역결핍증이었는데 주로 미혼 여성들이 걸리는 병이었다.

결국 고등학교때에는 검사를 두 번이나 했다. 병치료를 했지만 뚜렷한 약도 없었다. 그러나 그때는 몰랐지만 사실은 신병이었던 것이었다. 그것을 모르던 그녀는 계속 힘들었다. 스무살에는 대학을 진학했다. 원래는 문창과에 갈려고 했는데 집에서 밥빌어먹는다고 하며 반대를 했다. 그래서 지위생과에 갔는데 적성이 너무 맞지 않아 일단은 휴학을 하였다. 대신 아는 PD언니들이 있어서 학교 휴학을 내고 따라다니다가 그만 쓰러졌다. 인근의 병원에 다시가니 이번에는 신우신염이라고 하였다. 일주일 통원치료를 하면 된다고 하여 치료를 해보았으나 치료가 안되어 아예 입원을 하였다. 그러나 그 병원에서 못고친다고 하여 큰병원인 한양대병원에 입원을 두달반이나 하였다. 이때 그녀는 두달반만에 23킬로가 불었다. 온 몸이 부었을 정도였다.

신병은 체중으로 불어

어느 정도 병세가 꺽이자 그녀는 퇴원을 하여 방송작가가 되려고 하는 사람들이 지원을 하는 학원에 다녔다. 그곳에서 공부를 하다가 아는 분인 KBS 방송국의 PD가 그곳을 그만두고 인터넷 방송국으로 가게 되었는데 그곳을 따라갔다. 인터넷 방송국에서는 7개월 있었다. 그곳도 처음에는 서브로 들어갔는데 나중에는 꼭지를 맡아서 할 정도였다. 그러나 대학을 다시 진학하려고 하였는데 직장을 다니다가는 점수가 나오지 않아 아예 인터넷 방송국을 그만두고 입시학원을 본격적으로 다녔다. 중고생을 가르치면서 공부를 하였는데 몸이 좋지 않아 학원에서 주저앉을 정도였다.

그럴 즈음에 집은 부도가 났다. 오빠는 사업이 무너졌고 어머니는 가게를 하다가 빚을 많이 지고 처분을 했다. 당시 그녀는 집에서 작가가 된다면서 글을 쓰고 있었다. 그때 바로 신기가 발동을 하였다. 그녀 스스로가 친구들에게 이렇게 말을 하고 다녔다.

"나는 꿈을 꾸면 다맞는다."

이런 말을 확인이라도 할량으로 원하지도 않는데 말이 터져나왔다.

"니네 아빠 이런 일이 있냐?"

이렇게 시작하여 친구의 아빠 일을 풀어놓기 시작했다. 그것만이 아니었다. 다른 친구들을 만나면 술자리에서도 말이 터져 나왔다.

"니네 엄마 결혼 두 번 하셨냐?"

"어머. 너도 그런 것이 있나보다."

"정말 그런 것이 있다니깐."

그녀는 자신이 신기가 있다는 것을 친구들에게 서슴없이 말을 했다. 그러자 친구들이 먼저 그녀의 신기를 인정을 하기 시작했다.

"우리 엄마가 신기가 있다그러더니 나도 그런 것이 있나봐. 그러나 나는 무당은 안될 것 같애."

이렇게 말하는 그녀는 아직 신가물이 있는 아가씨에 불과했다. 그러다 재작년 12월의 마지막날 망년회때의 일이었다.

"나 정말 너무 너무 집이 이렇게 힘들어지는데 혹시 그런 것이 아닐까."

그녀는 스스로 자신이 혹시나 무당이 될것이라는 걱정어린 푸념을 은연중에 털어 놓았다. 이런 소문이 나자 아는 언니가 연락이 왔다. 8월경이었다. 그녀의 할머니가 파주에서 이북굿으로 꽤 유명한 분이었는데 연락이 와서 만났다. 만나자 마자 바로 말이 튀어 나왔다.

"언니네 집에 심장병으로 쓰러진 사람이 누구야."

"어머. 일주일 전에 아빠가 쓰러졌어."

이런 인연으로 그 언니는 그해 12월 말일날 점을 보러 다시 왔다. 완전히 자신의 후배를 용한 점쟁이로 인정한 꼴이었다.

"너를 믿어. 그래서 점을 한번 보고 싶어서 왔어."

망년회를 한 그녀는 술에 취해 있었다.

"복채도 안주면서 무슨 점을 봐."

그러자 그 언니는 이내 돈을 꺼내주었다. 돈을 받으면서 갑자기 말을 했다.

"무당되면 돈 많이 벌겠다."

그녀는 평소에도 주위에서 "너는 하면 잘 할 것 같애."라는 말을 많이 들었지만 스스로 말을 한 것은 처음이었다. 그 언니도 말했다.

"맞아. 넌 하면 잘 할 것 같아."

"응. 나 하면 잘 할 것 같아. 나 1월 1일날 점보러 갈 까봐. 그래서 나…. 사람들이 그런 얘기 많이 하거든. 선녀도 보이고 뭐도 보인다 그러던데. 나 정말 한번 해볼까."

선몽을 받아

그리고 나서 밤에 꿈을 바로 꾸었다. 하얀 옷을 입은 할머니가 앞에 나타나서 말했다.

"너희 집에는 사내애가 받아야 되는데 받을 사내가 없으니 니가 받아라."

"알았어요. 그럼 어떻게 해야 되요."

"손을 내밀어라."

손을 내미니 할머니는 끝이 안보이는 긴 실이 달린 대바늘을 가지고 생살을 꿰었다. 살에다 해도 그려주고 달도 그려주었다. 아프지 않았다. 그때 옆에는 장구치는 소리며 챙챙하고 굿하는 소리가 들렸다. 그때 할머니와 그녀는 혼이 쑥빠져 허공으로 나갔다. 그때 앞에서 어떤 사람이 붓을 들고 나오더니 탱화를 그려주었는데 장군모습이었다.

23살이 되는 첫꿈이었는데 너무나 기분이 좋았다.

"엄마. 아무래도 복권을 사야 할 것 같아."

이런 이야기를 어머니에게 했더니 아무 말도 하지 않았다. 이틀뒤 꿈에는 그녀가 어디서 수많은 사람들 앞에서 지휘를 하고 있었다. 눈을 떠서 보니 법당이었고 신당이었다. 깜짝 놀랐다. 그래서 이것은 이상하다 싶어 유명한 무당을 찾아갔다. 그러나 제대로 맞추지 못했다.

점을 보러 여섯군데를 넘게 갔다. 그중에서 한군데는 잘 맞추었다.

"댁은 불사몸주다. 어떻게하면 좋으니 니가 안받으면 엄마가 쓰러지겠다."

그 소리에 펑펑 울었다. 그리고 나서 어머니가 간암 판정을 받았다. 너무나 무서웠고 세상이 바뀌는 것 같았다. 어머니도 신경을 쓰지 말고 니가 받고 싶으면 신을 받으라고 하였다. 죽어야겠다는 생각도 했다. 이때 예전에 다니던 목사와도 통화를 했다.

"내가 다시 교회에 가면 우리 엄마를 살릴수 있나요?"

"없다. 그것은 다 하나님의 뜻이다."

"무당들은 살릴수가 있다고 하는데 왜 없다고 해요. 당신은 당신의 어머니가 죽는다고 하면 당신은 그것도 하나님의 뜻이라고 할 수가 있습니까?"

"그렇다. 일단은 교회에 나와라. 너는 목회자가 되어라."

"나는 사람이라서 못해요. 그럴 바에야 무당이 되고 말겠어요."

그리고서는 다시 점을 잘보는 곳을 찾아다녔다. 어머니의 친구의 소개로 서울 근교의 신장쪽의 어느 절을 찾아갔다. 그곳에 가니 스님이 있었다. 들어가니 자신도 모르게 어머니에게 절을 하지 말라고 하였다. 한마디로 땡중이라는 느낌이 들었다.

"엄마. 여기서 절을 하지마. 여기는 절이 아니고 스님도 아니고 이상한 땡중인데 박수야."

아닌게 아니라 법당을 들어가니 부처님이 칼을 차고 있었다. 황당했다. 그 스님이 알았는지 인상을 찡그렸다.

"저 스님은 마누라가 3명이야."

이런 말을 하고는 그 엉터리 스님과 다투다가 나왔다. 이후 철학관에 가니 신이 아니라고 하여 그 역술을 하는 사람에게 "당신은 신인데 왜 신을 안받고 있느냐"며 야단을 쳤다. 그리고는 TV방송에 나오는 어느 법사를 찾아가서 그로부터 내림을 받고 제자가 되었다.

☂ 서울시 성동구 구의동 02) 444-2102

2

신통(神通)과
신기(神奇)한 명인(名人)들

최면술의 여류명인 김경화

명강정사 김경화 원장

만다라를 찾아서

안양으로 가는 길에는 금정역이 있다. 이곳에는 신가물로 고생을 하는 이들이 많이 찾는 곳이 있다.

바로 명강정사이다. 행정구역이 군포시에 속해 있는데 얼마전까지만 해도 안양의 박달동에 있다가 현재는 산본 1동에 와서 자리를 잡은 이곳은 기치료와 최면치료등으로 유명한 곳이다.

그곳이 유명한 것은 두가지이다. 하나는 신점을 보는 곳이면서도 퇴마사로 명성을 날리는 분이 있는 곳이기 때문이다. 과거에는 신점을 보아주었지만 시간이 흐르면서 기치료사 내지는 퇴마사로 두각을 나타내었다.

한마디로 정신병을 치료하는 퇴마사로서 두각을 나타내면서 펴낸 책이 바로 "우주의 빛 만다라를 찾아서(2000년 출간)"였다. 이 책은 김원장이 수많은 사람들에게 빙의되어 있던 신을 떼어준 이야기식 수필이자 임상기록이었다.

또 다른 하나는 정신세계를 논하는 자리에서 그녀만큼 양심적인 분이 없기 때문이다. 금전보다는 환자들을 보살펴주어야겠다는 생각이 먼저 앞서는 분이 바로 김원장이다. 책이 출간되고나서 전국에서 책을 구하지 못해 직접 전화를 한 사람들에게 책을 우송을 하여주었다. 그런데 문제는 책값을 붙여달라는 것도 아니었다. 일종의 보시로 보내준 것이었다. 그런데도 많은 이들은 책을 읽고 감명을 받아 책값을 우송하여 보내줄 정도였다.

18년동안 빙의된 사람들을 상담하고 상담한 결과 그녀는 이러한 결론에 도달을 하였다.

"정신병원에 있는 사람들의 반 정도는 치료가 가능합니다. 단 정신병이 오래되어 이미 병원에서 주는 약에 오랫동안 길들여져 있으면 그러한 경우는 불가능합니다."

이 말은 정신병 환자도 초기에는 상당수가 치료가 가능하다는 이야기다. 즉 통상 말하는 정신병 환자도 알고보면 신병이나 무병이 많아 제령이나 퇴마의식을 통해서 정상인으로 돌아올수가 있다는 것이다.

따라서 김원장은 찾아오는 사람들에게 질이 나쁜 무당들처럼 굿을 강요하거나 거액의 돈을 요구하지도 않을뿐 아니라 항상 최선을 다하여 상담에 응하며 신병을 치료하여 준다. 그런 점에서 그녀는 치료사이다.

무당은 신가물을 겪는 사람이 오면 주로 굿을 해서 낫게 하지만 김원장은 결코 굿을 하지 않는다. 대신 구병시식이나 최면을 통해서 신병을 치료한다. 국내 최정상의 퇴마사이기도 한 그녀는 그동안 수많은 사람들에게 빙의되어 있는 귀신을 떼어내는 일을 했다. 그러나 지금은 그러한 일을 하면서도 최면을 이용하여 신병을 치료하는 방법도 시도를 하고 있다.

구병시식은 다분히 절법이고 최면은 일종의 검증된 정신치료요법이다. 하지만 김원장이 하는 방식은 기치료이면서도 최면으로 하는 명상요법이기 때문에 큰 비용이 들지 않고도 신을 떼어내는 효과가 있다. 신이 온 사람은 두가지의 선택을 하게 된다. 그 신을 받던지 아니면 그 신을 떼어내든지 하는 것이다. 그중에서 신을 떼어내는 것을 제령이라고도 하는데 이런 제령을 잘 해왔던 김원장은 최면요법까지 동원을 하여 자신을 찾아주는 사람들에게 봉사를 하고 있다.

선택의 길

신을 받으면 무당이 되고 신을 받지 않으면 정상인이 된다. 신이 접한 사람에게 신을 받지 않으면 갖은 시련이 닥쳐온다. 즉 신이 무르익게 될 때 까지는 수많은 시련이 앞선다. 다행히 갑자기 신이 들어 무당이 되는 경우가 있지만 몸으로 치고 들어오는 경우는 서서히 괴롭힘을 당한다. 병으로 치고 들어오는 경우는 대부분 신이 강하게 들어오는 경우가 아니므로 당사자들은 모르고 세월을 보내게 된다. 설령 미리 알았다고 하더라도 신이 강하지 않아 그냥 눌러버리거나 참고 지내게 된다.

그런데 현명한 사람들은 이럴 때 그 신을 떼어내 버리고는 한다. 즉 강하게 들어차지 않은 신은 김원장같은 분에게 찾아가면 쉽게 신을 떼어버릴수가 있다. 물론 신명이 워낙 강하게 들어오는 경우는 신을 받는 것이 차라리 낫지만 그렇지 않은 경우는 김원장에게 찾아오면 아주 쉽게 신을 떼어버릴수도 있다.

그래서 그녀에게 오는 사람들은 대부분 정상인이 되려고 오는 사람들이다. 그런데 그녀에게 찾아오는 사람들은 매우 행복한 사람들이다. 때를 놓치고 늦게 찾아오는 사람들은 영락없이 무당이 되거나 아니면 정신병원에 수용이 되어 인생을 망치는 경우가 많기 때문이다. 그렇다고 무당의 길이 결코 나쁜 것은 아니다. 그러나 무당이 되고 싶지 않은 사람이 무당이 되면 그것은 불행이고 자신의 인생을 망치는 꼴이 되는 것이다.

그럴 때 김원장 같은 이의 존재가 더욱 부각이 되는 것이 사실이다. 신이 들려 무당이 되고 싶은 사람은 무당을 찾아가면 된다. 그러면 쉽게 무당이 되는 방법을 일러준다. 그러나 무당이 되고 싶지 않은 사람은 결코 무당을 찾아가서는 안된다. 단순히 자신의 몸에 온 신이나 실려있는 신을 알아보기 위해서 가는 것은 무방하나 그러한 신을 떼어달라거나 없애달라고 가는 것은 문제가 있다.

그것은 무당들은 무당의 자질이 있는 사람이 오면 결국은 무당을 만들어버리기 때문이다. 하기야 멀쩡한 사람들도 무당으로 만들어버리는데 약간의 신기가 있으면 바로 무당을 만들어 버리는 경우가 비일비재하다. 그러나 김원장 같은 퇴마사는 불필요한 무당들을 없애는 것에 주력을 하는 분으로 원치않는 예비무당들을 골라내어 정상인으로 복귀를 시키는 일을 하기도 한다.

귀신쫓는 퇴마사

필자도 알고 있는 가장 극적인 사건이 하나 있었다. 여고를 졸업하고 만화를 그리던 한 아가씨가 밤마다 귀신꿈에 시달리고 있었다. 심할때는 비명을 지르면서 가족들을 깨우고 있었고 알몸으로 밖을 나다니기도 하였다.

아이의 어머니는 강남에서 분식집을 하고 있었는데 미친딸을 치료하기 위해 수소문을 하던중에 김원장의 소문을 듣고 가서 구병시식을 하게 되었다. 그런데도 차도가 없다면서 필자와도 상담을 하게 되었다.

"구병시식을 하고나서 약간 증세가 호전이 되었는데 지금은 예전과 같아요."

그런 말에 필자는 치료를 받았던 곳을 가서 상담을 하라고 했다. 그래서 그곳에 간 그 아주머니는 명상음악을 들고 왔다. 그러면서 김원장의 말을 나에게 들려주었다.

"열흘만 더 기다려보라."

이런 김원장의 말을 아이의 어머나 필자는 들을 수밖에 없었다. 그후 열흘이 넘어서 아이의 어머니는 필자에게 전화를 하였다.

"아이가 잠도 잘자고 꿈도 더 이상 꾸지 않아요."

이후 몇 달뒤에 전화로 다시 확인을 하였지만 결과는 상당히 고무적이었다. 정상적인 아가씨로 돌아왔다는 것이다. 그때 나는 명상음악이

치료에 도움이 된다는 것을 처음으로 알게 되었다. 이외에도 다른 많은 성과로 인해 김원장의 명성은 점점 높아만 갔다. 약명줄이 강하게 들어와서인지 척추교정에서부터 지압 그리고 기치료등에서도 상당한 조예가 있었다.

다죽어가던 중풍환자가 김원장의 포교원을 방문하여 한달만에 정상인으로 돌아온 경우도 보았다. 그때 김원장이 사용한 방법은 기치료와 지압이었다. 그 환자의 부인은 그 고마움으로 1년이 넘도록 포교원에서 시봉을 들 정도였다. 그러면서도 지속적으로 치료를 받고 있었다.

중풍으로 인해 다리가 불편한 40대 후반의 남자는 김원자에게 다음과 같은 말을 들었다.

"하루에 108배씩 100일동안 해주세요."

이 말에 다리를 절면서도 열심히 명강정사에 와서 절을 한 남자가 있었다. 그는 이후 100일동안 열심히 절을 하고 나서 다리 저는 것을 고쳤다. 그리고 김원장의 주문대로 매일 하루에 만보씩 걷는 운동을 하여 이제는 중풍을 완전히 고쳤다.

이런 소문이 돌자 어느때는 전부 거동이 불편한 중풍환자들만 몰려든 적이 있었다. 그러나 이런 환자들을 상대하면서도 한번도 불미스러운 일이 없었고 지극정성으로 병치료에 힘써서 많은 이들이 상태가 호전이 되었다.

18년을 한결같이

1983년 전 한국 불교 포교사대를 졸업한 후에 포교원을 운영하면서 지금까지 바른 길을 걸어왔다. 그동안 일붕스님의 제자로 오랫동안 시봉을 했고 지금은 작고한 불무도의 창시자인 조자룡 선생밑에서 비서를 하기도 했디. 특히 불교와 인연이 많은 김원장가 운영하고 있는 명강정사는 일종의 포교원이다. 김원장 또한 수많은 환자들을 치료하면서 포교의 길을 가고 있는 정식 포교사이다.

점도 보아주면서도 일부 질이 나쁜 무당들하고는 수준이 전혀 다른 셈이다. 금전에 욕심을 내지 않는 면이 그렇다. 특히 공부를 열심히 하는 편으로 오늘도 수행에 정진을 하고 있다. 그래서 현재 여성으로서 유일하게 쟁쟁한 박사급의 최면사와 어깨를 견주는 실력자이다. 일부 정신병 의사들이나 최면가들이 상담을 빙자해서 최면상태에 있는 여성을 추행하거나 희롱하는 경우가 있는데 김원장은 그럴 염려가 전혀 없다. 특히 치료를 해주는 김원장이 여성이라 그런 스캔들이 없는 것이 어쩌면 당연하다. 그래서 아는 이들은 반드시 김원장을 찾아가서 그녀가 운영을 하는 명강빙의 최면 심리 상담소에서 부담없이 최면을 받는다.

전화상담도 받고 인터넷으로 상담을 받기도 하는 김원장은 최면을 다음과 같이 간단히 설명을 한다.

"우리가 TV를 보는 것도 보는 순간에 최면에 걸려 있는 것입니다. 그 순간에는 모든 것을 잊고 화면에 집중하게 되는 것입니다."

김원장은 최면을 통해 어지간한 신병이나 무병의 원인을 파악할 수가 있고 더 나아가서 신병을 고칠수가 있다고도 한다. 이런 일은 영적인 능력이 있는 퇴마사들이나 할수 있는 일인 것이다. 그런 점에서 김원장은 독보적이다.

☙ 군포시 산본1동 1034-8번지 삼우빌라 031) 454-2460

한국최고의 난치병 치료사 운산스님

운산 허태분 스님

난치병을 고치는 치료사

　청주에 가면 동물원과 박물관을 지나기 전에 근처에 있는 호수를 바라보면서 야트막한 산을 등지고 있는 절이 있다. 어떻게 보면 그냥 사람이 사는 민가같기도 하지만 자세히 보면 자그마한 "약천사"라는 간판을 달고 있다. 그곳에는 한국에서 스님중에서 가장 약명줄이 센 분이 계시는 곳이다.
　법명이 운산인 허태분 스님은 10대째 한의원 집안의 맏딸이었다. 그러나 그녀가 집안의 한의술을 물려받고도 한의원을 열지 않고 있으며 그 숱한 비방들과 실력을 자신의 절에 다녀가는 사람들을 위해 베풀고 있다.
　얼마전에는 몸에 나는 백반증을 치료하지 못해 스님에게 찾아와서 병을 치료하고 간 외국인의 이야기가 있었다. 변변히 사례도 못하고 미국으로 간 그 외국인은 스님에게 거액의 돈을 송금했다. 그래서 절뒷편의 땅을 좀 확충했다고 한다.
　스님은 이렇게 현대인들이 고치지 못하는 난치병을 치료하고 있다. 그런 난치병을 치료하기 위해 60이 가까운 고령에도 불구하고 손수 산에 가서 약초를 캐서 약재를 마련하기도 한다. 가장 대표적인 사례는 20년 앞을 내다보고 약재를 마련하고 있다. 즉 당장 쓸 약재가 아니지만 20년뒤에 쓸 약재를 마련하고 있다. 스님의 도량에는 20년이 넘은 간장이 있다. 그곳에는 소금이 돌처럼 굳어져 있는 이런 소금도 좋은 약재라고 한다.

필자가 방문을 한 날은 마침 간질병에 걸린 20대 초반의 아가씨가 있었다. 이 처녀는 이유없이 쓰러지는 경우였는데 일종의 간질이라고 했다. 스님은 간질에도 종류가 무려 6가지가 있다고 했는데 모두 치료가 가능하다고 했다.

암치료도 하는데 자궁암의 경우는 황토뜸이 특효라고 했다. 절에서 시봉을 드는 아주머니는 자궁암 말기로 몇 달을 못산다는 말에 수술을 포기하고 스님에게 찾아와서 치료를 받았다. 황토뜸을 서너번 하고 나서 자궁속에서 피고름 같은 것이 덩어리채 빠져 나오고 나서는 자궁에 이상을 느끼지 못했고 지금은 6개월이 넘었는데 죽지 않고 살고 있다고 했다.

기적의 황토뜸

그래서 신통한 황토뜸에 대해서 알아보기 위해 직접 황토뜸을 뜨는 것을 보았다. 물론 필자도 황토뜸을 뜨는 것을 동의를 하고 맨 나중에 하기로 했다.

스님은 우선 방안에 비닐을 깔고 손수 황토흙을 준비하고 그곳에 40도가 넘는 소주를 붓고나서 갖은 약재를 섞어 버무린뒤에 알몸으로 누워있는 사람들에게 황토흙을 온 몸에 바른다.

"체질에 따라서 약이 들어가는 것이 다 다르다. 또한 병에 따라서 약이 들어가는 것이 다 다르다. 여기에 들어가는 주요한 것은 어성초를 35도 술에다 3년을 묵혀 놓은 것이다. 생강이 들어가고 지구자(허깨나무)가 들어가가는 것이다."

10여가지의 약재는 사람의 체질에 따라 각각 다르고 또한 그 약들은 스님이 미리미리 준비를 해 놓은 것이다. 온 몸에 황토흙을 바른뒤에 비닐로 뒤집어 씌우고나서 담요로 덮는다. 그렇게 하여 4시간이 지나고 나서 황토흙을 벗기고 샤워를 하면 되는 것이다.
　처음에 몸에 바른 황토약재는 향긋한 약내음이 나지만 나중에 벗겨낸 황토흙에서는 도저히 참을수 없는 역겨움이 난다. 그것은 몸안에 있는 노폐물을 다 빠져나와 황토흙에 담겨 있기 때문이다.
　황토뜸을 받는 여자들은 자궁에 가지 황토흙을 집어넣는 것 같았다. 눈과 코 그리고 귀를 제외한 온 몸의 구멍이란 구멍은 다 황토흙으로 막았다. 자궁암에 걸린 여자도 그렇게 자궁속에까지 황토를 집어넣는 것은 어쩌면 당연하다고 하겠다.
　같이 간 울산의 스님도 황토를 온몸에 발랐다. 그러자 다음과 같이 말했다.
　"야, 고추있는데 열이 많이 나는데요."
　"나제. 좋은 현상이야."
　"맥이 허해서 그렇습니까?"
　"막히가지고 그래."
　이런 경상도 사투리의 대화를 듣다가 맨나중에 받은 필자의 낭심과 항문까지 황토흙이 덤벅이 되었다. 4시간동안 찬 황토흙을 뒤덮어 쓰고 있으려니 약간은 두려웠지만 금방 황토흙은 술기운에 약기운에 몸에 불을 뿜기 시작했다. 이후 4시간동안 얼마나 편안했는지 아예 코를 골고 잤다. 깨어나서 황토를 뜯어내니 몸에 있는 온갖 노폐물들이 다 빠져나오는 것 같았다.
　"찬물에 손이나 몸의 일부라도 담그지 말아요."
　스님의 이런 당부도 아랑곳 나는 호기심에 찬물에 멋도 모르고 손가락 끝을 살짝 대보았다. 그러자 온 몸에 전기가 흐르면서 짜릿한 충격이 왔다. 그래서 바로 손가락을 물에서 빼내었다. 나중에 이런 사실을 말하자 스님은 겁을 주었다.
"아마, 손을 찬물에 다 담구었다가는 바로 풍이 오지요."
중풍을 말하는 것이었다. 그래서 황토뜸을 뜬 후에는 약간 더운 물로 샤워를 하고 몸을 따뜻하게 간수하는 것이었다.
"기감을 잘 느끼지 못하는 사람들은 두세번 정도 하면 몸에 기가 돌아 나오는 것을 깨닫게 된다."
특히 아픈 곳에 냉기가 나오는 것을 알수가 있다. 단 건강한 사람은 별로 느끼지 못하는데 아픈 사람은 그 냉기를 통해서 금방 황토뜸의 위력을 느낄수가 있다.
3일을 절에서 머물렀다. 겨울에는 찬바람을 쐬지 않고 편히 있는 곳은 절밖에 없었다. 그래서 많은 사람들은 절에서 숙식을 하면서 지내고 있다. 나중에 필자가 몸에 있는 노폐물이 빠져 나온 것을 느낀 것은 등에 아주 작은 딱지가 다닥 다닥 붙어 있는 것을 통해서였다. 노폐물이 나오다 못해 아예 피까지 나온 것을 알수가 있었는데 신기하게도 아무런 통증도 없었다.

암치료에서 척추교정까지

스님은 여러 가지 암중에서 위암이나 대장암이 가장 고치기 어렵다고 했다. 우리가 알기에는 위암이 가장 쉬운 것으로 생각을 했는데 스님의 답변은 달랐다. 쉬운 것일수록 치료하기가 더 어렵다고 한다. 그래서 치료에 최선을 다하는 것이 스님의 신조이다.
황토뜸을 받은 사람들은 척추교정을 하여 준다. 60이 다되어가는 스님의 손마디의 힘은 상상을 초월한다. 지압뿐만 아니라 디스크도 한번의 교정으로 그 맥이 잡힐 정도이다. 약명줄이 너무 강하여 그런 현상이 오는 것일까.
목의 상태가 좋지 않던 필자의 목도 좌우로 두 번씩 돌리고 나서 완쾌가 되었다.
"악, 좀 천천히 해주세요."
스님이 지압을 겸해서 팔과 다리를 만져줄 때 나도 모르게 비명을 질렀다. 스님의 눈에는 사람의 급소가 눈에 보인다고 한다. 즉 급소인 혈과 맥이 파란불처럼 보여 그곳을 누른다고 한다. 같이 갔던 울산에 있는 젊은 스님도 다리가 불편했는데 한번 잡아주고나서 상태가 굉장히 호전이 되었다.
"막힌 것을 뚫어주지 않으면 병이 더 깊어지지."
이런 말을 하면서 지압을 하여주는 운산 스님의 지압은 황토뜸과 어우러져 비만인 사람들의 살빼는 데도 특효라는 것을 알게 되었다.
"서너번만 하면 살이 쭉쭉 빠지지."
필자가 동의를 한 것은 이미 황토뜸을 받아보았기 때문이었다. 몸에서 노폐물이 빠져나가는 것을 느낄때면 상당히 기분이 좋았다. 한번 받고 나면 약 10킬로가 빠지는 것 같았다.

재물에 욕심이 없어

스님의 경우 황토뜸을 아무나 떠주지 않는다. 그것은 사람의 상태를 보아서 일일이 체크를 하면서 약을 쓰기 때문이다. 그것은 또한 스님의 영능력이다. 필자를 보고는 장이 좋지 않다고 하였다. 그래서 등에 비지가 많이 생긴다고 하는 것이다.
"등에 나는 것을 완전히 뿌리를 뽑으려면 봄에 황토뜸을 떠야 한다."
즉 봄에 약초가 나기 때문에 그때가서 제대로 황토뜸을 떠야 한다는 것이다. 그래서 봄이나 여름에 한번 더 오기로 하였다. 그러나 필자의 등은 상태가 굉장히 좋아졌다.
"비용은 어디에 놓이야 합니까?"
"불전에 놓아요."

스님은 돈을 직접 받지 않는다. 항상 불전에 성의껏 놓으라고 권하고 있다. 공식적인 비용은 예나 지금이나 10만원이다. 시술을 하여 주는 사람이 그렇게 힘이 들어가는 황토뜸은 10년전이나 지금이나 가격이 변함이 없다. 그것은 스님이 영리목적으로 하지 않기 때문이다. 아마도 영리목적으로 하였으면 가격을 서너배나 더 받았어야 할 것이다.

고향이 경북 경산으로 출가하여 태고종단에서 활동중인 스님은 이미 병치료사로 그 명성은 높다. 평생을 홀로 사시는 스님은 제자를 두고 싶어한다. 그러나 스님의 혹독한 수련을 이겨내지 못하고 대충 눈으로 익힌후 번번히 도망을 가는 제자들을 볼때면 세월의 덧없음을 느낀다. 얼마전에는 "주술과 양법(계백출판사)"이라는 책도 펴내었다.

또한 최근에는 그동안의 임상실험의 결과를 정리하고 있다. 즉 난치병치료에 관한 책을 준비중에 있다. 그만큼 스님에게 찾아와서 병치료를 한 사람이 많았다는 것이다. 인천의 길병원에서 포기한 식물인간도 스님이 만져주고나자 벌떡 일어날 정도였다.

김밥에 의해서 기도가 막혀 누워있는 사람도 원인을 모르고 수술을 하려고 했는데 스님은 기도를 하고나서 수술을 하지 말고 기다리라는 말을 하였다. 결국 스님의 말대로 김밥이 내려가 수술을 받지 않고 퇴원을 했다.

목이 돌아간 사람은 한번의 시술로 완치가 된다. 그 정도로 인체의 구조를 꿰뚫어보는 능력을 가지고 있다. 신경의 하나하나까지 다 보이는 스님은 그런 점에서 영적인 능력까지 겸비한 약명줄이 매우 강한 신의 손은 가히 국내의 제 1인자라고 해도 과언이 아니다.

♧ 청주시 상당구 용담동 248-1 약천사   043) 222-1517

이 시대의 고언 대전의 금강선생

금강선생과의 인터뷰

　　　　　　　　무속계에서 가장 쓴소리 즉 보살들이 싫어하는 올바른 소리를 많이 하는 분이 있다. 바로 독설가로 소문이 난 금강 선생이다. 시흥이 고향으로 충북 영동과 대전에서 자라고 대학은 철학과를 나왔다고 알려졌다. 서른 정도에 기도를 하다가 신이 보여졌다고 하며 무불통신을 한 이후 점도 보았고 굿판에도 한 4년 뛰어들어 법사일을 했다. 현재는 50살의 나이에 걸맞지 않게 제자양성과 강의 그리고 저술에 힘을 쏟고 있다.

　그의 튀는 생각과 견해는 이미 무속계의 일부를 이루고 있는 것이 현실정이다. 무속인의 자아수양을 특히 강조하는 그를 이번에 특별히 만나보았다. 이미 십여권의 책을 통해 많은 무속계의 독자들을 깨우친바가 있는 그를 통해 무속의 나가야 할 길을 알아 보았다.

Q 무속인들이 시급히 알아야 할 것은 무엇입니까?

A 자신들이 모시는 신이 누구인지도 모르는 보살이나 법사 그리고 박수가 태반입니다. 기도를 통해서 자신이 모시는 신을 정확히 아는 것이 중요합니다. 그렇지 않으며 신이 무엇인지 모르는 사람들이, 즉 신의 개념조차 모르면서 그게 그들의 신이라고 막연히 여기는 거죠.

　따라서 자신이 모시는 신이 몇 명이며 또한 누군지를 바르게 아는 것이 중요하다고 봅니다. 심각한 것은 5년이나 10년이 된 무속인들도 정말 신이 있는지 없는지를 모르고 있는 분이 많이 있다는 겁니다.

Q 선생님은 스스로 자신이 무속인이라고 생각을 합니까?

A 제가 처음에 공부를 할때에는 실제로 그리 했습니다. 이 길을 입문하기 이전부터 보고 듣다보니까…. 이제껏 대한민국에 저에 대한 선생은 단 한사람도 없습니다. 제가 처음에 그 상태에서 계룡산에 입산을 했고 지금까지도 혼자 터득이라고 하면 뭣하고 남들이 도텄다고 하는 표현도 저한테는 좀 과분한 칭찬같고 한데… 그때는 벗은 것 같습니다. 왜냐하면 어느 시기에 제가 가장 고민을 하고 부처를 모실 수밖에 없었던 것이 내가 죽고나서 나의 사후세계는 나에 대해서 어떻게 벌어지느냐는 겁니다. 무속에서 이야기를 하는 할아버지를 믿으면 다음세계에서는 갈데가 없다는 거죠. 왜? 예수는 천당을 만들고 부처는 극락을 만들었는데 무속인의 할아버지들이 만들었다는 세상은 없더라는 거죠. 거기서 제가 생각을 했죠. 무속인을 뛰어 넘어야 한다는 것을요.

Q 무속이 그만큼 현세적인 것이 아닙니까?

A 현실에만 급급하다는 것입니다. 무언가 당신 자신들이 할아버지라고 말은 잘하는데 그 할아버지가 만들어놓은 사후세계가 하나도 없다는 것입니다. 기껏 그들이 이야기하는 구천세계 즉 헐벗고 굶주리고 귀신 잡배들만 모여있는 그 세상밖에는 없더라 이겁니다. 눈에 보이는 것이 그러니 당연히 제가 불법에 의탁할 수밖에 없었고 의지를 하고 기도를 하다보니까 보이는 것이 천당이더라는 거죠. 눈에 보이는 것이 극락이라는 거죠. 그러니 당연히 제가 불법에 의지할 수밖에 없었습니다. 천당과 극락은 종점에서 바라볼 때 하나밖에 없더라. 다만 표현방법만 다르더라는 거죠.

무지몽매한 자들이 밑바닥에서 헤메고들 앉아 있다는 거죠. 현실에 급급해서….

Q 책을 그렇게 많이 집필하신 동기는 무엇입니까?

A 제가 책을 쓴 것이 7, 8년 되는 것 같습니다. 그 시기에 가장 답답한 것이 우선 제가 처음에 무속에 발을 들여놓았을 때 즉 입문했을 때 올바르게 정립된 것은 하나도 없습니다. 단 한 개도 없습니다. 말 그대로 어느 사람을 붙잡고 물어보아도 나오는 것이 공수라고 앞뒤가 맞지 않는 말들을 우선 많이 하더라는거죠. 그러니까 이 자리에서는 1이라고 이야기를 하고 저쪽에서 다른 사람을 상대할때는 2라는 답을 내놓더라는 거죠. 똑같은 문제를 두고 나오는 것이 공수라고 즉 다른 답을 한다는 겁니다. 가장 큰 문제는 이치적인 것이 정립이 안돼있는 것은 안되어있다고 하더라도 닦고 온 할아버지냐 아니면 잡배들이냐 우리가 흔히 이야기하는 잡신 구신들이 이야기를 하는 이 세계에 대한 정립이 없더라는 거죠. 기독교에는 성서라는 것이 정립되어 있고 불교는 팔만대장경을 위시해서 불교 성전이 있지 않습니까. 그러나 무속에는 그것이 없어요. 그래서 책을 쓰게 된 것입니다.

Q 그래서 아까 조상들이 닦고 오신 분이냐 아니면 잡배냐를 말씀하셨는데요. 그것은 제자의 그릇하고 관계가 되는 것 아닙니까?

A 맞습니다. 제자가 형편없고 바탕이 그런데 신령이 그만큼 품격이 있어보이는 그런 신령이 그렇게 고급한 분이 제자에게 들어오지 않는 것 같더라구요. 그래서 저는 제자의 인간 됨됨이 특히 중요하다고 봅니다. 신령을 '얼마나 훌륭한 분을 받아들일수 있나' 하는 것은 결국 제자의 어떤 '그릇이다' 리고 그렇게 보기든요

Q 그럼 제자는 인간 됨됨이가 우선하는 군요.

A 제 생각은 그렇습니다. 가장 큰 문제는 지금 말씀하는대로 핵심을 짚으셨는데 제가 공부한 바로는 그래요. 인의 경우가 신의 경우를 하다보니 인간의 됨됨이를 보게되면 그에 내재되어있는 신의 분별을 할 수 있다는 거죠.

인간의 하는 행위가 곧 신의 행위입니다. 그들이 하는 말의 이치가 그렇지 않습니까. '우리 할아버지가 그런다' 라고 하면서 '화토질이나 술을 먹는다고 한다' 라고 할때에는 '그런 신이 들어왔다' 라는 겁니다. 제자가 불쌍한 자를 돌보고 안된자들을 돌보고 무언가 말 그대로 순수한 중생구제를 한다라고 할 때에는 그 신 자체가 그런 신이 내재되어 있다는 거죠. 하는 행위를 보게되면 지금 말씀하신 대롭니다.

Q 제자들이 닦았느냐 안닦았느냐라는 말을 많이 하시는데 닦았느냐 안닦았느냐는 제자가 얼마나 마음수양이 하였느냐 안하였느냐로 보면 됩니까?

A 맞습니다. 우선 수양이 먼저입니다. 우선은 '예를 든다' 라고 하면요 무속세계에 '신을 받는다' 또는 '신이 왔다' 라고 제자들이 일반 중생들을 접할 때 바로 그 이야기를 하는건데요.

예를 든다면 어제까지 술집에서 '술잔을 따랐다'던거나 '몸을 팔았다' 라고 가정할 때에 오늘 돈을 가져와서 내일 내림굿을 하면 모레 제자가 된다는 거죠.

이러한 행태들은 전 세계를 떠들어보아도 우리나라밖에 없습니다. 이 자들이 어떻게 어제 술잔을 따르다가 내일모레 제자가 되어가지고 손님을 접할수 있냐는 거죠. 그럼 그에게 어느 신이 왔냐 이거에요. 조금 전에 말한 자아수양이라는 세월을 안보냈는데 과연 어제 술잔을 따르다가 '오늘 신들린다'라고 해서 과연 그대로 양심적으로 거듭날수가 있겠느냐. 나는 지금도 그런 말을 간혹 해요.

예수는 무속인들을 위해서 많은 좋은 이야기를 하고 갔습니다. 너 눈안에 들은 들보는 깨닫지 못하면서 넘의 눈에 들은 티를 볼수가 있겠느냐는 말이 대표적입니다. 이거 무속인들을 위해서 하는 말이라고 생각해요. 저는 제자들에게 이렇게 가르칩니다. 어제 밤새 화투치고 술먹고 기집질하고 서방질 하다가 오늘 아침에 점잖떨고 앉아 있고 그러다가 지가 어제밤에 한짓보다 천만분의 일도 되지 않는 어떤 답답한 문제를 가지고 오게되면 "그거 굿해야되. 굿안하면 이혼해"라고 말합니다.

이것이 무속인의 입에서 나가는 얘기라 이겁이다. 이것은 아니지 않느냐. 지가 하는 일에 대해서 전부 관용을 베풀어주고 타인이 하는 일에 대해서 티끌만한게 걸려들면 그건 부적을 쓰던지 굿을 해야 된다 이겁니다. 이게 아니지 않느냐. 이게 지금 무속의 가장 큰 병폐라는 거죠.

Q 그것은 교인도 마찬가지 아닙니까? 나쁜 짓하다가 교회에 나가서 새로운 사람으로 탈바꿈하는 것이 있잖습니까?

A 그들이 어느 종교를 믿는다고 인간이 거듭날수가 있겠습니까. 다시 난다고 하는 자체는 내가 어느 신을 대상으로 해서 믿음을 갖는 것이 아니고 불교나 기독교나 무속인들이나 결국 자아수양이 먼저라는 겁니다. 믿음이라는 것은 자아수양을 통해서 이루어집니다. 또한 믿음을 근본적으로 깔아놓은 상태에서 자아수양을 해야 맹목적으로 맹신적으로 믿어서는 거듭날 수가 없다는 겁니다.

Q 선생님은 산기도를 강조하는 편인가요?

A 자기에게 실렸다는 신 자체가 어느 신인줄을 모르는 그러한 자들을 많이 봅니다. 실제로 진정한 무속인들이라고 하는 사람들이 산에

들어가서 기도를 하는 과정에 참회가 완전히 이루어져야지 올바른 선신이 접신이 됩니다. 또한 참회를 하면 선신이 들어옵니다.

Q 다른 종교는 일단 참회를 하는 것이 있습니다. 그러나 할아버지를 모시는 분들인 참회가 별로 많지 않다고 생각을 합니다. 어떻게 생각을 하시는지요.

A 예, 맞습니다. 참회를 통한 자아수양이 먼접니다. 맹목적으로 믿어가지고는 자기가 거듭날 수가 없다는 겁니다. 자신이 우선 믿음이 없기 때문에 흔들리는 것입니다. 그러니 종교와 종교사이를 널뛰듯이 뛰어다니는 겁니다. 불나비처럼….

Q 무속도 종교라고 보면 적당한 타협이나 조화가 있어야 된다고 봅니다. 즉 '인간답게 살아야 되지 않느냐' 라고 생각합니다.

A 가장 큰 문제가 무속인들이 제 잣대로 놓고 볼때는 50퍼센트 이상은 무지합니다. 쉬운 표현으로…. 다 그런 것은 아니지만 거의 나이가 50이상이 된 사람들은 초등학교 정도 나왔다고 하면 '배웠다' 라고 합니다. 또 그나마 나머지 50프로는 거의가 중졸 아니면 고졸입니다. 0.1이나 0.2프로가 최고학부를 졸업한 것입니다.
쉽게 표현을 하면 '배움이 작다' 라는 것은 인격완성이 안되었다는 겁니다. 생각이 좁다는 거지요. 깊이 있는 생각이 없고 뒷생각도 없습니다.
그렇다 보니 그러한 자들이 신을 받아서 기도라는 것에 대해서 자꾸 한계를 느끼고 또 무언가 손님을 보는데도 있어서도 완전한 접신이 이루어지지 않다보니 "입에서 나오는 것이 공수다."라고 이렇게 되어 있어요.
왜 선생들이 그렇게 가르키고 있겠어요. 어제 까지 술잔을 따르다가 오늘 내림굿을 하게 되면 "손님봐."라고 해요. 이제 신을 받았다는 자가 손님을 어떻게 보냐고 물어보면 "나오는대로 해라."라고 합니다.

선생이 가르치는 것이 이거라는 겁니다. 무지한 자가 무지한 자를 만들고 있어요. 사찰을 가도 그렇고 교회를 가도 그렇고 이런 집단은 없다는 겁니다. 이렇게 가르치는 집단 자체가 없다는 거죠. 우선은 일정 기간동안 참회과정도 있고 인격수양의 과정도 있고 믿음을 가질수 있도록 교리라던가 법문이라든가 이러한 어느 간단한 뭔가 소양교육이라고 할까요. 이런 과정을 거쳐가지고 인격수양을 시키고 자아수양을 시키고 난 다음에 하다못해 어느 직분을 맡겨도 맡기든가 해야 되는데 이쪽은 그게 없어요. 선생이 없고 제자가 없어요. 제자가 선생에게 물어보아도 정답이 안나갑니다. 그렇다 보니까 "나오는 것이 공수다."라고 하다보니까 입에서 사심이 꽉 차 있는 사람의 입에서 나오는 것은 당연히 사욕밖에 안나오죠. 자기 현실하고 바로 딱 맞아 떨어지니까. 요것을 하라고 하면은 돈이 얼마인데 요것을 쓸 생각부터 하고 있습니다. 이것은 아니라는 거죠. 전부 이기주의자들이 팽배해 있습니다. 무속은….

Q 나이보다는 연세가 훨씬 젊어 보이십니다.

A 일본에서 신당을 점안을 할 때 "학생이 와서 저런 것을 하느냐."고 해서 황당한 적이 있었습니다. 욕인지 칭찬인지 모르겠습니다. 나이를 상당히 적게 보는 편입니다. 그러나 그럴 리가 있겠습니까? 그들이 콩꺼풀이 씌였겠지요.

♣ 대전시 중구 선화동 11-1 금강정사   042) 223-2718

가볼만한 굿당과 기도터 그리고 경문집

후기

가볼만한 굿당과 기도터 그리고 경문집

인천의 장수산 굿당

인천의 굿당중에서 가장 현대식으로 꾸며진 굿당은 바로 부평구 청천동에 있는 장수산 굿당이다. 이곳은 백운역에서 부평종로약국 사거리까지 직진을 한후에 그곳에서 좌회전을 하여 5분만 들어가면 나오는 전원 마을이다. 이곳에 자리잡은 장수산 굿당은 용궁이 한반도 모양으로 훌륭하게 설치되어 있다. 경기도굿과 한양굿 그리고 이북굿을 하는 악사도 항상 대기중에 있어 이용하기가 편리하다.
문의 : 032) 514-4478. 011-897-4478

원주의 치악산신당

강원도의 명산인 원주의 치악산속에 있는 굿당으로 교통편이 편리하다. 원주에서 신림쪽으로 넘어가는 도로 길목 바로 옆에 붙어있는 굿당으로 치악산 계곡에서 내려오는 물줄기는 장관을 이룬다. 전국을 다녀도 이만한 자연 용궁터는 없을 것 같다. 소쩍새 마을에서 산쪽 도로를 타고 3분만 올라가면 있다. 이곳의 악사는 강원도 굿과 충청도 고장을 치는 악사가 항상 대기중에 있어 이용하기 편리하다.
문의 : 033) 762-3171. 011-374-3170

안동의 진원사

경북 안동시 풍산읍 막곡1동에 있는 이 굿당은 야트막한 야산에 자리잡았는데 그 풍광이 아름답다. 서안동 인터체인지에서 개평쪽으로 가면 되는데 약 3분거리에 있다. 신발이 세어서 신굿을 하기에 적격이어서 전국에서 신굿을 하러 오는 곳이기도 하다. 이곳은 경상도 굿에 참여를 하는 전문 악사가 있어 지방에서는 몸만 오면 된다. 안동 시내에서도 10분내의 거리로 교통이 편리하다.

문의 : 054) 852-9563. 011-548-9563

정읍의 약천암

정읍의 두승산에 자리잡은 명당 기도터이자 굿당이다. 이곳은 정읍 인터체인지에서 빠져나오자마자 좌회전을 하여 고가를 통과하고 다리를 통과하면 첫 삼거리가 나온다. 이곳에서 우회전을 하여 계속 직진하다보면 배영중고등학교가 나온다. 이곳을 지나다보면 한적한 마을에 오른쪽에 약천암이라는 간판이 나온다. 이곳을 따라 산길을 약간만 올라가면 굿당겸 기도터가 나온다. 전라도 고장을 치는 법사가 있어 굿을 하기에 편리하다.

문의 : 063) 536-6683. 011-674-1304

한국 경문 대전집

이 책자와 경문집 CD는 작년에 작고한 고 최진일 법사가 만든 것으로 지금도 많은 보살들과 법사들에게 사랑을 받고 있다. 정가는 12만원으로 구입문의는 02) 856-7500으로 문의를 하면 되고 계좌번호는 국민은행 077-05-0024-662 예금주 최영일.

후기

명함이나 한 장 받자는 생각에

나는 이 책을 쓰기 위해 무려 1년 3개월이라는 시간을 투자했다. 너무나 많은 시간이었지만 어쩔수가 없었다. 그것은 또한 비록 표면적인 이유였지만 전국에 있는 무속인들을 한번씩 얼굴이라도 아니면 명함이라도 한 장 받아보자는 무모한 생각으로 이번 책에 뛰어들었던 것이다. 이런 생각을 하기까지에는 옛날에 쓴 책이 너무 몰라서 인물 선정에 문제가 있었던 것을 스스로 느꼈기 때문이었다. 그래서 이번에는 전국 방방 곡곡을 직접 발로 뛰면서 주민들의 동정과 평판 그리고 직접 점사와 굿을 보면서 그들의 실력도 확인을 했던 것이다.

그러나 그렇게 하다보면 원래의 취지인 1년을 훨씬 넘긴다는 위협을 받게 되었다. 그래서 나중에는 적당한 타협을 시도했지만 그것은 모르고 하는 타협이 아니라 알고하는 타협이었다. 그러니 사실 별문제될 것은 없었다. 그만큼 이번에 선정된 분들은 자타가 공인하는 비교적 뛰어난 분들이다.

무속은 참으로 위대하고 소중한 것

무속에 관한 책을 6년만에 다시 내면서 느끼는 것은 우리의 무속은 참으로 위대하고 소중하다는 것이다. 모든 것이 변화해가는 시점에서 무속만큼은 면면히 그 전통성을 강인하게 유지해나가고 있는 것이다. 심지어 모계사회의 전통마저도 뿌리깊게 간직을 하고 있다.

그러면서도 한편으로는 우리의 무속은 예나 지금이나 너무 속물화되어 간다는 점이다. 이런 점은 과거나 지금이나 사실상 진배없는 것이다. 우리 무속의 경전에서는 사람들이 죽어서 마땅히 갈곳이 없다. 그런 점이 바로 무속을 가장 현실성이 있는 종교로 만드는 것이 아닌가 싶다.

이번 책자는 경상도에서 가장 신발이 강한 안동지역에서 무려 5분은 소개하였고 경기도에서 가장 신발이 강한 의정부에서 3분이 소개 되었다. 이 두곳은 무속인들조차 용한 분들이 많다는 것을 인정하는 곳이다. 그래서 특별히 서너분이 더 소개가 되었다. 특히 안동은 지리적으로 수도권에서는 멀지만 워낙 출중한 분이 많아 가장 가볼만한 곳이라고 추천을 하고 싶다. 성주굿의 고향이면서 굿의 대가들이 포진해 있고 또한 내림굿값도 가장 저렴한 안동이 왜 신점의 명인들이 많은가는 물어볼 필요조차 없다.

또한 의정부는 동두천과 함께 이북굿의 고향이라고 불리워진다. 그 유명한 감악산이 있기 때문이다. 분단된 현 시점에서 감악산은 남한에서 이북의 산을 대표하는 명산이 되어버렸다. 그래서 신발이 강해 근처에 포진한 무속인들이 많고 또한 신점을 보는 분들이 많이 있다. 그런 명인들을 이번 기회에 집중적으로 소개를 한 것이다.

명인들은 내림굿값도 저렴

좋은 분들이 많은 탓에 역시 내림굿값도 인접한 서울보다는 턱없이 저렴하다. 행여나 이 책을 보고 내림굿을 할 사람들은 고루고루 살펴보고 알아보고 내림굿을 하는 것이 좋다. 그만큼 무속의 세계는 알면 알수록 좋은 것이기 때문이다. 그것은 개개인 뿐만 아니라 전반적인 것도 그렇다.

필자가 내림굿에 특히 신경을 쓰는 것은 요즘 세태가 재수굿은 큰 문제를 일으키지 않고 있다는 것이다. 말 그대로 재수굿은 좋은 의미에서 하고 굿 자체가 긍정적인 호감이 가는 일이다. 그러나 내림굿으로 대변

되는 신굿은 한 인간의 운명을 바꾼다는 점에서 그 중요성이 심각하다. 그래서 내림굿만큼은 잘해야 된다는 것이다.

그러나 참으로 안타까운 것은 요즘 신가물이 들린 사람들을 제대로 안내하는 아니 인도하는 어떠한 것도 없다. 그래서 가진 것이 없는 불쌍한 사람들에게는 300만원만 들면 되는 내림굿을 사기꾼들을 만나 무려 1000만원에서 2000만원 어떤 지독한 사기꾼은 그보다 더한 3000원만원에서 무려 5000만원에 하고 있다. 없는 살림에 집도 팔아서 하는 거대한 내림굿이 과연 효과가 있는지 다시 한번 반문해 본다.

내림굿은 형편에 따라서

사실 내림굿은 본인의 형편대로 할 수가 있다. 그런 관점에서 돈이 없는 사람은 없는대로 300만원 정도에 기본적인 내림굿을 할 수가 있다. 그보다 과한 것은 500만원 정도라도 내림굿을 잘할 수가 있다. 물론 형편이 되면 700만원 짜리의 호화판 내림굿을 할수도 있다. 그런데도 불구하고 많은 무당들은 수천만원 짜리의 초호화판 내림굿을 강요하고 있는 것이다. 한마디로 무식이 지배하는 무당판에 황당한 무식이 한심한 무식을 지배하는 것이다. 모르면 배워야 하는 것이 무당세계다. 아무나 무당이 되는 것이 아니다. 옛법에 무당이 되려면 배워서 어느 정도 무당의 실력이 되면 그때 내림을 하여 정식으로 무당이 되는 것이다. 그런 옛법도 모르고 무식한 일반 민중들은 사이비 무당에게 걸려 수천만원에 골이 빠져 패가망신하거나 패가망신하지 않기 위해서 본인도 천하의 사기꾼이 되어 날뛰다가 구속이 되거나 도망가는 신세로 전락하고 만다.

모든 내림굿이 다 비싼 것은 아니다. 그리고 내림굿을 비싸게 해서 좋은 것도 없다. 자신의 형편에 따라 없으면 없는대로 약식으로 할수도 있는 것이다. 아예 돈이 없으면 산에서 혼자 기도를 하면 내림의 효과를 볼수도 있다. 그런 사실을 모르고 고생하는 사람들에게 신의 길을 가기전에 알아야 하고 배워야 한다는 것을 충고하고 싶다.

일반인도 무속에 대해서 알아야

전국에는 아직도 아무것도 모르면서 신가물을 겪으며 고생을 하는 분들이 많다. 그런 분들이 전국에 있는 일부 사기꾼들에 걸려 수천만원에서 수억원을 탕진하면서 신의 가물과 고생을 겪는 것을 보면 가슴이 아프다. 그래서 사실 가장 저렴하게 내림굿을 하는 전국의 유명한 신점의 명인들을 소개하는 것이 원래 이 책의 취지였으며 드러내기 싫었던 속 뜻이었다. 또한 비교적 양심적인 신점을 치는 사람들을 소개하는 것이 이 책의 애초의 발상이었다. 그래서 본 책자에는 한두명을 빼놓고는 광고를 하지 않는 무속인들이다.

일부 광고를 하는 질이 좋지 않은 무속인들은 사기꾼이라고 보면 된다. 그들은 막대한 돈을 들여 광고를 한뒤에 찾아오는 사람들에게 협박성의 점을 보아준 뒤에 억지로 굿을 시키게 한뒤에 조상을 더 건드려 놓아 뒤집어지는 그 집의 상황을 나몰라라고 한다. 그들은 대부분 엉터리 굿을 하는 사이비 무속인들이다. 그들이 정말 그렇게 용하다면 왜 스스로 자기 돈을 한달에 적게는 수백만원에서 많게는 수천만원까지 유치하게 써가며 생활정보지나 각종 일간지나 월간지등 언론매체에 왜 지속적으로 광고를 하는 것일까.

과대 광고하는 무당은 대부분 사기꾼

겉으로는 종교행위라고 하면서 속으로는 정도를 넘는 광고를 하여 찾아온 사람에게 피박을 씌우는 사기를 알게 모르게 쳐서 돈을 남기는 영업행위를 하는 것일까. 이들은 대부분 광고비용도 월 수천만원에서 많게는 억대를 넘게 뿌리는 악랄한 사이비 무당들이다. 독자들은 그러한 것을 잘 염두해두면 해답을 쉽게 찾을수가 있을 것이다.

그러니 본책에 소개된 비교적 좋은 무당에게 가서 점을 보는 것이 최선의 방법이다. 이런 사람들에게 점을 보고도 직성이 풀리지 않거나 한이 차지 않는 사람들은 더욱 소문이 좋은면서도 그리고 양심적인 분들에게 가서 점을 보고 판단을 하거나 아니면 필자에게 연락을 하면 더 많은 다양한 정보를 제공하여 줄 수 있다. 특히 전국에 산재한 훌륭한 무속인들을 소개 또는 연결을 시켜줄 수가 있을 것이다. 그러나 무엇보다도 중요한 것은 점도 좋고 내림굿도 좋지만 반드시 자신과 맞는 곳에 가서 즉 자신과 연때가 맞는 곳에서 적당히 점을 보거나 내림굿을 하라고 권하고 싶다. 또한 무엇보다도 어느 한곳에 맹신하지 말고 여러 곳을 살핀 후에 모든 일을 결정하는 것이 가장 중요하다고 생각을 한다.

2002. 7월 15일   저자 송준

귀신도 울고 가는 신점의 명인들 1

인쇄일 초판 1쇄 2002년 07월 24일
      2쇄 2015년 08월 12일
발행일 초판 1쇄 2002년 08월 01일
      2쇄 2015년 08월 13일

지은이 송   준
발행인 정 찬 용
발행처 국학자료원
등록일 1987.12.21, 제17-270호

서울시 강동구 성내동 447-11 현영빌딩 2층
Tel : 442-4623~4 Fax : 442-4625
www.kookhak.co.kr
E-mail : kookhak2001@hanmail.net
ISBN 978-89-8206-985-7 *94900
가 격 9,500원

*저자와의 협의 하에 인지는 생략합니다
*잘못된 책은 구입하신 곳에서 교환 가능합니다.